4차 산업혁명시대

지식재산권

Intellectual property rights

무엇이 바뀌는가

4차 산업혁명시대

지식재산권

Intellectual property rights

무엇이 바뀌는가?

강충인 지음

4차 산업혁명시대
지식재산권은
무엇인가?

4차산업혁명은
무엇이고 어떤 일자리가
사라지고 새롭게
만들어질까?

미래 경제, 산업,
정치, 사회, 문화, 교통,
교육, 무역, 금융
대비전략

미래일자리를
대비하기 위해서
무엇을 어떻게
준비해야 할까?

지식공감

4차 산업혁명은 빅데이터 공유로 지식재산권(IP)을 창출하는 시대이다

개인, 기업, 국가의 경쟁력은 지식재산권 확보에 달려 있으며 이에 따른 전략이 필요하다. 급변하는 4차 산업혁명시대는 약 700만 개의 일자리가 사라질 것으로 예상하고 있다. 지금의 유망직업 일자리를 AI 인공지능 에게 내주어야 한다. 10년-15년 사이에 인간의 직업이 뿌리째 흔들리고 있다. 이미 많은 일자리가 급속하게 사라지고 있으며 스마트공장으로 인한 대량해고가 세계에서 발생하고 있다.

지식재산권을 바탕으로 경제, 산업, 정치, 사회, 문화, 교통, 교육, 금융 등의 국가구조를 바꾸지 않으면 미래를 보장받기 어렵다. 4차 산업혁명시대는 지식재산권이 경쟁력이다. 지식재산은 융합에 의해 창출되는 것으로 하나의 답이 존재하는 것이 아니라 다양한 해답이 경쟁력을 만드는 환경이다. 따라서 문제해결능력을 키우는 창의성교육이 필요하며 이론이나 공식에 의한 창의성이 아니라 스스로 체험과 경험에 의한 Maker 방식의 교육이어야 한다. Maker는 상황에 적합한 것을 만들어 내는 발명이다. 단순한 모방이 아니라 빅데이터에 의하여 새로운 것이나 필요한 것을 만들어내는 창작 지식재산 교육이다.

미래인재는 주어진 문제를 암기시키는 방법이 아니라 현장에서 새로운 것을 보고 듣고 토론을 통해서 Maker 교육방법으로 문제해결능력을 키우는 STEAM-Maker 교육으로 발굴하고 육성한다. 주변의 사물이나 자연 등을 보고 관찰하는 과학적 사고와 보고 들은 정보를 분석하는 수학적 사고를 바탕으로 스스로 생각한 것을 만드는 기술능력과 설계도를 그리는 공학능력을 키우는 STEAM 교육이 4차 산업혁명시대 미래인재 교육전략이다.

본 서는 4차 산업혁명시대의 미래인재를 발굴하고 육성하는 교육방법을 STEAM-Maker 융합 방식으로 창의적 사고와 문제해결능력 교육정보를 제시함으로 지식재산권을 창출하는 데 도움을 주고자 한다.

인류역사를 부흥시킨 것은 산업혁명이고 산업혁명을 이끌어 온 것은 발명 지식재산이다. 21세기는 개인, 기업, 국가의 경쟁력을 다양한 지식재산권으로 창출하는 시대이다. 상상을 현실로 만들어 가는 4차 산업혁명시대의 국가와 기업은 미래변화에 대비하지 못하면 후진국, 후진기업으로 경쟁력을 상실할 수밖에 없다.

산업혁명은 인류역사의 위기이면서 기회를 만들어 왔다. 기계의 등장은 많은 실업자를 만들 것이라고 했으나 실질적으로는 새로운 수많은 일자리를 만들어 인류생활을 윤택하게 만들었다.

1차, 2차 산업혁명은 기계혁명이다. 3차, 4차 산업혁명은 정보혁명이다.

1차, 2차, 3차 혁명은 새로운 일자리를 창출시켰지만 4차 혁명은 AI 인공지능 와 더불어 지식재산을 창출하는 혁명시대이다.

4차 산업혁명시대 일자리 변화

- 현재 일자리 60%, 700만개 소멸
- 직업 30% AI(인공지능) 대체(정보, 전문)
- 감성을 통한 일자리 창출

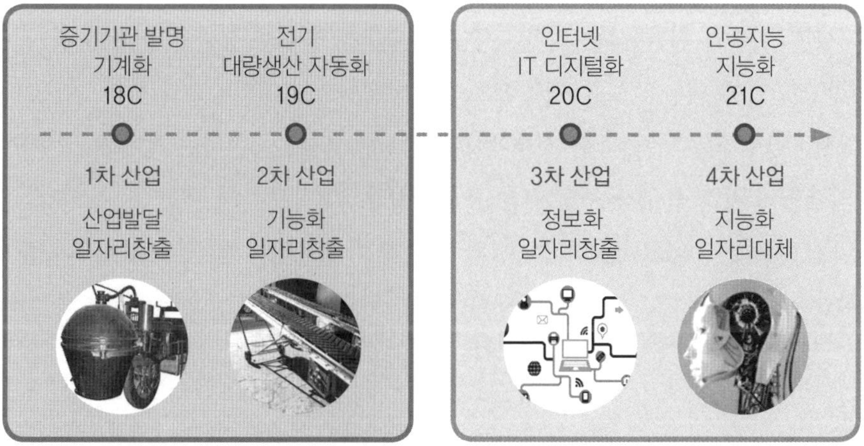

본 서는 4차 산업혁명을 대비하기 위해 개인, 기업, 국가는 무엇을 어떻게 준비해야 하는가? 지식재산권이 무엇이며 지식재산권을 확보하기 위해 무엇을 어떻게 준비해야 하는가? 지식재산권이 일자리를 어떻게 바꾸었는가? 사라지는 일자리에 대비하여 인간의 일자리를 어떻게 창출하고 지켜나갈 것인가? 일자리창출을 위해 무엇을 어떻게 준비하고 대비할 것인가?

경제, 산업, 정치, 사회, 문화, 교통, 교육, 금융을 어떻게 대비할 것인가? 지식재산권을 바탕으로 그 방법과 방향을 제시하여 개인, 기업, 국가의 경쟁력 창출에 도움을 주고자 한다.

앞 도표와 같이 4차 산업혁명은 정보 융합혁명으로 인간보다 AI 인공지능 가 활발하게 증가하는 시대이다. 정보기억과 처리속도 등에서 인간보다 빠른 AI 인공지능 에 의하여 다양한 기계인간이 탄생한다. 로봇은 인간을 대신하여 빠르고 정확하게 많은 일자리를 차지하게 된다. 인간의 취약점을 완벽하게 보완하고 있는 로봇은 생산에서 서비스산업, 정보산업 전반에서 활발하게 활동하게 된다. AI 인공지능 는 인간의 정보처리를 위해 개발되었지만 스스로 학습하면서 인간의 일자리를 대체하는 수단이 되었다. 인간보조 수단에서 인간 대역으로 바뀌어 일자리를 차지하고 있다.

4차 산업혁명은 기계가 인간화되어 가는 시대이다. 로봇인간이 양산되면서 인간이 로봇화되어 간다. 인체 장기를 비롯하여 두뇌의 일부까지 AI 기계 부품으로 교체되고 있으며 3D 프린터가 생산혁명을 이끌고 있다.

본 서는 로봇이 인간화되어 가는 시대에 인간의 일자리 창출을 어떻게 할 것이며 대비할 것인가에 대한 정보를 제공함으로써 미래사회에 대비하고자 한다. AI 인공지능 와 경쟁하면서 의존해야 하는 시대에 효과적으로 AI와 공존하는 방법을 찾아야 한다. 인간은 소비와 욕구충족을 위한 동물이지만 AI는 인간의 취약점을 가지고 있지 않다. 쉬지 않고 일하고 진화하는 AI와 공존하는 방법만이 일자리를 유지하는 시대가 되었다.

▍인류발달과 발명(지식재산)

인간은 20만 년 전 네 발의 동물에서 두 발로 서는 직립인간이 되면서 두뇌가 급격하게 발달했다. 직립인간으로 서서 걸어가며 넓은 사방을 보면서 인간의 사고력은 더욱 발달했다. 필요한 것을 얻기 위해 도구를 만들면서 발명이 시작되었다. 발명은 인류변화를 이끌어 왔다. 지식재산권의 발달이다. 인류 3대 발명인 불·화폐·바퀴의 혁신을 통해 의·식·주를 개선하고 혁신시키는 산업혁명으로 인류는 급속하게 발달해 왔다.

첫째로, 인간은 추위와 동물의 공격, 먹는 방법으로 불을 사용하면서 안전하고 안락한 보금자리와 다양한 요리방법을 찾았다.

둘째로, 서로 지니고 있거나 만든 물건을 교류하여 다양한 생활을 즐기기 위한 방법으로 물건의 기준 단위 을 만들어 거래를 위한 화폐를 만들었다.

셋째로, 장소를 이동하거나 물건을 옮기기 위해 바퀴를 만들었다.

미래사회는 이러한 3가지 요소를 바탕으로 지식재산권 창출능력에 따라 개인, 기업, 국가의 경쟁력이 결정된다. 4차 산업혁명 시대는 불 ▶ 에너지, 화폐 ▶ 가상화폐, 바퀴 ▶ 인터넷으로 변화된 지식재산권을 창출하기 위해 빅데이터로 미래를 혁신시키고 있다.

본 서는 4차 산업혁명을 이끌어온 발명 지식재산 역사를 체계적으로 분석하고 기업경영과 현장교육의 체험과 경험을 바탕으로 집필하였다.

필자는 40여 년의 창의성, 영재, 과학발명, 기업경영, 기술개발 교육프로그램개발과 교육경험을 가지고 있다. 지식재산 창출을 바탕으로 4차 산업혁명의 지식재산권 발명 발달과 인류발달을 연계하여 미래사회에 대비하는 전략을 제시함으로 미래인재 발굴과 육성에 도움을 주고자 한다.

기업경영과 컨설팅 경험을 바탕으로 급변하는 4차 산업혁명시대 지식재산권확보를 위해 무엇을 어떻게 해야 하는가에 대해 기업에 적합한 전략수립 방향과 방법을 제시하고자 하였다.

4차 산업혁명은 지식재산권(IP) 시대이다

세계 초일류 선도기업은 개발에서 생산까지 지식재산권 IP 으로 경쟁하고 있으며 방대한 지식재산권은 국가마다 정책적으로 지원하여 개인과 기업의 경쟁력을 창출시키고 있지만 미래는 AI 인공지능 가 이끌어 갈 것이다.

한국은 특허청, 한국발명진흥회, 중소기업진흥회, 상공회의소, 지식재산센터 등을 통해서 특허정보와 지식재산 경영관리를 지원하고 있다.

애플과 삼성은 전 세계 9개국에서 50여 건의 특허 침해 소송을 진행하고 있다. 애플이 인수한 노텔 특허의 가치는 건당 10억 원을 상회하고 있다. 딜로이트 컨설팅에 의하면 특허 산업은 이미 2조 달러를 넘는 신업이 됐다. 구글이 모토로리를 인수한 13조 원의 80%는 특허관련 비용으로 추정하고 있다.

기업, 국가경쟁력은 지식재산권 확보에 달려있다.

3, 4차 산업혁명은 정보시대이다. 3차 산업혁명은 정보제공자에게 지식재산권이 부여되었다면 4차 산업혁명에서는 정보를 가공하는 사람이 지식재산권을 가진다. 정보를 만드는 1차 제공자보다 다양한 정보를 수집 분석하고 융합하여 새로운 정보로 만드는 정보 분석가의 권한이 증가하고 있다.

정보가치는 정보에 대한 권한이다. 1 ·2차 산업혁명에서는 발명가에게 정보의 지식재산권을 부여했다. 3차 인터넷에서는 정보를 가공하거나 거래를 주관하는 사람 인터넷망 설치자 에게 지식재산권이 부여되고 있다. 정보에 대한 권한을 국한하거나 제한할 수 없는 4차 산업의 인터넷환경에서는 수많은 정보를 가공하는 사람 플랫폼 에게 부여되고 있다. 다양한 정보를 수집하고 분석하는 능력에 따라 새로운 정보가 창출된다.

모든 국가는 지식재산권 정책을 최우선으로 추진하고 있다. 정책적 지원, 경제적 지원, 법률적 지원을 어떻게 하는가에 따라 경제, 산업, 정치, 사회, 문화, 교통, 교육, 금융 등의 국가 정책이 지식재산권에 의해 결정되고 있으며 미래는 지식재산권이 빅데이터 AI:인공지능 에 의하여 결정될 것이다.

4차 산업혁명 지식재산권창출 방법

4차 산업혁명시대 지식재산권을 어떻게 창출할 것인가?

본 서는 4차 산업혁명의 지식재산권 환경과 조건에 따라서 지식재산권의 공간적 요소와 시간적 요소를 구분하여 미래경쟁력을 창출하는 방법을 제시하여 개인, 기업, 국가의 경쟁력을 창출하는 데 목적을 두었다. 필자는 40여 년의 디자인, 발명특허, 아이디어 심사와 컨설팅, 교육경험의 빅데이터를 바탕으로 이론보다는 경험 중심으로 미래 방향을 제시하고자 하였다.

1부는 산업혁명과 지식재산권에 대한 발명과 경제, 산업, 정치, 문화, 교통의 변화와 이를 위한 교육방법과 방향을 제시하였다. 1장은 산업혁명을 이끈 발명은 무엇인가에 대한 4차례의 산업혁명을 분석하였고 2장은 산업혁명으로 변화되는 경제, 산업, 정치, 문화, 교통, 교육, 금융의 변화요인을 제시하였으며 3장은 4차 산업혁명시대 무엇이 어떻게 변화되는가에 대한 미래 대비방향을 제시하였고 4장은 지식재산권 변화에 대비하는 전략수립방향을 제시하였으며 5장은 경쟁력을 창출하는 교육방법을 제시하였다.

2부는 4차 산업혁명시대 지식재산권은 무엇인가의 구체적 구분과 지식재산 창출을 위한 가감승제변 5가지 아이디어 창출기법을 제시하여 개인, 기업, 국가의 경쟁력 창출방법과 방향을 돕고자 하였다.

〈지식재산권 창출 방법〉

Contents

03 | 4차 산업혁명시대 무엇이 바뀌는가?

04 | 4차 산업혁명시대 지식재산권 대처방법은 무엇인가?

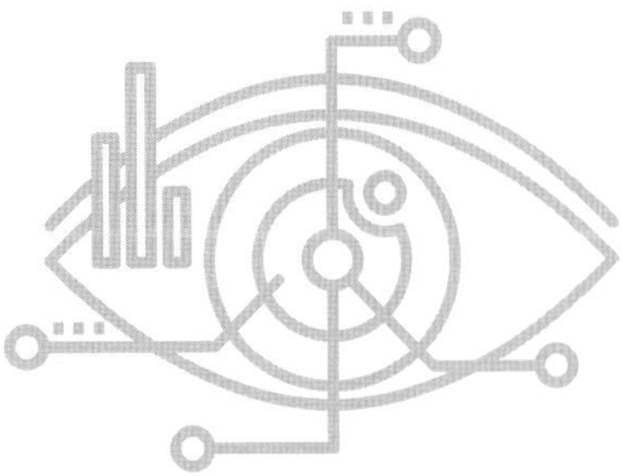

05 | 4차 산업혁명시대 경쟁력창출 방법

PART 2

지식재산권

01 | 지식재산권 유형과 관리

02 | 4차 지식재산권 창출, 가감승제변기법

부록

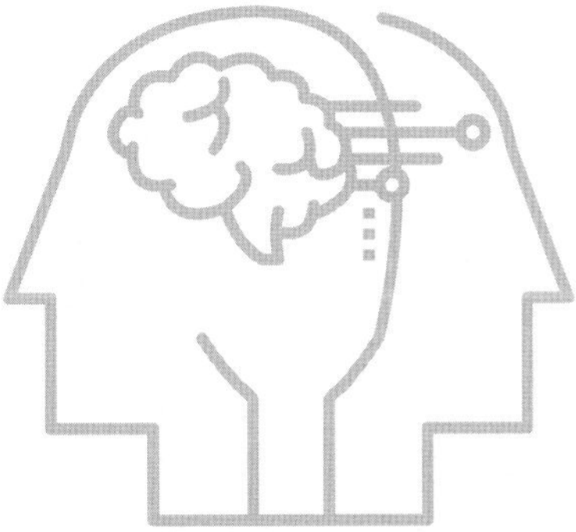

PART 1

4차 산업혁명의 변화

01

4차 산업혁명은 무엇인가?

- 1차 산업혁명이란?
- 2차 산업혁명이란?
- 3차 산업혁명이란?
- 4차 산업혁명이란?
- 4차 산업혁명시대 변화 I (직업, 시장)
- 4차 산업혁명시대의 변화 II(개발, 생산, 마케팅)
- 4차 산업혁명시대 필요한 인재(정보, 인성)

산업발달은 혁명이었다. 생활환경과 생산 환경을 바꾼 혁명이다.

▎산업혁명의 변화

산업혁명은 인류 문명과 문화생활을 급속하게 변화시킨 원동력이다.

산업혁명은 산업발달로 인하여 경제, 산업, 정치, 사회, 교육, 금융 등의 국가 정책 전반을 바꾸었고 미래 국가정책을 이끌어 가는 원동력이 되고 있다.

산업혁명의 정책 및 일자리 변화

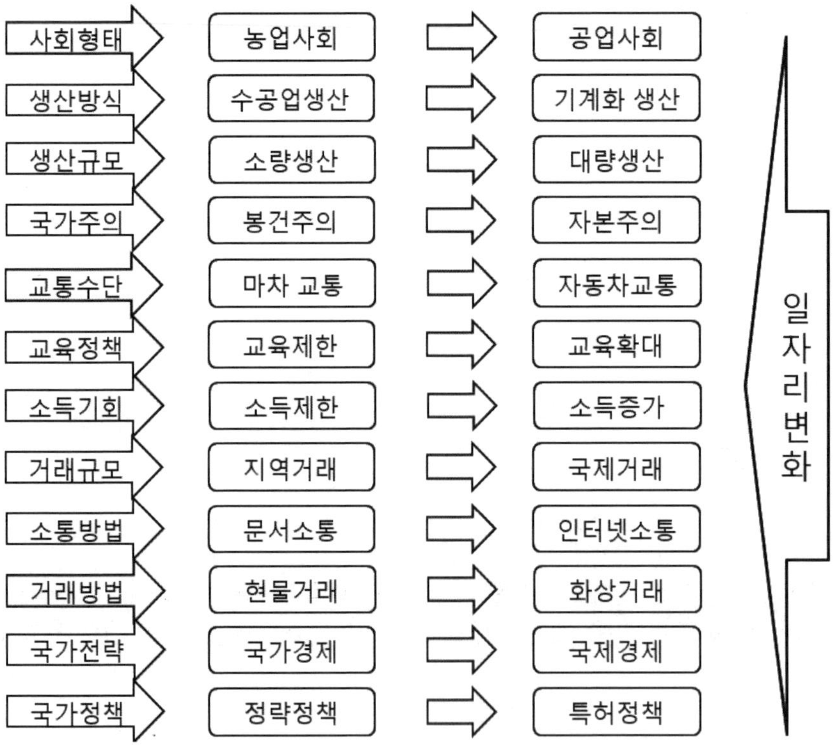

산업혁명의 3대 요인

산업혁명은 다음의 3가지 원인으로 혁신되었다.

20만 년 전 인류는 직립인간이 되면서 끝없는 변화를 추구하여 새로운 것에 도전함으로 좀 더 편리한 생활과 안전하고 쾌락한 환경을 만들었다. 인간은 의·식·주 변화를 위해 편리하고 다양한 생활을 위한 생활 도구와 기능을 개발했고 새로운 상품 개발과 먹을거리 개발에도 많은 노력을 했다. 식량해결을 위한 대량생산을 위해 종자를 개량하고 기술도 개발했다.

산업혁명의 3대요인

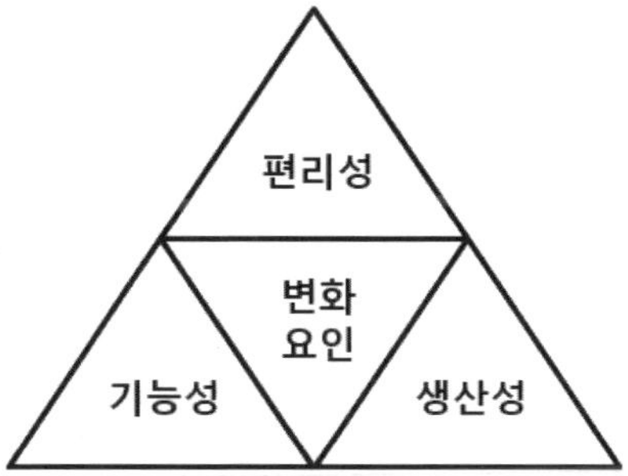

의·식·주의 편리성, 기능성, 생산성은 산업혁명으로 창출되었다. 편리한 기구나 공구, 기계가 발명되었으며 점진적으로 하나의 기구나 공구, 기계에 다양한 기능을 첨가하였다. 대량생산을 위한 생산방법과 기계 개발과 공장이 만들어졌고 이를 통한 다양한 상품 판매로 생활은 급변했다.

인류 최초의 돌도끼는 다양한 기구와 공구로 변했고 주거공간의 다양한 소재가 개발되고 섬유소재가 개발되면서 의·식·주에 필요한 기능적 요소와 생산적 기술이 동시에 발전했다. 지적재산권을 보호받고 이익을 얻기 위해 1차 산업혁명 이후 기술과 개발에 대한 법적 보호를 위한 제도가 국가마다 만들어지면서 발명특허의 유형, 무형 권리를 국제적으로 보호하게 되었다. 이처럼 산업혁명은 지식재산권의 혁명이기도 하다.

산업혁명이란?

산업혁명 Industrial Revolution 은 18세기 중반부터 19세기 초반까지 영국에서 시작된 기술혁신과 이로 인해 발생한 사회, 경제, 정치변화의 핵심이 되었다.

산업혁명이란 용어는 1844년 프리드리히 엥겔스 The Condition of the Working Class in England 가 사용하였고, 1884년 아널드 토인비 Lectures on the Industrial Revolution of the Eighteenth Century in England 가 보다 구체화시켰다.

18세기 영국에서 시작된 공업화, 기계화 혁명은 노동집약의 농업중심사회에서 기술 중심의 공업사회로 바뀌는 혁명이다. 면직기술과 증기기관기술을 바탕으로 영국은 해가 지지 않는 국가로 부상했다. 당시 선진기술을 바탕으로 정치, 경제권을 장악했고 막강한 기술력으로 후진국을 지배하였다. 영국 산업혁명은 근대적 시대변화를 요구하는 계기가 되었고 현대 자본주의 사회의 기초가 되었다.

영국 산업혁명은 미국을 비롯한 유럽의 프랑스, 러시아 등으로 확산되었고 20세기 후반에는 동남아시아와 아프리카, 라틴아메리카 중남미 로 확산되었다. 1차 산업혁명은 국가 정책의 우선순위가 되었으며 2, 3, 4차 산업혁명으로 변화를 이끌어 가는 국가경쟁력이 되었다.

산업혁명은 경제와 정치 구조를 바꾸었다. 왕족과 귀족 지배 체제가 무너지고 신흥 부르주아 계급이 등장했다. 부르주아는 영국에서 노동자 계급 선거권을 요구한 차티스트 운동으로 확산되어 지배적 규제가 폐지되고 점차 자유주의적인 경제 체제로 바뀌게 되었다. 공업화는 농촌 인구를 도시로 모이게 하여 인구의 폭발적 증가를 촉발했다. 공업화로 인한 석탄연기는 도시공기를 오염시켰고 노동에 대한 인권문제가 대두되었다. 장시간 노동을 강요하는 공장주로 인하여 노동 강요와 노동인력확보를 위한 고용문제로 확산되었다.

1차 산업혁명이란?

1차 산업혁명은 인류 3대 발명 불·화폐·바퀴 중의 바퀴 혁명이다. 바퀴는 이동수단 및 정보 교류수단이다. 18세기 교통과 이동수단은 마차가 이끌어 왔다. 당시는 마차를 이끄는 직업의 마부가 폭증했고 노조가 형성되어 영국사회의 노동시장을 장악했다. 증기기관의 발명이 마부의 일자리를 빼앗는 것으로 오해하여 노동 파업으로 나타났다.

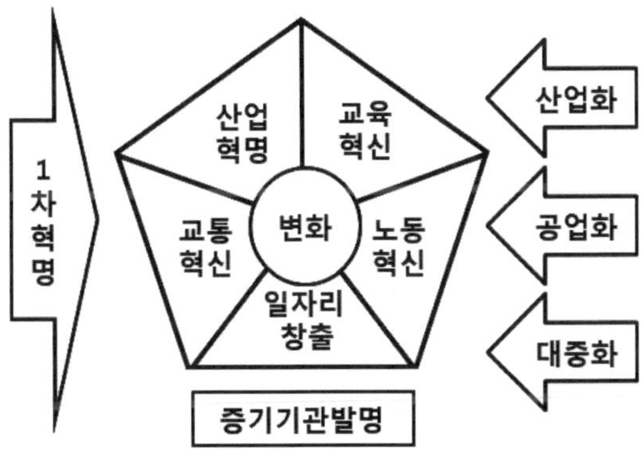

1차 산업혁명은 영국 산업혁명 원동력이었다.

영국 산업혁명의 핵심은 강력한 에너지 공급 혁신으로 증기기관을 통한 생산능력과 증기기관차를 통한 운송능력의 폭발적 증가로 강력한 영국을 만드는 계기점이 되었다.

18세기 중반부터 19세기 초반까지 영국에서 시작된 기술 혁신과 이로 인해 일어난 경제, 사회, 정치, 교통, 교육 분야의 일자리 혁명을 이끌어 영국은 세계시장을 지배하였다. 이로써, 1차 산업혁명은 오늘날 4차 산업혁명을 태동시키는 산업혁명의 원동력이 되었다. 수공업의 제한된 공간에서 지구촌을 하나로 만드는 글로벌시대로 만든 산업혁명이었다.

해가 지지 않는 영국의 비결은 산업혁명

영국은 17세기 명예혁명을 통해 봉건제가 해체되어 정치가 성숙되면서 농민층이 형성되었다. 면직업은 농촌의 모직물 공업이 발달하면서 근대 산업으로 발전했다. 영국은 풍부한 지하자원 석탄, 철 과 제2차 인클로저 운동으로 인한 풍부한 노동력을 보유하고 있어서 식민지 지배 등을 통해 많은 자본을 확보했다.

18세기 면직물의 수요가 급증하며 때마침 증기 기관 발명품을 개량해 대량 생산 체계를 만들어 산업혁명을 이끌었다. 면직물 공업의 산업혁명으로 면직 산업을 통해 얻은 기술력을 증기기관을 통해 세계시장으로 확산시켰다.

증기기관의 발명은 열을 가해 발생시킨 증기의 압력으로 실린더 내의 피스톤을 움직여 동력을 얻는 '왕복운동기관'이다. 말의 힘 馬力 을 열을 통한 에너지로 바꾼 혁명이다.

증기기관은 끓는 수증기가 가진 힘으로 주전자와 뚜껑이 오르내리는 것을 보고 와트 James Wart, 1736~1819 가 발명했다. 증기기관은 와트가 태어나기 이전 그리스 시대의 헤론이나 르네상스 시대의 다빈치 등이 증기기관에 대한 생각과 설계 등을 남겼다는 기록이 있다. 17세기 초에 프랑스, 독일, 이탈리아 등에서도 증기기관 연구는 진행되고 있었다. 이처럼 발명 지식재산 은 단계적 과정을 통해 만들어진다.

1차 산업혁명은 수공업의 소량체계에서 대량체계를 위한 시작이었다.

1차 산업은 목축, 농업이다. 기원전 6000~7000년부터 밀, 옥수수, 벼 등의 재배가 터키 남동부와 이라크, 이란 지역에서 시작되었다. 밀 재배는 메소포타미아 문명을 옥수수는 잉카문명을 일으켰다. 남아메리카대륙 북부 멕시코 지역은 옥수수 원산지다. 기원전 3800년부터 인도 북부에서 벼가 재배되기 시작하였고 기원전 3000년부터 벼 대량생산이 인더스 문명을 태동시켰다.

대량생산과 유통이 인류의 발달을 이끌었다. 증기기관의 발명은 이동수단과 유통수단을 바꾸어 인류생활을 윤택하게 만든 산업혁명이다. 이후 대량생산을 위한 다양한 기계가 개발되었다.

1차 산업혁명은 세 가지로 산업경제를 변화시켰다.

첫째 직물 혁명, 아크라이트의 수방적기, 하그리브스의 다축 방적기, 크롬턴의 뮬 정방기 수방적기와 다축 방적기의 결합체 를 이용한 면방적기 등은 1769년 특허 취득하여 1783년에 효력이 발생되었으나 면직·방직 공장이 설립됨에 따라 효력이 줄었다.

둘째 증기기관 혁명, 와트가 발명한 증기기관은 좀 더 기능을 개선하여 광산 채굴에 사용되었고 1780년대부터는 동력기로 대체되었다. 이 기술은 수력발전이 존재하지 않았던 작은 광산의 채굴방식에서 반자동화 공장으로 변화되는 발전을 촉진시켰다.

셋째 제철 철강 혁명, 석탄은 철강 산업에서 숯을 대신하여 철 제련 단계에서 사용되기 시작하였다. 구리, 용광로의 선철보다 훨씬 전에 발견되었다.

이처럼 산업혁명은 한순간에 만들어지는 것이 아니라 인류의 생활에서 불편하거나 새로운 기능이나 디자인이 필요할 때 반복된 실패를 통해서 만들어지는 것이다.

석탄을 자원으로 사용한 증기기관은 에너지개발의 혁신점이 되었다.

에너지의 사용변화 1단계

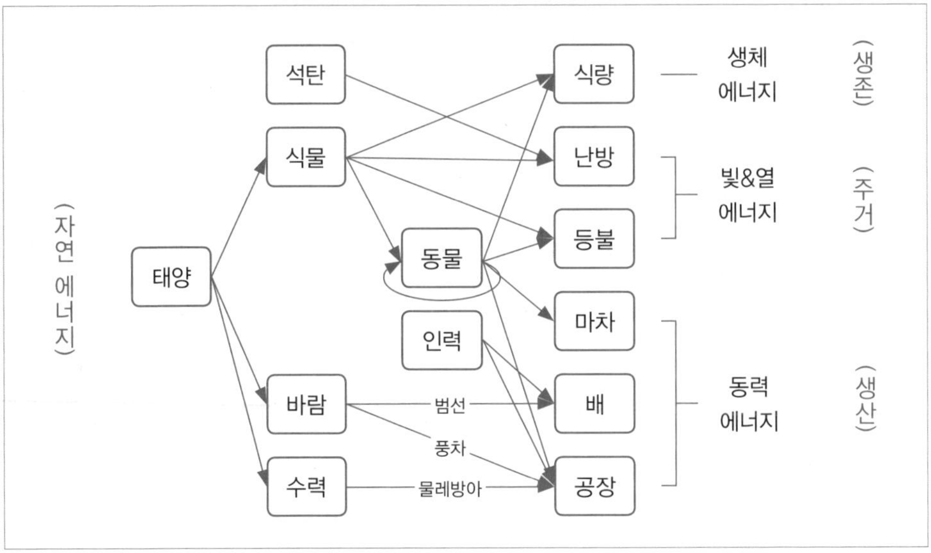

에너지의 사용변화 2단계

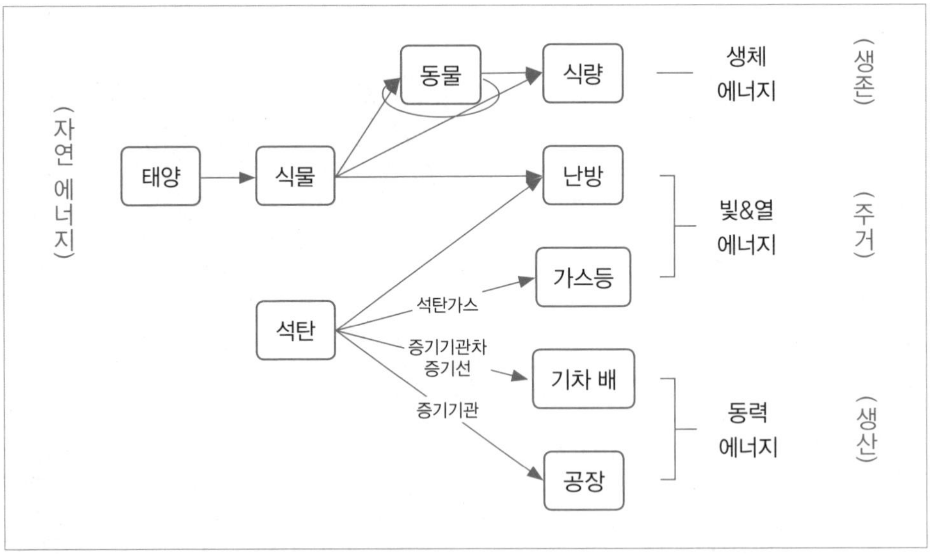

에너지의 사용변화 3단계

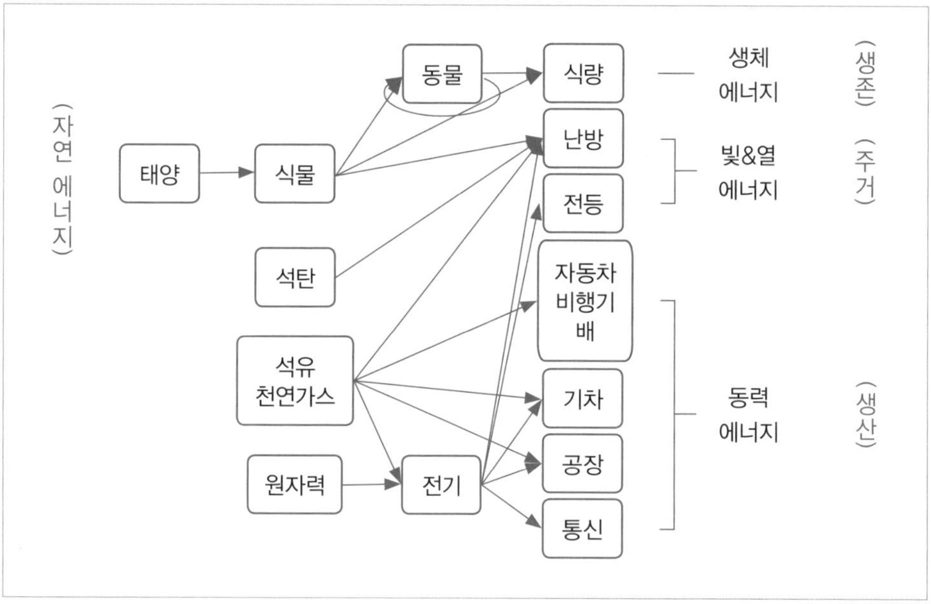

인류 생활에서 불은 의·식·주 변화를 이끌었다.

영국의 제임스 와트는 열에 의한 증기압력을 회전운동으로 전환시켜 동력을 만드는 증기기관을 발명하였다. 증기기관은 방적공장의 기계화, 동력화에 이용되어 대량생산을 이루고 이로 인해 산업혁명이 일어났다.

증기기차 증기선의 등장은 사람, 상품, 원료를 장거리로 신속하게 운송하는 산업혁명의 에너지였다. 농업에 종사하던 사람들이 산업혁명으로 인하여 도시로 몰려왔다. 동력화, 기계화로 대량생산이 가능해지면서 공장은 사람의 노동력이 더욱 필요했다. 산업혁명은 영주와 농노의 지배구조가 해체되어 사람들이 자유롭게 노동 활동을 하는 듯 보였지만 새로운 자본가와 공장주, 노동자라는 형태의 지배구조가 형성되었다.

봉건제도가 무너지고 자본주의로 바뀌었지만 자본가와 노동자 간의 갈등과 사회적 모순이 누적되면서 사회주의, 공산주의 이념이 생겨났다. 결국 대부분 국가의 사회체제는 대립, 갈등, 조정의 과정을 거쳐 오늘날의 자유민주주의, 시장경제 체제로 진화해왔다. 기술혁신이 사회를 변혁시킨 것이다.

인류발달을 이끌어 온 발명

인류는 농경사회를 이어왔다. 자연에 의존하여 식량을 생산하는 노동이 경쟁력을 창출하는 사회였다. 빈부의 차이는 노동력 확보에 달려있었다. 자연에 의존했던 농경사회에서는 땅은 부의 원천이었고 제한된 땅을 소유하고 있는 자가 지배계급이었다.

강력한 힘을 가진 자는 땅을 점령하기 위해 전쟁을 했다. 비옥한 땅을 차지하기 위해 싸웠고 농사를 위해 많은 노예를 소유했다. 부모가 노예라면 자식도 노예가 되어야만 했다. 대를 이어 노예 종가 되는 사회였다. 상류층으로 태어나지 못하면 평생 동안 상류계급에 올라갈 수가 없었다.

1차 산업혁명은 증기기관의 발명이다. 인간보다 강한 힘을 가진 증기기관의 발명은 농경문화를 바꾸는 계기가 되었다. 수공업은 기계에 의하여 생산되기 시작했다. 다양한 기계 등장으로 다양한 상품이 생산되기 시작했다.

땅이 없어도 성공할 수 있는 기회가 생겼다. 권력자, 지배자의 경영전략이 인간중심에서 기계중심으로 바뀌기 시작했다. 좀 더 생산성이 높은 기계를 발명하는데 투자를 했고 생활용품이 다양화되기 시작했다.

면직물 기계화를 통해 산업혁명은 급속하게 전 세계로 확산되었다. 방직공장은 의류의 대량생산으로 많은 사람들에게 값싸고 질 좋은 옷을 입는 기회를 만들었고 의류의 발달은 새로운 일자리를 창출시켰다. 기계생산이 인간의 일자리를 만들었다.

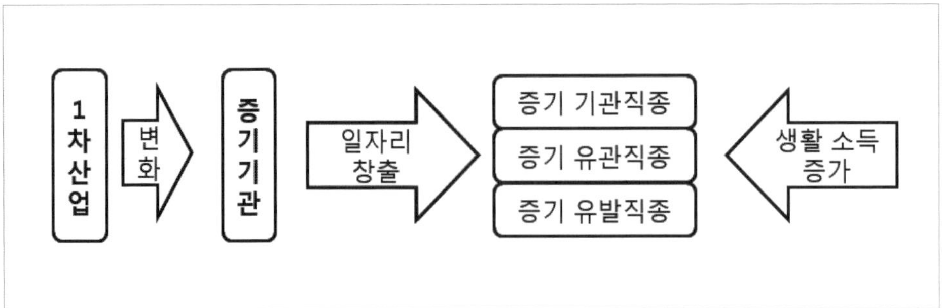

기계발달은 농경사회, 수공업사회를 변화시켰다. 소량생산에서 대량생산으로 바뀌면서 일자리는 폭발적으로 증가했다. 기계가 사람의 일자리를 빼앗아 갈 것이라는 생각은 기우였다. 기계를 파괴하고 반대했던 사람들이 새로운 기계개발에 참여하기 시작했다.

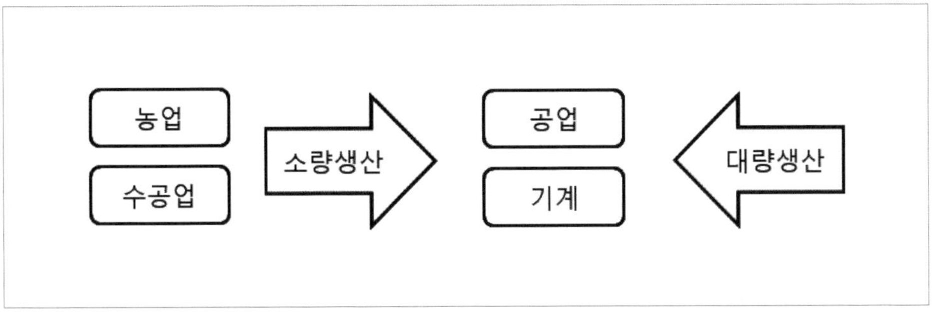

1차 산업혁명은 발명부흥의 계기점이었다.

증기기관 발명으로 공업에 의한 기계화가 보급되면서 영국은 세계시장을 장악하였다. 1760~1830년 산업혁명은 영국이 독점했다. 영국인들은 기계와 숙련노동자, 제조기술 등의 해외 유출을 엄격하게 금지하면서 독점하려고 했지만 산업혁명의 바람은 유럽으로 확산되었다.

윌리엄과 존 코커릴, 두 영국인이 1807년경 벨기에 리에주에서 기계를 갖춘 공장의 문을 열면서 벨기에도 산업혁명이 시작되었다. 벨기에는 유럽 대륙에서 경제적으로 변모한 최초의 국가가 되었고 영국처럼 철·석탄·섬유업을 중심으로 전개되었다.

이후 프랑스, 독일 등의 유럽 전역이 산업혁명으로 국가 발달을 이끌어 갔다. 이러한 산업혁명은 새로운 기계, 제품을 만들어 내는 발명의 발달로 급속하게 확산되었다.

누구든지 새로운 생각으로 발명하면 고소득을 올릴 수 있는 기회가 열렸다. 신분이 뒤바뀌는 현상이 일어나기 시작했다. 사람들은 땅보다 기계에 투자하는 개념으로 바뀌었다. 금융이 새로운 시장으로 형성되었고 농경사회에 없었던 새로운 일자리로 소득이 증가하고 생활수준이 향상되었다.

미국의 산업혁명은 농업국가에서 공업국가로 변화시켰다.

유럽보다 수십 년 늦었지만 풍부한 자원과 노동력 그리고 기술혁명으로 미국 산업혁명은 1840년대의 산업혁명으로 급속하게 농업국가에서 공업국가로 비약하는 발판을 마련했다.

미국의 산업혁명에는 역사적 배경이 있다. 첫째는 미영전쟁의 종식으로 미국은 국내 문제에 전념하는 정치적 여건 조성, 둘째는 유럽으로부터 값싼 노동력의 대규모 유입, 셋째는 철도, 운하 등 운송 수단의 발전, 넷째는 기술 혁명, 서부 개척을 통한 모험과 도전, 다섯째는 풍부한 지하자원 등이 산업혁명을 촉진시켰다.

19세기 초 미국의 공업 기반은 가내 수공업 형식의 작은 공장이 대부분이었다. 인구는 적고 땅은 넓어 일손이 부족했고 공장들은 노동자를 구하지 못해 여성과 미성년자들을 고용하게 되었다. 따라서 큰 공장을 세울 수가 없었다. 이를 해결한 것이 기계화생산이다.

1807년 로버트 풀턴이 클러먼트 호라는 최초의 증기기관선을 만들어 남부의 농산물과 북부의 공산품을 싼값에 대량으로 수송할 수 있는 길을 열었다. 허드슨 강과 포토맥 강에 대규모 운하가 건설되었다. 증기선의 발명으로 1825년 이리운하는 대서양과 5대호를 직접 연결하는 320마일의 초대형 운하개설로 5대호에서 뉴욕까지 운송비는 10분의 1로 떨어뜨렸다. 이리운하 주변에 대규모 공장들이 들어섰고 버펄로, 시라큐스, 로체스터 등 운하 주변 도시들은 빠른 속도로 번창하게 되었다.

〈폴턴이 만든 세계 최초의 기선 클러먼트 호(1807)〉

일본은 유럽과 미국의 산업혁명을 모방하여 빠른 속도로 발달했다. 아시아에서는 가장 먼저 산업혁명의 영향을 받아 국가와 기업을 발달시켰다. 소련은 영국이 150년 걸려 이룩한 성과를 단 몇십 년 만에 이루어냈다. 20세기 중반 산업혁명은 중국과 인도 등 비공업화 지대에 속했던 국가들까지 합류시켰다.

이처럼 1차 산업혁명은 2차 산업혁명의 기계화 대량생산의 기반을 만들었다. 국가에 따라서는 1차 산업혁명과 2차 산업혁명을 동시에 도입하여 산업을 발달시켰다. 산업발달은 국가 경쟁력을 만드는 길이었다. 영국에서 시작된 산업발달은 전 세계로 확산되면서 보급되는 속도에 비례하여 국가도 발달했다.

산업발달은 생활환경의 급속한 변화와 문화를 이끌었다. 산업발달은 인류의 생활환경을 바꾸면서 일자리 창출을 통한 소득증대로 생활방식과 문화여건을 증진시키는 효과를 만들었다. 소득이 증가하면서 여가문화가 다양화되었고 서비스산업이 만들어졌다.

농경사회에서 공업사회로 바뀌면서 새로운 부유층이 형성되었다. 일부 계층에 국한되었던 부가 일반화되었다. 상품의 대량생산과 저가상품으로 소득층의 소비가 증가하면서 시장이 보편화되었다. 상업발달은 국가 간의 교류를 빈번하게 만들면서 국제거래가 활성화되었다.

1차 산업혁명은 인류역사의 혁명이었다. 지배층으로 세습되었던 봉건주의에서 상업에 의한 다양한 부유층이 나타났다. 인간의 욕망이 확산되면서 성공을 위한 다양한 기회가 만들어졌다. 세습적 체계가 기회를 만드는 학습체계로 바뀌면서 왕권통치가 무너지고 상업에 의한 경제통치가 시작되었다.

1차 산업혁명은 사회주의 체계의 정치이념을 바꾸는 계기점이 되었고 대중에 의한 국가로 변화시켜 민주주의, 자본주의에 의한 정치로 누구에게나 기회가 주어지는 체제가 되었다. 교육기회가 다양화되면서 누구나 교육을 통해 기회를 만들어가는 자본주의, 민주주의가 정착되는 계기가 되었고 지구촌이 하나로 연계되는 시발점이 되었다.

2차 산업혁명이란?

전기혁명은 급격한 생활의 변화를 이끌었다. 밤과 낮의 구분이 없어져서 작업시간이 연장되었고 밤에도 낮과 같은 생활로 이어가게 만들었다. 생활시간과 작업시간의 연장은 2차 산업혁명의 핵심이다.

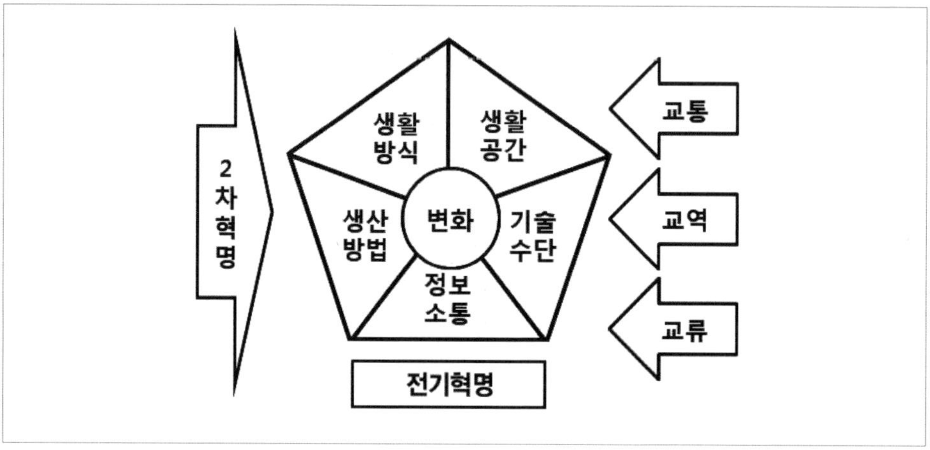

전기는 인류생활을 급격하게 변화시켰다.

전기는 의·식·주의 생활방식을 급속하게 변화시켰다. 전기를 통해 생활이 편리해졌고 요리를 위한 에너지공급 방식이 전기에너지로 바뀌어 식생활이 바뀌었다. 주택은 전기보일러 등으로 일정한 온도를 유지하게 되었다. 의복이 바뀌고 식생활이 바뀌고 주거공간이 바뀌면서 급속하게 편리한 생활이 보급되었다.

밤과 낮의 구분이 없어지면서 생활활동 시간과 노동시간이 연장되었고 새로운 생활공간이 확대되어 지상공간이나 지하공간의 구분 없이 활동할 수 있게 되었다. 작업공간의 확산은 작업시간의 연장과 함께 생산성이 높아지게 되었다.

수공업의 생산이 기계개발에 의한 대량생산방식으로 바뀌면서 상품가격이 낮아지고 상품거래량이 증가하면서 상업이 발달하였고 다양한 상품개발이 활발해졌다.

전기의 발원은 기원전 600년경 그리스의 철학자 탈레스가 호박 보석의 일종 에 양털을 문질러 생긴 정전기를 '마찰전기'라 부른 것이다. 전기발명은 생활환경과 방식을 급변시켰다. 전기 발견

전기 생활화는 1879년 필라멘트를 발명하여 전기회사를 차린 에디슨과 직류식 전기의 문제점을 해결한 니콜라 테슬라의 교류식 전기개발로 구분된다. 전기는 교류식과 직류식으로 구분되며 니콜라 테슬라는 교류식을, 에디슨은 직류식을 개발했다. 처음에는 직류의 문제점을 교류가 보완하였지만 오늘날은 직류에 의한 다양한 제품이 개발되고 있다.

〈에디슨 / 니콜라 테슬라〉

토마스 에디슨 Thomas Edison 이 '에디슨 전구'를 발명하고 전기회사를 차려 전기를 공급하면서 전기 없는 생활은 상상조차 할 수 없게 되었다.

전기는 생활문화 변화를 획기적으로 촉진시켰다. 다양한 전기제품 개발로 인하며 생활은 더욱 편리해졌으며 다양한 생활문화를 만들었다. 암흑세계를 밝은 세계로 변화시킨 것이다. 해가 뜬 시간에만 활동하던 생활이 어둠이 되어도 활동하는 생활로 변화되었다. 밤거리가 밝아졌고 제한된 생활시간이 길어지면서 생각하고 행동하는 시간이 연장되면서 인류생활은 급속하게 변했다.

2차 산업혁명의 전기가 생활에 미친 영향

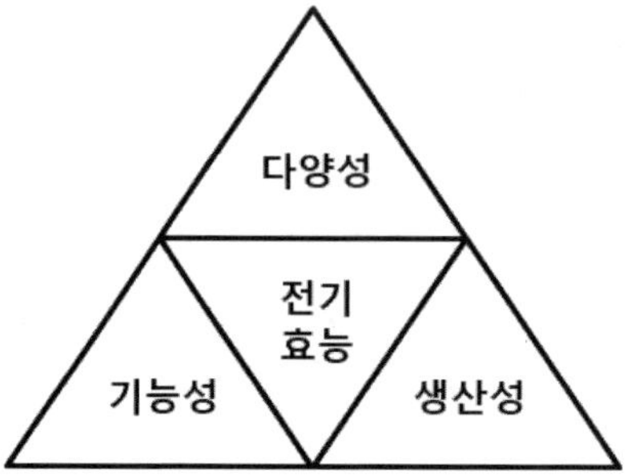

전기는 우리 생활의 3가지 요소를 변화시켰다.

첫 번째, 생활의 다양성

두 번째, 생활의 기능성

세 번째, 생활의 생산성

첫 번째, 생활의 다양성

다양한 상품개발은 편리한 생활과 다양한 생활을 만들었다. 취미와 성격에 따라 소득수준에 맞는 필요한 상품을 선택함으로 자신이 원하는 생활을 선택하는 범위도 넓어졌다. 다양한 상품으로 의·식·주의 변화가 새로운 트랜드 Trend 를 만들었다.

다양한 상품 개발은 다양한 직업을 만들었다. 하나의 상품을 바탕으로 다양한 상품이 개발되면서 소비자의 선택권이 확대되었고 소비자의 욕구에 따라 새로운 상품이 지속적으로 개발되었다.

전기를 통한 의·식·주의 편리성은 의복, 식생활, 주택구조 등을 변화시키며 새로운 일자리를 만들었다. 새로운 소재가 개발되어 디자인의 변화를 만들어 새로운 문화를 이끌어 가고 있다.

두 번째, 생활의 기능성

단순한 생활이 다양한 기능으로 변화되었다. 단순한 기구가 다양한 기능을 가진 다기능성으로 개발되고 활용되었다. 밤이 되면 모든 생활이 중지되었던 생활이 다양한 전기기구의 발명으로 바뀌었다.

전기기구의 다양한 형태와 기능은 새로운 생활환경을 만들었다. 단순히 어둠을 밝혀주는 전기에서 새로운 생활문화를 만드는 계기점이 되어 낮 문화보다 밤 문화가 발달되었다. 다양한 조명기구는 생활의 변화를 촉진시켰다. 화려한 불빛과 조명은 인간의 욕망을 충족시키는 자극제가 되었고 조명으로 실내장식은 기능적으로 바뀌었으며 야외 조명시설은 빛을 통한 새로운 문화생활을 만들었다.

새로운 생활에 따라 기능적 생활로 변화된 생활은 또 다른 생활문화를 기대하게 만들고 있다. 새로운 기능은 지속적으로 개발되어가고 있다.

세 번째, 생활의 생산성

수공업생산의 소규모 생산이 전기로 인하여 대량생산의 공장화로 발전했다. 상품의 다양성과 기능성은 대량생산으로 인하여 상품가격을 인하시켜 누구나 원하는 상품을 구매할 수 있게 되었다. 1차 산업으로 만들어진 일자리를 통해 높아진 소득은 2차 산업으로 만들어진 대량생산체계에서 새로운 시장을 만들어 냈다.

소규모의 이동시장 장마당 이 대규모의 정착된 시장으로 형성되면서 시장경제가 성장했다. 소비층이 형성되면서 상품의 다양성과 기능성이 확산되었고 이를 통해 국제적 거래가 빈번해졌다.

국제거래는 상품의 가격과 질에 대한 경쟁으로 이어졌고 이를 위해 공장의 자동화가 촉진되었다. 컨베이어시스템은 생산자동화를 촉진시켰고 대량생산으로 인한 일자리가 급증했다.

1차, 2차 산업혁명은 인류역사에서 가장 많은 일자리를 창출시켰다. 수공업생산이 자동화 시스템에 의한 대량생산체계로 확산되면서 일자리도 다양화되었고 숙련된 기능공의 수요가 급증하여 다양한 기능공이 양성되었다.

전기는 인류역사를 획기적으로 바꾸어 놓은 산업혁명이다. 다양한 상품이 기능적으로 개발되면서 상품품질이 개선되었고 품질에 따라 가격이 다양화되는 다양성과 기능성의 상품으로 개발되었다. 1차 농업상품 농수산물 에도 다양성과 기능성이 개발되어 출시되었다. 단순 상품에서 다양한 상품으로 변화되면서 생활도 변화되었다. 가족제도의 변화를 만든 것이다.

전기혁명은 생활리듬을 변화시켰다. 낮과 밤의 구별 없는 생활의 변화는 24시간 일하는 시간으로 변화시켰으며 이를 통한 생산증가는 소득증가로 이어졌다. 일하는 시간이 증가되면서 생각하는 시간도 증가되어 상품개발과 연계되기도 하였다. 밤새워 연구한 개발효과는 다양한 상품개발과 이를 위한 발명과 특허권확보로 확산되었다.

1·2차 산업혁명은 3·4차 산업혁명의 정보시대를 만드는 촉진제가 되었다.

전기를 통한 인터넷의 정보혁명이다. 전기혁명은 인류생활을 혁신적으로 바꾸는 계기점이면서 새로운 문화생활을 만든 원동력이었다. 이동과 운송수단의 바퀴혁명이 전기로 인한 이동수단과 생산수단으로 바뀌면서 인류생활은 급속하게 변화되었다.

1 ·2차 산업혁명은 인류의 3대 발명 중에서 바퀴혁명에 속한다. 바퀴는 서로의 공간을 이어주는 관계를 만든 발명이다. 전기는 낮과 밤을 이어준 생활의 바퀴와 같다. 1차산업은 마차 바퀴를 증기기관 바퀴로 혁신시켰고 2차산업은 전기에너지를 통한 생활환경과 작업환경의 생산방식을 바꾼 바퀴혁명이었다.

전기의 혁신

전기를 문명의 이기라고 한다. 전기는 소량생산체계를 대량생산체계의 컨베이어 시스템 Conveyor System 으로 공장 환경을 바꾸었다. 1905년 포드자동차의 대량생산 체계는 인류문화를 바꾸는 계기점이 되었다.

포드가 컨베이어 시스템 도입 후 모델 T 1대를 만드는 데 걸린 시간은 630분에서 93분으로 줄었다. 825달러였던 가격은 290달러로 낮아졌다. 모델 T는 1927년 생산이 중단될 때까지 무려 1,500만 대 판매라는 대기록을 세웠다. 이 기록은 1970년대 독일의 국민차 폴크스바겐 '비틀'에 의해 깨지기 전까지 단일 모델로써 세계 최대 생산기록이었다.

전기를 통한 대량생산체계는 자동차의 대중화를 이끌었다. 소수의 특정인만이 소유했던 자동차는 대량생산에 의한 가격하락으로 대중적 자동차로 바뀌면서 교통수단의 필수품이 되었다.

다양한 분야에서 동시적으로 생활환경, 생산 환경이 급변했다. 19세기 후반부터 20세기 초반에 걸쳐 철도, 석유, 자동차, 전기, 전신전화 등의 혁신기술들이 환경과 조건을 변화시켰다. 이처럼 발명은 급변하는 환경변화에 대응하고 적응하는 혁명의 수단이었다.

2차 산업혁명은 시장원리를 확산시키는 계기점이 되었다.

암흑문명이 누구나 즐기는 문명으로 바뀌면서 새로운 생활의 패러다임이 만들어졌다. 가진 자, 지배자들의 문명이 누구나 즐기고 공유하는 문명으로 바뀌었다. 상품의 희귀성은 가격상승으로 이어지지만 상품의 대량생산은 가격 하락과 대중적 상품으로 소비층을 확산시키는 시장원리가 된다.

2차 산업혁명은 시장개념을 바꾸었다.

지역시장에서 국제시장으로 새로운 글로벌시장 개념이 도입되었다. 지배자와 지배국가에 의한 시장이 소비자중심의 시장형태로 상품유통이 활발해졌다. 1차 산업혁명의 증기기관으로 수송이 원활해졌고 2차 산업혁명의 대량생산으로 다양한 상품이 신속하게 수송되면서 시장규모가 확대되었다. 시장경제는 소비층을 확산시켰고 소비경제를 촉진시켰다.

시장 가격의 결정 원리

① 공급량이 수요량보다 많은 경우
공급자들끼리 경쟁 ▶ 가격 하락 ▶ 균형 가격 형성

② 수요량이 공급량보다 많은 경우
수요자들끼리 경쟁 ▶ 가격 상승 ▶ 균형 가격 형성

시장경제는 수요와 공급의 흐름에 의한 경제를 말한다. 인위적으로 조작하거나 통제하는 것보다 자연스럽게 소비와 공급에 의한 경제흐름이다. 제철에 나는 채소나 과일이 가격도 싸고 질도 좋다는 것은 계절적 흐름으로 소비자의 이동이 시장경제를 이끌어가는 원동력이다. 물물거래에서 시장원리는 인류 3대 발명 중에서 화폐에 의한 거래이다. 일정한 기준에 의하여 가격이 결정되고 적절한 가격에 의한 화폐를 통해 거래가 이뤄진다. 수요가 가격의 결정적 원인이 되고 공급에 의하여 가격이 조절되는 시장원리이다.

1차 산업혁명과 2차 산업혁명관계

1차 산업혁명의 증기기관 에너지는 석탄이었다. 석탄의 열효율은 일정하지 못했고 석탄 공급은 에너지 확보에 또 다른 문제였다. 일정한 석탄을 확보하기 위한 공간과 많은 인력도 필요했다. 전기는 이러한 에너지 공급방식을 획기적으로 바꾸었다.

석탄 공급에 필요한 일자리가 전기에너지 공급을 위한 일자리로 바뀌었다. 석탄은 수급에서 저장, 석탄관리에 필요한 많은 인력이 필요했지만 전기는 소수의 인력으로 안정적인 공급을 하게 되었다. 석탄은 질이나 날씨에 따라 에너지 열량이 달라지기 때문에 많은 인력이 필요했으나 전기는 안정적이고 일정한 에너지를 공급했기 때문에 관리도 소수 인력으로 충분했다.

1차 산업혁명에서 2차 산업혁명은 일자리의 변화를 만들었다.

1차 산업혁명의 증기기관 발명이 마부의 일자리를 바꾸었듯이 2차 산업혁명의 전기발명은 노동방식을 관리자 일자리로 바꾸는 계기점을 만들었다. 석탄 채굴에서 이동, 수송 등의 일자리는 전기시설 기술관리로 노동방식이 바뀌었다. 일자리의 노동수단이 단순노동에서 기술노동으로 변화되었다.

2차 기술노동은 지식재산권의 시작이다.

단순노동에서 기술노동으로 바뀌면서 기술에 대한 지식재산권이 부각되었다. 누가 어떤 정보의 기술을 확보하는가에 따라서 기술로 경쟁력을 창출하는 시대가 되었다. 지식재산 정보는 관리방법을 생각하게 만들었으며 정보관리를 위해 정보를 교류하는 방법으로 3차 산업혁명의 인터넷 혁명을 예고하였다. 미국은 군사정보를 관리하고 공유하여 시너지를 창출하기 위한 방법으로 인터넷을 설계하게 되었고 인터넷을 통한 정보관리는 기술관리를 위한 방법이었다. 단순한 힘에 의한 노동력을 노동기술에서 정보기술에 의한 노동으로 바뀌면서 기술정보확보와 개발이 급진적으로 확산되는 시기가 2차 산업혁명이다.

▌시장경제원리를 바꾼 2차 산업혁명

21세기 기술 시스템 Technological system 의 근간이 되는 발명들은 19세기 후반과 20세기 초반에 생성되었다. 철강, 전기, 전신, 전화, 자동차, 염료 등이 대표적 기술 분야이다. 기술혁신은 기존의 산업을 크게 변혁시키거나 철강, 전기, 통신, 자동차, 염료산업 등과 같은 새로운 산업을 창출함으로써 산업 발전과 경제 성장에 커다란 영향을 주었다.

제2차 산업혁명을 계기로 대기업이 기술혁신의 핵심 주체로 부상했으며 기술의 주도권은 영국에서 독일과 미국으로 이동했다. 영국의 산업혁명을 이끈 기술을 바탕으로 독일과 미국은 새로운 생산시설로 경쟁력을 높였다.

제2차 산업혁명은 기술혁신을 통한 대량생산으로 수요와 공급을 조절하는 시장원리를 촉발시켰다.

"시장의 가격은 수요와 공급이 만나는 점에서 결정된다."는 가격 결정의 원리와 상품 간의 경쟁에 의한 시장경제 원리가 보급되었다. 시장경제 체제는 국가의 개입이 최소화된 가운데 개인이나 기업 등에 의하여 수요와 공급의 원리로 자유롭게 가격이 결정된다.

2차 산업혁명에 만들어진 시장원리는 글로벌시장에서도 적용되고 있다. 소규모시장이나 국제적인 대규모시장이나 수요와 공급의 원리는 동일하게 적용되고 있다.

오늘날 국제간의 협약이나 협정은 수요와 공급에 의한 양과 수, 가격에 대한 약정서이다. 국제 무역은 가격에 의한 거래이다. A국가보다 B국가가 싸고 질이 좋은 상품이 거래된다면 B국가의 상품을 A국가가 수입하여 안정적인 상품을 공급하고 가격을 안정시키기 위한 거래 약속이다. 이를 통해 자국의 소비자를 보호하고 물가 안정으로 국가를 이끌어 가기 위한 것이다. 생산조절 기능은 인위적인 공급조절과 자연적인 공급조절로 이뤄진다.

2차 산업혁명의 특허전쟁

다양한 상품출시는 다양한 특허등록으로 확산되었다. 국내 및 국제시장독점이나 지배를 위한 특허전쟁이다. 1차 산업혁명 때까지는 특허등록이 일반화되지 않았다. 다량생산과 국제시장거래에 의하여 특허권 확보는 사업의 활력소가 되었다. 특허권 확보는 소비층에게 신뢰를 얻는 방법이 되었고 일정 기간 동안 시장 상권을 보장받는 방법으로 부각되었다.

2차 산업혁명은 특허혁명이다.

특정인만이 특허를 확보하던 시대에서 누구나 상권 확보를 위한 특허등록을 하게 되었고 국제특허권 확보가 기업 상권 확보 경영전략이 되었다. 국가 간의 특허보호를 위한 정책이 만들어지기 시작했다.

1954년 국제특허분류에 관한 유럽조약이 성립되었고 1968년에 세계 지식 재산권 기구의 대표 등이 참가하여 정식으로 발효되었으며 스트라스부르 협정에 따라 1975년에 세계 통일 기준으로 공표되었다.

국가마다 자국 상품 보호를 위한 특허정책은 중요한 과제가 되었다. 자국상품 보호를 바탕으로 국제 거래권을 확보하기 위한 정책이 마련되었고 국가 간 협정에 의하여 특허권을 보장해 주는 국제특허법이 만들어졌다. 유럽특허청에 한 번 특허를 등록하면 EU 가맹국 전체에 효력이 발생하고 있다.

오늘날은 PCT국제특허출원으로 스위스 제네바에 있는 WIPO 국제사무국에 국제특허출원을 하는 제도가 활성화되었다. 국가마다 출원을 한다면 막대한 비용이 들어가기 때문에 국제특허권을 보호하기 위한 국제기구가 만들어졌다. 이처럼 특허권은 보이지 않는 전쟁이 되고 있다. 삼성과 애플이 서로 특허권침해로 소송을 하면서 홍보 전략을 세우는 것도 특허권을 통한 소비층의 신뢰를 얻기 위한 것이다. 4차 산업혁명의 기반을 만든 것이 2차 산업혁명의 대량생산체계의 다양한 상품개발이었다.

3차 산업혁명이란?

3차 산업혁명은 인터넷발명이다.

인터넷의 가상공간은 공간과 시간개념을 깨트렸다. 인터넷 공간을 통해 정보를 나누고 인터넷 화상 교육이 만들어졌고 화상화폐 거래가 발생했다. 정보소통과 거래를 위한 공간이 인터넷상에 만들어지면서 정책교류 수단이나 선거방법, 소통방식이 인터넷으로 교류되었다.

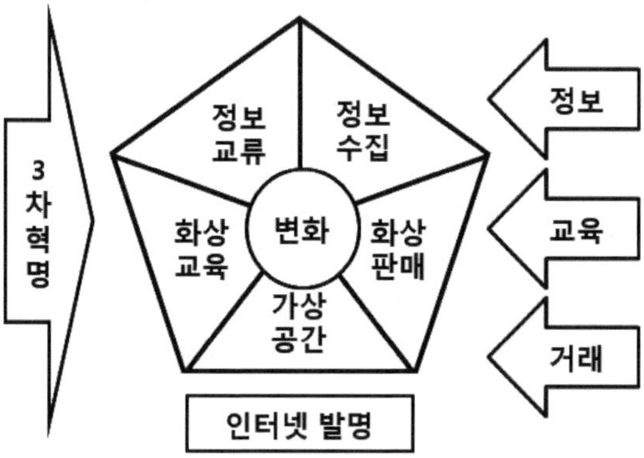

인터넷 발명은 인류역사를 혁신시켰다. 공간과 시간 개념을 바꾸는 계기점이 되었다. 인터넷이라는 무한 가상공간에서 시간 차이를 극복하여 지구촌의 모든 사람들이 같은 시간에 정보를 공유하는 시대이다. 글로벌 시대

현실적으로 불가능했던 사건이나 문제해결방법을 인터넷 공간에서 찾아 해결하며 미래사회를 구현하는 새로운 개념을 만들었다. 인터넷을 통해 불특정 다수를 대상으로 교육하는 방식과 무한 정보를 공유함으로 제한된 지식에서 탈피하여 새로운 정보지식을 교류하고 미래를 창조하며 상품거래도 인터넷으로 지구상의 모든 상품을 저렴하게 구매한다. 인터넷 정치, 경제, 사회가 구현되었다.

인터넷은 최소비용으로 최대효과를 창출시킨다.

실시간으로 정책을 발표하고 검증받고 있다. 음성적인 정치활동이 공개적으로 확산되어 정책안을 평가받고 있다. 국가 정책의 전반적 내용을 실시간으로 파악함으로 정치참여 기회가 확대되었다.

인터넷 투표는 투표현장에서 발생했던 문제를 해결하고 있다. 투표용지인쇄비용, 투표장 관리비, 투표 검증비용 등의 비용과 관리문제를 인터넷 공간에서 해결함으로 신속 정확하게 최소비용으로 처리하게 되었다. 투표 도중에도 정책을 검증할 수 있고 다른 정책과 비교함으로 판단기회가 넓어졌고 신뢰성도 증가되었다.

기업은 인터넷 상품판매 방법으로 비용을 감소시키고 있다. 주문에 따라 생산량을 조절할 수 있게 되었고 소비자의 기호성을 신속하게 파악함으로 상품개발 정보에 활용하고 있다. 유통망이 간결해짐으로 비용을 절감하였고 유통 정보를 공유함으로 거래의 문제점을 해결했다. 글로벌마케팅

인터넷으로 경제규모가 커지고 경제 관리가 투명해졌다. 거래 투명성으로 거래관리로 인한 경비 인건비, 관리비 가 절감되었고 거래 흐름을 파악하여 미래거래를 예측하는 예측경제가 조성되었다.

인터넷 사회(Digital society)는 투명과 공유사회이다.

계층이나 직종, 연령이나 남녀 구분 없이 같은 정보를 공유하고 각기 다른 체험과 경험으로 시너지를 창출하는 사회이다. 인터넷의 공유 사회에서 불평과 불만은 축소되었지만 때로는 예상치 못한 거짓이나 허위 정보 등으로 피해를 보는 경우도 발생한다. 상대를 보지 않기 때문에 예의, 예절이 없어 인터넷을 통한 불특정인 대상의 정치, 경제, 교육 등의 무한 교류가 상대의 지식재산권을 침해하는 일도 발생하고 있다.

인터넷 발명

1969년 미국 서부 UCLA 공과대학교의 렌 클라인록 Len Kleinrock 교수 실험실에서 스티븐 크로커 Stephen Crocker 와 빈튼 서프 Vinton Cerf 두 대학원생이 두 대의 컴퓨터를 연결해 시험 데이터를 전송시키는 것이 인터넷의 시작이다.

1970년 후반 TCP/IP 프로토콜이 도입되면서 인터넷 기반이 만들어졌다. 1980년대 도메인명 시스템으로 1990년대에 월드 와이드 웹 WWW, World Wide Web 서비스가 개발되었다. 인터넷 익스플로러 Internet Explorer 는 미국의 빌 게이츠 Bill gates 가 개발하면서 대중적으로 사용되고 있다.

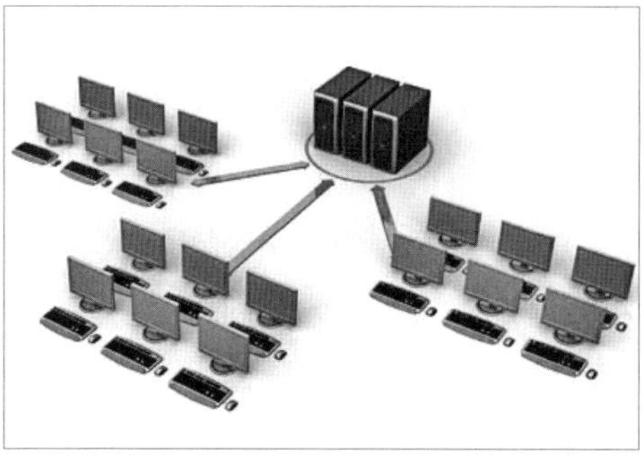

컴퓨터와 컴퓨터를 연결시키는 인터넷망은 사무실 컴퓨터 연결을 시작으로 외부 컴퓨터와 연결시키는 네트워크망으로 확산되어 오늘날 세계를 하나의 인터넷망으로 연결시켰다.

인터넷은 정보보관과 관리, 정보교류를 통한 정보혁명이다.

방대한 정보를 다수의 컴퓨터로 관리하는 방법으로 시작되어 다수의 컴퓨터와 방대한 정보를 교류하여 새로운 정보가치를 창출하는 시대이다.

글로벌 개념은 다수의 협력과 협의에 의한 3차 산업혁명을 만든 인터넷의 정보시대를 의미한다. 4차 산업혁명의 정보는 인터넷을 통한 새로운 혁명으로 급속한 정보 네트워크망을 초연결화시키고 있다. 이를 4차 산업혁명의 초연결사회라고 부른다.

인터넷을 통한 정보시대

1, 2차 산업혁명을 생산혁명이라고 한다면 3차 산업혁명은 생산을 위한 정보혁명이다. 1, 2차 생산이 단순히 필요한 상품을 생산했다면 3차 산업혁명은 생산방법을 정보에 의하여 분석한 생산 방식으로 바꾼 혁명이다.

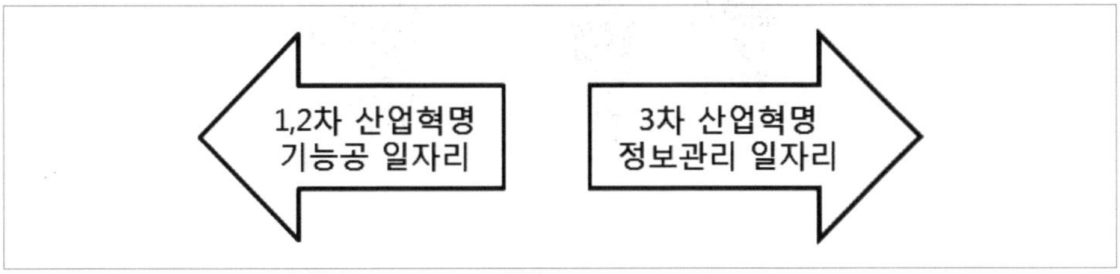

3차 산업혁명은 정보혁명의 시작이다.

정보는 수집을 통해 분석하는 방식이다. 어디서 어떻게 어느 정도의 정보를 수집하여 어떤 방법으로 분석했는가에 의하여 정보가치가 결정된다.

3차 산업혁명까지는 정보수집능력이 중요했다. 수집된 정보가 없거나 부족하면 분석으로 정보가치를 만드는데 한계가 있기 때문이다. 수집된 정보를 어떻게 분석하는가에 따라 정보가치가 결정되기 때문에 정보관리자를 발굴하고 육성하는 교육전략이 개인, 기업, 국가의 경쟁력을 창출했다.

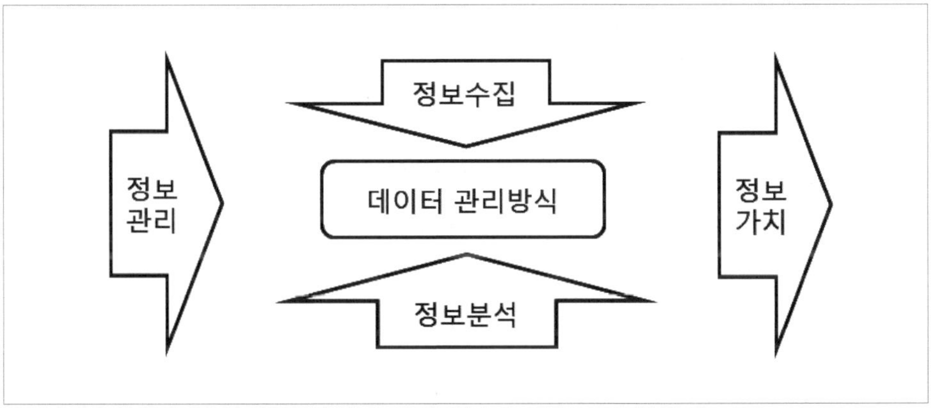

인터넷의 3가지 혁명

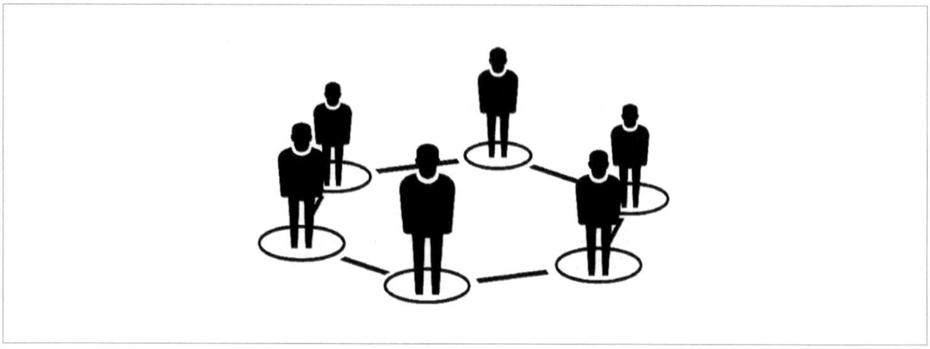

① 연결의 혁명

인터넷은 서로를 연결하는 개념이다.
첫째는 사람과 사람을 연결하는 것이고
둘째는 정보와 정보를 연결하는 것이다.

정보와 정보의 연결이 빅데이터다.

정보를 연결하는 수단으로 컴퓨터를 인터넷망으로 연결하는 방식이다. 연결에서 중요한 것은 속도이고 정확성이다. 정보교류의 속도가 느리거나 중간에 끊어지는 문제가 발생하면 정확성이 떨어지는 것이다.

연결은 공유와 생각의 공간 개념이다.

4차 산업혁명은 각기 지니고 있는 지식과 정보, 체험과 경험을 공유함으로 새로운 시너지를 만들어 내는 초연결성이다. 각기 다른 부서가 유기적인 관계를 연결하여 시너지를 만들어 내는 조직문화이다. 조직정보를 인터넷으로 공유함으로 신속 정확성을 높이고 있다. 인터넷은 정보의 교류와 토론으로 자연스럽게 연계시키고 있다. 각자의 생각을 메일로 전송함으로 상대 생각을 이해할 수 있도록 공간을 만드는 것이 인터넷 공간의 특성이다. 즉흥적인 비판을 자제함으로 상대를 존중하는 기회를 제공하고 있다.

② 속도의 혁명

3차 산업은 속도전이다. 인터넷은 거리에 상관없이 신속 정확하게 정보를 교류한다. 인터넷은 반도체개발에 따라 교류하는 속도와 정보량도 발전했다. 인터넷 속도는 대량정보를 신속 정확하게 소통하도록 만들었다.

한국 반도체기술은 인터넷기술로 발전했다.

인터넷 발명국가인 미국보다 한국이 인터넷 속도와 정보처리 용량이 빠른 것은 반도체기술 때문이다. 대용량을 빠른 속도로 전송하는 기술개발은 대용량의 정보를 축적할 수 있게 만든 반도체기술이다. 한국은 반도체기술개발과 인터넷망 확산이 동시에 이뤄진 국가이다. 가장 빠른 속도로 정보를 교류함으로 새로운 정보를 창출시키는 효과를 얻고 있다.

4차 산업 정보혁명을 이끄는 3차 인터넷혁명은 속도전에서 나온다. 한국이 미래 지식재산권확보에 우월성을 가진 이유가 인터넷혁명의 선도국가이고 반도체 선도개발 국가이기 때문이다.

③ 통신망 혁명

인터넷은 지구공간을 하나의 공간으로 연결시켰다. 지구공간을 하나로 이어지는 방식은 지구 밖에 인공위성으로 교류시켰다. 통신은 하나의 공간과 시간으로 관리하는 방식이다. 위치나 거리에 관계없이 통신망에 의하여 교류한다. 가까운 거리는 단파장으로 교류되지만 먼 거리는 인공위성을 통해 장파장으로 교류된다.

정보를 보내는 속도와 처리하는 속도가 빛의 속도로 처리된다. 컴퓨터끼리 정보를 교류하는 속도는 빛의 속도이다. 인간보다 컴퓨터가 빠르고 정확하게 정보를 처리하고 연결하는 방법이 통신망이다.

3차 산업혁명의 지식재산권 변화

발명은 유형발명과 무형발명으로 구분된다.

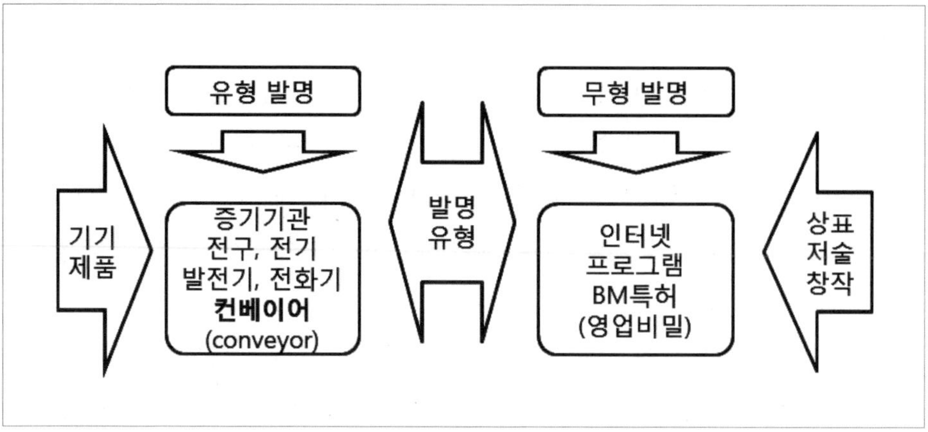

1, 2차 산업혁명을 유형발명시대라고 한다면 3차 산업혁명부터는 무형발명이 확산되었다. 인터넷 공간은 무형공간이다. 컴퓨터 소프트프로그램은 무형재산이다. 눈에 보이는 발명에서 보이지 않는 무형에 대한 지적 재산권을 개발하고 보호하기 위해 국가정책이 변화되었다.

오늘날을 지식재산권 시대라고 한다. 유형 및 무형발명특허권 확보가 개인과 기업, 국가의 경쟁력을 결정하기 때문이다. 국가 및 지역단체는 해외투자 확보정책에 사활을 걸고 투자기업에 막대한 정책적 세금 등을 지원하고 있다. 지식재산권 확보를 통해 안정적이고 장기적인 경제를 유지하기 위하여 정책 1순위를 지식재산권 확보에 두고 있는 것이다. 지식재산권은 미래 경쟁력을 창출하는 방법으로 개인, 기업, 국가의 미래전략으로 부각되었다. 특히, 무형발명을 통한 지식재산권 확보를 위한 인재발굴과 육성이 국가교육전략으로 각국은 막대한 투자를 경쟁적으로 하고 있다. 이것이 선진국가 4차 산업혁명 교육정책이다.

3차 산업혁명의 교육변화

주어진 데이터만으로 정보가치를 창출하는 데는 한계가 있다. 이미 공개된 정보는 모두가 공유하기 때문에 새로운 정보로 창출하는 문제점을 해결하기 위해 빅데이터를 수집 분석하는 4차 산업혁명의 정보기반은 3차 산업혁명에서 출발되었다.

3차 산업혁명은 정보교육의 변화를 촉진시켰다.

선진국과 후진국의 차이는 교육정책에서 구분된다. 암기식 주입 교육은 후진국형 교육정책이다. 선진국은 변화되는 시대 흐름에 따라 새로운 정보를 수집하고 분석하는 정보교육을 추진한다. 암기 및 주입식은 줄을 세워 평가하기 위한 관리적 교육방법이고 정보교육은 새로운 개척이나 개발을 위한 다양성 평가교육이다.

후진국 교육은 이미 공개된 정보에 의하여 암기하고 주입시켜 평가하므로 통제하기 위한 교육방식이라고 볼 수 있다. 선진국은 공개되지 않는 정보를 수집하고 분석하는 교육을 하기 때문에 평가보다는 체험과 경험으로 정보를 수집하고 분석하는 능력을 학습시킨다.

정보는 죽은 정보와 산 정보로 구분된다.

죽은 정보는 공개된 지나간 정보이고 산 정보는 미공개된 정보이다. 공개된 정보는 누구나 공유함으로써 시너지를 창출하는 데 한계점을 가지고 있으나 미공개된 정보는 높은 경쟁력을 가지고 있다. 문제는 미공개 자료는 검증이 되지 않은 것이다. 검증이 되는 순간 이미 죽은 정보가 되기 때문에 미공개 자료가 기업비밀이 되고 있다.

교과서는 5년 주기로 검증되어 사용되는 공개된 정보이다. 5년이 지난 정보는 새로운 개발이나 도전에 필요한 정보가치가 떨어진다. 따라서 선진국은 미래지향적인 정보개발을 위한 교육을 추진한다. 정보시대는 빅데이터에 의하여 급변한다.

3차 산업혁명 일자리 변화

1, 2차 산업혁명은 생산을 위해 기능직 일자리 창출의 혁명이었지만 3차 산업혁명은 정보관리자 일자리가 창출되기 시작했다. 인터넷을 통한 정보교류는 다양한 소프트프로그램 개발로 4차 산업혁명의 정보시대를 만들었다.

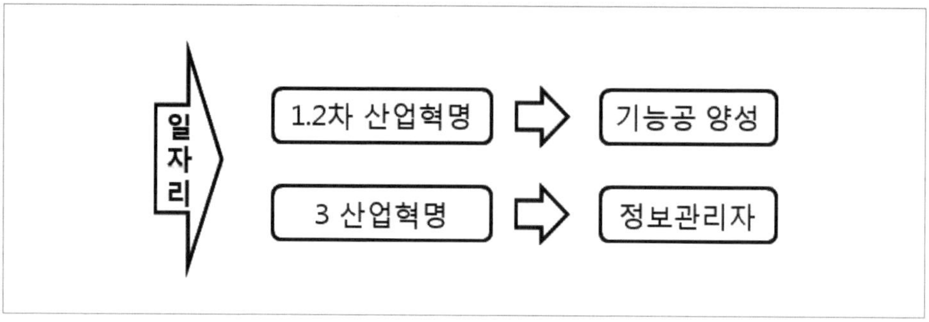

유형발명에서 무형발명으로 확산되었다.

1, 2차 산업혁명이 기능공을 양상 시켰다면 3차 산업혁명은 인터넷에 의한 정보관리자의 일자리를 만들었다. 3차 산업혁명은 상품생산이 아니라 정보생산이다. 유형발명이 무형발명으로 확산되는 시기이다.

기능공은 반복된 기술습득에 의한 일자리이고 정보관리자는 기존의 수많은 정보를 수집 분석하여 시너지를 창출하는 정보관리 일자리이다. 기술정보와 데이터 정보는 다른 영역이다.

3차 산업혁명 일자리가 4차 산업혁명 일자리의 변화를 만들었다.

3차 산업혁명은 정보관리 일자리이고 4차 산업혁명은 정보의 데이터 관리 일자리로 새로운 정보창출에 있다. 3차 산업혁명은 인간이 정보를 관리하는 방식이고 4차 산업혁명의 정보는 AI 인공지능 가 관리하는 방식이다. 인간의 두뇌를 모방한 AI 인공지능 가 딥러닝 Deep Learning 을 통해 정보를 가공하는 시대가 4차 산업혁명의 핵심이다.

4차 산업혁명이란?

4차 산업혁명은 빅데이터에 의한 AI(인공지능)시대이다.

컴퓨터가 스스로 학습하여 새로운 정보를 인간처럼 생각해 낸다. 컴퓨터에 입력된 정보만으로 가공했던 시대에서 입력된 정보를 바탕으로 컴퓨터가 스스로 학습 Deep Learning 하여 판단하고 예측하는 시대이다. 입력된 정보에 의하여 미래에 대비하고 새로운 아이디어를 창출하는 기계정보혁명이다.

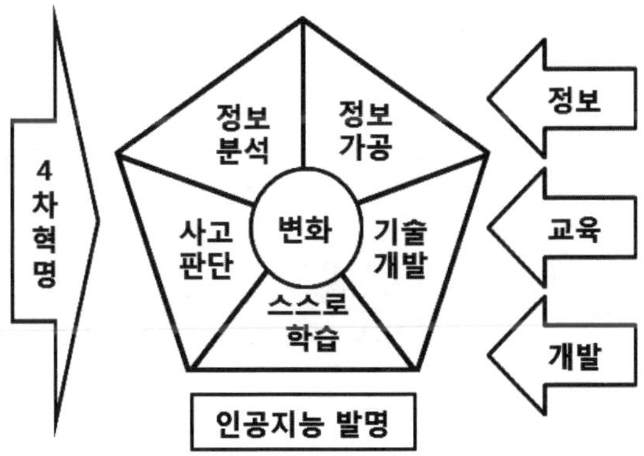

AI 인공지능 는 단순한 컴퓨터가 아니다. 인간처럼 스스로 학습 분석 하여 입력되지 않는 정보를 가공하고 새로운 기술개발, 특허개발까지 한다. 인간보다 빠른 시간에 정확하게 분석한 정보를 바탕으로 실패요인을 사전에 예방하기도 한다. 따라서 인간을 대체하는 효과를 가지고 있다.

인간은 눈으로 보고 읽는 것, 귀로 듣는 것, 손으로 만지고 느끼는 것, 학습된 정보 등으로 인지하지만 AI 인공지능 는 입력된 데이터에 의하여 스스로 학습하기 때문에 한계성이 있다. 인간의 직관과 경험에 의한 정보를 습득하지 못하는 것이 AI 인공지능 의 한계이다.

AI의 무한성

인공지능은 무한한 능력을 창출할 수 있다. 3차 인터넷 발명이 만든 공간과 시간을 최대한 단축시키고 확산시키는 능력을 지니고 있기 때문이다. 따라서 지식재산권 확보를 위해 인공지능이 필요하다. 4차 산업혁명시대는 발명특허를 인공지능에 의하여 창출하고 있다.

바둑이나 체이스 대결에서 인간은 인공지능에게 완전 패배했다. 인공지능은 입력된 정보만으로 판단하는 것이 아니라 스스로 상황을 분석하여 판단하기 때문이다. 문제는 인간보다 인공지능이 분석하는 속도와 판단하는 방법이 빠르고 정확하다는 것이다.

인공지능은 입력된 정보를 가공하여 인간보다 빠르고 정확하게 분석하여 새로운 방법과 방향을 제시함으로 신기술개발, 신상품개발, 고객관리 정보 분석 등에서 인간보다 우위를 가지게 되었다. 따라서 발명특허도 인공지능에 의존하는 시대가 되어 지식재산권을 인공지능에게 빼앗기는 상황이다. 그렇다면 인공지능의 지식재산권은 누가 가질 것인가?

AI의 지식재산권

AI 인공지능 를 인격화할 것인가?

AI 인공지능 의 법적 책임과 권한, 권리를 어떻게 할 것인가?

4차 산업혁명 미래사회의 문제점은 인공지능을 스스로 독립된 인격체로 인정할 것인가, 인공지능 소유자를 권리자로 인정할 것인가?

미래사회의 정책적 문제이다. 지식재산권을 인정한다는 것은 인간이 아닌 객체를 인간과 같은 능력자로 인정한다는 것이 된다.

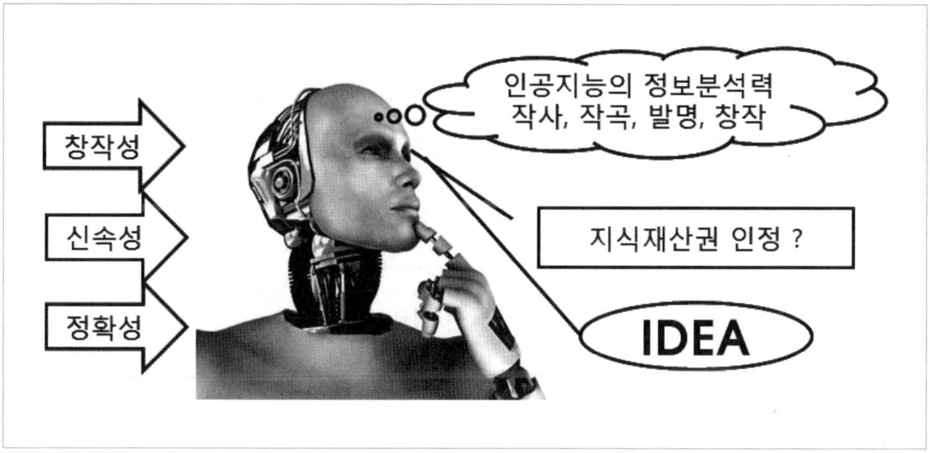

인간보다 빠르고 정확하게 데이터를 수집 분석하는 인공지능의 능력을 어떻게 인정할 것인가? 4차 산업혁명시대의 국가별 정책이고 전략이다.

4차 산업혁명은 신속하고 정확하게 남보다 먼저 창작할 때 경쟁력을 창출하는 시대이다. 남과 같은 생각, 같은 방법은 경쟁력이 없다. 가장 빠르고 정확하게 도전하고 개발하는 창의력이 경쟁력이 된다.

3차 산업혁명시대까지는 창의성에 의한 창의력은 인간만의 고유영역으로 생각하고 경쟁력을 창출하였지만 4차 산업혁명의 AI 인공지능 는 인간보다 빠르고 정확하게 정보를 수집, 분석하여 창작하는 능력으로 미래를 지배하고 통제하는 시대가 되었다.

인공지능을 만든 과학자

인공지능을 만든 과학자에게 지적재산권을 부여해야 할까?

인공지능 프로그램을 만든 사람과 인공지능을 가진 로봇을 만드는 사람은 구별되어 있다. 연구자와 개발자, 생산자가 구분되는 것이 자본주의 역할이다. 4차 산업혁명에 따른 변화요소는 인공지능의 지식재산권 영역이 된다.

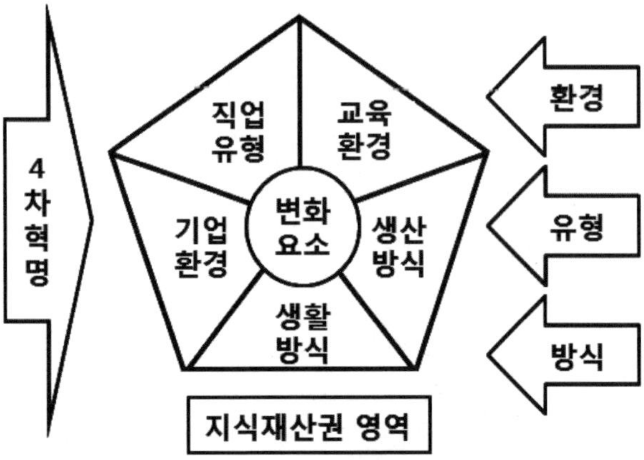

인공지능으로 대체되는 변화요소가 지식재산권의 영역이다. 인공지능으로 대체되는 직업, 교육, 기업, 생산, 생활 등의 모든 요소가 지식재산권으로 인공지능이 차지하게 된다. 4차 산업혁명 환경이 과거환경을 미래 환경으로 바꾸고 새로운 환경에 따라 다양한 유형이 만들어지면서 새로운 생활방식이 미래를 이끌어갈 것이다.

인공지능 과학자는 인공지능을 만들었지만 인공지능 스스로가 미래 환경을 만들어 가기 때문에 인간과 인공지능의 공존이 필요하다. 인공지능을 만든 과학자가 인공지능에게 지배당하는 환경이다. 지식재산권을 인공지능을 만든 과학자에게 줄 것인가? 생산자에게 줄 것인가? 수요자에게 줄 것인가? 4차 산업혁명시대는 지식재산권 영역 경쟁이 치열해질 것이다.

사물인터넷(IoT:Internet of Things)의 보급화

모든 사물이 스스로 생각하고 판단하여 인터넷망으로 정보를 교류한다.

〈사물인터넷망〉

미래사회는 모든 사물이 인터넷으로 연결되어 공존한다. 사물과 사물끼리 사물과 핸드폰이 연결되어 스스로 통제하면서 서로의 정보를 교류하는 시대이다. 거리나 시간에 관계없이 실시간으로 생활공간의 모든 정보를 공유함으로 예방과 방어를 동시에 수행한다. 의·식·주의 모든 것을 인터넷망으로 관리함으로 생활의 편리성과 기능성, 생산적 생활공간으로 바뀐다.

사물인터넷의 긍정성과 부정성

사물인터넷은 편리성, 기능성, 생산성의 3요소를 충족시키기 위한 4차 산업혁명 환경이다. 이러한 환경이 인간의 사생활을 보장받기 어려운 환경을 만들고 있다. 사물인터넷망이 사생활을 침해함으로 발생하는 문제점을 새로운 방법으로 해결하기 위해 또 다른 인터넷망이 반복, 중복되어 만들어지고 사물인터넷이 인간을 지배하는 환경이 되었다.

생활의 편리성과 안전성을 보장받기 위한 사물인터넷 주거공간이 인터넷망의 부정요소로 인하여 안전성을 위협받는 것처럼 사물인터넷은 인간생활을 통제하는 역효과의 요소가 있다. 이러한 역효과를 방지하기 위한 다양한 방안이 새로운 4차 산업혁명의 경쟁력이 되고 있다.

인터넷이 정보교류 마당이 되어 실생활의 절대적 요소가 되었지만 이를 이용하여 수많은 바이러스 양산으로 피해를 입고 있는 것과 같이 인공지능의 인터넷망은 또 다른 피해요소가 되고 있다. 바이러스 치료 프로그램으로 바이러스를 치료하듯이 인터넷망의 역효과를 예방하는 인공지능이 개발될 것이다.

개발은 긍정과 부정을 동시에 가지고 존재한다.

4차 산업혁명의 인공지능은 긍정적 요인과 부정적 요인을 가지고 있다. 발명 3대 요소인 편리성, 기능성, 생산성에 대한 긍정과 부정이 존재하기 때문에 지속적인 개발이 이어진다. 부정적 요소가 긍정을 위한 자료가 된다.

생활 속의 모든 사물이 인공지능으로 연결되어 서로의 정보를 공유함으로 편리성이 있지만 이러한 정보가 유출되거나 해킹되면 도난 등의 피해를 받게 되기 때문에 정보망 관리가 중요하다. 일정한 범위에서 정보를 활용하는 시스템이 필요하다. 다양한 정보는 기업의 상품개발과 판매 전략에 중요한 자료가 된다. 긍정적으로 정보를 활용하는 제도가 필요하다.

4차 산업혁명시대 직업의 변화

4차 산업혁명 시대는 수많은 직업이 사라진다. 기존의 정보나 체험, 경험에 의존하는 유명 직업군이 사라진다. 이를테면 변호사, 의사, 약사, 증권 분석가, 보험설계사 등의 과거 데이터에 의존한 직업은 사라지고 정보 수집과 분석을 통한 새로운 정보 직업이 신설된다.

4차 산업혁명시대 직업변화

사라지는 직업	직업변화 요인	새로운 직업 / 기존유지 직업
변호사, 의사, 약사, 증권분석가, 소방사, 교수, 교사, 은행원, 과학자, 발명가, 정비공, 수리공, 소설가, 편집자, 건축, 보험설계사, 속기사, 회계사, 운전사, 청소부, 기자, 사진사, 경리, 광고기획, 대행사, 마켓판매원, 주유원, 생산직,일반사무직, 배달원, 조종사, 부동산중개인, 텔레마케터, 비서	과거자료(규정)의존 제정법, 판례- 변호사, 회계사, 변리사, 법률가 과거 정보의존 의사, 교수교사, 증권분석가 단순창작인 소설, 극작가, 배우 반복 단순 기능직 생산, 유통, 판매 유흥, 게임 증가세	**새로운 직업** 정보 수집 분석가, 데이터 과학자, 로봇관리 및 판매, 프로그래머, 기술사, Iot, ICT, 드론 **기존유지 직업** 정치인, 공무원, 기술강사, 상담교사, 기능 수리공, 목수, 미용사, 이발사, 심리치료사, 상담사, 예술가, 코미디, 코디, 정원사, 마사지, 디자이너

과거의 습관, 방식을 고수하는 직업은 사라지고 새로운 습관과 방식을 추구하는 직업은 활성화된다. 이에 따라 교육환경과 방법을 바꾸면 미래인재로 발굴하고 육성할 수 있다. 과거의 데이터만을 주입하고 암기시키는 교수나 교사는 사라지고 멘토 역할의 교수나 교사는 활동한다.

4차 산업혁명시대 교육환경의 변화

정보 독점을 평가하던 시대에서 정보 공유를 통한 시너지를 창출하는 교육방법으로 바뀌는 시대이다. 정보 독점은 암기력을 평가하던 시대이고 정보공유는 나눔의 방법을 공유하는 시대이다. 평가시대에서 공유시대로 변화되는 교육환경이다.

공유시대 교육환경은 암기를 통한 자기정보를 만드는 방식에서 나눔을 통해 자기정보를 창출하는 시너지 창출시대이다. 따라서 교육방법을 완전히 바꾸지 못하면 미래인재로 발굴하고 육성할 수 없다. 급변하는 시대에 교육환경은 빠르게 대비하지 못하고 있다. 수많은 교육프로그램이 사라지고 교육자가 도태된다. 변화에 대응하지 못하고 적응하지 못하면 교수나 교사의 직업은 사라진다.

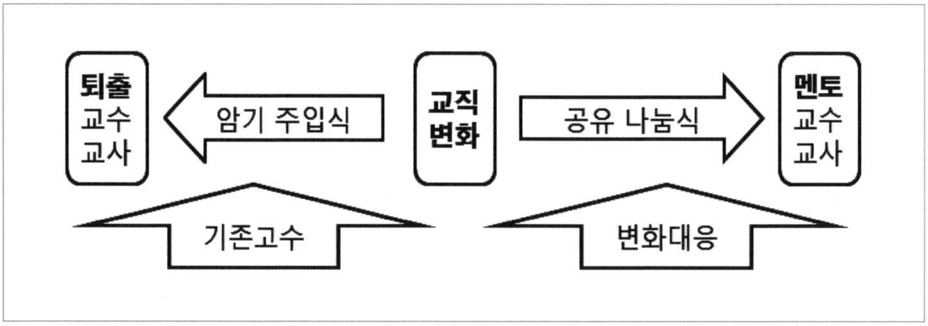

4차 산업혁명은 기존의 정보독점시대에서 공유시대로 변환되는 시점이다. 정보독점으로 존재하던 직업군이 사라지고 정보공유를 통한 새로운 직업군이 만들어진다. 정보독점의 사고방식에서 벗어나지 못하면 4차 산업혁명에서 경쟁력을 창출하지 못한다.

정보를 공유하고 나눔으로 시너지를 창출하는 새로운 정보를 만들어 내는 대화와 토론교육이 미래교육환경이고 방법이다. 인터넷 공간은 수많은 새로운 데이터가 공개되어 누구나 쉽게 공유함으로 시너지를 창출시키는 교육환경이고 방법이다.

① 데이터 교육환경의 변화

급변하는 시대변화에 따라 필요한 인재를 발굴하고 육성하는 교육방법도 급격하게 바뀌고 있다. 빅데이터를 수집하는 초기 단계에서 수집과 분석을 통해 새로운 정보로 가공 창출 하는 단계로 급변하고 있다. 데이터 정보관리방법이 융합식 토론 교육방법으로 바뀌어야 한다.

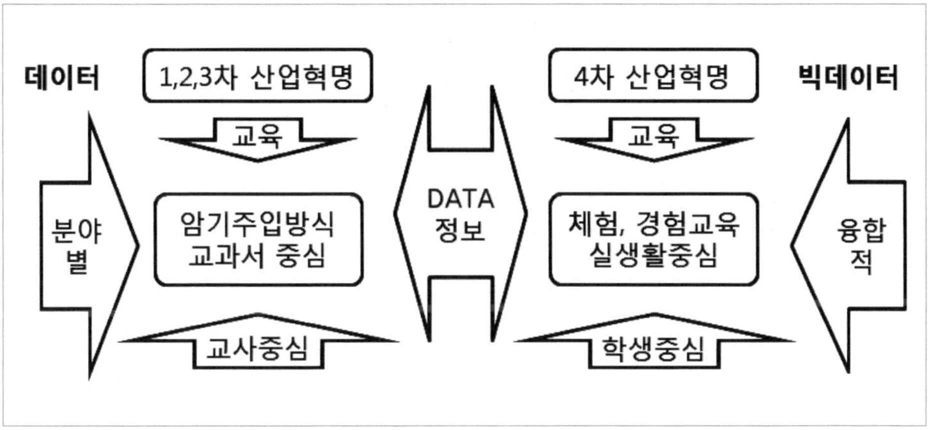

1 ·2 ·3차 산업혁명을 이끄는 교육은 분야별 전공별 데이터에 의한 교육 방식이었으나 4차 산업혁명을 이끌어 가기 위해서는 모든 분야의 데이터를 연계시켜서 새로운 데이터로 만들어 내는 융합적 시너지 교육 방식으로 정보관리교육이 바뀌었다.

빅데이터는 모든 분야의 데이터를 하나로 연결시킨 시스템을 말한다. 서로 다른 분야이지만 서로 연결하여 새로운 시너지 Synergy 효과를 창출하기 위한 것이다. 4차 산업혁명은 초연결의 정보를 통해 경쟁력을 창출하는 아이디어시대이다.

서로 다른 분야의 정보를 연결하려면 선입견이나 편견, 자기주장 등을 버리고 상대의견을 존중하는 자세가 중요하다. 비판적 사고는 상대의견에 대한 자신의 이견을 주장하거나 무시함으로 자신의 가치를 나타내려는 발상이기 때문에 4차 산업혁명시대에 적합하지 못하다. 4차 산업혁명은 교육환경을 바꾸었기 때문에 교육방법을 바꾸어야 한다. 비판적 교육방법에서 비교적 교육방법으로 바꾸어야 한다. 비교는 상대를 인정하고 상대를 존중하는 자세에서 시작된다. 상대의 가치 정보 를 인정함으로 차별화된 자료를 바탕으로 자신의 경쟁력을 키우는 방식이다.

무엇이 문제인가? 라는 교육방법에서 무엇이 다른가? 차별성을 찾아내어 각기 다른 차별성을 조건 없이 연결하는 토론 방식이 초연결 교육방법이다.

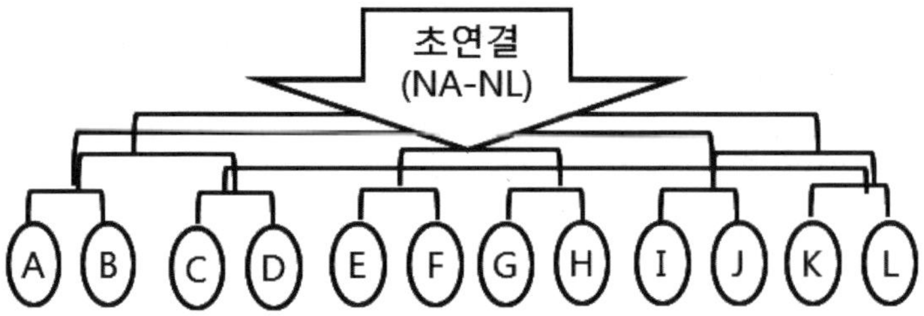

모든 요소 A-L 를 유기적인 관계로 연계하여 새로운 것을 만들어 내는 방식이 초연결 교육방법이다. 각 요소의 특징이나 차별성, 장점을 찾아내어 유기적으로 연계하여 도표의 초연결 NA-NL 을 만들어 내는 교육방법이다. 따라서 하나의 답보다 다양한 해답을 찾아내도록 유도한다.

글로벌시대는 공간과 시간을 하나로 적용하고 활용하여 응용하는 시대이다. 서로 떨어진 공간이나 다른 시간대를 같은 공간과 시간에서 정보를 공유함으로 공간의 차이나 시간대 차이 없이 같은 공간과 시간에서 보고 느끼고 생각하고 행동하는 시대이다.

초연결은 공간과 시간의 제약이 없고 환경과 조건의 제약도 없는 환경과 조건에서 문제를 관찰하고 분석하여 해결하는 능력을 키우는 교육방법이 필요하다. 이를 융합교육이라고 한다. 무엇이 문제인가에서 무엇이 다른가를 찾아내어 연결시켜 같은 문제로 해결하는 교육방법이다.

② 인터넷 교육 공간

4차 산업교육환경은 3차 산업 인터넷발달의 결실로 얻은 환경이다.

인터넷에 공개되는 무한한 정보는 수집과 분석방법에 의하여 유익한 정보로 가공된다. 누구나 언제든지 필요한 정보를 정확한 정보사이트에서 찾으면 무한하게 공유할 수 있다. 따라서 수많은 정보 진위를 검색하는 교육이 필요하다.

인터넷정보는 무료이고 무한정보의 바다이지만 정보의 50%는 개인의 생각이다. 누구나 자신의 생각을 인터넷에 공개함으로 정보가치와 진위성을 정확하게 파악하지 못하면 잘못된 정보로 피해를 본다. 거짓정보에 식별하지 못하면 잘못된 정보로 큰 실수 손실 를 할 수 있다.

정보 진위성 파악하는 방법 (정보 거짓과 사실의 객관적 평가방법)

① 공인된 사이트

② 국가 연구기관, 교육기관

③ 사설 기관 중 검증된 자료

④ 사실적 체험과 경험 자료

⑤ 연구 논문 중 사실성을 검증한 자료

⑥ 개인 발표 자료 중 신빙성이 높은 자료(신빙성 평가 방법)

⑦ 실패를 통한 체험, 경험 자료

⑧ 객관적 판단으로 신뢰성 높은 자료

⑨ 기업 공개 자료 중 객관적 자료(객관성 평가방법)

⑩ 학생 발표 자료 중 객관적 자료

4차 산업혁명 정보환경의 변화

4차 산업혁명은 정보환경이다. 빅데이터 정보로 존재한다. 수많은 데이터가 초연결되어 새로운 데이터를 생성시키는 환경이다.

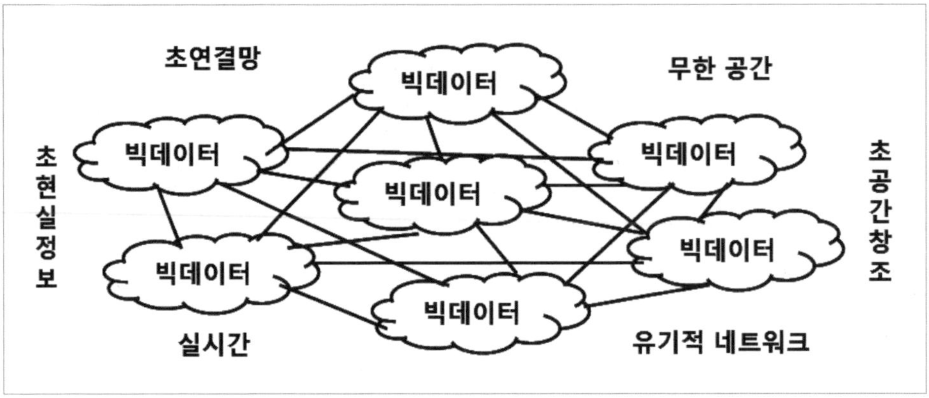

빅데이터는 인터넷망과 유기적 네트워크(토론교육)로 초연결 된다.

지구상에 존재하는 모든 정보가 하나의 정보로 가공되어 또 다시 새로운 정보로 자동 생성되는 초연결망이 4차 산업혁명시대 인터넷망이다. 개인의 생활환경이 다수의 생활환경과 조화를 이루게 만드는 시스템 개발이 4차 산업혁명시대 경쟁력을 만든다.

4차 산업혁명은 초연결로 인한 초공간이 존재하는 시대이다. 눈에 보이지 않는 공간 속에 새로운 정보가 생성되는 시대를 말한다. 수많은 빅데이터가 하나의 데이터로 조합되고 분리되어 초자연의 정보를 생성한다.

실생활과 가상공간 생활이 하나의 공간으로 조합되는 시대이다.

꿈과 현실은 다르지만 실생활과 가상공간이 하나의 공간으로 만들어지는 시대이다. 가상공간에 실생활이 존재하는 초현실 시대에는 무한 공간과 유한 공간이 공존하는 시대이다. 인터넷을 통한 정보교류와 토론을 통한 정보교류로 빅데이터는 새로운 지식재산권을 만들어지게 된다. 따라서 올바른 토론교육으로 융합 공유를 통한 시너지창출 방법을 가르쳐야 한다.

4차 산업혁명의 시뮬레이션 세계

시뮬레이션이 교육이나 문제해결방법에 적용된 지 오래된다. 위험하거나 막대한 시간과 경비가 소요되는 항공기술이나 전투, 자동차기술교육 등에서 시뮬레이션은 높은 교육 및 생산효과를 내고 있다.

우주 탐험이나 탐색에 시뮬레이션은 상상을 현실로 만들어 예측하기도 한다. 상상과 현실을 이어주는 시뮬레이션은 4차 산업혁명의 미래 사회를 예측하게 만든다. CAD Computer Aided Design, CAM Computer Aided Manufacturing, CAE Computer Aided Engineering, CAI Computer Aided Instruction를 실현하기 위한 중요한 기법이다. 공학이나 자연과학뿐만 아니라 사회학, 경제학, 경영학, 의학 등 광범위하게 미치며 컴퓨터에 의한 과학기술 계산 등에서 활용되고 있다.

날씨예보, 수치 풍동실험, 건조물이나 자동차·차량 등의 구조계산, 하천류나 조류의 계산, 환경이나 생태계의 변동예측, 여러 가지 생체현상의 모델, 다입자의 운동모델, 화합물의 전자구조 해석, 도로교통의 제어, 고층빌딩의 엘리베이터 제어, 화학·원자력 플랜트 제어, 공장에서의 생산계획, FA Flexible Automation의 제어, 항공기의 조종훈련, 플랜트의 운전훈련, 비즈니스 게임, 전쟁 게임, 사회·경제 시스템, 컴퓨터의 논리설계 논리 시뮬레이터 및 회로해석 회로 시뮬레이터, 컴퓨터 시스템 및 컴퓨터 네트워크의 성능평가에 활용되고 있다.

개발할 컴퓨터의 시뮬레이션을 기존의 컴퓨터 기능을 ROM Read Only Memory으로 표현하여 시행한다는 어프로치를 에뮬레이션 Emulation이라 한다. 일종의 한 하드웨어 시스템에 부가장치를 부착하여 다른 하드웨어를 흉내 내는 것이다. 하나의 컴퓨터가 다른 컴퓨터와 똑같이 행동하도록 만들어진 마이크로 프로그래밍의 소프트웨어를 이용하는 기법이다. 시뮬레이션은 몇 가지 특징을 주고 결과를 산출하는 것이고 에뮬레이션은 똑같은 방법으로 다른 대상의 하드웨어 동작까지 흉내 내는 것이다.

4차 산업혁명 생산환경의 변화

스마트공장 Smart Factory 은 AI 인공지능 에 의한 무인공장으로 무한 생산체계이다. 설계·개발, 제조, 유통·물류 등 생산 전체 과정에 정보 통신 기술 ICT 를 적용하여 생산성, 품질, 고객만족도 등을 향상시킬 수 있는 지능형 공장이다.

공장 내 설비와 기기 간에 사물 인터넷 IoT 을 설치하여 실시간 정보 교류를 통해 생산성을 증가시켜 돌발 사고를 최소화한다. 기기에 부착된 센서들을 통해 제품 위치, 재고량 등을 자동 감지하여 인적·물적 자원 절감 문제점 예방 및 처방을 통해 공장의 효율성을 높이고 있다.

무인공장은 24시간 쉬지 않고 자동 생산한다. 자동시스템에 의하여 점검하고 예방하며 미래생산까지 예측한다. 스스로 예방하고 생산하는 미래 공장 환경은 인간의 일자리를 빼앗아가는 것이지만 이러한 환경을 관리하는 것은 인간이다. 무인공장을 관리하는 일자리가 미래인간의 일자리이다.

4차 산업혁명 생산 환경은 인간의 일자리 변화에 따라서 달라진다.

AI 인공지능 가 생산하는 상품은 인간이 사용하는 것이다. 인간이 사용하지 않는 상품은 생산되지 않는다. 따라서 일자리 변화에 따라 필요한 상품을 생산하게 된다. 스마트 공장은 인간에게 필요한 상품을 생산하는 자동화 생산시설이다.

4차 산업혁명의 생산 환경에 따라서 독일, 미국, 일본, 중국 등의 선도국가는 급변하는 4차 산업혁명에 선제적으로 대응하기 위한 전략을 수립하고 있다. 이를테면 독일의 '인더스트리 4.0', 미국의 '산업 인터넷', 일본의 '로봇 신전략', 중국의 '제조 2025' 등은 제조업 혁신정책으로 추진되고 있다.

미래는 AI 인공로봇 이 사용하는 상품이 생산될 것이다. 인간보다 로봇이 지구의 미래를 이끌어 갈지도 모른다. 현실성이 매우 높은 환경이 인간의 욕망 때문에 만들어지고 있다.

4차 산업혁명 생활환경의 변화

4차 산업혁명에서 가장 크게 변하는 것은 생활환경이다. 의·식·주 해결을 위한 수단으로 교통수단, 생산수단, 영업수단, 통화수단, 결제수단 등이 바뀌어 새로운 생활환경을 만들고 있다.

3차 산업혁명의 인터넷혁명은 1차 인터넷혁명이고 4차 산업혁명은 2차 인터넷 혁명이다. 단순한 인터넷 연결망에서 초연결망을 통한 시너지를 창출하는 인터넷망으로 혁신되고 있다.

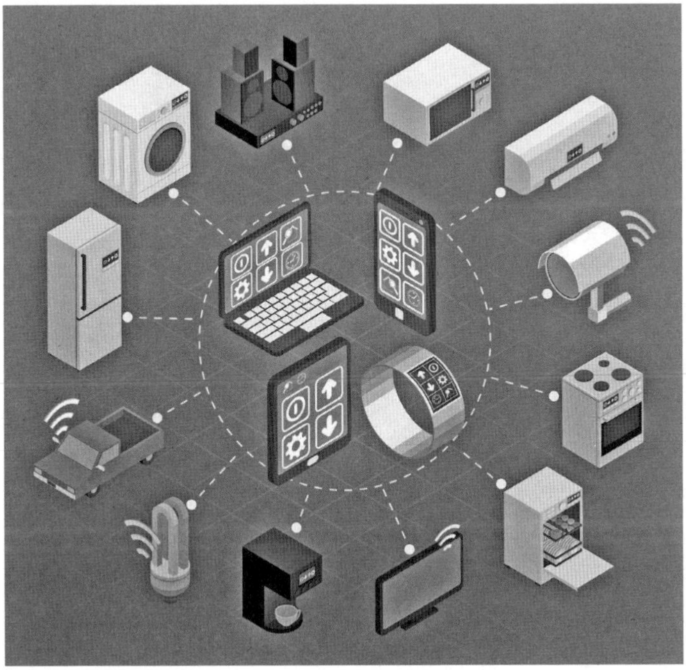

〈다양한 사물인터넷과 정보망을 연결한 초연결 인터넷망〉

사물인터넷 IoT 은 모든 사물 정보를 파악하여 관리하고 예방하는 공간과 시간을 초월한 생활 및 생산환경이다.

전 세계 인터넷망과 연결되는 초연결사회

단순한 인터넷 정보망에서 다양한 사물인터넷을 통해 전 세계를 하나의 인터넷마당으로 만드는 초연결사회 정보망이다. 국가나 민족의 경계를 초월하여 직종, 업종, 유형에 관계없이 하나로 연결된 초연결사회가 4차 산업혁명 생활환경이다.

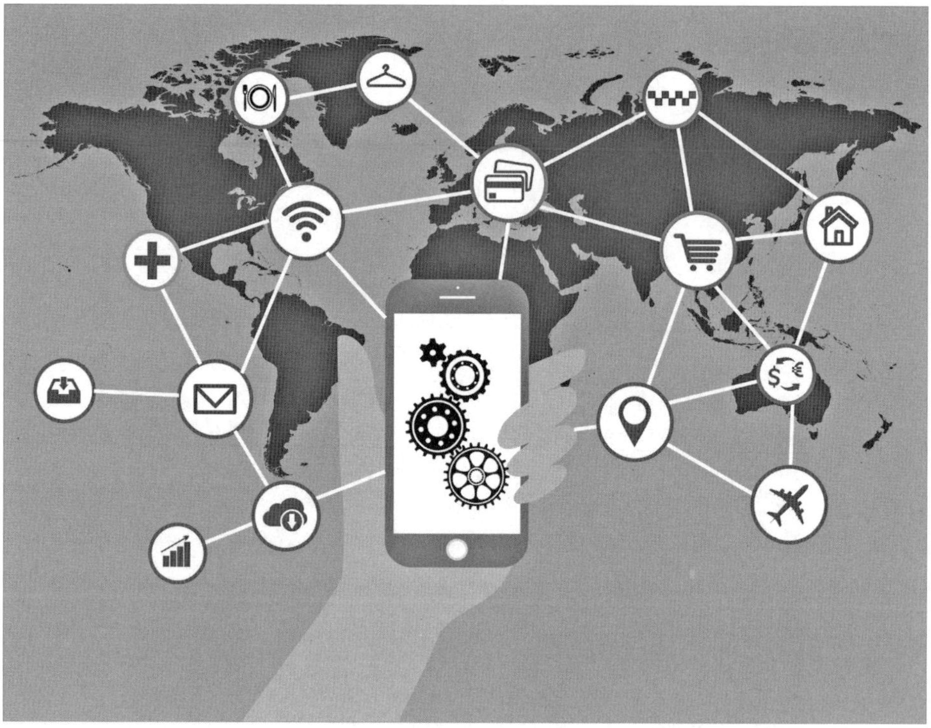

〈초연결 사회〉

누가 어디서 무엇을 하고 있는지?

어디서 무엇을 어떻게 생산하고 있는지?

어디에 어떤 정보가 얼마나 있는지?

모든 데이터와 사물인터넷정보가 하나로 통제되고 관리하며 보호된다.

4차 산업혁명시대 변화 I (직업, 시장)

3차 산업혁명의 유망직종이나 직업이 사라지고 AI 인공지능 에 의한 새로운 일자리가 만들어진다. AI 인공지능 와 공존하는 일자리 창출시대이다. 사라지는 일자리는 세 가지로 구분된다.

첫째는 정보에 의한 일자리이다. 과거의 데이터나 경험에 의한 일자리로 규정이나 법칙에 의한 변호사, 회계사, 의사, 교수, 교사 등은 3차 산업혁명시대 최고의 유망 직종이었다. 이러한 데이터에 의한 일자리는 AI가 차지한다.

둘째는 반복 작업이나 힘에 의한 일자리이다. 일정한 과정을 통해 생산되는 작업장은 AI 인공지능 로봇으로 대체된다. 로봇은 초기에는 많은 투자를 요구하지만 시스템을 만들면 반영구적으로 생산을 하기 때문에 효율적인 기업투자비용이다. 로봇은 24시간 작업으로 생산성을 높이고 불량률을 최소화시킬 수 있으며 인건비가 소요되지 않기 때문에 장기적 투자가치가 크다.
정보에 의한 일자리와 힘에 의한 일자리는 AI 인공지능 로봇으로 대체되어 가지만 감성을 요구하는 기본직종이나 민감한 직업은 인간이 일자리를 유지하게 되고 최첨단 새로운 영역을 탐구하며 개발하는 최첨단 전문분야도 인간이 일자리를 가지게 된다.

셋째로, 속도와 시간에 의한 일자리이다. 정보처리에 의한 속도, 계산이나 분석에 의한 속도를 요구하는 직업은 AI 인공지능 가 차지하게 된다. 금융정보분석 금융전문가, 법률자문 변호사, 교통분석처리 운전사, 부동산 정보처리 중개인, 일반정보제공 교수, 교사 텔레마케팅, 전화교환수, 일반서비스업 종사자 등의 일자리는 AI 인공지능 가 차지하고 일반간호는 AI가 하지만 전문 간호는 인간이 전담한다.

빅데이터에 의한 정보 일자리 변화

왓슨은 자연어 처리 기술을 사용해 영어로 된 질문 내용을 이해한 뒤 저장된 데이터를 분석해 정답을 추론한다. CPU 2,880개, 메모리 16TB를 가지고 있으며 초당 80조개 연산이 가능하며 계속 진화하고 있다.

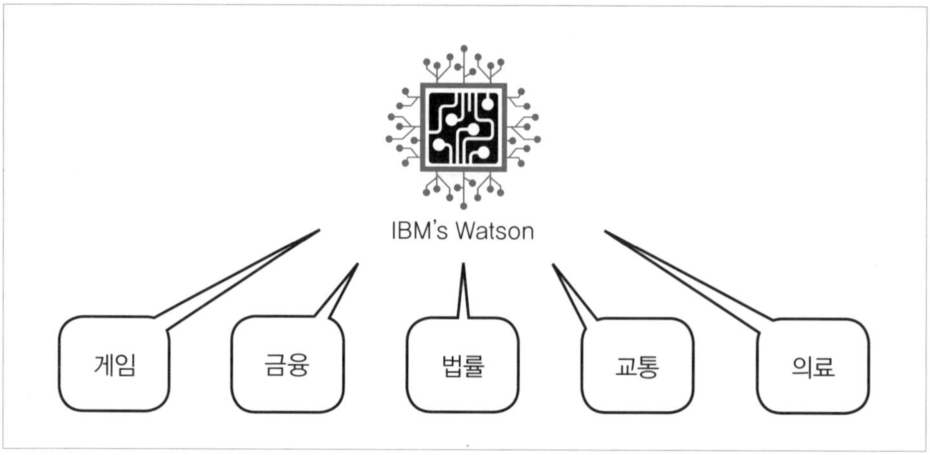

IBM의 왓슨 Watson 은 인간의 언어를 이해하고 판단하는데 최적화된 인공지능 슈퍼컴퓨터이다. 2011년 미국 ABC의 퀴즈쇼 제퍼디 Jeopardy 최종 라운드에서 역대 최대 상금 수상자인 브래드 루터 Brad Rutter 와 최다 연속 우승자인 켄 제닝스 Ken Jennings 를 상대로 왓슨이 승리했다. 2013년부터 암 치료 연구와 같은 의료분야에 사용되기 시작했으며 현재 사물인터넷과 금융, 법률, 교통 등의 다양한 연구 분야에 활용되어 정보 데이터에 의한 일자리를 차지하고 있다.

왓슨은 다양한 정보 분야에서 활용되어 실생활과 연계된 초연결의 중심으로 부상되어 지속적으로 진화하고 있다. 빅데이터는 초연결로 상상할 수 없는 방대한 데이터로 인간이 하던 정보관리분야를 석권하고 있다. 빅데이터는 딥러닝 Deep Learning 으로 인간처럼 판단한다. 컴퓨터가 입력된 정보를 바탕으로 스스로 학습하면서 새로운 정보를 습득함으로써 빅데이터를 분석하고 미래를 예측하기도 한다.

빅데이터에 의존하는 금융변화

각국 중앙은행 Central Bank 들은 빅데이터 분석 기술로 경제 예측에 적용하고 있다. 전통적인 경제 데이터보다 자료 수집 및 결과 분석이 빠르면서 초연결을 통한 다양한 정보를 파악할 수 있기 때문이다. 이를테면 신용카드 결제 금액이나 온라인 쇼핑몰 판매 기록 등을 활용하여 소비자가 사용하는 카드내용으로 경기 변화를 신속 정확하게 파악한다.

소매판매점을 대상으로 표본조사를 실시하면 판매금액을 추산할 수 있는데 세부적인 구입 품목, 시기, 장소, 구매층의 연령대, 남녀, 나이 등을 파악하여 판매 및 금융서비스에 대한 전략을 수립할 수 있다. 정보 마케팅

방대한 빅데이터는 실시간으로 제공되기 때문에 시장의 흐름을 파악하는 정확한 금융데이터가 된다. 스마트폰이나 사물인터넷 IoT 을 통한 소비자의 욕구를 파악함으로 미래에 대비하는 전략자료가 되고 있다.

금융점포에 대한 전략수립으로 어느 장소 어느 지점을 어느 시간대에 가장 많이 이용하고 있는가를 실시간으로 파악함으로 점포의 인적, 물적 절약을 신속 정확하게 관리하고 있다.

IMF 국제통화기금 의 「빅데이터:잠재력, 도전, 통계학적 함의 Big Data:Potential, Challenges and Statistical Implications」 보고서에서 "빅데이터는 단순한 유행어가 아니다", "바로 지금 여기에 존재하고 있다"고 보도했다. 민간 기업에서 분석 능력을 제고하기 위한 혁신 기법으로 광범위하게 채택되어 지속적으로 발전시키기 위한 노력을 하고 있다.

오늘날 금융은 방대한 데이터 분석에 달려있다.

금융시장은 세계로 확산되어 방대한 거래가 진행되고 있다. 국가별 정세나 경제, 사회, 문화 등의 다양한 요소에 의하여 금융은 변화되고 있으므로 이에 대한 분석이 중요하다. 경험이나 과거 사례로 분석하던 방식으로 미래금융변화에 대비하기 어려워졌다. 따라서 방대한 데이터 분석이 금융변화를 이끌어가는 능력으로 부각되어 왓슨 등의 빅데이터 처리에 의존하고 있다.

유통 및 교통망의 일자리 변화

사물인터넷 IoT 을 연계시켜 새로운 상품개발에 활용되고 있다. 아마존은 빅데이터 망을 통해서 드론을 유통시스템에 활용하고 있다. 이를 통한 데이터를 사용하는 기업전략은 다양화될 것이다.

1차 산업혁명은 유통망의 혁명과 새로운 일자리창출의 계기가 되었다.

말을 이용하였을 때는 말이 이끌 수 있는 적은 양을 수송하였고 운송시간이 많이 소요되었다. 특히 날씨 변화에 따라 운송 일정이 바뀌기도 하였다. 증기기관은 대량 운송 수단으로 이용되었고 운송시간도 단축시켰다.

말이 유일한 운송수단이었던 시절에 증기기관 등장은 마부 일자리를 빼앗는 것으로 인식했다. 마부들은 폭동을 일으켰고 이것이 노동운동의 시작이 되기도 했다. 마부들은 증기기관을 파괴하였지만 지속적으로 증기기관이 양산되어 운송수단으로 자리를 잡았다.

증기기관의 등장은 새로운 일자리를 창출시켰다. 주철공장이 늘어나면서 일자리가 만들어졌고 주물을 통한 기계부품공장은 많은 일자리를 만들어 노동시장이 형성되었다. 증기기관의 생산과 증기기관을 통한 기관사, 증기기관을 이용한 유통 물량의 증가로 새로운 시장이 형성되면서 일자리는 지속적으로 증가되었다.

증기기관을 통한 새로운 일자리는 서민들의 생활을 윤택하게 만들었다. 의·식·주의 변화를 가져온 일자리는 소득증가로 문화생활을 확산시켰으며 문화의 대중화를 통해 다양한 분야가 발달했다. 산업혁명이 인류의 생활과 문화를 이끌어가는 원동력이 된다는 것을 알게 되었고 지식재산권에 대한 인식이 높아지는 계기점이 되었다.

따라서 4차 산업혁명의 경쟁력은 일자리 창출을 위한 지식재산권 확보에 달려있다는 것이다. 빅데이터에 의한 일자리는 이론보다 체험과 경험의 실질적 데이터에 의하여 창출된다.

AI(인공지능) 일자리와 인간 일자리 차이

빅데이터에 의한 4차 산업혁명은 데이터에 의한 일자리를 AI 인공지능 가 차지한다. 데이터는 수집과 분석에 의하여 데이터의 가치가 결정된다. 어떤 데이터를 어디서 수집하는가? 어떤 방법으로 수집된 데이터를 분석하는가의 방법과 능력에 따라서 데이터의 가치가 결정된다.

과거의 데이터, 일반적인 데이터에 의한 직업 변호사, 정보 분석가 등 은 AI 인공지능 가 차지하게 되고 AI 인공지능 가 담당하기에 어렵거나 한계성을 가지는 감성적이거나 창작적인 직업은 인간이 담당하게 된다.

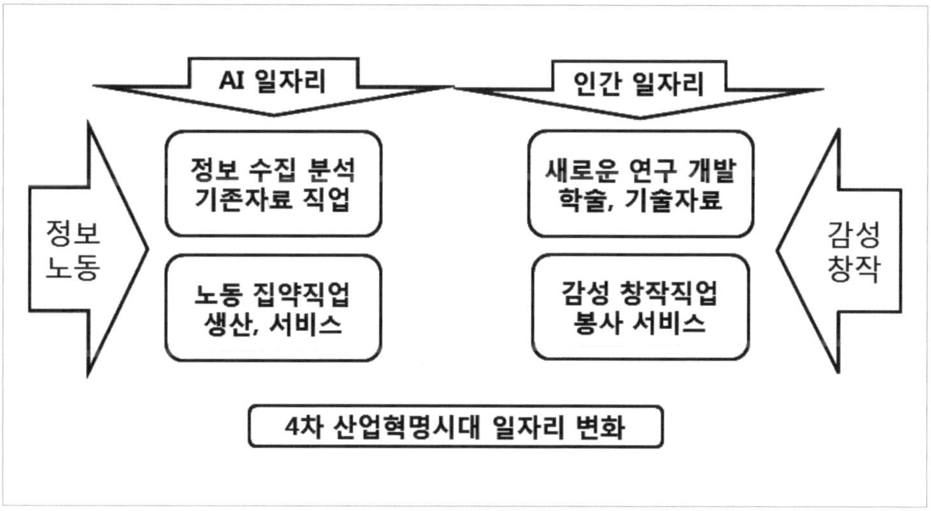

정보와 노동은 일자리창출의 핵심이다.

정보에 의한 기술력은 고도의 기계 AI 로 대체된다. 기계는 반복된 동작으로 고도의 기술력을 학습하게 되고 위험한 직업은 로봇으로 대체되어 인간은 위험한 일에서 벗어나게 된다.

예로, 정형화된 용접은 로봇이 담당하고 세밀한 용접은 인간이 한다. 일정한 위치에 일정한 용접은 정해진 프로그램으로 용접이 가능하기 때문이다. 불특정한 용접은 체험과 경험, 직관적 판단으로 인간이 담당한다.

AI(인공지능)의 운송과 수송 대체

4차 산업혁명시대는 AI(인공지능)에 의한 운송수단으로 바뀌고 있다.

미국은 장시간 운송하는 트럭 운전을 자동운전시스템으로 바꾸었다. 우버는 장시간 운전으로 인한 과로 사고를 방지하기 위한 대책이었지만 운송회사 입장에서는 안정적이고 장기적인 수송방법으로 선택한 것이다. 자동항법 시스템을 통한 원격운전으로 운송의 문제점을 해결한 것이다.

AI(인공지능) 로봇을 선택하는 이유는 무엇인가?

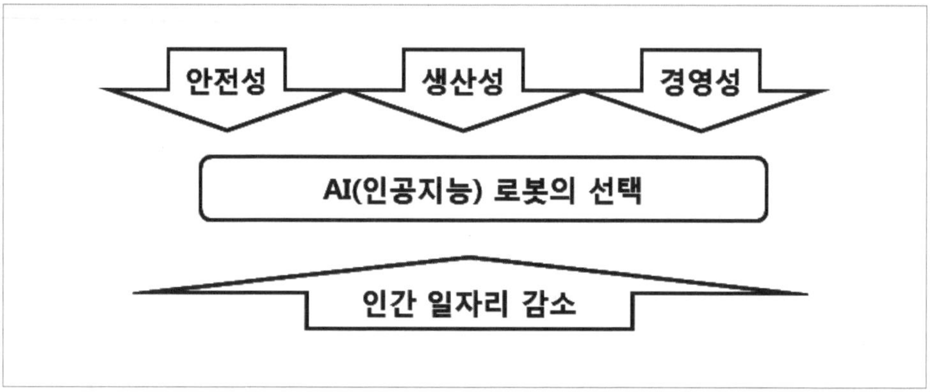

① AI는 안전하다.

빅데이터에 의한 인공지능은 사고를 예방할 수 있으며 피해를 최소화시킬 수 있다. 위험한 장소나 지속적 작업으로 인한 사고를 예방한다. 위험한 작업과정에서 발생하는 요인을 예방함으로 작업이 안전하다. 사건 사후처리도 신속하게 처리함으로 안전하게 작업장을 관리한다.

스마트팩토리 Smart Factory 는 모든 생산 작업과정이 AI 인공지능 로봇으로 진행함으로 안전성, 생산성 등을 효율적으로 생산 관리하는 시스템이다. 빅데이터에 의하여 생산과정에서 발생할 문제를 사전에 예방하고 스스로 진단하면서 안전성을 높이는 지능로봇형 생산 공장이다. 작업과정에서 발생할 문제점을 사전 예방하는 동시에 돌발적 문제도 해결하는 방식이다.

4차 산업혁명이라는 용어는 독일이 2010년 발표한 「하이테크 전략 2020」의 10대 프로젝트 중 하나인 '인더스트리 4.0 Industry 4.0 '에서 '제조업과 정보통신의 융합'을 뜻하는 의미이다. 설계·개발, 제조, 유통·물류 등 생산 전체 과정에 정보 통신 기술 ICT 을 적용하여 생산성, 품질, 고객만족도 등을 향상시킬 수 있는 지능형 공장이다.

사이버 물리 시스템 CPS: Cyber Physical Systems 은 실제와 같이 제품 설계 및 개발을 모의 실험하는 시스템이다. 자산을 최적화하고 공장 내 설비와 기기 간에 사물 인터넷 IoT 을 설치하여 실시간 정보교류를 통해 생산성을 증가시키고 돌발 사고를 예방하거나 최소화한다. 제품 위치, 재고량 등을 자동 감지하여 인적·물적 자원 절감 등의 효율성을 높인다.

〈자동제어 시스템〉

② AI는 생산성이 높다.

로봇은 24시간 쉬지 않고 생산하기 때문에 생산목표에 따라 정확한 목표량을 달성할 수 있다. 파업으로 인한 작업정지나 작업 교대로 인한 손실 등의 피해를 방지하고 사전예방을 통한 생산성을 극대화 시킬 수 있다.

파업으로 인한 생산부실요인이 없어 기획생산에 적합하다. 생산프로그램에 의하여 소량 주문 맞춤 생산도 가능하며 대량생산에서 발생하는 문제점을 예방하여 과잉생산에 의한 손실을 방지할 수도 있다. 생산에 필요한 재료관리를 통해 효과적인 생산을 할 수 있다.

설비시스템의 자동점검에 의하여 자유로운 생산이 가능하고 특별한 주문에 의한 생산도 가능하다. 주문자의 요청에 의하여 일부 변경이나 주문자 생산에 의한 생산이 가능하다. 소비자욕구에 의한 맞춤 생산도 가능하기 때문에 수공업생산의 특성을 가진다.

③ AI는 생산경영 효율성이 있다.

작업과정을 안전하게 관리하고 일정한 목표에 의한 다양한 생산으로 효과적인 경영전략이 가능하다. 파업이나 전기, 수도 등으로 인한 생산관리에 차질을 예방하는 경영이 가능하여 장기적이고 안정적인 생산 경영이 가능하다.

소비자의 실시간 주문이나 소비욕구에 의한 개발 및 생산이 가능함으로써 시간 낭비를 줄이고 인적 관리를 통한 비용절감 효과가 크다.

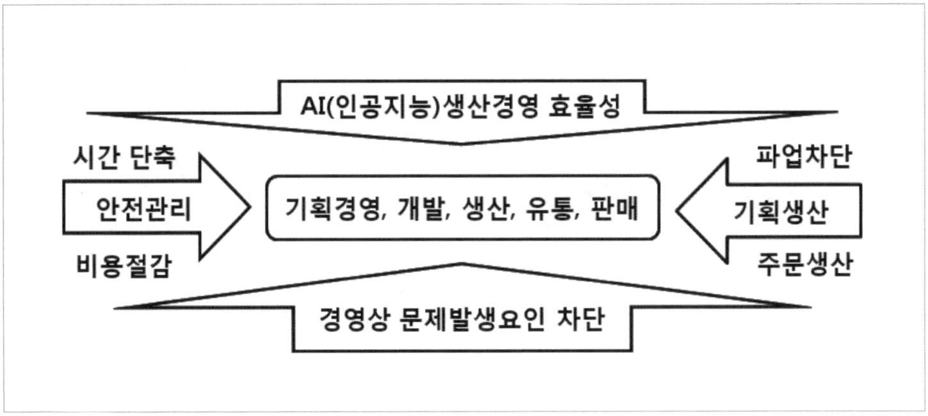

빅데이터에 의한 소비자 욕구, 상품개발, 생산, 유통, 판매에 대한 총체적인 정보 분석에 의하여 경영기획을 수립함으로 경영의 효율성과 수익성을 극대화 시킬 수 있으며 단기, 중장기 경영에 대한 인사관리, 생산관리, 유통관리, 제품관리 등을 실시간 분석하여 경영한다.

4차 산업혁명시대 변화Ⅱ(개발, 생산, 마케팅)

국가별 대응 전략

독일은 물류·생산설비에 사물인터넷 IoT , 사이버물리시스템, 센서 등을 통한 자동화 생산체계를 도입해 스마트팩토리 Smart Factory 를 체계화시켰다. 2025년까지 자국 내 제조업 전체를 단일 가상공장으로 연결하여 세계시장 환경을 실시간으로 파악하는 유비쿼터스 맞춤형 생산을 실현하겠다는 전략이다.

미국은 인터넷을 활용하는 클라우드 서비스를 중심으로 제조업과 인터넷 기업에서 축적된 빅데이터로 플랫폼을 만들고 부가가치를 창출하는 전략이다. 2012년 제너럴일렉트릭 GE 은 '산업인터넷'으로 항공기, 철도, 발전기 등 산업기기와 공공인프라 등에 설치한 센서 데이터 연결로 수집·분석하여 기업에 활용하고 있다.

일본은 2015년 로봇신전략 Robot Strategy 을 발표하고 제조업 현장에서 로봇을 활용하는 전략이다. 간병, 인프라 등 다양한 분야에서 로봇을 이용해 데이터를 축적하고 인공지능기술까지 강화하고 있다.

중국은 '중국제조 2025'를 발표하고 노동 집약적인 제조방식에 IT를 활용하여 지능형 생산시스템으로 제조 강국 대열에 진입하겠다는 목표로 추진하고 있다. 2014년 1조 3,312억 위안 약 240조 원 을 연구개발에 투자했다.

스위스 글로벌금융그룹은 2016년 4차 산업혁명에 잘 대응할 것으로 생각되는 국가들의 순위를 분석한 보고서를 내놓았다. 이 보고서에서 상위권을 차지한 국가들은 선진국이거나 기술 기반의 신흥국이다. 저숙련 및 저비용 노동을 강점으로 삼던 후발국들은 경쟁력을 상실하여 선진국과의 격차가 더욱 벌어지는 결과가 나타나고 있다. 한국은 총 139개국 중 25위를 기록한 것으로 지속적인 정책이 필요한 실정이다.

신기술개발 전략

신기술개발은 풍부한 체험과 경험에 의한 정보를 바탕으로 개발되어 왔으나 AI 인공지능로 개발 방법이 바뀌고 있다. 방대한 개발 정보를 수집하여 분석하는 과정에서 AI 인공지능가 활용되고 있으며 이러한 분석 자료를 바탕으로 신기술을 개발하고 있다.

AI 인공지능 정보를 바탕으로 사전에 신기술을 시뮬레이션을 통해 개발과정에서 발생하는 실패요인을 예방하거나 차단함으로 시간과 경비를 최소화시키고 있다. 이처럼 AI 인공지능에 의한 발명특허로 지식재산권을 확보하고 있다.

AI 인공지능의 장점은 사전에 상황을 설계하여 실험할 수 있다는 점이다. 상상으로 예측하는 것보다 상황을 설계하여 대비하는 방법은 실패 요인을 예방하고 차단하는 효과가 크다.

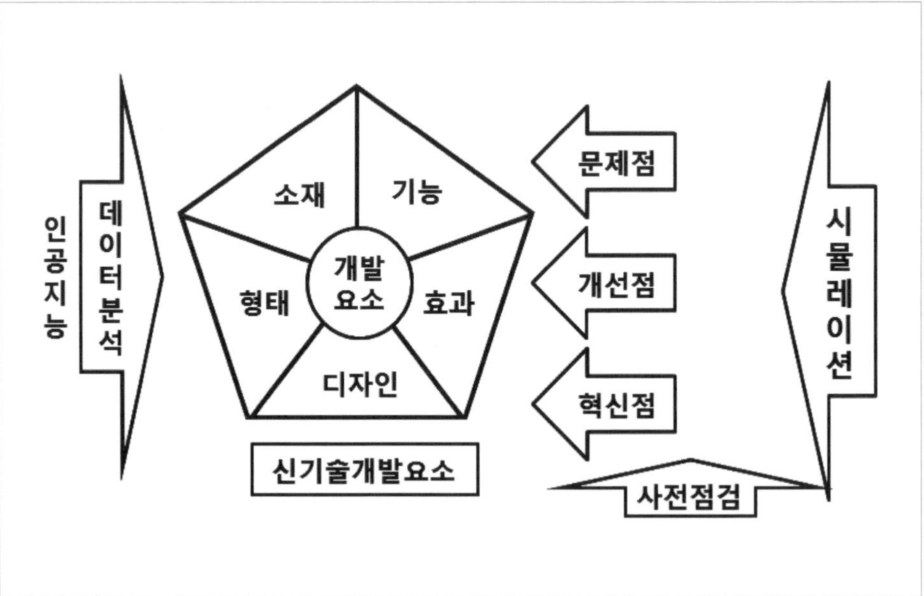

인공지능 개발의 효과성

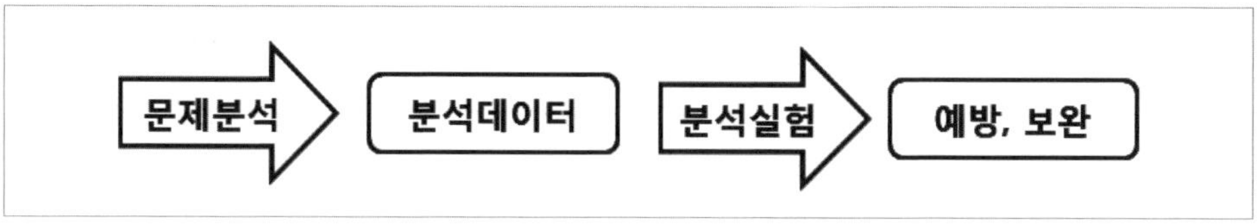

신기술개발은 기존기술과 차이점 문제 을 분석하여 개선하거나 혁신하는 기술로 새로운 환경과 조건에 반응한다. 따라서 새로운 기술은 실질적으로 환경에 따라 다른 효과를 나타내기도 한다. 인공지능은 이러한 예측 불가능한 상황을 가상하여 예측함으로 기술개발의 효과성을 높이고 있다.

데이터 분석은 상황분석이다.

상황설정은 다양한 환경과 조건에 비례하여 가상할 수 있다. 인위적 상황을 만드는 것은 많은 시간과 비용이 소요되지만 인공지능은 시간과 비용을 최소화시킬 수 있다.

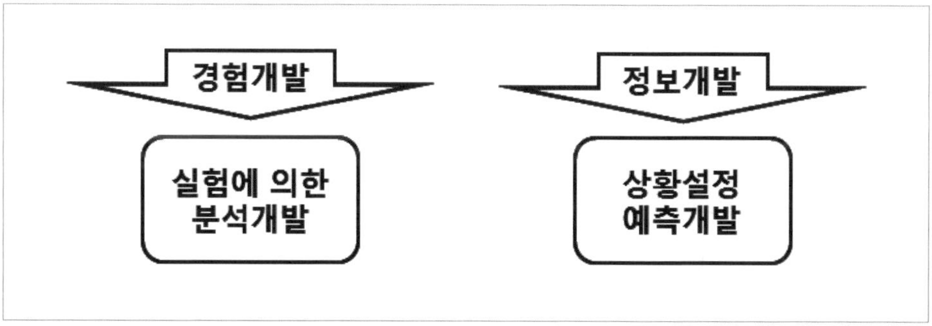

실험에는 많은 공간과 시간, 비용이 소요되지만 상황설정에 의한 시뮬레이션은 최소 공간, 시간, 비용으로 신속 정확하게 다양한 실험과 상황설정에 의한 개발을 할 수 있는 장점을 가지고 있다.

신상품개발 전략

신상품개발은 신기술개발과 다르다. 신기술은 새로운 기술로 접근하여 개발하지만, 신상품개발은 상품 구매자 소비자를 대상으로 구매욕이 있는 상품으로 개발하는 전략이다.

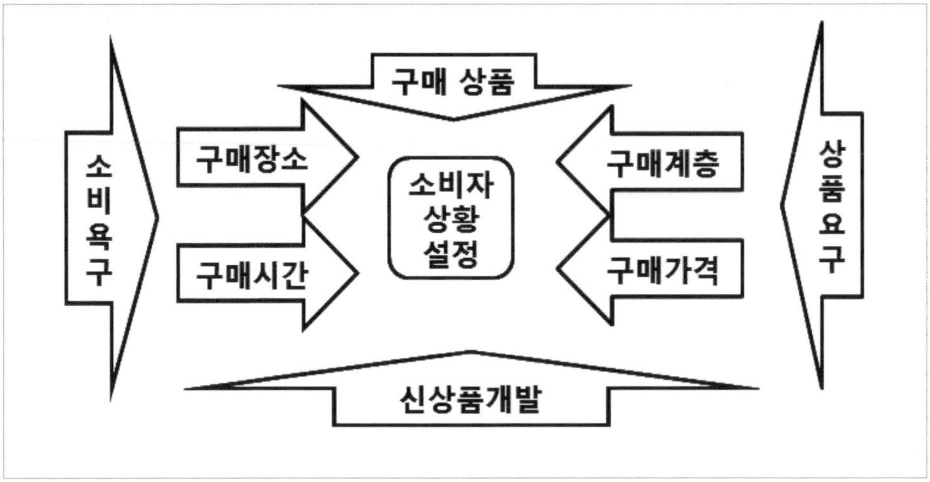

소비자 구매가 없는 상품은 가치가 없다.

신상품개발을 개발자의 욕구에 의해 개발하면 소비자가 요구하는 상품과 다르게 개발되는 경우가 있다. 소비자가 구매하지 않는 상품은 실패한다. 신기술에 의한 상품개발이 가끔 실패하는 이유는 소비자가 구매할 환경이나 조건이 조성되지 않았기 때문이거나 홍보가 부족했기 때문이다.

인터넷에 의한 소비자 정보는 신상품개발에 귀중한 자료이다.

신상품개발은 소비자정보에 의하여 소비욕구에 적합한 상품으로 개발되어야 한다. 4차 산업혁명시대에서 빅데이터는 소비자가 구매하는 상품에 대한 데이터로 신상품개발의 필수요소이다. 개발자의 경험만으로 상품을 개발하던 시대는 지났다. 변화하는 소비자의 구매 욕구를 소비환경과 조건에 따라 빅데이터로 수집 분석하여 상품을 개발하는 시대이다.

AI(인공지능)공장-스마트팩토리(Smart Factory)

AI 인공지능 공장이란 설계, 개발, 제조 및 유통, 물류 등의 모든 과정에 디지털 자동화 솔루션이 결합된 정보통신기술 ICT 을 적용하여 생산성, 품질, 고객만족도를 향상시키는 지능형 생산 공장이다.

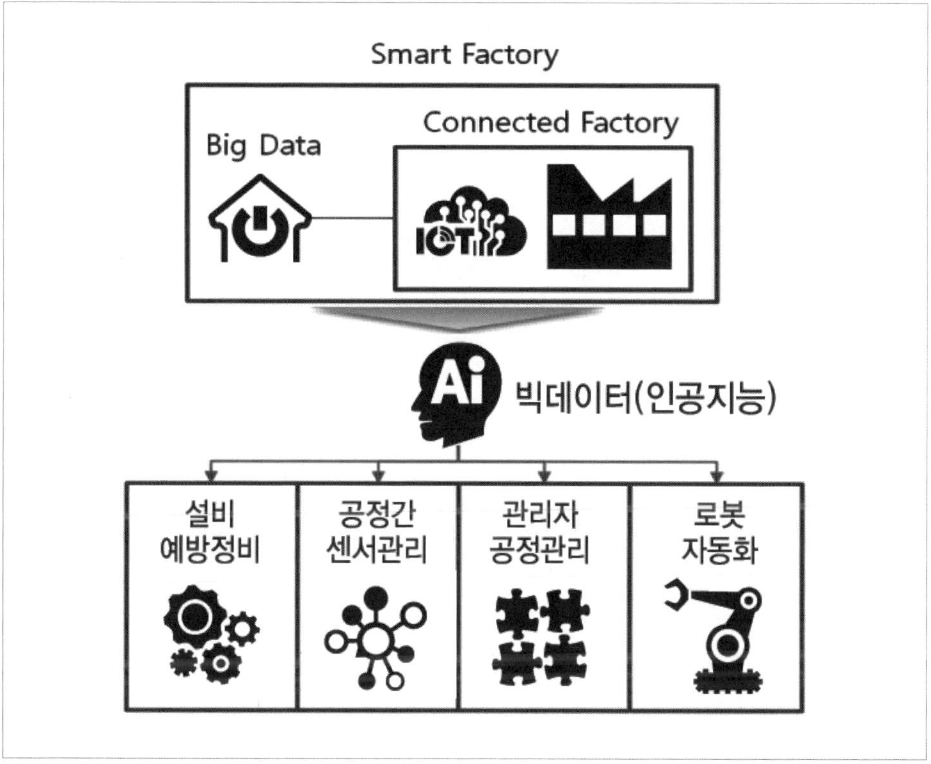

AI 인공지능 공장은 제조업에서 노동력의 필요성을 낮추어 기존에 인건비가 싼 개발도상국의 공장을 다시 선진국으로 생산기지를 이동하는 리쇼어링 Reshoring 현상을 만들고 있다. 제너럴일렉트릭 GE:General Electric Corp 은 세탁기와 냉장고 난방기 제조 공장을 중국에서 미국 켄터키 주로 다시 이전했다.

마케팅 전략

실시간에 의한 고객정보 수집분석의 마케팅 전략이다.

스마트폰은 고객의 실시간 구매정보를 파악하는 방법이다. 어느 장소의 어느 점포에서 어떤 고객이 어떤 상품을 구매했는가에 대한 상품구매 정보가 실시간으로 입력되면 일정한 분석 데이터에 의하여 고객성향에 대한 전반적인 정보를 분석하여 점포 위치에 따라 어떤 상품을 전시판매할 것인가에 대한 판매 전략을 수립한다.

상점에 전시한 상품정보를 실시간으로 파악한다.

고객의 시선이 어떤 상품에 집중되고 어떤 위치가 고객의 시선을 이끄는가에 대한 고객 구매 욕구에 대한 정보 분석이다. 고객욕구와 상품가치의 정보를 수집 분석하여 마케팅 전략을 수립한다.

마케팅 정보가 신상품, 신기술 정보로 활용되고 있다.

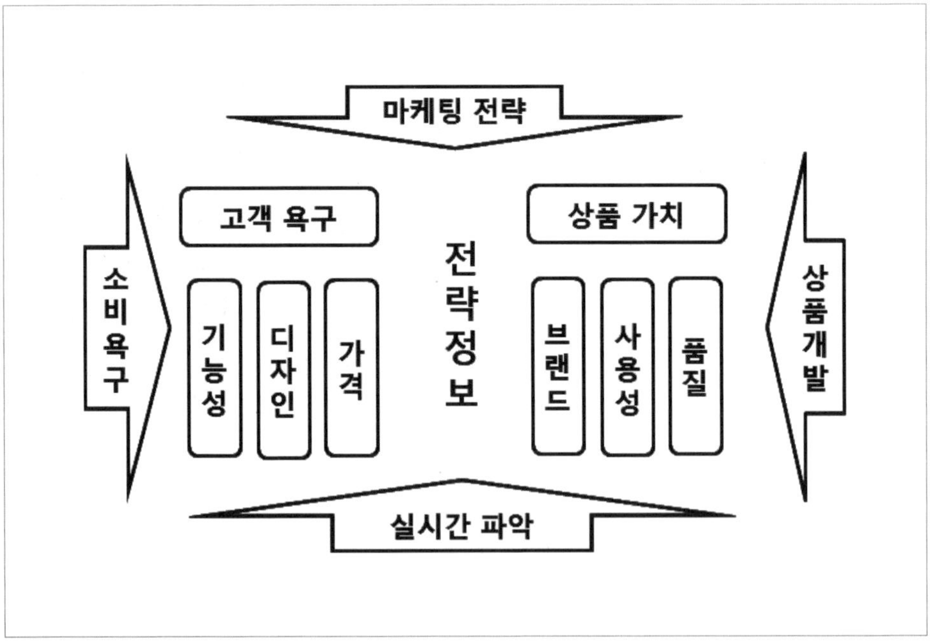

4차 산업혁명시대 필요한 인재(정보, 인성)

4차 산업혁명 정보는 빅데이터의 시대이다.

빅데이터를 얼마나 가지고 있는가에 따라서 개인이나 기업 등의 능력으로 평가된다. 빅데이터는 관리가 중요하다. 수집하는 능력과 분석하는 능력에 따라 빅데이터의 가치가 결정된다. 4차 산업혁명 시대 필요한 인재는 빅데이터를 관리하는 사람이다. 수집과 분석으로 사전 예방과 사후 처리를 할 수 있는 능력을 가진 사람이다.

디지털 트윈(Digital Twin)

미국 제너럴 일렉트릭 GE 이 주창하였으며 컴퓨터에 현실 속 사물 쌍둥이를 만들고 현실에서 발생할 수 있는 상황을 컴퓨터 시뮬레이션을 통해 결과를 예측하는 기술이다. 디지털 트윈은 제조업뿐 아니라 다양한 산업·사회 문제를 해결할 수 있는 기술로 사용되고 있다.

다양한 물리적 시스템 구조, 맥락, 작동을 나타내는 데이터와 정보조합으로 과거와 현재의 운용 상태를 파악하고 미래를 예측할 수 있는 인터페이스 Interface 이다. 물리적 세계를 최적화하기 위해 사용될 수 있는 강력한 디지털 객체로 운용 성능과 사업 프로세스를 개선하거나 대비하는 데 사용하고 있다.

4차 산업혁명시대 정보는 공유되고 있다.

4차 산업혁명시대는 모든 정보가 공개되어 누구나 필요한 정보를 수집 분석할 수 있으며 학교나 연구기관, 교수나 교사에 의하여 얻는 정보보다 개인의 노력에 따라 필요한 정보를 무한 수집 분석하여 사용하는 시대이다. 공유를 통해 서로의 정보를 연계하여 새로운 정보로 시너지 효과를 창출시키는 정보 창출시대이다.

미래 직업 정보 분석가

4차 산업혁명 정보시대는 데이터 분석가 직업이 각광을 받는다. 데이터는 수집하는 것보다 분석하는 것이 중요하고 분석한 자료로 문제발생을 예방하고 해결하는 방법과 방향을 제시하는 분석 능력이 필요하다.

정보는 어떻게 분석하는가에 의하여 가치가 결정되며 정보 분석가는 어떻게 예방하고 치료할 것인가? 사전적 정보 분석을 통한 예방과 사후적 해결방법 제시 등의 분석 능력이 중요하다. 왓슨은 빅데이터 분석으로 금융 방향을 예측하고 병의 원인을 분석하여 치료방법을 제시하고 있다.

정보와 데이터는 다르다.

정보는 관찰이나 측정을 통해 문제 예방이나 해결을 위해 정리된 지식이고 데이터는 프로그램을 운용할 수 있는 형태로 기호화하거나 숫자화한 자료이며 어떤 판단을 내리거나 이론을 세우는 데 기초가 되는 재료이다. 라틴어로 '사실 Fact 로서 주어진다 Given '라는 뜻이다.

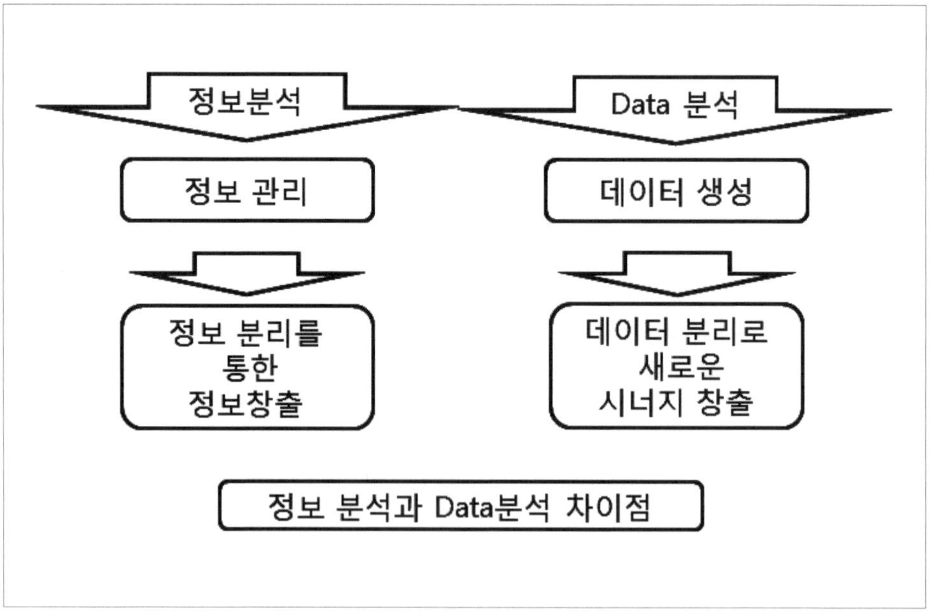

정보 분석(Information Analysis)

문제예방이나 해결을 위한 정보는 수집보다 분석이 중요하다. 수집된 정보를 분석하는 방법에 따라서 정보가치가 결정된다. 좋은 정보이지만 잘못된 분석방법으로 필요 없는 정보가 되기도 하고 필요 없던 정보가 분석방법에 따라서 중요한 가치를 창출하는 경우도 있다. 따라서 정보는 수집보다 분석이 중요하다. 분석체계에 의하여 분석된 정보는 정보 가공방법에 의하여 가치 있는 정보가 된다.

① 정보 분리방법

체크리스트 방법으로 항목과 요소로 구분한다. 어떤 항목을 선택하는가에 따라 분리 요소가 결정되며 항목과 요소에 따라 정보가치가 결정된다. 분리자의 체험과 경험이 항목과 요소에 적합하게 분리하게 된다. 일괄적이거나 항목과 요소별에 의한 단순한 분리는 정보가치를 창출하기 어렵다.

② 데이터 구분 방법

기호 및 도식, 그래프나 도형, 숫자에 의하여 데이터는 구분된다.

③ 특허 정보 분석 시스템(Patent Information Analysis System)

특허 정보의 수집, 가공, 분석을 수작업으로 행하던 기존의 제작 방법을 주제 선정부터 분석까지 특허 지도 Patent Map 로 쉽고 정확하게 분석한다. 특허 정보 분석 시스템 PIAS 의 이용으로 중소기업이나 벤처 기업인, 변리사, 학생, 일반인도 쉽게 특허 지도 작성이 가능하게 되었다.

PIAS로 분석할 수 있는 분석 기법은 기본 분석, 연도별, 인원별, 기술별, 발명자별, 동향 분석, 특허 정보 요소의 상관관계 분석, 기술 발전도 분석, 특허 인용 관계 분석, 권리 분석 등 총 45개의 차트 및 그래프를 제공하며 액셀 Excel 을 이용하여 임의로 편집도 가능하다.

빅데이터 분석가

빅데이터 분석가는 대량의 빅데이터를 관리하고 분석해서 결과를 바탕으로 통계 모델을 만들어 사람들의 행동패턴이나 시장경제 등의 예측 정보를 제공한다.

데이터 수집, 데이터 저장 및 분석, 데이터 시각화 등을 통한 정보 제공 등의 과정을 담당한다. 업무는 빅데이터를 어떻게 추출하고 어디에 활용할 것인지 기획을 하는 일부터 시작한다. 기획을 통해 분석할 빅데이터 자원이 확보되면 데이터 내용을 분석하여 빅데이터 플랫폼을 개발한다.

대용량의 데이터를 처리하는 플랫폼 개발 및 빅데이터 분석 업무는 다양한 알고리즘을 분석하여 시각화시켜 분석 자료는 다양한 분야에서 사용된다. 기업에서는 신제품 개발에서 판매를 위한 준비과정부터 빅데이터 분석 결과를 바탕으로 전략을 세우거나 생산 및 마케팅 전략을 수립할 때도 빅데이터를 사용하고 있다.

지진이나 화재진압 등의 자연재해를 방지하거나 처리하는 과정에서 빅데이터가 유익하게 사용되고 있고 빅데이터에 의한 시뮬레이션으로 구제방법을 선택하기도 한다. 따라서 빅데이터는 수집보다 분석이 중요하다.

기술개발을 위한 데이터

일정한 수치나 도식의 변화과정을 분석하여 기술의 문제점을 개선하고 혁신한다. 운동선수의 잘못된 습관, 동작 등을 분석한 수치나 그래프 등의 도식을 통해 운동방법과 기술을 분석하여 훈련하고 있다.

금융변화, 신체변화 등의 데이터는 금융기관이나 의료기관에서 활용되는 왓슨이라는 빅데이터다. 미국 일부 대학에서는 질 왓슨이 강의를 분석하여 진행하고 있다.

빅데이터란 무엇인가?

데이터는 디지털 환경에 존재하는 불특정 다수의 다양한 문자, 영상 등의 자료로 짧은 시간에 신속 정확하게 수집된 방대한 정보자료이다. 범위제한이나 범주, 규칙 등을 벗어난 무한 자료로 온라인, 오프라인의 모든 정보를 포함한다.

PC와 인터넷, 모바일 기기 사용이 생활화되며 기기를 사용했던 데이터는 기하급수적으로 증가하고 있다. 쇼핑을 했다면 언제, 어느 점포에서 어떤 물건을 얼마나 구매했는가에 대한 데이터가 기록으로 남아 사업자는 영업 전략 정보로 사용하고 있다.

인터넷쇼핑몰에서는 방문자가 서치 Search 한 모든 자료가 자동적으로 데이터로 저장된다. 어떤 상품에 관심이 있는지, 얼마 동안 쇼핑몰을 찾았는지에 대한 모든 자료가 데이터로 남는다.

인터넷상에서 이뤄지는 거래는 가상화폐와 같은 무형거래도 기록을 남기게 된다. 일반 금융권은 인터넷을 통해 무점포를 실시하고 있으며 인터넷 화폐나 거래는 급속도로 증가하고 있다. 고객과 사업자 간에 교류되는 정보가 인터넷상으로 공유함으로 고객정보 유출 문제가 우려되고 있다.

빅데이터의 생성

트위터 Twitter 는 하루 평균 1억 5,500만 건이 생겨나고 유튜브 YouTube 의 하루 평균 동영상 재생건수는 40억 회에 이르고 있다. 글로벌 데이터 규모는 2012년에 2.7제타바이트 Zettabyte , 2015년에는 7.9제타바이트로 증가했다. 1제타바이트는 1,000엑사바이트 Exabyte 이고 1엑사바이트는 미 의회도서관 인쇄물의 10만 배에 해당하는 정보량을 말한다. 이처럼 인터넷에는 수많은 데이터가 끝없이 생성되고 있다.

빅데이터의 활용

빅데이터는 개인, 기업, 국가 모두가 인용하고 활용하고 있다. 빅데이터를 얼마나 인용하고 활용하는가의 능력이 개인, 기업, 국가의 경쟁력이 되고 있다.

빅데이터는 유기적 관계를 통한 초연결에 의하여 만들어진다. 따라서 다양한 분야의 전문적 데이터로 생성되기도 한다. 빅데이터는 서로 다른 분야가 유기적 관계를 통해 다양하게 활용된다. IT Information Technology 데이터와 NT Nano-Technology 데이터가 결합되어 새로운 NIT, INT 데이터로 가치를 창출하게 되는 것이다.

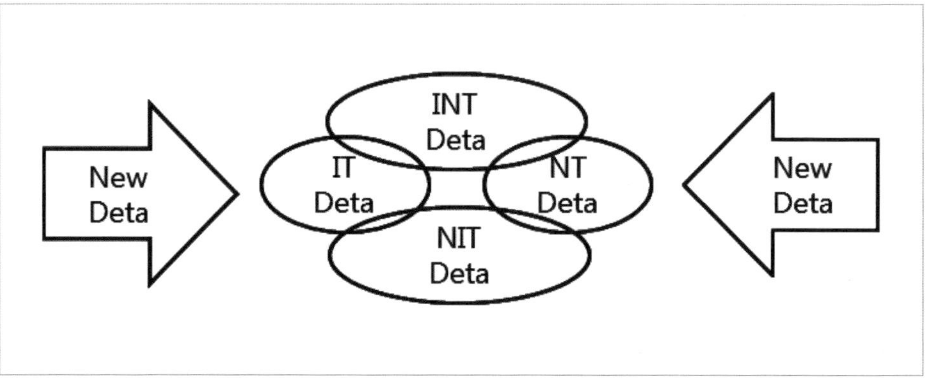

정보 Information 를 나노 Nano 기술에 의하여 새로운 정보로 창출하거나 나노 Nano 기술을 다양한 정보 Information 에 의하여 새로운 정보로 창출하는 것은 유기적인 초연결 방식으로 지금까지 존재하지 않았던 정보를 만들어 예방이나 치료, 문제해결의 아이디어로 창출시키는 방식이다. 데이터를 데이터에 의하여 활용하는 것이다.

새로운 기술은 지금까지 존재하지 않았던 방식, 발견되지 않은 것을 새롭게 찾아내는 방법이 필요하다. 단순한 발상의 전환만으로 새로운 데이터를 만드는 데는 한계가 있다. 새로운 결합에 의한 초연결 방식이 새로운 환경과 조건을 만들어 아이디어를 창출시킨다. 데이터를 어떻게 분석하는가의 활용 능력이 미래 사회의 중요한 직업이 되고 있다.

딥러닝(Deep Learning) 빅데이터

딥러닝 Deep Learning 은 데이터끼리 서로가 결합되어 학습되는 과정을 말한다. 인간이 수집한 정보를 바탕으로 새로운 발상을 하는 것과 같이 빅데이터가 스스로 새로운 정보를 만들어 내는 학습방법이다.

AI 인공지능 의 빅데이터는 무한 세계를 추구하고 있다. 정보시대는 정보를 수집하고 분석하는 능력의 차이이다.

20C는 석유가 국가를 부유하게 만드는 자원이었다면 21C 미래는 빅데이터를 가진 국가를 부국으로 구분한다. 구글, 페이스북, 아마존 등의 IT 기업이 미국을 부국으로 이끌어 가고 있다. 웹사이트, 소셜, 쇼핑물 등의 빅데이터는 지구촌의 모든 사람들이 정보를 소통하여 인터넷 상품 거래가 활발하게 이뤄지고 있다. 데이터는 그대로 사용할 수 없으므로 지식재산권 침해 수집된 데이터를 분석하여 재생성하고 있다.

데이터는 체계적인 관리가 중요하다.

다양한 데이터를 유형별로 분리하여 시스템을 구축해야 한다. 정리된 창고에서 물건을 찾기 쉽듯이 데이터의 유형을 구분하여 체계적으로 구축시킨 시스템을 통해 데이터끼리 연결시켜 새로운 데이터를 만들어 내고 있다. 즉, 데이터는 관리이다.

머리가 좋다는 평가는 두뇌에 저장된 데이터를 신속 정확하게 구분하여 꺼내는 능력이 뛰어나다는 의미이다. 누구나 보고 들은 정보이지만 어떤 사람은 기억을 잘하는데 어떤 사람은 기억하지 못하는 이유는 정보를 정리하여 두뇌에 저장하는 방법이 다르기 때문이다.

두뇌에 정리하는 방법은 관심을 집중하는 습관에서 만들어진다. 이처럼 데이터도 체계적으로 관리하면 신속 정확하게 데이터를 꺼낼 수 있다. 컴퓨터 데이터 관리는 인간의 두뇌 관리와 같다.

4차 산업혁명시대에 필요한 인재는 누구인가?

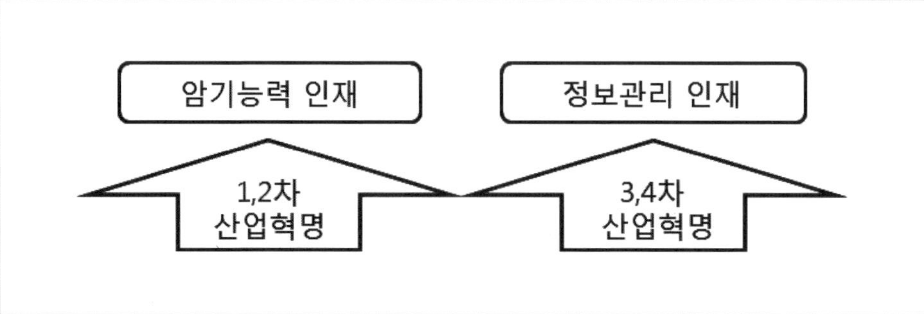

4차 산업혁명시대 정보는 학교나 연구소, 국가 등의 단체나 교수, 교사 등의 전문가들만의 정보가 아니라 누구나 필요한 정보를 인터넷을 통해 수집 분석하여 자신의 정보로 만든다. 교육장소 학교 등 나 특정인 교육자 에게 얻는 정보보다 인터넷 정보바다 에서 더 많은 정보를 얻고 있다.

4차 산업혁명시대에는 정보를 수집 분석하여 자신의 정보로 가공하는 능력을 가진 빅데이터 분석이 중요하다. 분야별 정보를 다양한 방법으로 수집 분석하여 필요한 정보로 가공하는 인재는 사고력교육으로 키워진다.

암기능력에 의존했던 1.2차 산업혁명의 인재는 학교 교육으로 양성되었으나 3, 4차 정보혁명시대에서는 정보를 수집하고 분석하는 능력을 가진 인재가 필요하다. 따라서 교육방법도 인터넷을 통한 정보 수집과 분석하는 정보교육이 증가하고 있다.

4차 산업혁명시대는 창의적 인재가 필요하다.

창의적 인재는 주어진 범위를 초월하여 새로운 환경에 필요한 정보를 창출하는 인재로 사물이나 사건을 논리적으로 관찰하고 분석하여 융합적으로 연계시키는 발명적 사고로 아이디어를 창출하는 사람이다. 단순히 아이디어를 제안하는 단계에서 시뮬레이션과 같은 방법으로 사전에 실험한 자료를 바탕으로 미래에 필요한 정보를 창출하는 인재를 말한다.

인재채용 방법이 바뀌고 있다

기업에 필요한 인재를 선발하기 위한 다양한 프로그램이 있으나 많은 응시자의 빅데이터를 신속 정확하게 분석하는 AI 인공지능 를 이용하여 사원채용 경비와 시간을 절약하고 있다.

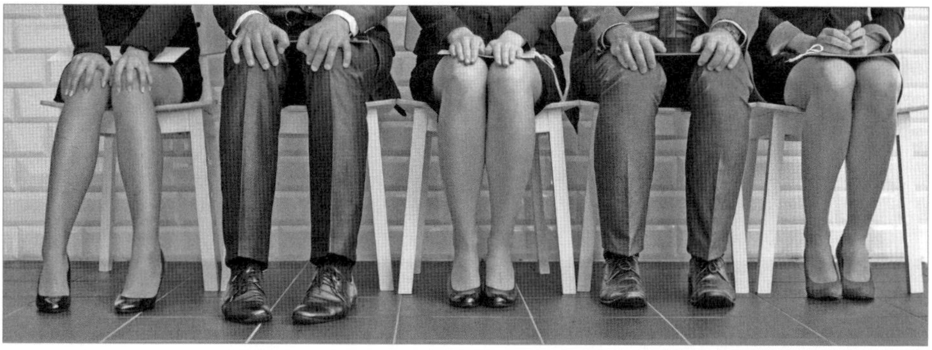

인재선발과정은 컴퓨터에 입력된 사원 정보를 컴퓨터가 1차로 선발하고 있다. 2차 과정에서는 기업에 필요한 인재상의 기준과 올바른 인성을 바탕으로 잠재성을 창출할 수 있는가를 평가하고 원만한 대인관계를 이끌어가는 사회성을 다양한 평가방법으로 선발하고 있다. 다음 항목을 분석 평가한다.

① 인성평가

② 잠재적 발전가능성 평가

③ 원만한 대인관계 조직 적응력 평가

④ 창의적 아이디어창출 능력과 도전성 평가

⑤ 자기주도적 문제해결능력 평가

⑥ 체험과 경험에 의한 능력 평가

⑦ 정보수집과 분석을 통한 관리능력 평가 등

02

4차 산업혁명의 대응전략

- 산업혁명과 경제변화 대응전략
- 산업혁명과 산업변화 대응전략
- 산업혁명과 정치변화 대응전략
- 산업혁명과 사회변화 대응전략
- 산업혁명과 교통변화 대응전략
- 산업혁명과 교육변화 대응전략
- 산업혁명과 문화변화 대응전략
- 산업혁명과 기업(무역)대응전략
- 산업혁명과 금융변화 대응전략
- 산업혁명의 에너지변화 대응전략

국가 경제를 이끄는 힘은 지식재산권의 정보이다.

산업혁명으로 인한 산업발달이 사회에 미치는 영향은 절대적이다. 영국의 문예부흥이 세계 최강의 무역중심국가로 만들었고 세계를 이끌어가는 힘은 경제규모였다. 경제란 사람이 생활을 함에 있어서 필요로 하는 재화나 용역을 생산, 분배, 소비하는 모든 활동을 의미하며 국민의 의·식·주를 윤택하게 만들어 주는 국가 정책 능력을 의미한다.

국가는 국민의 경제활동을 위한 다양한 정책을 만든다. 변화되는 생활환경이나 국가 환경, 국제환경에 따라 대응전략이 필요하다. 4차례 산업혁명을 거치면서 변화에 따라 국가마다 대응정책으로 국민 생활지수와 행복지수를 만들어 왔다. 복지국가는 변화되는 환경에 국민의 행복, 편익을 위한 제도가 준비된 국가이다.

4차 산업혁명시대 경제는 재화나 용역이 없어도 생산, 분배가 이뤄진다. 인터넷을 통한 가상공간이 경제활동의 주축이 되기 때문이다. 생산과 소비는 바퀴의 축과 같은 관계이지만 생산이 없는 소비는 경제를 축소시킨다. 발명은 산업혁명으로 경제를 활성화시키는 생산 전략이다.

국가 경제(State economy)를 이끄는 핵심은 생산이다.

국가 경제는 기업이나 가계의 경제를 구성하는 개별 경제주체로서 공권력을 배경으로 하는 징세권 세금을 거두는 권리 을 가지며 사적 영리추구를 목적으로 하지 않는다는 점이 사경제와 다르다. 이러한 생산방식이나 시스템에 따라 선진국과 후진국으로 구분되기도 한다. 산업혁명은 효율적이고 능률적인 생산방법을 제시해 왔다.

시장경제원리는 물건의 수요와 공급, 가격을 결정하는 원리이다. 수요는 구매욕구와 구매력이고 공급은 물건을 만들어 보급하는 유통체계이며 생산은 공급을 위한 공장시설과 기술력 생산인력 및 생산시스템을 총칭한다. 산업혁명으로 인한 생산시스템의 변화가 국가와 기업의 경쟁력을 결정한다.

▎존 메이너드 케인스와 프리드리히 하이에크의 논쟁

〈케인스 / 하이에스〉

정부가 시장 개입을 해야 한다는 존 메이너드 케인스 1883~1946 와 시장개입을 해서는 안 된다는 프리드리히 폰 하이에크 1899~1992 는 1930년대 경제학자로 아직도 경제의 두 갈래 방향이 되고 있다.

하이에크는 당시 유명인사 케인스에게 1931년 런던정경대학 LSE 교수가 편집주간이던 학술지 『이코노미카』에 케인스의 '화폐론'을 비판하는 서평을 기고했다. 케인스는 저축이 투자보다 많으면 불황 국면이 출현하고 물가가 떨어진다고 주장했으나 하이에크는 경기가 바닥에 이르면 만성적인 수요 부족으로 불필요한 실업이 발생한다고 주장했다.

케인스는 1930년 대공황처럼 긴급할 때는 정부가 공공사업으로 수요를 만들어내야 한다고 강조했다. 하이에크는 생산자가 은행 융자를 통해 자본재를 더 많이 생산하는 등 투자가 저축보다 많을 때 불황이 나타난다고 봤다. 그의 처방은 '고통스럽더라도 그대로 두라'였다. 시간이 흐르면 시장은 자연히 균형 상태로 움직인다는 것이다. 정부 개입은 '칼을 쓸 줄 안다고 몸에 칼을 들이대는 이발사의 외과 수술'과 마찬가지라 여겼다.

1920년대 발발한 미국의 경제대공황 Great Depression, 1929년에 터진 경제위기 은 그때까지의 경제이론을 송두리째 뒤흔들었다. 자유시장경제가 맞은 직격탄이었다. 미국의 32대 대통령 루스벨트 Franklin Delano Roosevelt, 1882~1945 는 케인스의 경제이론을 그대로 실행하는 뉴딜정책 New Deal Policy 을 실시했다.

경제국가(Wirtschaftsstaat)

경제가 정치 방향을 제시한다.

오늘날 모든 국가는 경제국가의 형태를 지니고 있다. 국가의 힘은 경제규모에 의하여 결정되기도 한다. 한국은 폐허에서 경제기적을 이룩한 국가로 60년대 국가정책을 경제부흥에 몰두하여 2000년대 10대 경제국가로 부상했다. 한국이 40여 년 만에 이룩한 경제부국은 정책적 지원으로 투자정책과 국민 참여에 의한 결과물이다. 정책을 성공시키는 것은 국민의 참여의식이다.

"잘 살아보세" 새마을 운동과 함께 강력한 경제정책이 한강의 기적이라는 칭송을 받았고 이를 모방하는 국가들도 나타났다. 경제가 국가의 경쟁력으로 평가되고 있다. 따라서 세계는 경제를 바탕으로 국가가 존재한다.

미국의 보호무역은 자국기업을 보호하고 미국인의 경제소득을 증가시키기 위한 정책이다. 미국은 막대한 비용을 지불하며 세계경제와 정치를 장악하고 이끌어 왔다. 유엔을 비롯한 국제기구에 막대한 투자와 비용을 지불한 이유가 세계 경제와 정치를 장악하기 위한 것이었다. 이러한 미국이 국제적 불신과 저항을 감수하면서 보호무역정책과 국제기구 비용을 축소시키는 것은 경제 국가이기 때문이다.

미국은 전통적으로 보호무역주의를 실시해 왔다. 1820년대에는 총수입액 가운데 거의 70%가량을 보호관세로 징수했다. 1934년에도 1930년대에 제정된 스무트-홀리 법이 적용됨에 따라 1820년대와 비슷한 수준의 관세를 징수했다. 전 세계가 고율의 보호관세로 어려움에 직면하게 되자 1947년 23개국이 관세 및 무역에 관한 일반협정 GATT 이라는 형태로 상호무역협정을 체결하여 1975년부터 70개국이 GATT의 노선에 동참하고 있다.

브릭스(BRICS), 신흥경제국가

2003년 미국의 신용평가회사인 골드먼삭스그룹 보고서에서 처음 등장한 용어다. 브릭스는 브라질 Brazil ·러시아 Russia ·인도 India ·중국 China 의 영문 첫머리 글자를 결합한 단어이다.

4개국은 1990년대 말부터 빠른 성장을 거듭하면서 새로운 신흥경제국으로 주목받고 있다. 경제 전문가들은 2030년 무렵이면 브릭스국이 세계 최대의 경제권으로 도약할 것으로 예측하고 있다. 이처럼 브릭스는 현재의 경제성장 속도와 앞으로의 발전 가능성으로 볼 때 4개국의 성장 가능성이 가장 크다는 뜻에서 경제권을 하나로 묶은 단어이다.

브릭스 4개국은 공통적으로 거대한 영토와 인구, 풍부한 지하자원 등 경제대국으로 성장할 수 있는 요인을 갖추고 있다. 4개국을 합치면 세계 인구의 40%가 훨씬 넘는 27억 명 중국 13억, 인도 11억, 브라질 1억 7,000만, 러시아 1억 5,000만 이나 된다. 따라서 국가별로 거대한 내수시장이 형성될 수 있고 자국 내 노동력 역시 막강하다.

브릭스 4개국은 2000년 이후 수요와 구매력이 빠른 속도로 증가하면서 외국인 투자와 수출 호조로 인해 높은 경제성장을 거듭했다. 특히 중국은 1990년 이후 해마다 7~10%에 달하는 초고속 성장을 계속해 왔다. 인도 역시 정보기술 IT 강국으로 떠오르고 있다.

선진국을 비롯한 세계 각국에서는 브릭스 4개국의 막대한 시장을 선점하기 위해 치열한 경쟁을 벌이고 있다. 2003년을 전후하여 브릭스 국가의 주식이나 채권에 집중적으로 투자하는 '브릭스 펀드'가 등장하여 2004년부터 한국에서도 판매되고 있다.

브릭스가 신흥 경제국가로 인정받는 이유는 생산과 소비의 증가속도가 빠르다는 점이다. 경제원리 기본의 소비와 생산이 급격하게 증가하고 소비시장이 존재하기 때문에 장기적 생산력도 증가하게 되는 경제원리에 따라 미래 신흥 경제국가로 부각되는 것이다.

경제에 의한 정치

마거릿 대처 전 영국 수상은 세 차례 역임하면서 1979~1990 영국병에 찌든 영국을 시장경제 정치로 살려냈다. 마거릿 대처는 280여 년 동안에 배출된 영국 수상 중에서 'Ism 주의'을 이름에 붙인 수상이다. '대처리즘 Thatcherism'이라고 부르는 것은 경제 부흥을 바탕으로 정치를 하였기 때문이다. 마거릿 대처 수상은 통치철학에서 경제에 의한 정치가 중요하다는 것을 영국 경제부흥으로 보여주었다.

마거릿 대처는 로널드 레이건 전 미국 대통령과 함께 냉전을 종식시키고 자유세계를 건설하는 데 크게 기여했다. 마거릿 대처는 대처리즘을 통해 1980년대부터 세계가 나아가야 할 방향을 제시한 정치지도자다. 마거릿 대처가 추진한 구조개혁이 성공을 거두자 1984년 규제 공화국이라 불리던 뉴질랜드가 구조개혁을 실시하였고 아일랜드는 1987년부터 마거릿 대처의 경제정책 노선을 표방했다.

OECD는 1990년 「구조개혁의 진전」이라는 보고서를 출간해 회원 국가들에게 마거릿 대처의 길을 따르도록 권고했다. 구 사회주의국가들이 오늘날 시장경제를 채택하고 있는 것은 대처리즘이 사회주의 붕괴에 영향을 주었다고 본다. 2000년대에 들어와 대처리즘은 독일, 스웨덴, 프랑스 등이 시장경제를 옹호하게 만드는 데에도 기여했다. 마거릿 대처를 사회주의에서 시장경제로 바꿔놓은 정치지도자로 평가하고 있다. 앙겔라 메르켈 독일 총리를 '제2의 대처'라 하고 니콜라 사르코지 프랑스 대통령을 '바지 입은 대처'로 부르는 이유이다.

오늘날 시장경제원리에 의한 경쟁력을 이끌어 가는 것은 지식재산권이다. 중국은 미국보다 많은 특허 출원을 통해 세계 1위 국가로 부상했다. 세계 선도기술개발에 국가정책을 실시하고 있기 때문이다. 한국은 20여 년간 세계 4위 특허출원국의 위치를 지키고 있으나 선도기술 분야에서는 점차 뒤떨어지는 경향이 나타나고 있다.

경제와 과학

과학을 바탕으로 하는 경제가 튼튼하다.

과학은 발명으로 창작품을 만든다. 즉 발명은 과학원리를 바탕으로 만들어내는 과정이다. 발명의 권리를 보장해주는 것은 특허이다. 특허권리를 통해 상품의 가치와 이익을 창출하고 있다. 보장받는 권리를 총칭하여 지식재산권이라 하며 이러한 행위를 바탕으로 튼튼한 경제가 완성된다. 기업의 경쟁력은 지식재산권을 바탕으로 창출되기 때문이다.

과학경제는 인간생활에 필요한 재화나 용역을 생산·분배·소비하는 모든 활동. 또는 그것을 통하여 이루어지는 사회적 관계를 과학적 분석에 의하여 경영 관리하는 것이다. 경제안정은 경제활동의 원활한 분배에 있다.

이론만으로 경제를 경영 관리할 수 없다. 변화되는 사회 환경에 따라 적절한 경제경영 관리가 필요한 시대이다. 정확한 정보 수집과 분석방법에 의하여 변화에 대응하는 경제 전략이 필요하다. 빅데이터에 의한 AI 인공지능 의 수집과 분석에 의한 과학적 경영전략이 필요하다.

과학적 경제는 빅데이터에 의한 정보 수집과 분석에 의한 경제구조이다. 지역, 계층, 소득 간 등의 소비자에 대한 모든 정보를 실시간으로 수집 분석하여 시장 흐름에 대비하여 상품개발과 생산, 유통과 공급을 조절한다.

시대변화에 따른 과학경제(Scientific economy)

정보는 과학적 분석이 중요하다. 체계적으로 효율적인 분리방식에 의하여 시너지를 창출하는 정보가 될 수 있다. 단순분리는 정보가치를 상실시킨다. 정보분석가가 4차 산업혁명의 중요한 직업으로 부각되는 이유가 과학적 분석에 의하여 경제 가치를 창출시키기 때문이다.

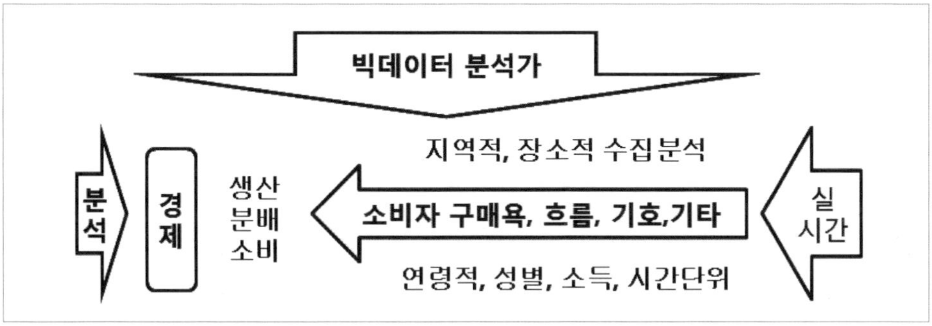

과학경제로 기업경영의 경쟁력을 창출한다.

과학경제의 기업경영이란 적합한 사원채용, 적절한 인사배치, 효율적 시간관리, 시대에 필요한 상품개발, 기술개발, 스마트팩토리 생산방식, 보관 및 유통관리, 실시간 소비자 정보수집과 분석에 의한 마케팅관리 등의 모든 경영활동을 빅데이터에 의한 AI 인공지능 로 기업을 경영하는 것이다.

기업경영은 국가경제, 사회경제를 이끌어가는 주체이다. 기업에 참여하는 사원과 기업 상품으로 의·식·주를 해결하는 생산자와 소비자의 관계를 이끌어가는 구조이다. 과잉생산이나 과소생산은 소비가격을 조정하는 요인이 되기 때문에 적절한 생산으로 소비자 물가를 조절하는 경제구조 관계를 신속 정확하게 정보를 수집 분석해야 한다. 이를 과학경제라고 한다.

빅데이터에 의한 과학적 경제 관리는 4차 산업혁명시대의 국가, 사회 경제 흐름이다. 스마트팩토리에 의한 저비용 생산시대에는 맞춤 생산이 필요하고 맞춤 생산에 의하여 국가나 기업, 개인은 의·식·주를 해결하는 효율적인 경제구조를 이끌어 가는 시대이다.

산업발달과 경제 및 정치 변화

산업혁명에 의한 산업발달은 국가 경제 변화를 주도해 왔다.

1차 산업혁명을 영국이 주도했다면 2차 산업혁명은 미국의 포드자동차와 같은 기업이 주도했다. 3차 산업혁명의 인터넷은 한국을 비롯한 신흥국가와 중국의 인터넷 시장 등이 주도해 오고 있으며 4차 산업혁명의 빅데이터는 전 세계의 인터넷망에 의한 빅데이터 산업이 부상하고 있다.

영국 산업혁명은 프랑스를 비롯한 유럽 전역에 산업혁명을 자극시켰다. 증기기관을 통한 기계생산은 대량생산 체계를 만들어 유럽경제를 새로운 방향으로 이끌었다.

유럽 국가들은 18세기 중엽부터 19세기 중반에 이르는 시기에 서서히 전통석 농경사회로부터 산업화 사회로 이동했다. 이를테면 자본주의 사회로 바뀌었다. 점차적으로 자본의 힘이 강조되면서 경제체제의 변화는 사회구조를 거대한 변화로 바꾸었다. 사람들이 농촌을 떠나 도시공장으로 모여들면서 노동자계층과 자본가로 양분되는 새로운 사회적 분화현상이 형성되었다.

프랑스혁명의 원인에는 경제적 파탄이 있었다.

1848년을 '혁명의 해'라고 부른다. 전 유럽에서 정치적인 자유를 쟁취하고 민족 감정을 고양시키기 위해 소요와 혁명이 끊임없이 발생한 원인이 1846년부터 계속된 경제 위기 때문이다. 뿌리가 마르는 감자병이 유행하자 감자 수확이 저조하였고 극심한 가뭄으로 식량이 부족하여 굶어 죽는 사태가 빈번해지자 도시나 농촌에서 긴장과 불안감이 높아졌다. 산업 부문도 농업의 영향을 받아 사업 실패의 급증, 실업, 임금하락 등으로 사회 불안이 극도로 증폭했다. 노동자, 인권, 불평등, 빈부의 격차 등 많은 사회문제들이 경제적 불안과 빈곤을 계기로 정치혁명을 자극시켰던 것이다.

이처럼 산업혁명은 영국, 프랑스 등의 정치혁명의 원인이 되었으며 오늘날에도 칠레와 같은 많은 국가의 혁명적 사건의 원인이 되고 있다.

산업혁명과 정보경제

1차 산업혁명은 영국, 2차 산업혁명은 미국이 주도 국가였지만 3차 산업혁명은 선도적 투자를 하는 인터넷망의 투자비율에 의하여 주도되었다. 미국은 광활한 국토면적으로 인터넷망 설치하는 데 한계가 있다. 도시별 설치는 잘되었지만 주 간의 연결망은 지역적 문제점을 지니고 있어 인터넷 주도 국가로 한계점 때문에 선도반열에서 뒤떨어지고 있다.

3차 산업혁명은 속도전이다.

한국은 좁은 영토로 인터넷망이 정밀하게 설치되어 속도가 빠르다. 광속으로 전달되는 정보는 신속하게 처리되어 새로운 정보로 가공된다.

OECD 무선 브로드밴드 인구대비 보급률 2011년 4Q 기준

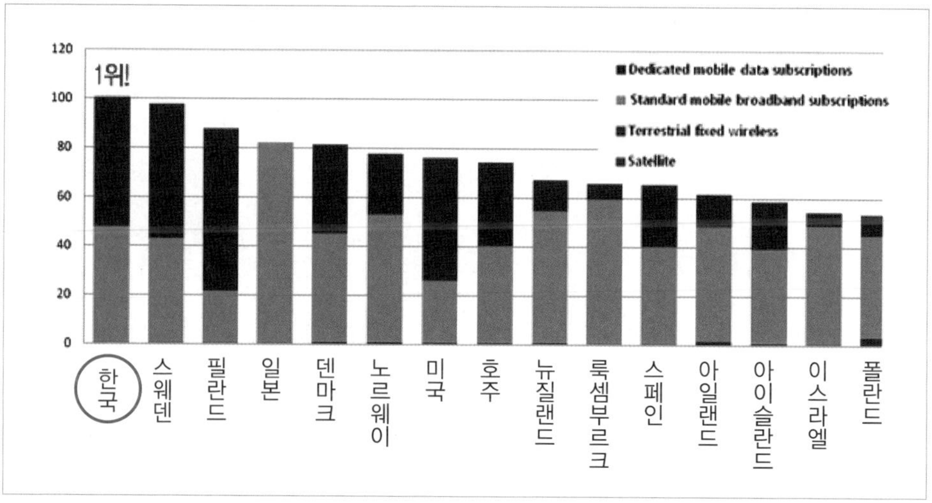

한국은 OECD 국가 중 무선 초고속인터넷 보급률이 1위이다. 가장 빠른 시간에 가장 많은 정보를 교류함으로 정보국가로 부상했다. 이러한 인터넷망은 기술개발과 함께 발전했다. 삼성을 비롯한 LG 등이 인터넷 정보발달을 위한 기술적 바탕이 되어 정보경제를 주도하고 있다. 2018년도 삼성은 전자 부분에서 애플을 앞서가는 수익률을 올렸다. 정보시장이 삼성, LG 등의 기업을 정보경제를 이끌어가는 기업으로 성장시켰다.

정보경제(Infonomics)

4차 산업혁명시대는 지식재산권에 의한 경제시대이다.

지식재산은 정보에 의하여 창출되고 있으며 AI 인공지능 에 의한 빅데이터를 통해 정보를 생산하고 유통하며 이를 위한 하드웨어와 소프트웨어가 동시에 개발되는 인포메이션 테크놀로지 Information Technology 의 상품화와 산업화가 동시에 진행되는 경제이다.

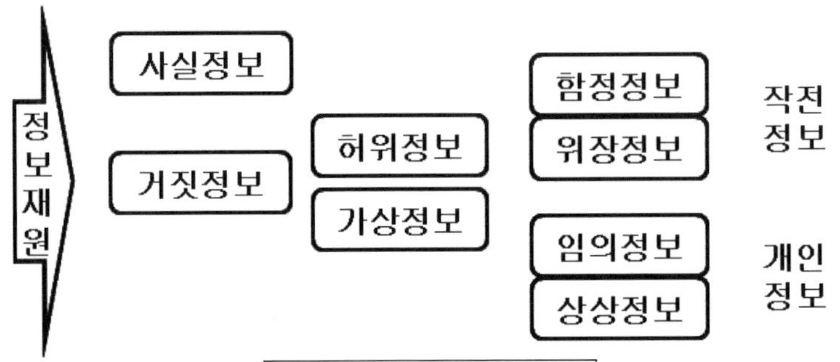

지식재산권 정보 유형

정보재원은 지적재산권의 가치를 극대화시켜 기업의 생존환경을 크게 변화시킨다, 정보 경제를 네트워크 경제와 같은 개념으로 부르기도 한다. 정보 경제가 생산하는 정보재원은 초기 고정비용이 크지만 개발하면 추가 생산비용 가변비용 이 작다.

'생산단가×(1+마진률)'이라는 전통적 가격전략은 의미가 없다. 동일한 정보재원이라 할지라도 소비자에 따라 가치가 서로 다를 수 있으므로 가격차별은 예외가 아니라 하나의 원칙이 될 수 있다.

사실정보와 거짓정보를 구별하는 정보 분석능력이 중요하며 거짓정보에 의한 경제 전략수립은 실패가 전제된다. 작전정보에 의하여 경영 실패를 하는 사건이 국제적으로 빈번하고 지식재산권 확보에도 실패할 확률이 높다. 지식재산권 확보를 위한 정보전쟁은 보이지 않는 전쟁으로 기업의 사활이 걸린 정보전쟁이다.

정보전쟁 (Information Technology Warfare)

정보전쟁은 정보기술전쟁이다.

정보전쟁은 정보재원에 대한 사실과 거짓에 전략적 전쟁으로 신속·정확하고 효율적으로 필요한 정보를 수집, 처리하고 전달하기 위한 총체적 기술 전쟁이다. 예를 들면 컴퓨터 하드웨어, 소프트웨어, 통신장비 관련 서비스와 부품을 생산하는 산업을 통칭한다. 세계적으로 추진되고 있는 정보고속도로의 구현도 정보기술의 발달에 바탕을 두고 있다. 정보기술 분야는 정보통신 분야, 정보처리 분야, 정보보안 분야, 표준화 분야 등 모든 정보 영역을 포함한다.

정보기술 산업은 국가 정책에서 우선시 되고 있다.

미국의 경우 경제에서 정보기술 산업이 차지하는 비중은 1993년 6%에서 1999년에는 8%로 꾸준히 상승했다. 이 중에서도 소프트웨어 업체들은 1993년 이후 6년 동안 연평균 10% 이상 성장해 왔다. 하드웨어 업체들도 1995년까지 수년 동안 연 14%의 평균 성장률을 보이다가 이후 성장률이 떨어졌으나 9%대로 다른 산업보다는 높았다. 인터넷 등 통신 서비스산업은 연 5%의 매출증대를 보이고 있다.

영국은 2014년 유럽사법재판소 ECJ: The European Court of Justice 에서 인정된 '잊힐 권리 Right to be forgotten'를 무기로 구글에 정보 삭제를 요구했다. 1만 2,000건의 삭제요구 건수는 프랑스와 독일에 이어 전 세계에서 가장 많이 정보 삭제 신청을 한 나라다. 영국은 국내에서는 세금 문제로 국제무대에서는 EU를 움직여 정보침해 문제를 세계적으로 공론화시켜 구글의 정보독점을 국제 문제화시키고 있다.

영국은 빅데이터망과 전쟁 중이다. 공격 대상 기업은 구글을 비롯하여 세계 최대의 소셜 네트워크인 페이스북, 세계 최대의 디지털 콘텐츠 유통기업이자 가장 성공적인 스마트 가전기업인 애플, 세계 최대의 인터넷 전문 유통기업 아마존도 포함한다. 모두가 미국 기업이다.

보이지 않는 영국과 미국 정보전쟁

인터넷을 주도하는 구글, 페이스북, 트위터 등은 미국 기업이고 영국에는 세계적인 인터넷서비스 기업이 없다. 구글은 유럽 검색 시장의 90%, 인터넷광고 시장의 80% 이상을 점유하고 있다.

영국 정보기관이 미국국가안전보장국 NSA, National Security Agency 과 정보안전관리를 추진하고 있지만 민간 사기업들이 영국인들의 정보를 미국 서버로 가져가는 상황은 심각한 문제가 되고 있다. 미국 서버에 저장된 정보는 미국의 통제를 받을 수밖에 없다는 점을 영국은 잘 알고 있기 때문이다. 다른 국가도 미국의 정보 독점에 경계하고 있다. 정보독점이 세계시장 지배력을 갖게 되기 때문이다.

영국은 대영제국 시절 세계 자원과 자본을 독점해 세계 패권을 관리한 경험이 있다. 전 세계의 자원과 금융 자본의 3분의 1이 영국 런던을 통해 거래되므로 대영제국이 해체된 지금도 팍스브리태니카 Pax Britannica 라는 헤게모니를 유지하고 있다. 미국의 정보독점을 영국이 경계하는 이유다.

세계 주도 국가는 산업 시대에는 자원을 자본주의 시대에는 자본을 독점했다면 21세기 정보 시대에는 정보를 독점해야 한다. 전 세계를 지배하는 거대 정보시장을 점유한 기업은 모두 미국이고 영국은 정보전쟁에 대항할 경쟁수단이 없기 때문에 미국을 더 이상 정보 공유 파트너로 보지 않고 경쟁자로 인식할 수밖에 없다. 세계는 정보전쟁 중이다.

〈유럽사법재판소〉

산업혁명과 산업변화 대응전략

산업은 물적 재화의 생산과 더불어 서비스의 생산, 농림어업·광업·제조업·건설업·공익사업·운수통신업·유통업·금융업·보험업·부동산업 기타 모든 서비스업을 포함한다.

1차 산업은 자연을 바탕으로 하는 농업, 어업. 2차 산업은 생산물을 얻는 산업 중 1차 산업을 제외한 나머지 공업, 건설업. 3차 산업은 상업, 금융업, 운수업, 관광업 등과 같은 모든 서비스업. 4차 산업은 정보, 의료, 교육. 5차 산업은 패션, 오락, 레저. 6차 산업은 1차 산업에 융복합기술을 결합한 농업, 어업 등으로 구분한다.

산업은 생산적 활동을 바탕으로 하는 모든 분야이다. 의·식·주를 위한 모든 생산 직종으로 제품 또는 서비스를 공급하는 기업으로 예를 들면 농수산산업, 패션산업, 자동차산업, 전자산업, 인터넷산업 등이다.

산업 활동의 발전은 국가 경제 발전의 원동력이 된다. 산업 활동이 활발하면 고용이 증가하고 실질소득이 상승함으로 국민소득이 증가한다. 소득이 상승하여 구매력이 증가하면 활발한 산업 활동으로 생산자 공급 와 판매자에 의한 소비자 수요 간에 원활한 거래로 시장경제가 증가한다. 이를 뒷받침하는 경제제도와 경제정책이 중요하다.

현대사회는 산업발전이 급속하게 발달하기 때문에 구조 변화나 산업 또는 직종·숙련 등의 사양이 빠르게 변한다. 따라서 노동조합 등의 강력한 관여나 사회보장제도 등으로 근로자계층을 보호해야 한다.

고도공업화사회 고도산업사회 는 고도로 정비된 사회체제를 갖추고 경제정책의 결정에 있어서 민주적 절차나 목표·수단의 유효성이 높은 사회구조로 대량생산·대량소비·대중매체 등이 발달한 교통·통신체계를 지니고 있다. 산업사회가 발전하면 블루칼라 노동자보다 화이트칼라 노동자가 증가하고 관리화·정보화의 경향이 높아지고 다양한 계층과 평준화된 사회가 됨으로써 이에 대한 산업 정책 전략이 필요하다.

산업혁명의 기술적 변화

기술적 변화

산업혁명이 산업 전반을 새롭게 만들어 왔다. 1차 산업혁명이 농경사회를 공업사회로 변화시키는 계기점을 만들었고 2차 산업혁명은 자동화로 공업생산을 대량생산 체계로 변화시켰다. 농경에서 공업으로 공업의 자동화를 통한 다양한 정보가 의·식·주의 급격한 변화를 이끌어 왔다. 산업혁명이 산업변화를 이끌어 왔듯이 미래도 산업기술이 새로운 산업으로 변화시킬 것이다. 기술정보가 생활환경의 리듬을 획기적으로 변화시키고 있다.

4차 산업혁명은 정보에 의한 새로운 산업을 창출시킨다.

산업이 실생활을 편리하고 기능적인 도움을 주는 수단이었으나 미래 산업은 기능적 도움에서 생산적인 도움을 주는 산업으로 변한다. 이를테면 자동차가 교통수단만이 아니라 주거공간, 상업공간으로 다양하게 기능적, 생산적으로 이용되는 것이다.

의·식·주의 편리성을 위한 산업에서 수익을 창출하는 수단으로 업종을 변화시키는 핵심은 정보이다. 소비자정보를 수집하고 분석하는 방법과 능력에 따라서 산업이 변화되는 속도가 결정되고 있다.

스마트폰 산업은 정보교류와 생성으로 개인이나 기업, 단체나 국가의 이익을 창출시키고 있다. 산업이 단순한 의·식·주의 차원을 넘어서 이익을 창출시키는 수단이 되고 있다. 플랫폼 마케팅

4차 산업혁명을 이끌어가는 빅데이터는 인간과 인공지능의 공존을 강조하고 있다. 스마트폰은 빅데이터를 수집하고 분석하는 기능과 동시에 사용하는 능력에 따라 다르게 사용되고 있다.

스마트폰의 기술적 변화는 통신수단에서 교육 및 정보수단으로 바뀌고 있다. 스마트폰을 통해 교실을 비롯한 다양한 장소에서 필요한 정보를 찾아내어 의·식·주의 문제점을 해결하거나 거래하는 수단으로 바뀌었고 교육정보나 문제를 해결하는 수단이 되고 있다. 태블릿 PC 교육

4차 산업혁명의 기술적 요소

메가트렌드	핵심기술	
물리학(Physical) 기술	무인운송 수단	• 센서와 인공지능의 발달로 자율체계화된 모든 기계의 능력이 빠른 속도로 발전함에 따라 드론, 트럭, 항공기, 보트 등 다양한 무인항공기 등장 • 현재 드론은 주변 환경의 변화를 감지하고 이에 반응하는 기술로 충돌을 피하기 위한 항로 설정(법 개정 필요)
	3D프린팅	• 3D프린팅은 입체적으로 형성된 3D디지털설계도나 모델에 원료를 층층이 겹쳐 쌓아 유형의 물체를 만드는 기술 • 기존의 절삭가공방식은 필요 없는 재료의 층을 자르거나 깎는 방식이지만 3D프린팅은 디지털설계도를 기반으로 유연한 소재로 3차원 물체를 적층해 나가는 방식 • 자동차, 항공우주, 건축, 식품, 의료산업에서 주로 활용되며 의료 임플란트에서 대형풍력발전까지 광범위하게 사용
	로봇공학	• 과거 프로그래밍되어 통제된 업무수행에 국한되었으나 점차 인간과 기계의 협업을 중점으로 개발되고 있음(스마트 공장) • 센서의 발달로 로봇은 주변 환경에 대한 이해도가 높아지고 그에 맞춰 대응하며 다양한 업무 수행도 가능해짐 • 클라우드 서버를 통해 원격 정보에 접근이 가능하고 다른 로봇과 네트워크 연결이 가능
	그래핀(신소재)	• 기존에 없던 스마트 소재를 활용한 신소재(재생가능, 세척가능, 형상기억합금, 압전세라믹 등) • 그래핀(Graphene)과 같은 최첨단 나노 소재는 강철보다 200배 이상 강하고 두께는 머리카락의 100만분의 1만큼 얇고 뛰어난 열과 센서의 전도성을 가진 혁신적 신소재(첨단소재로 활용)
디지털(Digital) 기술	사물인터넷	• 만물인터넷이라고도 부르며 상호연결된 기술과 다양한 플랫폼을 기반으로 사물과 사물을 연결 • 더 작고 저렴하고 스마트해진 센서들은 제조공정, 물류, 집, 의류, 액세서리, 도시, 운송망, 에너지 분야로 활용
	블록체인 시스템	• 프로그래밍이 암호화(보관)되어 모두에게 공유되기 때문에 특정 사용자가 시스템을 통제할 수 없음. • 비트코인이 블록체인 기술을 이용하여 금융거래를 하고 있으며 향후 각종 국가 발급 증명서, 보험금 청구, 의료기록, 투표 등의 코드화가 가능한 모든 거래가 블록체인 시스템으로 대체

4차 산업혁명과 산업구조의 변화

한국의 산업구조 특징

- 제조업 비중이 증가하고 있다.
- 서비스 비중이 세계평균 수준에 미치지 못하다.
- 특정 제조업 업종 쏠림 현상이 심하다.
- 첨단 제조업이 차지하는 비중이 높지만 부가가치 증가율은 낮다.
- 해외생산 의존도가 높다.

4차 산업혁명 제조업의 요소와 미래

AI 인공지능, IoT 사물인터넷, 빅데이터, 3D 프린팅, 자율주행차 무인차
유비쿼터스 컴퓨팅, 클라우드 서비스, 웨어러블, 고객맞춤, 데이터과학
AR 증강현상, VR 가상현실, 로보틱스, 센서, 스마트시티, 드론, 5G

- 제조공정의 혁신 : 3D 프린팅 기술 도입에 따른 맞춤형 소량생산 가능
  인터넷 플랫폼 기반의 온디맨드(On-demand)경제

- 인터넷을 통해 생산, 유통, 소비가 가능한 시대
  개인/벤처/중소기업도 소규모 자본 생산 가능한 공정 확대

- 혁신적인 아이디어 시장
  디지털화 -> 시제품 공유 -> 피드백 -> 제품 완성도 향상(3D 프린터)

- 다품종 소량생산 수요 지속적 증가(고객맞춤형 공장)
  리쇼어링(Reshoring)확산 - 미국을 비롯한 선진국의 흐름
  대량 맞춤(Mass Customization) 증가(소량 및 대량 맞춤시대)

기술적 통합

BECKHOFF사의 PC 기반 제어 기술이 산업현장의 생산 네트워크에 통합되고 있으며 데이터베이스와의 통신을 결합한 인터넷과 클라우드 기반 서비스 유지 보수 수행이 통합되고 있다.

스마트공장은 BECKHOFF사 ADS Automation Device Specification, EAP EtherCAT Automation Protocol 핵심기술에 OPC UA OPC Unified Architecture 를 활용하여 'Industry 4.0'이 요구하는 수직 및 수평적인 통합 구현에 필요한 리소스를 통합한다.

통합기술 개발요소

- 센서로 클라우드 시스템 간의 일관된 통신
- 사물 인터넷을 통한 M2M 통신
- 웹기반 운영 콘솔 및 구글 글래스 형태의 새로운 운영과 진단 개념
- 전력 모니터링 관리와 지속적인 생산
- 안전과 보안의 통합으로 원격 생산 설비 진단
- 실시간 시뮬레이션을 통한 시운전 소요시간의 감소
- 무인화 기술(Smart Factory)
- 융합서비스, BcN 기술
- 와이브로(Wibro) 기술

소재 변화와 지식재산권

4차 산업혁명시대는 신소재 개발에 산업제품의 경쟁력이 달려있다. 3차 산업혁명시대의 소재로는 경쟁력을 창출하는 데 한계가 있다. 따라서 새로운 개발방법에 의하여 지금까지 존재하지 않는 신물질을 찾아내어 신소재로 개발하는 기술개발 전략이 필요하다. 이러한 과정에서 지식재산권 확보가 중요하다.

스마트폰의 산업변화

스마트폰은 정보를 수집하고 분석하는 지식재산 관리기기이다. 효율적인 스마트폰 사용으로 생활의 편리성, 기능성, 생산성을 창출할 수 있으며 스마트폰을 통한 관리에 따라 경제수단으로 수익도 창출할 수 있다.

의·식·주 관리를 비롯하여 교육관리, 건강관리, 정보관리, 여행관리 등의 다양한 분야에서 정보를 관리하는 수단이 스마트폰이다. 스마트폰은 기능과 성능에 의하여 신속 정확한 정보능력으로 나타난다.

① 교육관리의 변화

암기에 의한 시험으로 개인의 능력을 평가하는 시대는 지났다. 필요한 정보는 스마트폰을 통해서 수집하여 적용하고 응용하여 활용하는 교육이 필요한 시대이다. 스마트폰은 교수나 교사의 역할을 바꾸고 있다. 어디에 어떤 정보가 있는가를 신속 정확하게 찾는 방법을 가르치면 된다.

하나의 답을 평가하는 교육방법을 바꿔야 한다.

4차 산업혁명은 평가교육 방식에서 정보활용 교육으로 바뀌고 있다. 다양성에 의한 문제해결 아이디어를 요구하는 시대에서 필요한 정보는 빅데이터에 의하여 해결한다. 교실에서 스마트폰으로 정보를 찾아내어 서로의 정보를 비교하는 대화와 토론 방식의 교육이다. 스마트폰 교육방식

② 건강관리의 변화

4차 산업혁명 구조에서는 반드시 병원을 가야만 치료하는 시대가 아니라 스마트폰을 통해서 사전에 건강관리를 받는다. 스마트폰의 신체 접촉 연결 을 통해서 개인의 신체변화 정보를 주치의에게 전송하고 빅데이터는 개인의 신체변화 정보를 분석하여 주치의에게 알려줌으로 예방하고 치료하는 방식이다.

맥박이나 혈액의 흐름, 체온 등의 변화에 대한 정보를 스마트폰이 수집하여 병원의 정보망으로 전송하면 병원의 빅데이터는 개인별 데이터를 분석하여 주치의에게 자동적으로 알려주는 시스템이다. 빅데이터는 개인별 데이터를 스마트폰으로 연결되어 주

치의 기본처방으로 대체하는 기능도 한다. 처방내용은 문자나 그림, 동영상 등으로 건강 관리정보를 스마트폰으로 알려주므로 스스로 건강관리를 하도록 유도한다.

스마트폰 처방전으로 약을 구매하고 결제도 한다

③ 정보관리의 변화

4차 산업혁명은 속도경쟁시대이다. 스마트폰의 속도가 4G, 5G로 신속 정확하게 빅데이터를 입체적으로 문자나 그림, 동영상 등으로 전달한다. 정보에 따라서 단순한 정보전달 방식에서 정보에 의한 가상체험이나 증강현실을 통한 입체적 교육방식으로 바뀌고 있다.

한정된 교실공간에서 무한의 인터넷 공간으로 교육방법과 환경이 변화되는 것은 정보관리의 변화에 따른 것으로 미래는 급속한 변화로 지식재산권의 영역도 바뀔 것이다.

관찰과 분석에 필요한 정보를 스마트폰으로 수집 분석한다. 스마트폰은 단순히 정보를 수집하는 수단에서 수집한 정보를 분석하는 방법으로 바뀌어 개인의 지식재산권을 만들어내고 관리하는 수단이 되고 있다.

도서관이나 학교 등의 교육공간에서 정보를 수집하고 책이나 현장 견학을 통해서 필요한 정보를 수집하던 시대에서 스마트폰의 검색창이나 가상현실 등을 통해서 필요한 정보를 수집하고 분석한다.

4차 산업혁명시대 스마트폰은 필요한 정보를 실험하는 가상공간으로 변화되고 있다. 수집된 정보를 분석하여 실험하는 가상공간을 4D공간이라 한다. 스마트폰 시장은 3D산업에서 4D산업으로 이끌어가는 구심점이다. 스마트폰 지식관리

입체 산업시장은 가상현실공간이 생활화되는 산업이다.

시뮬레이션에 의한 가상공간의 생활화는 보이지 않는 무한공간이다. 제한된 공간에서 무한 공간을 창출시키는 시장이다. 이에 따라 산업기술은 지속적으로 변화하고 있다.

4차 산업혁명의 가상현실 기술

가상현실 기술은 컴퓨터 시스템으로 만들어진 3차원, 4차원의 가공현실을 구상하여 실시간으로 듣고 만지는 등 여러 가지 현실감을 체험할 수 있는 공간에서 이루어지는 기술로 4차 산업혁명의 지식재산 산업분야이다.

가상현실의 응용과 활용

- 건축 및 설계 분야: 3차원 모델링 툴을 이용하여 가상의 건축물을 만들어 건축에 드는 비용 및 시행착오를 대폭 줄이고 건물위험요소를 사전에 시뮬레이션으로 연습하고 예방한다.
- 전자 상거래: 가상공간에 쇼핑몰을 만들어 놓고 각종 시설물과 상품들을 배치하여 실세계처럼 자유로운 쇼핑은 물론 전자 상거래 시스템과 연결하여 실제로 물건을 구매할 수 있는 쇼핑몰을 구축한다.
- 가상 교육 훈련: 가상현실의 시뮬레이션 기능을 이용하여 현실에서 불가능한 실험이나 훈련을 목적으로 교육적인 기대 효과를 높일 수 있다. 주로 화학실험, 생체실험, 기술실험, 중장비, 운전 교육, 항공기의 비행을 위한 시뮬레이션 등에 활용한다.
- 전시 및 공연: 전시관, 박물관 등을 그대로 가상의 공간에 구현함으로써 온라인에서 실제처럼 전시 및 전시되는 전시물 등의 데이터베이스를 통해 쉽게 데이터를 검색하고 활용한다.

4차 산업혁명시대의 공간은 가상현실과 증강현실로 시간과 비용을 최소화시켜 다양한 산업분야에서 응용되고 활용된다. 미래지식재산권은 가상현실을 이용하여 신기술, 상품 등으로 경쟁력을 창출하게 된다.

산업혁명과 정치변화 대응전략

4차 산업혁명시대는 경제, 산업에 의하여 정치가 존재한다.

영국은 1차 산업혁명의 증기기관을 통해 면직물산업을 산업화시켰다. 면직물 중심의 동인도회사는 1600년 설립되었다. 18세기 유럽항쟁에서 영국과 프랑스는 인도에서 프랑스 동인도회사 1604년 설립, 1664년 재건 와 격렬하게 경쟁했다. 플라시전투를 계기로 하여 영국 동인도회사는 인도무역을 거의 독점하여 인도의 식민지화를 추진했다.

영국은 식민지에서 금、후추、계피 등의 수입과 생산된 면화를 면직으로 가공하는 산업을 국가적 차원에서 지원했다. 동인도회사의 독점권에 대해 영국 국내에서 비판이 일어나자 1773년 노스 규제법에 따라 경영난에 빠진 회사를 영국 정부가 지원하면서 정부가 감독하였다.

영국은 기업을 국가 정책으로 이용했다. 동인도회사를 통해 인도에 대한 정치적 지배권을 강화하고 자국의 영구적인 이권을 확보할 수 있는 수단으로 이용했다. 동인도회사는 영국 정책에 따라 17세기 식민지를 확장하여 상업영토를 넓혀 나갔다. 동인도회사는 1750년경까지는 동인도 지역과의 무역을 통해 상업적 이익을 추구했고 이를 통한 식민지정책을 펼쳤다.

동인도 회사는 1600년에 창설되어 1858년까지 희망봉에서 마젤란 해협에 이르는 지역의 무역독점권을 가지고 아시아와 영국 간의 교류 역할을 했다. 영국 동인도회사의 출현은 절대왕정의 중상주의를 기본으로 한 식민주의와 제국주의 경제정책의 일환이었다.

영국·프랑스·스페인·네덜란드 등의 유럽 국가는 아시아에 진출한 여러 지역에서 많은 새로운 지식과 정보를 습득하면서 정치기구나 사회제도를 쇄신시켰다. 낙후된 동인도지역에 그리스도 종교 보급과 세계관 미개척 분야를 개발시키며 과학기술과 학술을 발전시키기도 했다.

❙ 정치와 산업무기 발달

항공기는 국가 발전과 정치에 새로운 바람을 일으켰다. 1903년 라이트형제는 비행기 실험을 통해 1908년 육군으로부터 단일항공기를 개발하도록 계약했다. 항공기는 군사적으로 중요한 전략이었고 정치는 이에 따라 군사전략을 지원했다.

유럽은 항공기 제조분야에서 앞섰다. 1914년 8월 1차 세계대전이 발발하자 프랑스 회사는 2천 대 이상 항공기를 생산했다. 1차 세계대전은 항공기술개발과 생산 확산의 계기점이 되어 항공기가 세계정치계를 흔들었다.

영국이 해상을 봉쇄하자 독일은 잠수함을 개발하여 영국을 공격했고 속수무책으로 영국의 배가 패배하면서 승선했던 미국인이 피해를 입자 미국이 1차 세계 대전에 참여하는 원인이 되었다.

항공기와 잠수함 개발은 세계 정치, 경제, 산업 등을 뒤바꾸는 계기점이었다. 1차 세계대전의 판도를 바꾸었고 이를 통한 산업무기 변화는 정치적 변화를 이끌었다. 국가 간의 이익을 계산하여 동맹이 만들어졌고 동맹 간의 전쟁참가는 세계대전을 촉발시켰던 것이다.

오스트리아와 세르비아 간의 대결이 독일과 러시아의 1차 세계대전이 되어 프랑스, 영국, 미국이 참가하는 세계대전으로 확산되었다. 전쟁 승리를 위해 개발한 전쟁무기는 살생과 동시에 사회생활의 변화를 촉진시켰다. 항공기술의 발달과 잠수함 등의 선박개발로 세계는 더욱 가까워졌고 무역도 발달하는 계기점이 되었다.

산업발달을 이끈 발명은 의·식·주를 비롯한 기업 상품개발로 이어져 정치, 경제, 사회의 변화를 이끌어왔다. 결국 발명이 산업을 발달시켰고 정치를 변화시켰으며 개인, 기업, 국가의 경쟁력을 창출시키는 원동력이 되고 있다.

상업발달과 정치 변화

발명품은 상품의 질과 가치를 높였고 다양한 상품을 통해 거래가 활성화되면서 시장이 확산되었다. 시장은 상거래를 통해 상업을 발달시켰고 상업 발달은 도시발달로 이어졌다. 도시가 커지면서 정치적 문제가 늘어났고 국가는 통제를 통해 상거래를 장악하면서 국가 간의 거래가 확산되었다.

영국을 비롯한 유럽 국가는 동인도 상인과 연계하여 거래국가를 확산시켰으며 식민지화를 위한 정치를 하였다. 식민지 정치가 국가의 흥망을 결정짓는 요인이 되면서 무역거래가 전쟁의 원인이 되기도 하였다.

중국 아편전쟁은 동인도 회사를 통한 거래에서 시작된 전쟁으로 기업이 전쟁을 주도했지만 결국 영국 정부가 참여하는 국제 전쟁이 되었다. 중국은 아편전쟁을 통해 해상 무역의 중요성을 인식하였다. 오늘날 중국이 해상을 장악하는 정치를 동남아에서 주장하는 것도 과거의 아편전쟁과 같은 사태를 예방하고 동남아 시장을 석권하려는 정치적 판단이다.

발명이 산업을 발달시켰고 산업발달에 의하여 상거래가 활성화되고 국제거래가 빈번해지면서 국가 경쟁력의 차이를 만들었다. 상업발달은 개인과 기업, 지역단체나 국가 경제능력의 기준이 되었다. 부를 축적하는 방법이 상거래를 통한 상업이었다. 개인이나 기업, 국가는 경제적 능력에 의하여 평가되는 시대이다. 경제적 능력이 부족하면 가난하고 새로운 사업에 도전할 기회마저 얻지 못한다.

21세기 미래를 이끌어 가는 힘은 상거래에 의한 경제력이다.

경제력을 이끌어 가는 힘은 빅데이터에 의한 미래 산업 정보이다. 누가 어떤 정보를 얼마나 가지고 미래를 대비하는가에 따라서 개인, 기업, 국가의 경쟁력이 결정된다. 발명을 통한 지식재산권이 상업발달의 국가 경쟁력을 이끌어 왔다. 미래에도 상업발달이 국가의 경쟁력을 이끌어 갈 것이다. 미국의 보호무역정책도 이러한 정치적 판단에 의한 것이다.

빅데이터 정치

국가는 정보에 의한 정치를 한다. 다양한 분야의 방대한 정보를 수집하고 분석하여 국가 전략을 수립하고 집행한다. 이러한 과정에서 관료들의 체험과 경험이 판단의 기준이 되고 있다. 수집된 방대한 자료는 긍정과 부정요소를 함께 가지고 있기 때문에 긍정과 부정을 판단하는 빅데이터 분석가의 체험과 경험이 중요한 시대이다.

정보수집과정에서 잘못되면 정보가치도 떨어진다. 방대한 정보는 수집보다 분석이 중요하다. 분석의 기준이 판단의 기준이 된다. 개개인의 성격과 정보능력, 체험과 경험에 의하여 판단되기 때문에 팀원에 의한 판단방식이 필요하다. 오판을 최소화시키는 제도적 장치가 팀 제도이다.

리서치 Research 를 활용한 정치 마케팅이 전략이 되고 있다.

리서치는 조사 방법에 따라 결과도 다르다. 오차범위를 설정하고 있지만 실질적인 차이가 크게 나는 경우도 있다. 설문지 내용에 따라 답이 다르고 대답하는 계층에 따라 답이 다르기 때문이다. 빅데이터의 리서치는 일방적 리서치 조사와 다르다. 빅데이터는 일정한 시간을 통해 방대한 데이터를 수집하여 세부적으로 분석하는 데이터이기 때문에 일시적으로 실시하는 리서치 결과와 다르다.

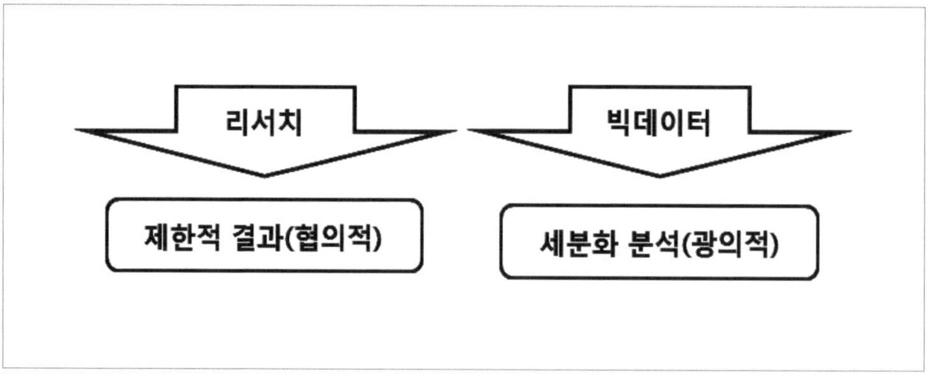

산업혁명과 사회변화 대응전략

방적기의 발명은 인간생활을 새로운 환경으로 급속하게 변화시켰다. 농촌 풍경도 바뀌었다. 감자 농사를 지으며 살아가던 소작 농민들이 방적기 개발로 양털 수요가 급증하자 감자밭을 갈아엎고 울타리를 쳐서 목장을 만들어 양을 키우는 사업으로 전환하였다. 이것이 인클로저 운동이다.

인클로저 운동은 토마스 모어의 『유토피아』에서 "양이 사람을 죽이네"라는 표현에서 나왔다. 영국지주들은 양목장 사업을 위해 양털을 팔아 농사보다 더 많은 이익을 얻기 위해 양치기를 고용하고 농민들을 거리로 내몰았던 사회현상이다. 스마트팩토리 Smart Factory 가 근로자의 일자리를 대체시키고 있는 현상과 비슷하다.

산업혁명은 국가와 사회를 변화시키는 원동력이다.

1차 산업혁명은 대중적으로 사용되던 말 운송 수단을 증기기관으로 바꾸면서 사회생활을 급변시켰다. 농민들의 농산물거래가 증기기관으로 인하여 대량운송으로 바뀌면서 도시와 농촌의 거래가 빈번해졌다. 유통이라는 새로운 사회문화가 형성되었다.

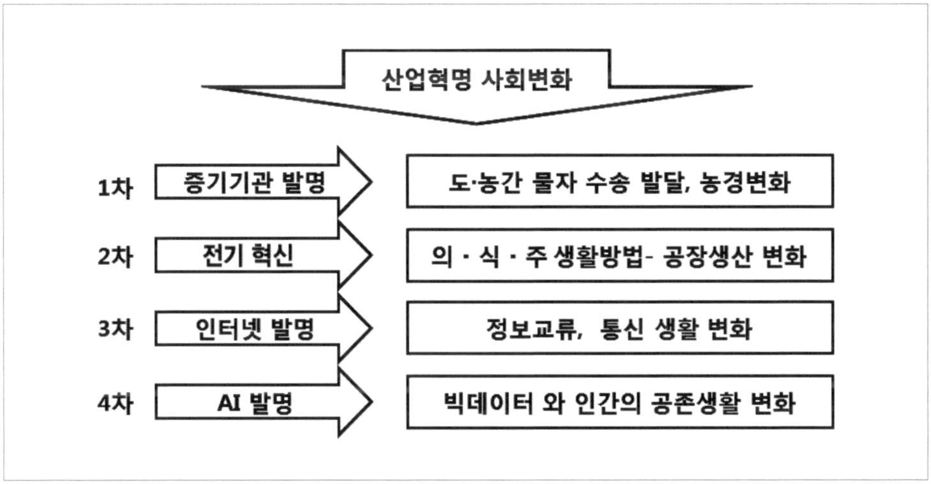

1차 산업혁명의 농경사회 변화

목화나 양털 수요가 급증하면서 농가도 식량 위주 방식에서 의류재료 생산으로 농경문화가 바뀌었다. 다양한 의류가 생산되면서 사람들의 사회생활 패턴도 바뀌었다. 단순한 의복을 입었던 방식에서 기호에 맞는 의류로 디자인과 기능성 옷을 선택하는 기회가 다양화되어 단순한 생활에서 즐기는 생활로 바뀌었다.

1769년 제임스 와트의 증기 엔진은 용광로·펌프·직조기·열차 선박의 동력이 되면서 영국 산업을 혁신적으로 발달시켰다. 1771년에는 리처드 아크라이트 Richard Arkwright 가 방적기를 발명하여 크롬포드와 매틀록 다리 사이에 수력을 이용한 제분소를 만들면서 영국 산업은 급속하게 발달하였고 수많은 일자리를 만들어 소득을 위해 사람들이 공장으로 취업했다.

증기기관은 다양한 직업을 만들었다. 증기기관 1대로 말 50마리분의 일을 해내자 증기 기관이 산업에 필요한 장비로 등장했다. 탄광 채굴방식이 바뀌면서 생산량이 증가했고 면직 산업이 발달하면서 일자리가 창출되었다.

1804년 리처드 트레비딕이 펜-이-다렌 증기기관차 발명으로 철도역사는 시작되었다. 증기기관을 만들기 위한 철광 및 기간산업이 동시에 발달하면서 일자리가 증가하고 근로자들의 수입도 증가했다. 근로자의 수입증가는 소비증가로 이어졌고 상업시장의 부흥으로 이어졌다.

농민들이 고소득을 위해 농사일보다 공장으로 취업하면서 점진적으로 노동자는 자본가에 예속되었고 피지배계층으로 전락했다. 유태인 칼 마르크스는 이러한 문제점을 공산주의 혁명으로 바꿔야 한다고 주장하였고 레닌이 실천에 옮기었다. 그러나 볼셰비키 혁명이 일어난 제정러시아는 산업화가 되지 못해 산업혁명 효과는 없었다.

1차 산업혁명은 농경사회에서 상업, 공업사회로 변화시키는 계기점이었다. 공업발달은 많은 일자리를 창출시켜 사람들은 소득을 얻기 위해 근로자로 취업자 수가 급증했다.

2차 산업혁명의 공장생산사회 변화

전기는 생활하는 시간의 리듬을 바꾸었다. 낮 생활이 밤까지 이어지는 생활로 다양한 생활 문화가 만들어졌다. 석탄과 석유를 동력에너지로 생산력이 폭발적으로 증가했다. 전기생산은 1명을 100명 이상의 생산력으로 향상시켰다. 이를 바탕으로 과학기술은 촉진되었고 기계를 통해 대량 생산과 소수인력 생산으로 생산원가가 감소했다.

전기가 생산성 향상을 촉진시켰다.

전기를 통한 대량생산과 생산비 감소로 소비물가가 안정되면서 소비촉진을 유발하는 효과가 나타났다. 소비사회가 형성되기 시작했다. 다양한 일자리를 통해 소득이 증가되었고 소득증가는 소비물가의 하락으로 소비욕구를 촉진시켜 시장경제를 활성화시켰다. 소비사회는 빈부격차를 만드는 요인이 되기도 했다. 높은 소득을 얻는 사람과 낮은 소득을 얻는 사람과의 생활차이가 벌어지는 현상이 발생했다.

도시화가 빨라지면서 경제, 산업, 정치, 사회 등이 급변했다.

영국 주위의 유럽 국가들과 러시아, 미국, 일본으로 산업화가 전파되었고 이 나라들은 산업화가 전파되지 않은 나라들을 대상으로 원료를 싸게 가져오고 상품으로 되팔아 식민지를 확보하려고 제국주의를 탄생시켰다. 전기의 산업화는 거대도시를 만들었으나 반대로 농촌과 생활차이가 크게 벌어지는 현상도 나타났고 선진국과 후진국의 격차를 만들었다.

전기의 대중화는 도시화를 발전시켰다.

전기는 도시를 변화시킨 혁신 요소이다. 밤과 낮의 구분 없이 사회활동이 활발해지면서 의·식·주가 변했다. 단순한 의·식·주의 생활이 업무적으로 변했고 생활공간의 대중화, 전문화, 상업화 등으로 생산과 이익을 위한 공간으로 바꾸면서 문화공간도 만들었다. 대중문화는 전기로 인하여 문화공간을 확산시켰다. 밤 문화가 조성되면서 문화 활동이 활발해졌고 여가문화라는 사회적 변화를 촉진시켰다.

3차 산업혁명의 통신사회 변화

인터넷은 지구촌을 하나로 연결시켰다. 공간과 시간을 하나로 만들면서 개인이나 기업, 국가의 교류가 실시간으로 빈번해졌다. 3차 산업혁명은 인류를 하나로 연결시키는 초연결사회의 시작이었다. 정보교류를 통해 연결되는 초연결 사회는 인간과 인간의 연결에서 인간과 사물의 연결을 만들었다.

거리를 지나가는 사람들의 손에 스마트폰이 필수품이 되었다.

스마트폰은 단순한 통신이나 오락기구가 아니다. 스마트폰으로 업무를 처리하고 필요한 정보를 수집하고 때로는 분석하여 기획이나 전략을 수립하여 개인이나 조직의 경쟁력을 창출시키고 있다.

스마트폰을 통한 통신생활은 점진적으로 확산되고 있다.

가전제품과 생활공간 등이 하나로 연결되어 원격으로 관리되고 있다. 개인공간이 오픈되면서 새로운 문제점이 되기도 하지만 문제점보다는 편리성이나 생산성이 강조되어 통신이 생활화되었다.

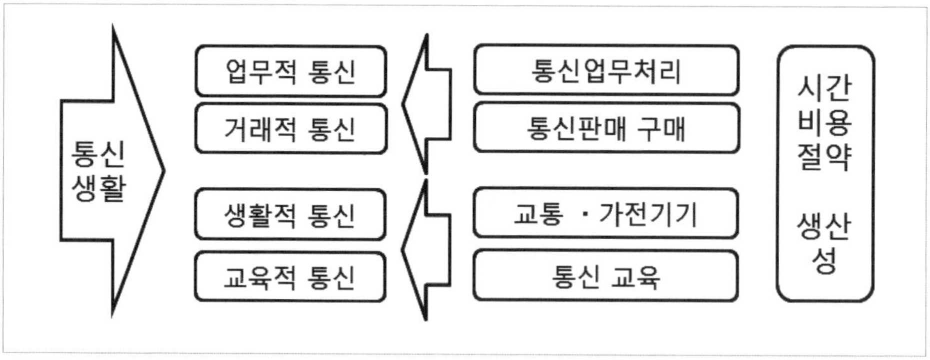

통신생활은 사회생활의 편리성, 기능성, 생산성을 높이고 있다. 거리적인 공간이나 시간적 격차를 줄이는 방법으로 시간이나 비용을 최소화시키고 실질적인 이익을 극대화시키는 사회 환경을 조성하고 있다. 통신생활은 사회생활에 필요한 정보를 수집하고 분석하며 실질적 이익을 창출시키는 방법으로 발전하고 있다.

4차 산업혁명의 정보사회 변화

미래는 빅데이터의 경쟁이다.

3차 산업혁명까지는 누가 얼마나 정확하게 많은 정보를 가지고 있는가에 따라 직업의 특성과 전문가로 판정받는 기준이었다. 4차 산업혁명은 정보능력을 인간이 아니라 AI 인공지능 로 이용하는 시대이다.

정보를 독점하던 직업이 사라지고 있다. 변호사, 의사, 부동산중개사, 금융 분석가 등의 수많은 정보에 의한 직업이 AI 인공지능 에 의하여 급속하게 AI 인공지능 에게 빼앗기고 있다. 인간의 기억력은 한계가 있다. 인간의 두뇌는 환경에 따라 반응하고 능력이 달라지지만 AI 인공지능 는 주변 환경에 의하여 반응하기보다는 정보의 질과 양에 의하여 반응한다.

AI 인공지능 개발은 인간의 기억력을 유지시키기 위한 방법이었지만 입력된 정보는 지속적으로 저장되고 업데이트되어 방대한 데이터로 활용되고 있다. 따라서 빅데이터는 사회 전반에 활용되고 있으며 빅데이터의 수집과 분석능력에 따라 모든 분야의 경쟁력으로 창출되고 있다.

4차 산업혁명은 빅데이터 정보에 의한 초연결사회이다.

개인이나 기업, 단체, 국가의 경쟁력이 빅데이터의 양과 질에 의하여 결정되고 있다. 얼마나 다양한 정보를 가지고 있는가? 라는 것보다 얼마나 다양한 초연결망을 가지고 있는가에 의하여 경쟁력이 결정된다. 4차 산업혁명은 초연결 혁명으로 미래를 새롭게 만들어 간다.

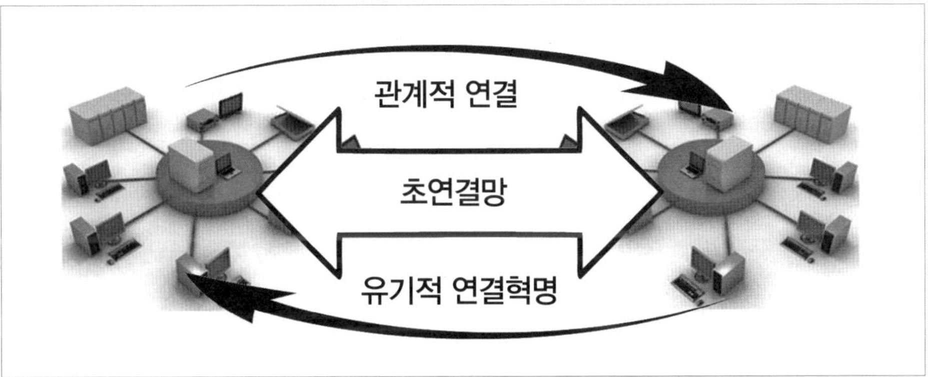

산업혁명은 속도 혁명이다

말이 달리던 시대에서 증기기관의 자동차 산업으로 사회생활의 속도가 빨라졌다. 속도는 생활 흐름을 빠르게 변화시켰다. 도시와 농촌 간의 거리가 좁혀졌고 국가 간의 교류 속도도 빨라졌다. 3차 산업의 정보혁명은 급속하게 개인 간의 연결, 개인과 기업의 연결, 기업과 기업의 연결, 국가와 국가의 연결을 촉진시켜 4차 산업혁명은 초연결사회로 만들어가고 있다.

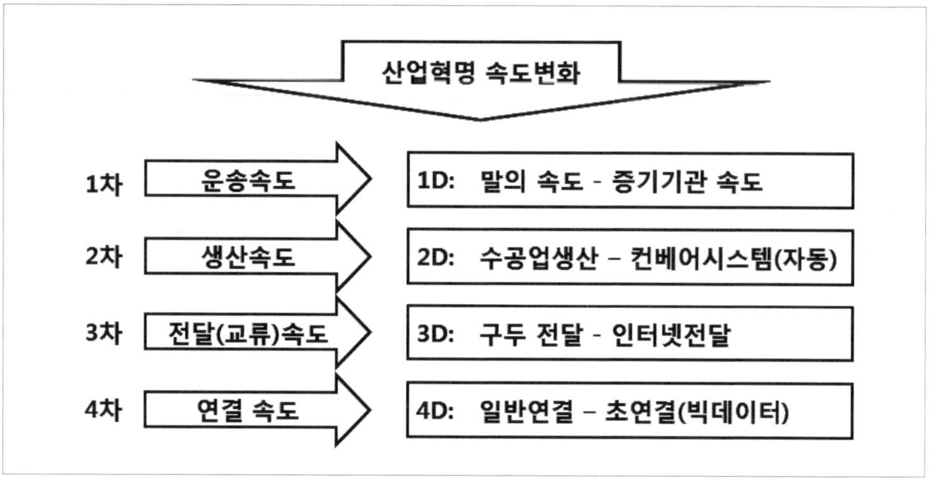

4차 산업혁명은 서로 관계되는 모든 것이 급속하게 연결되는 사회이다. 연결은 속도로 결정된다. 1차 산업혁명은 말이 하던 운송을 증기기관으로 생산자와 소비자를 연결시켰고 2차 산업혁명은 수공업 수동생산방식을 자동생산방식으로 생산속도를 촉진시켰고 3차 산업혁명은 구두로 전달했던 정보전달방식이 인터넷으로 신속 정확하게 전달되었지만 4차 산업혁명은 모든 것이 빛의 속도로 연결되는 초연결사회가 되었다.

속도는 시간적 문제와 동시에 공간적 문제도 하나의 공간, 순간으로 만들어 가고 있다. 실제의 공간과 허상의 공간을 하나의 공간으로 만드는 가상공간은 실제의 공간이 되어 문제를 해결시킨다. 시간적 공간적 차이를 가상공간, 가상현실에서 해결하는 것이다.

가상현실(VR:Virtual Reality)사회

4차 산업혁명의 사회적 변화는 현실과 가상과의 격차가 사라지는 것이다. 현실 속에 가상이 존재하면서 상상을 현실로 만들어 간다. 가상현실은 현실의 특정한 환경이나 상황을 컴퓨터를 통해 그대로 모방하여 사용자가 마치 실제 주변 상황·환경과 상호작용을 하고 있는 것처럼 느끼도록 만드는 기술이다.

1960년 이반 서덜랜드 교수의 3D 컴퓨팅을 이용한 상호작용 연구에서 시작하여 비행기나 우주선의 조종을 위한 시뮬레이션 기술을 거쳐 발달했다. 〈매트릭스〉나 〈아바타〉 같은 영화를 통해 가상현실의 개념이 대중화되었다. 2010년 이후 HMD Head Mounted Display 기술 개발로 의학·생명과학·로봇공학·우주과학·교육학 등 다양한 분야에서 활용되고 있다.

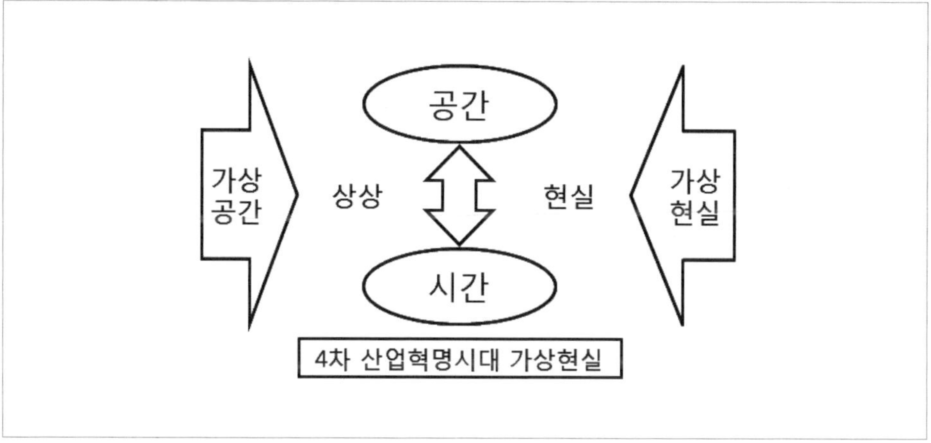

가상현실은 실제와 가상을 연결시키는 공간이다. 존재하지 않는 사건이나 사물을 현실 속에 존재하는 사건과 사물로 만들어 내는 창작활동이다. 가상공간을 만들고 현실 속에 가상을 현실로 만들어 내는 창작은 상상으로 구현할 수 없는 문제를 해결함으로 하나의 공간과 시간에서 생각하고 행동하도록 만들어내는 4차 산업혁명시대의 사회 환경이다. 미래사회는 공상이나 상상이 현실이 되는 공간과 시간을 초월한 사회이다.

위조 현실(Counterfeit Reality)사회

위조현실은 AI(인공지능)가 만들어 내는 가짜 현실정보이다.

현실과 구별이 되지 않는 사건이나 뉴스, 정보가 인터넷에서 유통되어 존재하지 않는 사건이 실제 사건으로 믿게 만들고 있다. 실제 존재하지 않는 것을 존재하는 것처럼 사진과 영상, 문서나 소리를 디지털기술로 만들어낸 현실이 인터넷을 통해 유포된다. 인터넷은 50%는 맞고 50%는 틀리는 정보다. 가공적으로 만들어졌거나 개인의 의견이 진짜 정보가 되어 유통되거나 진실을 부정하는 사건들이 발생하고 있다.

AI(인공지능)가 만드는 거짓 현실

인터넷에는 쓰레기 정보가 많다. 지나치게 과장되거나 확장되어 진실을 왜곡하는 정보도 있고 구체적인 내용이 삭제되고 변조된 2차 정보가 독자들의 흥미를 자극시키고 관심을 유도하는 경향이 높다. AI 인공지능 의 발달은 인간사회환경을 파괴할 정도로 계획된 정보를 만들어 낼 수 있다. 가상적 사건을 만들어 시뮬레이션으로 AI가 스스로 검증하기 때문이다.

인공지능 가짜 콘텐츠 사례

질 왓슨 Jill Watson 은 조지아공대 컴퓨터 과학 수업에서 온라인 포럼 조정 역할을 맡은 초임 AI조교다. 질은 고급 과정에 등록한 300명의 학생들로부터 교과 과정 및 프로젝트에 대한 질문에 대답하기 위해 할당된 9명의 조교 중 한 명이었다. 조지아공대 학생들의 반응은 매우 긍정적이었다. 제니퍼 개빈 학생은 월스트리트저널과의 인터뷰에서, "사람과 일상적인 대화를 하는 것 같았다."고 했다.

트위터에서 도널드 트럼프를 흉내 내며 로봇 '@DeepDrumpf'는 유머를 유포하고 있다. 마치 트럼프의 유머처럼 퍼지고 있다. 워싱턴대 연구진은 버락 오바마 전 대통령의 가짜 동영상을 공개했다. 오바마의 진짜 동영상을 가져와 실제와 완전히 다른 이야기를 하는 것처럼 그의 목소리를 덧씌운 가짜 동영상이었지만 모두가 감쪽같이 속았다.

구글 인도의 CEO 선다 피차이는 지메일 스마트 리플레이, 구글 렌즈, 구글 어시스턴트 등 다양한 기능과 제품을 출시했다. AI 시스템이 텍스트 또는 시각적 표현을 음성으로 바꾸는 제품이다. 이미지는 웨이브넷 WaveNet 알고리즘을 통해 사람과 비슷하게 바뀐다. 이 알고리즘은 다양한 음성을 학습하고 인공적인 호흡음을 생성하기도 한다. 명사형과 동사형이 똑같은 단어도 맥락에 따라 구분하며 단어의 품사에 따라 발음을 적절하게 바꾼다.

영국 과학 협회 British Science Association 가 실시한 온라인 설문 조사에서 46% 응답자가 AI에게 감정이나 성격을 부여하는 것에 반대했다. 60%는 AI가 10년 안에 인간의 일자리를 빼앗아 갈 것이라고 대답했다. 27%는 일자리 감소가 심각한 수준이 될 거라고 지적했다.

왓슨은 인공지능의 특성상 명확한 연결성 있는 정보처리와 관련된 작업에 있어 훌륭한 성능을 나타낸다. 창의성 Creativity , 비판적 사고 Critical thinking , 의사소통 Communication 및 협업 Collaboration 이 필요한 복잡한 작업 4C작업 에 집중하게 한다.

〈AI(인공지능)이 만든 가상 인물〉

가상화폐(Virtual Money)

지폐나 동전과 같은 실물 없이 네트워크로 연결된 가상공간에서 전자적 형태로 사용되는 디지털 화폐 또는 전자화폐를 말한다. 암호화폐는 가상화폐의 일종이다. 유럽 중앙은행이나 미국 재무부의 가상화폐 정의를 엄격하게 적용하면 가상화폐라고 부를 수 있는 암호화폐는 거의 없게 된다. 미국 재무부 금융범죄단속반 Fincen 에서는 암호화폐를 가상화폐라고 하지 않는다.

가상화폐나 디지털화폐는 카카오페이 Kakaopay 나 네이버 페이 Naver Pay 등 가상공간에서 결제할 수 있는 온라인 지급 결제 수단이 모두 포함한다. 비트코인 등을 가상화폐라고 부르는 것은 용어의 범위가 잘못되었다고 말하는 사람도 있다. 가상화폐도 암호화폐이다.

비트코인 Bitcoin 은 블록체인 기술을 기반으로 만들어진 온라인 암호화폐이다. 비트코인의 화폐 단위는 BTC로 표시한다. 2008년 사토시 나카모토라는 가명을 쓰는 프로그래머가 개발하여 2009년 프로그램 소스를 배포했다. 중앙은행이 없이 전 세계적 범위에서 P2P 방식으로 개인들 간에 자유롭게 송금 등의 금융거래를 할 수 있게 설계되어 있다. 거래장부는 블록체인 기술을 바탕으로 전 세계적인 범위에서 여러 사용자들의 서버에 분산하여 저장하기 때문에 해킹이 사실상 불가능하다. SHA-256 기반의 암호 해시 함수를 사용한다.

2009년 비트코인의 소스 코드가 공개되었고, 이더리움, 이더리움 클래식, 리플, 라이트코인, 에이코인, 대시, 모네로, 제트캐시, 퀀텀 등 다양한 알트코인들이 생겨났다. 비트코인은 여러 알트코인들 사이에서 일종의 기축통화 역할을 하고 있다. 비트코인은 기존 화폐와는 달리 익명성을 갖고 있어 기업의 불법 비자금이나 불법 정치자금, 마피아 범죄자금을 합법적으로 돈세탁하는 수단이 되고 있다. 북한을 대표국가로 지적

4차 산업혁명은 새로운 사회 환경을 요구하고 있다

학연중심, 지연중심, 혈연중심의 인간관계가 초연결사회로 바뀌고 있다. 인맥, 학벌, 연고 등의 틀을 깨고 서로가 어떤 관계로 연결할 것인가? 연결방법을 찾아 경쟁력을 창출하고 있다. 글로벌사회는 직업이나 취미, 정보 등에 필요한 사람들이 하나로 연결되는 사회이다.

학교 울타리가 무너지면서 인터넷을 통한 교육이 세계적으로 확산되었다. 학벌 중심, 학교 연고, 동창 등의 관계가 깨지고 있다. 유럽을 비롯한 미국에서도 대학이 사라지고 있다. 대학만이 전문교육 수단이었던 전통이 무너지고 인터넷강좌를 통해 어느 곳에서나 필요한 교육을 받게 되면서 명문학교를 통한 학벌중심이 변화되고 있는 것이다.

인터넷을 통한 정보교류는 인맥구성으로 바뀌고 있다.

정보를 통해 인맥이 구성되고 새로운 인맥을 통해 또 다른 인맥을 구성하는 시대이다. 나이와 전공 등을 초월하여 관심사에 의한 정보교류로 인맥이 형성되고 있다.

무학연이나 무지연, 무혈연이 4차 산업혁명을 무한관계로 만든다.

무는 존재하지 않는 것이 아니라 보이지 않을 뿐이다. 따라서 무한 공간을 유한 공간으로 만들어 내는 것이 4차 산업혁명의 공간개념이다. 인터넷의 무한 공간의 정보는 아이디어가 되고 있다.

4차 산업혁명시대는 아이디어 경쟁시대이다.

공간이나 시간을 초월하는 생각과 Maker 창작 를 통해 만들어지는 아이디어는 개인과 기업의 경쟁력이 되고 있다. 아무것도 정해진 것이 없는 공간과 시간에서 새로운 아이디어가 창출된다. 4차 산업혁명시대는 끝없는 아이디어를 창출하는 기회를 제공하고 있다. 개인이나 기업, 단체나 국가의 경쟁력을 만드는 아이디어는 보이지 않는 인터넷 무한 공간에서 정보를 수집하고 분석하고 있다. 데이터분석가가 미래직업으로 부상하는 이유이다. 4차 산업혁명 사회는 아이디어 경쟁사회이다.

산업혁명과 교통변화 대응전략

4차 산업혁명시대 급속한 변화는 교통수단이다. 드론이나 무인 자율자동차로 인한 교통수단의 변화는 교통정책의 변화를 요구하고 있다. 국가 교통정책에 따라 교통변화 환경에 대응하는 속도가 결정되기 때문이다.

4차 산업혁명시대 교통 환경은 정보에 의하여 결정된다.

수년 동안의 교통정보와 실시간 교통정보로 구분되어 빅데이터에 의한 교통정책을 준비해야 한다.

과거 정보는 축적된 교통정보를 의미하며 계절, 지역, 시간대, 도로별 등으로 분석된 교통정보이다. 실시간 정보는 도로망에 의하여 설치된 CCTV를 통한 인터넷망의 실시간대별 정보로 지역 전체에 대한 교통 흐름이나 자동차 등의 수요에 대한 정보이다.

교통정책은 사회간접자본시설 SOC 교통 사물인터넷 IoT 인공지능 AI 지능정보 맞춤형서비스 정책이다. 교통 기반 시설의 확충·개선 도로, 공항, 항만, 도시철도 및 철도망 건설관리 을 위한 교통 환경과 도로 환경 등을 빅데이터에 의하여 관리한다.

증가하는 교통 수요에 효율적 대처방안, 대중교통 이용자 중심의 환승 요금 할인제 전면 시행 등 도시 교통의 원활한 소통과 교통편 증진 등의 종합적 관리 시스템 구축에 중점을 둔다.

4차 산업혁명시대 교통 개념정리가 중요하다. 개인 비행기가 자동차와 같이 사용되는 드론 자동차시대에 적합한 교통법 개선이 교통환경 조성에 중요하다.

사회간접자본(Social Overhead Capital)

SOC 사업은 도로, 항만, 철도 등으로 SOC투자는 규모가 크고 효과도 사회 전반에 미친다. 개인이나 사기업보다는 정부나 공공기관의 주도로 이루어진다. 사회간접자본 시설 확충에 있어서 민간의 효율성과 재원을 공공부문에 도입하기 위해 민간자본 유치제도가 운영되고 있다.

민간 기업체가 SOC 시설을 위한 건설비 등 사업비를 투입한 경우에는 일정 기간 운영하여 사업비와 이윤을 회수하는 방식으로 손실이 발생하면 기관이 지불해주거나 금융적 혜택을 주기도 하며 일정 기간 후 국가나 기관에 기부한다.

SOC 사업의 종류

1. BTO(Build-Transfer-Operate), SPC(Special Purpose Corporation)
   특별목적회사(특별 목적 설립된 법인)가 시설을 건설하여 주무관청에 기부채납한 후 일정 기간 시설관리 운영권을 부여하여 운영수익을 보장
2. BTL(Build-Transfer-Lease)
   SPC가 건설하여 주무관청에 기부채납 후 일정 기간 주무관청으로부터 임대료를 징수
3. BOT(Build-Operate-Transfer)
   SPC가 시설을 건설하여 일정 기간 관리 운영한 후 계약 기간 종료 시 주무관청에 그 시설을 기부채납
4. BOS(Build-Own-Sell)
   SPC가 건설하여 주무관청에 매각 후 주무관청으로부터 시설대여 운영
5. ROT(Rehabilitate-Operate-Transfer)
   SPC가 SOC 시설을 개량 소유 운영한 후 계약 기간 종료 시 주무관청에 시설소유권 양도

〈사회 간접 자본 – 서해안 고속도로와 평택항 건설〉

도로의 개념에서 항로의 개념으로 바뀌야 한다.

드론 운송은 시작되었다. 드론은 최대한 빠른 직선거리로 비행한다. 지상 도로와 항로는 개념이 다르다. 항로는 직선이다. 건물 사이의 항로를 어떻게 설정할 것인가? 드론이 자가용으로 출시된다면 항로 충돌로 인한 사건이 발생할 것이다.

〈드론 자가용/드론 운송기〉

도로교통법 개선

4차 산업혁명시대의 도로 개념이 바뀌고 있다. 하늘 공간을 드론 자동차개발로 항공법을 바꿔야 하고 자율자동차의 무인운전으로 도로교통법을 바꿔야 한다. 교통수단도 무인화되면서 교통법규를 바꿔야 할 때이다. 국가마다 어디까지 어떻게 법규를 개정할 것인가에 고민하고 있다.

스마트 Saltons Magical Automatic Retriever of Texts 시대에 맞는 도로망구축, 신고 없어도 사고발생시 자동적으로 사건을 감지해 처리하는 자동시스템 도입 등이 도로교통법 개선과 함께 추진되어야 한다.

태양열을 이용한 전기도로, IoT를 통한 전자망 정보 도로는 인터넷망의 도로정보로 관리하는 스마트 도로이다. 이탈리아 도로관리 대행사 'ANAS'가 추진하는 무인고속도로 프로그램과 '플라잉 폴 Flying Poles'은 드론이 도로를 관리하는 방법이다.

스마트도로는 정보공유로 안전한 도로를 유지한다. 가로등 카메라와 다양한 센서 등을 통해 수집된 실시간 데이터 정보로 운영되는 도로이다.

요랜드로버가 개발 중인 포트홀 얼럿 테크놀로지는 도로상에 있는 움푹 파인 홈을 실시간으로 모니터링해서 다른 차량과 정보를 공유하여 사고를 예방한다. 스마트 하이웨어는 빛을 모아뒀다가 밤중에는 스스로 빛을 내는 축광 도료를 사용한다.

드론 자가용시대를 대비한 도로교통법과 항공법을 대비해야 한다.

드론은 항속거리가 짧은 직선으로 운행되기 때문에 도시 도로에 따라 항속거리를 설정하는 도로 관리법이 필요하다.

자율주행차 시대는 자동차 관리법, 도로교통법, 전기통신 사업법, 위치정보 보호법, 제조물 책임법, 자율주행차 안전 기준과 운행 요건 및 보험제도 등을 담은 '자동차관리법'·'도로교통법'·'자동차손해배상보장법' 등을 정비해야 자율자동차가 주행할 수 있다. 제도적 모순으로 제품을 개발하고 상용화할 수 없다면 정책의 실패이다.

스마트 도로의 플랫폼 대책

빅데이터에 의한 교통정보 플랫폼의 도로 교통시스템을 구축한다. 실시간으로 수집 분석된 도로 정보를 바탕으로 무인자동차를 비롯한 유인 자동차 운행을 관리한다. 도로 상의 교통정보를 차량 간에 공유함으로 사고를 예방하고 사건에 대비한 운행을 유도한다.

2000년 초반 제1세대 도시통합플랫폼은 CCTV를 통한 무단 쓰레기 투기, 주차단속 등 공공목적의 감시기능이었으나 2010년 제2세대 도시통합플랫폼은 CCTV로부터 데이터 수집을 통해 관리자 등에게 핸드폰을 통한 알림 등 관리자 편의성을 위한 기능으로 개발했다.

2014년 제3세대 도시통합플랫폼은 CCTV와 다양한 센서기반으로 데이터를 수집하여 표출하고 부서 간 경계를 허물면서 관리를 다양화하고 복합기능 카메라를 통해 위급 시 정보를 교류하는 시스템으로 개발했다.

4차 산업혁명의 제4세대 도시통합 플랫폼은 IoT 기반 센서와 데이터 수집, 빅데이터 처리, 인공지능 분석 및 머신러닝기술 등의 융합으로 데이터, 디바이스로 단순 서비스 관리자가 아닌 지능형 도시조절기능, 예측기술, 인공지능 기술의 융합으로 휴머니티 도시통합플랫폼으로 진화하고 있다.

〈자율주행의 미래상 (자료: 국토교통부)〉

스마트 시티의 일터 변화

스마트 시티는 텔레커뮤니케이션 Telecommunication 을 위한 기반시설이 인간의 신경망처럼 도시 구석구석까지 연결된 도시이다. 사무실에 나가지 않고도 집에서 모든 업무를 처리할 수 있는 텔레워킹 Teleworking 이 일반화될 것이다.

스마트 시티와 비슷한 형태로는 공학기술이 고도로 발달한 도시를 나타내는 테크노피아, 네티즌이 중심이 되는 도시를 나타내는 사이버 시티, 거대도시의 월드 시티 등이 있다.

미래학자들이 예측한 21세기의 새로운 도시 유형이다. 컴퓨터 기술의 발달로 도시 구성원들 간의 네트워크가 완벽하게 갖춰져 있고 교통망이 거미줄처럼 연결된 것이 특징이다. 미국의 실리콘 밸리를 모델로 삼아 앞으로 다가올 스마트 시티의 모습을 설계하고 있다. 스마트 시티 도로는 한적해질 수 있다.

〈'스마트시티 실증단지'의 서비스 개념 설명도/부산시〉

인터넷을 통한 구매, 쇼핑, 금융거래, 영화감상, 화상통화, 교육 등의 생활 전반이 홈 Home 에서 이뤄지기 때문에 교통이용이 줄어들 것이다. 가상현실과 증강현실의 생활화로 스마트 시티는 첨단기술의 생활화로 이동인구가 줄어들 것이다.

산업혁명과 교육변화 대응전략

4차 산업혁명은 교육변화를 요구하고 있다.

교사나 교수 등의 특정인이 독점하던 정보가 인터넷으로 공개됨으로 정보독점시대는 지났다. 3차 산업혁명까지지는 정보를 독점하여 이익을 창출하던 시대였다. 암기와 주입식 등의 교육방법으로 정보를 습득시켰고 이를 평가함으로 순위를 결정하고 정보그룹을 나누어 교육환경을 지배했다. 4차 산업혁명으로 정보가 공유되면서 정보를 독점할 수 없고 정보소유 그룹이 깨지고 있다.

국가별 지역별 특정학교의 인맥이 형성되어 정보 독점 그룹이 사회를 지배했으나 누구나 필요한 정보를 이해관계 없이 습득할 수 있기 때문에 대학의 캠퍼스 틀이 깨지고 있는 것이다. 초연결사회는 대학이나 대학의 인맥만이 수익을 창출할 수 있는 집단이 아니라 정보를 나누고 공유할 수 있는 인터넷을 비롯한 정보 공유방법이 중요한 시대이다.

대학의 전문교육과정이 융합교육으로 변하고 있다. 대학 전공과정은 취업 분야로 연결되어야 전공을 살려서 전문가로 성장할 수 있다. 전공만으로 취업하거나 창업하는 사람이 적어지고 있다. 4차 산업혁명은 융·복합에 의한 초연결사회이기 때문에 하나만의 전공만으로 취업하거나 사업을 하기 어려운 실정이다.

융·복합시대는 서로 다른 분야가 융합되어 경쟁력을 창출한다.

4차 산업혁명은 융·복합에 의한 초연결을 통해 시너지를 창출하여 경쟁한다. 한 분야만으로 시너지를 창출하던 시대는 지났다. 무엇과 어떻게 연계하여 새로운 시너지를 만들어낼 것인가? 아이디어를 요구하는 시대다.

따라서 4차 산업혁명시대 교육은 관찰과 분석을 통해서 유기적인 관계를 만들어 문제를 해결하는 아이디어를 창출하는 사고력을 바탕으로 창작하는 STEAM-Maker 교육으로 바뀌고 있다.

STEAM-Maker 교육

STEAM이란 Science 과학 , Technology 기술 , Engineering 공학 , Arts 예술 , Mathematics 수학 의 5가지 교육 요소를 말하며 서로 연결 또는 결합하여 융합적 사고를 키우는 교육이다. 과학을 바탕으로 기술, 공학, 예술, 수학을 중점으로 국어, 역사, 윤리, 미술, 체육 등의 모든 교과 과정과 연계시켜 문제해결능력과 아이디어를 창출시키는 교육이다.

Maker는 만들거나 만드는 사람을 의미하여 STEAM 융합적 요소를 바탕으로 만드는 교육을 말한다. 즉, STEAM- Maker 교육방식이 4차 산업혁명의 교육요소이고 방법이다.

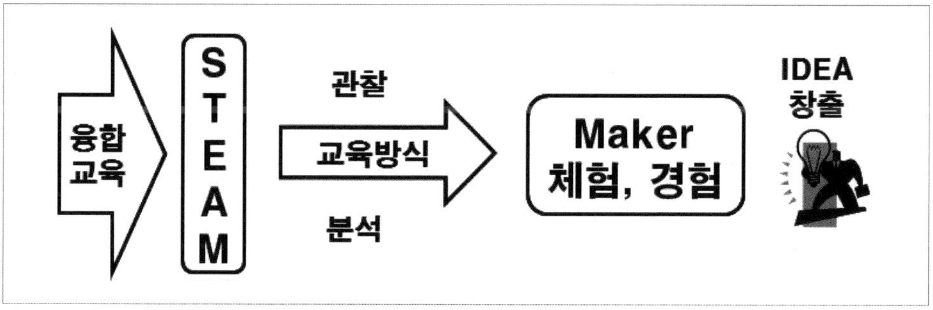

STEAM 교육은 평가하지 않으며 실생활을 바탕으로 문제를 찾아내어 관찰과 분석으로 융합적 사고력 IDEA 을 키우는 교육이다. 무엇을 어떻게 관찰하고 분석하는 문제해결 아이디어를 창출하는 방법은 Maker 방식으로 체험과 경험으로 학습한다.

STEAM 교육에 필요한 정보는 교과서에서 찾는 것이 아니라 인터넷을 통해 지구상의 모든 정보를 바탕으로 수집한다. 빅데이터는 인공지능 AI 을 통해서 분석한 자료를 바탕으로 만들어가는 체험과 경험을 한다.

STEAM을 통한 Maker 교육과정에서 교수나 교사는 멘토 역할을 한다. 만드는 과정에서 발생하는 의문점을 풀어가는 가이드 안내자 의 역할이다. 지금의 교수나 교사 역할에서 완전히 벗어나야만 한다. 교육을 위해 교수나 교사는 학생과 함께 정보를 수집하고 분석하여 만드는 과정에 참여한다.

대학이 사라진다

유럽을 비롯한 미국 등에서 대학이 사라지는 이유는 대학만이 전문정보를 소유하고 대학 인맥이 사회성공을 보장하는 시스템이 깨지고 있기 때문이다. 제한된 공간의 대학 캠퍼스가 무한공간으로 세계 대학과 연계되어 강의가 진행되고 있다. 한 대학에 국한된 교수가 아니라 정보를 가진 교수는 인터넷을 통해 전 세계 학생들과 교류하고 있다. MOOC 교육

① 대학 공동교육과정

세계 명문대학 미국 스탠퍼드대, 프린스턴대, 펜슬베니아대 등 유수 대학들이 제휴를 맺어 만든 온라인 강좌 프로그램, 일명 코세라 Coursera 에 외계인 과정 Aliens Course 이 활성화되고 있다. 한국은 선문대·상명대·한국기술교육대·한서대 등 충남 천안·서산지역 4개 대학은 공동교육과정인 '글로벌 창의융합전공'을 운영하고 있다.

② 인터넷 강의 증가

서울대, 카이스트, 포스텍이 일반인과 대학생이 함께 듣는 온라인 공개강좌 '케이무크 K-MOOC, www.kmooc.kr '의 일부 과목을 서로 정규 학점으로 인정해 주고 있다. 경남대, 대구대, 상명대 천안 , 성신여대, 세종대, 숙명여대, 영남대, 울산대, 인하대, 전북대 등 10개 대학이 케이무크 사업에 동참하고 있다. 세종대는 사물인터넷 IoT , 드론항법제어 등 정보통신기술 ICT 과 예술을 융합한 '엔터테인먼트 소프트웨어' 특화 강좌를 실시하고 울산대는 '산학협력 및 의학·건강교육' 중심의 강좌를 실시한다. 성신여대는 발레 강의 등 '문화·건강복지' 관련 강좌를, 전북대는 지역적 특성을 연계해 판소리, 한옥, 한식 등을 주제로 한 강좌를 인터넷을 통해 교류 강의하고 있다. 이처럼 4차 산업혁명시대 대학은 연계되고 합병되어 축소될 것이다.

교과서가 사라지고 있다

교과서는 5년 주기로 만들어진다. 집필하는데 많은 시간이 소요되고 집필하여 검증받는데 1년 이상이 소요되며 검증 후에 출판되는데도 시간이 소요된다.

4차 산업혁명시대는 신속한 정보 수집과 분석에 경쟁력을 창출한다. 교과서는 5년 전 자료이기 때문에 경쟁력이 떨어진다. 다만 교과서는 기본정보를 제공하고 있다. 국어 언어 기본, 과학원리, 수학공식, 역사, 사회, 예체능의 기본기와 원리를 제공함으로 교육기본서로 필요한 것이다.

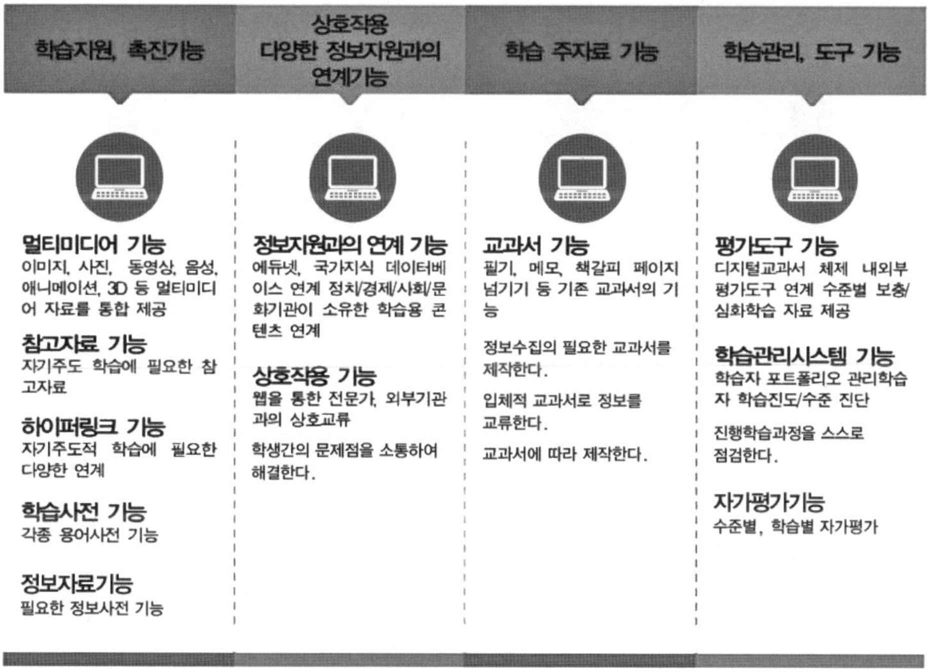

4차 산업혁명 교육은 소프트웨어, 하드웨어 등을 연계시키는 컴퓨터 관련 교육과정이 강조되고 있다. 4차 산업혁명시대는 모든 정보의 데이터를 공개 Open Source 하는 시대로 스크래치 Scratch , 아두이노 Arduino 등의 프로그램을 제작 후 하드웨어로 전송 작동하게 만드는 교육 시대이다.

▍실시간 정보를 활용하는 디지털 교과서

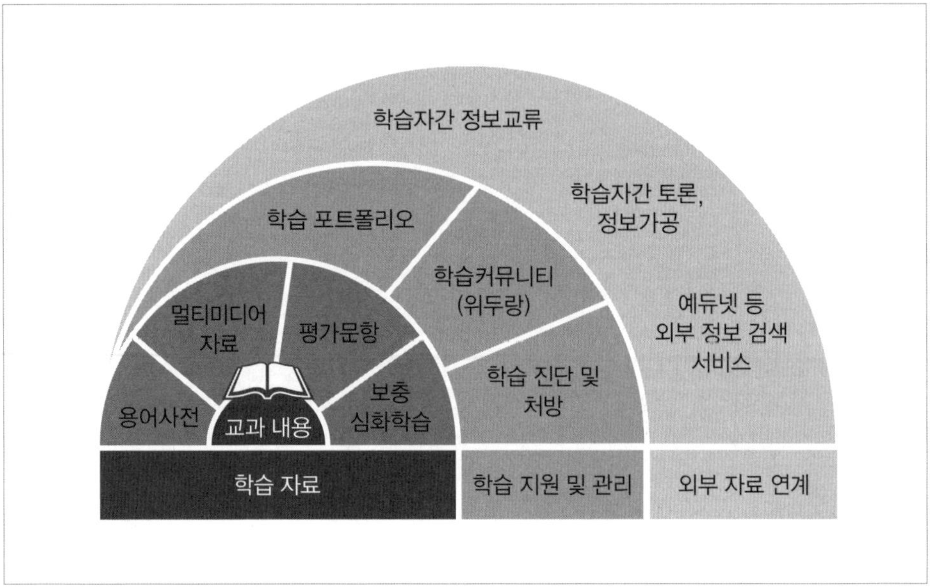

4차 산업혁명시대는 끊임없이 새로운 정보가 생성되고 있다. 신속 정확하게 필요한 정보를 수집 분석하는 디지털 교과서는 기본교과서 내용과 연계하여 외부 자료 검색으로 필요한 교과서를 만들어 학습하는 방법이다.

E-book을 통한 3D, 입체적 교육방법, 시뮬레이션에 의한 영상교육방법이 미래교육 방식이다. 단순한 글자나 그림으로 학습하던 시대는 지났다. 글자를 입체적인 3D 그림이나 동영상으로 내용을 이해시키고 학습시키는 교육방법이 필요하다.

4차 산업혁명시대 교육은 일방적 주입식에서 쌍방향 대화와 토론을 통한 입체적 교육방식으로 사고력과 문제해결 아이디어를 키워야 한다. 답을 가르치는 방식에서 해답을 내는 문제를 만들어 가는 교육으로 바꿔야 한다. 급변하는 인공지능과 경쟁하는 방법은 문제를 스스로 만들어 해결하는 능력을 키우는 교육이다. 인공지능은 빅데이터이기 때문에 스스로 문제를 만드는 방법에서는 인간이 우월하기 때문에 경쟁력을 창출할 수 있다.

교수, 교사의 역할이 바뀌고 있다

정보를 제시하고 학생들에게 암기시키고 평가함으로 교수나 교사의 권위와 능력 등이 평가되던 시대는 지났다. 명강사라는 단어도 사라지고 있다. 한국입시제도에서 족집게 학원 강사를 명강사라고 하던 시대는 이미 지났다. 입시를 위한 학원은 사라지고 있다. 학원은 학교과정을 보충하고 지원하는 방식으로 변할 것이다.

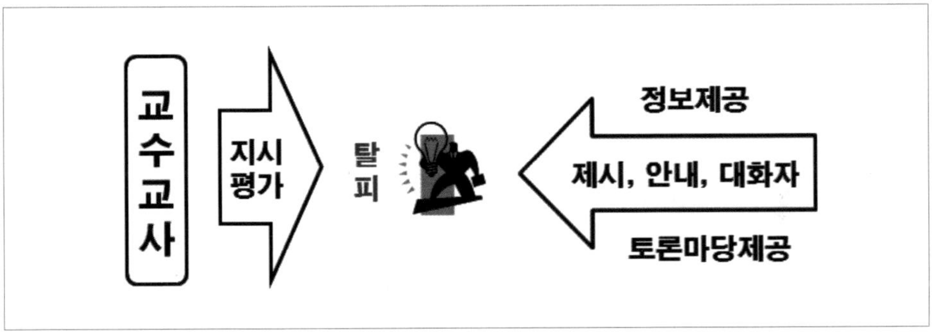

하나의 답을 요구하고 평가하여 줄 세우는 교육방식은 3차 산업혁명까지는 필요했다. 시험평가로 교수나 교사의 권위를 인정받는 시대가 지났다. 얼마나 많은 정보망을 가지고 미래를 제시할 수 있는가의 능력에 따라서 교수나 교사가 평가받게 된다.

4차 산업혁명시대 교육은 점수 평가를 하지 않는다.

교수나 교사는 학습과정에서 만들어가는 과정에 멘토이다. 만드는 과정에서 발생하는 문제점에 대해 학생과 함께 생각하고 방향을 제시하는 역할이다. 필요한 정보를 수집하고 분석하는 과정에서 멘토 역할을 담당한다.

4차 산업혁명시대 교수와 교사는 안내자이다.

가는 방향을 제시하고 어디에 무엇이 있는가에 대한 정보를 제공하는 역할이다. 지금까지는 하나의 답을 가르치고 암기하고 평가하던 위치에서 벗어나 함께 정보를 찾아내고 만들어가는 과정에서 방향을 제시하거나 함께 찾아 만들어가는 멘토이다.

평가교육방식이 사라진다

4차 산업혁명시대는 개인능력이 경쟁력을 창출하는 시대이다. 이러한 개인능력을 학습시키는 교육방법은 팀 교육이다. 팀을 통한 대화와 토론의 소통교육에서 사고력이 성장되고 문제해결능력과 아이디어가 창출되기 때문이다. 개인별 경쟁력은 팀 교육에 의하여 만들어진다. 토론에 의한 팀 평가 – 역할평가방식

개인의 창의성은 팀의 창의성에 의하여 창출된다.

한 사람에 의한 지배시대는 지났다. 팀에 의한 공존시대이다. 하나의 정보보다는 다양한 정보에 의하여 정보가치가 만들어진다. 다수에 의하여 하나가 존재하는 시대이다. 페이스북은 다수에 의하여 가치가 결정되고 저커버그의 가치도 인정받는 것이다. 그룹 총수가 그룹을 만드는 시대가 아니라 그룹 멤버에 의하여 그룹 총수의 역할이 만들어지는 시대이다.

평가를 위한 평가가 아니라 공존이다.

3차 산업혁명까지는 줄 세우기 위한 평가를 했다. 4차 산업혁명은 평가를 위한 평가보다 공존을 위한 공유를 한다. 어떻게 공존할 것인가? 방법을 찾는 교육이 필요하다. 상대정보를 인정하는 자세와 상대정보를 통해 자신의 정보가치의 시너지를 창출하는 교육방법이다.

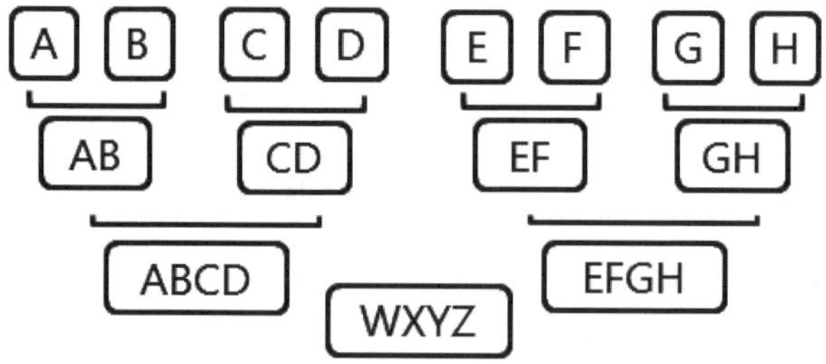

A, b, c, d, e, f, g, h 등을 유기적으로 연계하여 WXYZ 이라는 시너지를 창출하는 교육이 4차 산업혁명 교육방식이다.

산업혁명과 문화변화 대응전략

1차 산업혁명을 이끈 영국은 세계문화를 변화시켰다.

르네상스 Renaissance 는 14~16세기 유럽에서 일어난 문화 운동이다. 고대 그리스·로마의 학문과 지식을 부흥시키고자 하는 운동으로 고전 학문 가치에 대한 관심이 고조되었고 신대륙 발견, 지동설 등장, 봉건제 몰락, 상업 성장, 종이, 인쇄술, 항해술, 화약과 같은 신기술 발명이 활발하였다.

르네상스는 1527년 로마의 몰락으로 끝났으나 르네상스 정신을 표현하는 예술작품들은 이탈리아 북부와 북유럽에서 이어져 혁신적인 신기술 발명을 이끌었다. 볼테르는 14·15세기의 이탈리아에 학문과 예술이 부활했음을 지적했고 J.미슐레는 16세기의 유럽을 문화적으로 새로운 시대라고 하여 르네상스라는 용어를 사용했다.

산업발달과 문화는 공존하는 관계이다.

산업혁명은 그 나라의 인구, 노동, 경제, 산업, 기술, 사회, 생활방식 등의 문화적 배경을 해결하기 위한 발명품으로 촉발되었다. 이는 1차 산업혁명으로 문화적 문제를 해결하여 편리하고 생산적 생활과 소득증진을 위한 노력의 결과이다. 이러한 문화는 중국이 가장 충족된 조건을 가지고 있었으나 영국이 산업혁명 주도국이 된 것은 생활문화 때문이다.

차와 맥주를 즐기던 영국인의 식습관 생활문화가 유아 사망률을 낮추었고 기대수명이 증가함으로 노동 인구를 급증시켰기 때문에 기술혁신을 위한 증기기관 발명이 1차 산업혁명을 이끌었던 것이다.

1차 산업혁명을 이끌었던 영국은 4차 산업혁명의 주도국가가 되기 위한 전략을 추진하고 있다. 영국은 4차 산업혁명을 이끌어갈 인재발굴을 위한 교육프로그램을 대폭으로 수정하고 있으며 국가 정책 1순위로 막대한 투자를 하고 있다.

4차 산업혁명 공유문화

4차 산업혁명은 공유를 통해 시너지를 창출하는 시대이다. 빅데이터를 공유하고 공유를 위해 다양한 SNS 사이트가 만들어지고 있다. 데이터를 독점하던 시대는 지났다. 똑똑한 한 명이 지배하고 리더로 역할 하던 시대도 지났다. 정보를 공유하지 못하면 오늘의 재벌기업이 내일의 후진 기업으로 바뀌는 시대이다.

SNS Social Network Service/sites 종류에는 페이스북 Facebook , 유튜브, 트위터 Twitter , 웨이보 Weibo 링크드인 LinkedIn 텀블러 Tumblr , 블로그 Blog , 워드프레스 WordPress , 위키피디아 Wikipedia , 핀터레스트 Pinterest , 인스타그램 Instagram , 플리커 Flickr , 카카오톡, 밴드, 라인, 미투데이 등이 있고 검색사이트는 구글, 야후, 네이버, 다음, 줌 ZUM , 네이트 등이다.

정보를 공유하지 못하면 지식재산권을 창출하기 어려운 시대이다.

독점정보는 한계를 가지고 있기 때문에 공유를 통해서 새로운 정보로 가공하여 지식재산권을 확보하는 시대이다. 따라서 지식재산권을 법적으로 일정 기간 보호하지만 권리를 주장하는 기간이 급속하게 줄어가고 있다. 법적 보호기간만 고집하면 후진 기술이 되고 후진 기업으로 뒤떨어진다.

발명특허권의 정보는 모두 공개되어 있다. 공개된 선행기술을 바탕으로 새로운 기술이 급속하게 개발되고 있다.

기술융합화는 이업종교류 사업에 참여하는 이업종교류 회원들이 새로운 사업 분야를 개척하고자 각자의 기술과 경영자원을 융합하여 새로운 기술, 제품, 판로 및 서비스 등을 공동으로 연구, 개발하거나 사업화하는 활동이다.

산업혁명에 따른 기술개발로 기업 지식재산권이 바뀌고 있다.

산업혁명은 기업의 산업구조를 바꾸어 왔다. 농경에서 공업으로 공업에서 다양한 정보통신으로 다변화되면서 산업구조가 복잡해졌다. 1차 산업에서 만들어진 산업은 4차 산업까지 다양한 산업구도로 6차 산업을 만들었다.

산업혁명에 따른 산업구조의 확산은 의·식·주의 생활방식을 바꾸었고 가상현실이 생활의 일부가 되는 시대이다. 지식재산권확보를 위한 마케팅전략이 필요한 시대이다. 급변하는 소비형태의 변화에 따라 기업은 대응전략을 세워야 한다.

① 생산방식의 변화

스마트팩토리 Smart Factory 시대, 자동화 시설에 의한 인공지능은 인간을 대처하여 생산과정을 전담한다. 인간처럼 생산과정에서 발생하는 문제점을 사전에 차단하거나 예방하고 대체하는 기능까지 수행한다. 제조업의 큰 전환점이 4차 산업혁명의 기업 환경이다.

4차 산업혁명의 스마트팩토리에 의한 제조업에도 영향이 크다.

4차 산업혁명 도래에 따른 제조업 영향에 대해 중소 제조업 CEO 64%가 타격이 우려된다고 응답했다. 특히 제조기술 대체로 부품업 등 일부 업종 타격이 우려된다는 응답이 44.3%로 가장 높았다. 특히 '기초 소재형 기업'은 그 비율이 56.7%에 달했다. 속성별로 보면 '기초 소재형 기업', '재도약기 기업'에서 4차 산업혁명으로 인한 타격 우려 정도가 상대적으로 높게 나타났다.

AI 인공지능 에 의한 노동 대체는 지속적으로 증가한다. 24시간 노동에도 노동파업이 없어 생산 차질을 우려하지 않는다. 막대한 시설비 투자만 해결하면 안정적인 생산계획을 추진할 수 있다. 빅데이터에 의한 인공지능의 발달은 인간보다 신속 정확하게 생산문제에 대응하고 해결하는 능력을 지녔다. 미국을 비롯하여 자국생산을 위한 스마트팩토리가 증가하는 추세이다.

스마트 공장의 제조업 영향 비교

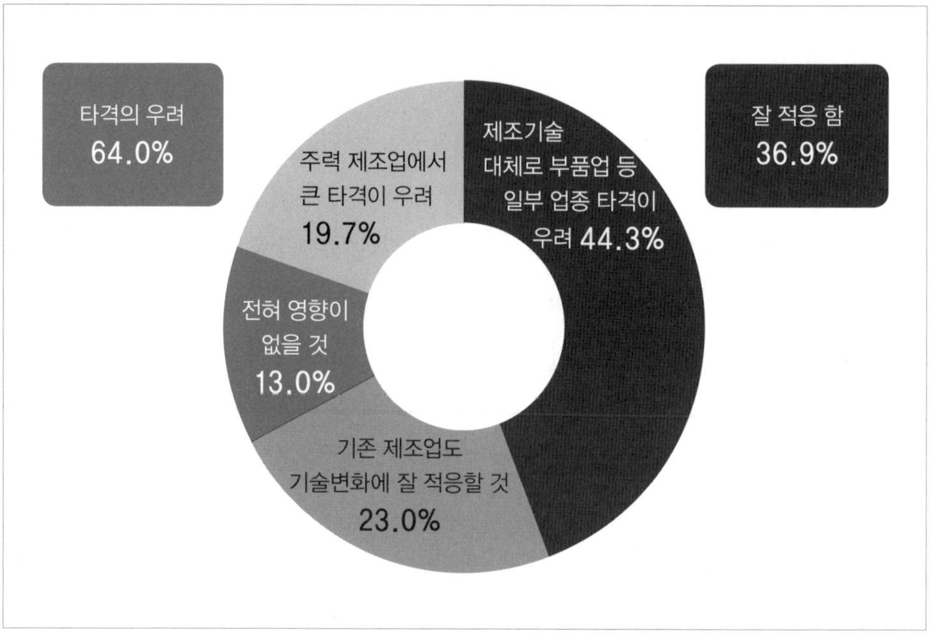

② 5G 가상현실, 증강현실의 기업 대응

가상, 증강현실은 마케팅전략의 변화를 요구하고 있다. 가상고객에 의한 마케팅전략이다. 존재하지 않는 가상고객을 대상으로 판매 전략을 세워야 한다. 가상고객은 인터넷상의 고객으로 가망고객과 다르다. 증강현실은 교육의 변화와 시장의 변화를 예고하고 있다. 이에 대한 대비가 필요하다.

증강현실이란 실제 환경에 가상으로 정보나 그래픽을 합성하여 원래 환경에 존재하는 것처럼 덧씌우는 컴퓨터 그래픽 기법이다. 평창올림픽 개회식 장면은 5G 증강현실을 세계인에게 보여주었다.

2022년까지 증강현실 AR 시장규모가 연평균 70%대 고성장을 기록할 것으로 예상된다. 증강 현실 시장의 빠른 성장이 세계적으로 스마트폰과 태블릿PC 보급률이 증가하는 현상과 밀접한 관련이 있다. 대중이 쉽게 태블릿 PC 등을 통해 증강현실을 경험함으로 생활화되어 간다. 이에 따라 기업은 증강현실을 사업의 마케팅 등으로 다양하게 활용해야 한다.

마케팅, 광고, 생산, 판매 전략은 증강현실에 달려있다.

한번 학습된 정보는 지속적으로 발전한다. 증강현실의 경험은 상품이나 기업이미지를 기억시키는 방법이다. 광고 전략의 변화를 예고하는 증강현실은 가상적 현실 속에서 상품가치를 만들어 가는 전략이다. 증강현실 광고는 주변에서 쉽게 볼 수 있다. 소비자에게 새로운 신선감과 생동감, 현실감을 자극시키는 광고 전략이다.

증강현실(AR: Augmented Reality)은 미래 사업전략의 방향이다.

빅데이터에 의한 소비자 욕구는 미래상품 개발에서 생산, 유통, 판매 전략까지를 변화시키고 있다. 입체적 현실 속으로 소비자를 끌어들이는 전략은 광고만이 아니라 상품 개발에서 판매까지의 전 과정에 필요하다. 대량생산에서 소량 주문생산까지 생산방법을 결정짓게 만드는 빅데이터는 AR에 의하여 완성된다.

AR기술은 상품을 판매하기 전에 상품에 대한 품질, 기능, 사용성과 기능성에 대한 전반적인 분석을 할 수 있다. 소비자 빅데이터에 의하여 판매 전략도 구체적으로 수립할 수 있다. 신상품 개발을 위한 정보를 수집 분석한 빅데이터는 AR기술로 완성된다.

③ 가상화폐 거래를 통한 금융변화와 기업대응

가상화폐를 통한 결제수단의 변화가 기업 환경에 커다란 변화요인이 되고 있다. 실제 화폐가 아닌 결제수단으로 기업은 거래 방법에 대응해야 한다. 미국의 인기 온라인 쇼핑몰 '오버스톡'과 '뉴에그' 일본의 대형 전자제품 유통점 '빅카메라'는 비트코인을 받고 있다.

가상화폐는 점진적으로 시장에서 통용되는 화폐로 성장해 갈 것이다. 문제는 화폐가치에 대한 금융적 가치 인정이다.

4차 산업혁명은 빅데이터에 기술경쟁시대이다

빅데이터에 의한 기술을 보장받는 방법은 지식재산권확보에 있다. 과거의 지식재산권은 법적 보호기간 동안 권리를 인정받았지만 4차 산업혁명시대에는 법적 보호기간을 단축한 짧은 기간 내에 권리이익을 얻어야 한다. 법 공개된 정보 을 이용한 지식재산권은 급격하게 증가되고 있다.

원천기술이 아니면 법적 보호기간은 기대하지 말아야 한다.

특허권의 법적 효력은 스스로 관리해야 한다. 특허는 쉽게 변형되기 때문이다. 일부만 바꾸어도 특허는 가능하다. 따라서 원천기술이 아니면 특허기간동안 보장받는다는 생각을 버려야 한다.

변형된 기술은 진화하고 있다.

AI 인공지능 가 특허를 개발하는 시대이다. AI 인공지능 는 어떤 부분을 바꾸면 쉽게 특허를 확보할 수 있는가에 대한 정보를 간단하게 제시한다. 이러한 정보를 바탕으로 3D 프린트는 시제품을 만들어 낸다.

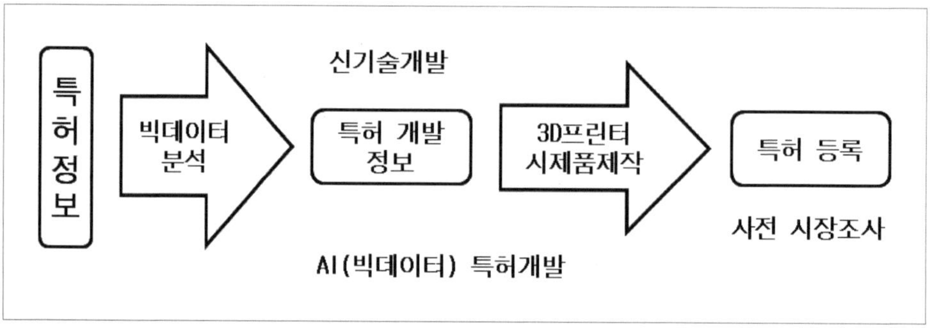

특허 개발도 AI(인공지능)가 한다.

등록된 특허정보를 빅데이터로 분석하여 새로운 기술이나 상품을 개발한다. AI가 개발하는 속도가 인간보다 빠르고 정확하다. 빅데이터는 사전에 상품에 대한 시장조사를 할 수도 있다. 인공지능의 빅데이터는 단순한 데이터가 아니라 미래 상품 개발과 신기술개발에 대한 빅데이터로 활용되고 있다.

평창올림픽 개회식의 5G 프로그램은 미래를 상상하게 만들었다. 국가와 기업의 이미지를 세계시장에 알리는 기회였다. 1,218개 드론이 만든 오륜기는 새로운 상상을 하게 만들었다. 한 사람의 컴퓨터 조정으로 1,218개 드론이 다양한 모양을 연출한 기술이 엣지컴퓨팅 기술이다.

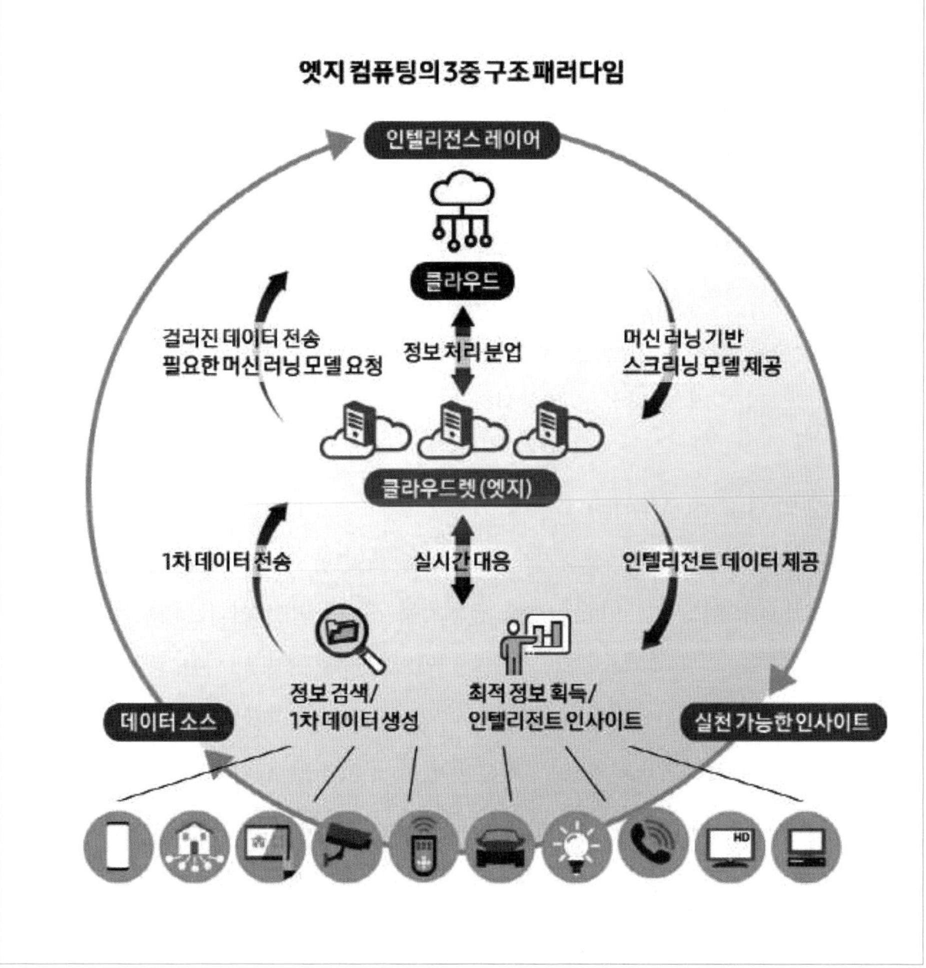

〈엣지 컴퓨팅 구조 개념도 (출처: 삼성전자 뉴스룸)〉

4차 산업혁명과 무역대응

빅데이터에 의한 AI 인공지능 의 스마트팩토리 생산은 자국기업보호를 위한 보호무역 강화의 방법이 되고 있다. 저렴한 인건비를 찾아 후진국으로 이전했던 생산 공장을 무인자동생산을 통해 자국으로 생산시설을 다시 옮겨 가는 것이 4차 산업혁명의 새로운 무역장벽으로 나타나고 있다.

①『Made in, Made with』

만들어진 상품을 수입하는 방법에서 함께 만드는 방법으로 무역 거래방법이 바뀌고 있다. 일방적인 보호무역은 국제거래를 무역전쟁으로 만들 수 있기 때문에 거래국가 간의 공존을 위한 방법이 부상하고 있다.

4차 산업혁명 글로벌시대는 일방적으로 팔아서 수출을 늘리는 시대에서 글로벌시대의 상생협력으로 해당국이 함께 무역성장을 지속할 수 있는 모델이 필요하다. 상생과정은 상품에 따라서 다르게 협력할 수 있다. 원자재공급에서 생산 판매 등의 과정을 국가 간, 기업 간의 협력으로 상생하는 무역이 필요하다.

② 바터교역(Barter Trade)

물물교환 바터교역 형식으로 상품거래를 하는 방식이다. 인도네시아 공군 TNI-AU 이 러시아에서 11대의 Su-35 Flanker-E 전투기를 도입하면서 대금 상당 부분을 현물로 물물교환 바터교역, Barter Trade 지불 했던 거래방식이다. 인도네시아 무역회사 PPI는 전투기 총 구매대금 중 50%에 상당하는 5.7억 불만 현물 지급했다. 태국, 말레이시아 이어 인도네시아도 바터교역으로 최신 무기를 구매하고 있다.

이란과 교역에서 원유로 수출대금을 수령하는 다자간 상계처리 방안 등도 상생하는 무역거래 방식이다. 이러한 거래 방식은 점진적으로 증가할 것이다.

③ 보호무역 정책

보호무역 장벽은 자국 기업을 보호하고 자국민의 일자리를 만들기 위한 정책으로 미국, 중국, EU 등의 국가마다 실시하고 있다.

보호무역은 자국 산업을 보호하기 위해 국제 무역에 정부가 개입하는 무역 제도이다. 재화나 용역, 무역거래 등의 상품관세, 특별소비세 등의 세금을 부과하여 수입품 가격을 올리거나 수입량을 제한하는 수입 할당제 또는 특정 품목의 수입을 제한하는 비관세 장벽 등이 보호 무역을 위한 정부 정책 유형이다.

보호무역 정책은 국가가 육성하고자 하는 유치산업이 국제무역 경쟁력이 없을 때 시행되는 무역 정책이다. 독일의 경제학자 프리드리히 리스트가 19세기 중반 독일 경제 발전을 위해 보호무역 정책을 주장했다.

보호 무역 유형

- 관세: 수입품에 일정한 관세를 부과하여 국내 시장에서 가격 상승을 가져와 수입 억제 효과를 얻는 방법(관세 장벽)
- 비관세 장벽: 관세 이외의 방법으로 수입을 억제하는 것
- 수입 허가제: 수입 품목 제한으로 특정 상품의 수입금지 및 제한방법
- 수입 할당제: 특정 상품의 수입량을 제한하는 방법
- 수입 과징금: 관세 이외의 일정액을 추가적으로 부담하는 것
- 수입 담보금: 수입업자가 수입 신청액 일정 비율을 은행 적립하는 방법
- 수출입 링크제: 가공 후 재수출 전제로 원자재 수입허가 제도
- 국영 무역: 특정 상품의 수입 권한을 정부가 독점하는 것. 정부만이 수입하여 국영 무역을 통한 수입량과 가격을 정부가 결정한다.

4차 산업혁명 수출동향 한국

2017년 한국무역협회는 정부와 함께 4차 산업혁명과 연관성 있는 12대 신산업 중 9개 분야를 선정하고 HS CODE Harmonized System Code 를 신설 및 지정하여 수출입의 동향을 확인할 수 있는 기반을 마련했다.

1) 전기차
2) 로봇
3) 바이오헬스
4) 항공-드론
5) 프리미엄 소비재(부가가치가 높은 소비재)
6) 에너지 신산업(탄소에너지 대체에너지)
7) 첨단 신소재(기존 소재의 단점을 보완한 신소재)
8) 차세대 디스플레이
9) 차세대 반도체

12대 신산업 품목 코드 선정여부

신산업	선정여부	신산업	선정여부
① 전기자동차	O	⑦ 프리미엄 소비재	O
② 스마트·친환경선박	X	⑧ 에너지 신산업	O
③ IoT가전	X	⑨ 첨단 신소재	O
④ 로봇	O	⑩ AR·VR	X
⑤ 바이오헬스	O	⑪ 차세대 디스플레이	O
⑥ 항공·드론	O	⑫ 차세대 반도체	O

자료: 한국무역협회 국제무역연구원, 「무역통계 품목분류 체계(MTI) 개선방안」, 2017

4차 산업혁명 경쟁력은 소재, 부품의 중간재로 경쟁한다

국가마다 4차 산업혁명에 대비하는 전략은 다르다.

생산방식에서 대안을 찾는 방법과 소재나 부품의 중간재에서 또는 마케팅 시장에서 경쟁력을 찾는 국가도 있다. 국가 경제구조에 따라서 경쟁력을 만드는 전략이 다르기 마련이다.

한국의 산업연구원 보고서는 "4차 산업혁명에 대비하기 위해 소재나 부품의 경쟁력을 키워 고부가가치 중간재의 수출을 늘려야 한다."고 제시했다. 한국경제 구조에서는 소재 및 부품개발과 이를 바탕으로 중간재를 수출하는 전략을 제시한 것이다.

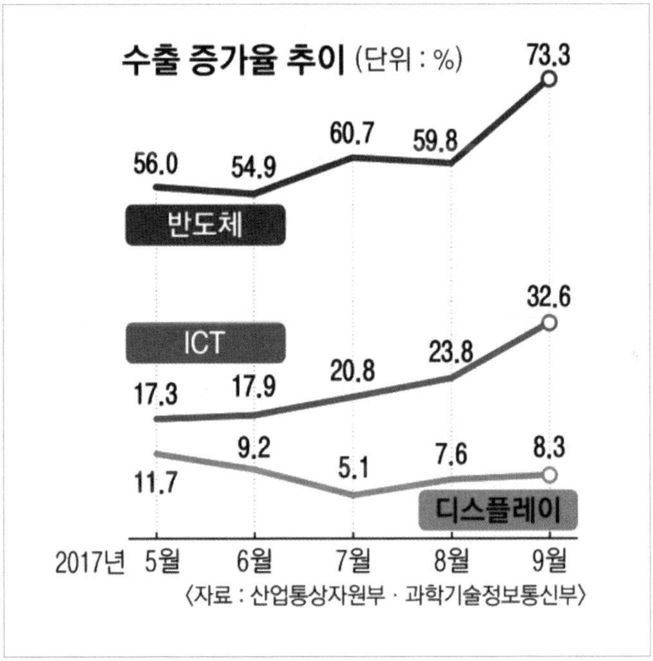

산업통상자원부의 수출 추이를 보면 한국은 반도체, ICT가 수출을 주도하고 있다. 중간재가 한국 산업구조에서는 유리한 품목이다. 장기적으로 볼 때는 소재 및 부품에서 완성품으로 수출전략을 바꿔야 할지도 모른다. 전략은 국제 경제 동향에 따라 바뀌야 하기 때문이다.

4차 산업혁명 시대 플랫폼

구글, 페이스북, 애플, 알리바바, 텐센트, 에어비앤비, 네이버, 다음 등은 인터넷 플랫폼 대표주자들이고 아마존, YES24 등은 작가와 독자의 만남을 만들고 우버는 운전자와 고객을 연결해주는 공간으로 고객 간의 상호가치를 만들어 내는 매치메이커 Matchmaker 이다.

① 플랫폼(Platform)이란?

컴퓨터 시스템의 기반이 되는 소프트웨어가 구동 가능한 하드웨어 구조 또는 소프트웨어 프레임워크의 일종이다. 구조 Architecture , 운영 체제 Operating System , 프로그래밍 언어, 관련 런타임 라이브러리, 그래픽 사용자 인터페이스 GUI: Graphic User Interface 등을 포함한다.

비즈니스에서 여러 사용자 또는 조직 간에 관계를 형성하고 비즈니스적인 거래를 형성할 수 있는 정보 시스템 환경, 자신의 시스템을 개방한다. 개인, 기업 등이 모두 참여하여 원하는 일을 자유롭게 할 수 있도록 환경을 구축하여 플랫폼 참여자들 모두에게 새로운 가치와 혜택을 제공해줄 수 있는 시스템이다.

사용자끼리 서로 연결하여 상품과 서비스, 사회적 통화를 교환하여 참가자들의 가치를 창출시켜주는 역할이다. 자신이 소유하지는 않지만 서로를 연결하여 이익을 창출하는 플랫폼은 인터넷 정보시대에 정보와 마케팅까지 총괄하여 4차 산업혁명을 이끌어가는 수단이 되고 있다.

플랫폼(Platform)은 출발점이고 종착점이기도 하다.

모든 정보의 시작이고 마무리를 하는 인터넷 공간이다. 자신의 것은 전무하지만 무한한 것을 만들어 내는 공간이다. 정거장이나 역사처럼 고객을 필요한 지점에 데려다주고 내리기도 하는 장소이다.

②플랫폼 비즈니스(Platform Business)

플랫폼 비즈니스는 정보기술 IT 발달로 만들어지는 다양한 모바일·인터넷 플랫폼을 통해 각종 제품·서비스를 중개하고 수수료로 수익을 내는 인터넷사업이다.

앞서 제시한 인터넷 플랫폼 주자들은 플랫폼 공간을 통해 막대한 이익을 창출하고 있다. 국가 경제 전략을 인터넷 플랫폼 개발로 추구하는 이유이다. 생산 토지와 경제적 투자, 인적 투자를 하는 생산 공장보다 무한 인터넷 공간에 네트워크를 구성하는 프로그램만으로 플랫폼은 소자본 투자로 막대한 경제적 이익을 창출시키고 있다.

인터넷 판매를 통한 운송수단이 발달하고 운송 직업으로 일자리가 창출되고 있다. 무인 운송이 개발되면서 이러한 일자리가 AI 인공지능 로 대체는 되고 있으나 운송체계에 필요한 일자리는 새롭게 만들어지고 있다.

플랫폼은 정보의 융합과 세분화에 따라 다양한 일자리가 만들어진다.

초연결 사회는 지금까지 없던 일자리가 만들어진다. 빅데이터를 생성하는 것은 사람이다. 의·식·주의 변화에 따라 다양한 정보가 만들어지고 다양한 분야의 정보끼리 연결하여 새로운 정보가 생성되고 있다.

의사소통 및 일상생활과 조직 간의 소통 및 운영과 비즈니스까지 인간 행위의 모든 분야를 기존 인터넷, 정보 서비스를 사회적 관계, 교류, 거래, 관리, 판매, 생산, 마케팅 등을 재구성하여 정보의 신뢰성과 투명성을 제고하는 소셜 Social 화를 만들어 내는 것이 플랫폼이다.

소셜 네트워킹 서비스 SNS, 누리 소통망 서비스 는 개인의 온라인 인맥 관리 서비스로 출발했으나 페이스북, 트위터와 같은 SNS가 경제, 산업 기업 , 정치, 사회, 문화, 교육 등의 다양한 분야로 확산되면서 SNS는 개인이나 기업, 조직 간의 모든 서비스를 제공하는 플랫폼으로 발전하였다. 4차 산업혁명시대는 플랫폼에 의하여 정보가 교류되고 초연결사회를 구성하여 경쟁력을 창출하는 시대이다.

산업혁명과 금융변화 대응전략

가상화폐 거래를 통한 금융변화와 기업대응

4차 산업혁명의 인터넷 가공공간은 인공지능, 핀 테크 등의 기술 발전과 금융, 비금융 간 서비스 융합으로 금융 산업이 급변하고 있다.

가상화폐의 상용화로 인하여 금융거래가 급변하며 이에 대한 정책적 대안이 시급하다. 결제수단으로 활용되는 가상화폐의 점포가 증가하고 있다.

블록체인 Block Chain 은 분산형 데이터베이스의 한 형태이다. 운영자에 의한 임의 조작이 불가능한 공공 거래 장부의 역할을 담당하고 있다. 따라서 가상화폐 '비트코인'은 중앙 발행기관이 없으며 채굴자가 컴퓨터 자원을 투입하여 거래기록을 인증하는 블록체인에 의해 거래가 이루어지고 있다. 세계 블록체인 투자 규모는 2013년 9,900만 달러에서 2016년 5조 3,700만 달러로 5배 이상 급증하는 추세이다.

디지털기술과 금융서비스의 관계

출처: 한국은행

국내 금융 산업의 현황

① 기술

국내 금융 산업의 4차 산업혁명 관련 기술 수준은 미국, 일본 등 선도국에 비해 매우 뒤처져 있다. 융합서비스, 인공지능, 빅데이터, 정보보호 등 미래 금융산업에 큰 영향을 미칠 것으로 예상되는 기술 수준은 선진국과 격차가 크다. 최고 기술 보유국인 미국뿐만 아니라 일본, 유럽에 비해서도 전반적으로 열세이며 최근에는 중국에게도 추격당하고 있다. 따라서 기술개발이 시급한 미래전략이다.

② 투자

금융 산업의 R&D 투자는 타 산업 및 타 국가와 비교할 때 미흡하다. 금융 산업의 매출액 대비 연구개발비 비중은 0.2% 수준으로 제조업 3.3%, 정보서비스업 2.3%은 물론 건설업 0.5%, 도소매업 0.5% 에도 못 미친다. 국가별 금융 기업의 R&D 투자액은 미국이 한국의 800배 이상이고 영국이 한국의 100배 이상이다.

③ 인력

금융 산업은 인간노동이 컴퓨터로 대체될 가능성이 높은 고위험 직업군이다. 여성과 청년의 일자리 충격에 대한 대책 마련이 시급하다. 금융 산업 취업자 약 76만 명 중 컴퓨터로 대체될 가능성이 높은 고위험 직업군 종사자 비율은 78.9%로 표준산업분류 21개 산업 중 3위에 해당한다. 여성과 청년층이 4차 산업혁명에 따른 일자리 대체에 취약한 계층으로 평가되고 있다는 것은 미래정책 전략으로 중요하다는 것이다.

④ 법·제도

4차 산업혁명의 가장 큰 문제점은 법·제도개선이다. 기술 및 서비스 혁신을 촉진하고 개인정보 보호와 금융시스템의 안정성을 담보할 수 있는 금융 규제 전환이 절대적으로 필요하다. 기존에 존재하지 않았던 새로운 서비스 등장을 가로막는 규제의 모호성이나 기존의 틀에 제한된 경직성에서 벗어나 혁신 지향적 금융 규제 도입과 규제 완화 흐름의 투자자 및 소비자 보호, 개인정보 보호 기능이 필요하다.

4차 산업혁명시대 국내 금융정책의 방향

4차 산업혁명에 따른 급속한 금융시장 변화에 의한 산업 육성 및 기술 확보를 위한 조속한 대책이 필요하다.

첫째, 4차 산업혁명 시대의 금융 산업을 선도하기 위해서는 인공지능, 빅데이터, 핀 테크 등 핵심 요소기술의 경쟁력을 확보하는 데 주력해야 한다.

둘째, 금융기업은 새로운 비즈니스 모델 창출을 위한 투자를 확대함으로써 빠르게 진행되는 시장 환경의 변화에 능동적으로 대응해야 한다.

셋째, 인간 노동이 컴퓨터로 대체되는 금융 인력의 구조 변화에 선제적으로 대응하기 위한 금융교육 시스템의 혁신이 필요하다.

넷째, 금융 규제의 패러다임을 혁신 지향적인 방향으로 전환하는 데 있어 부작용이 최소화될 수 있도록 단계적 정책이 필요하다.

4차 산업혁명시대 금융관리는 빅데이터, 머신러닝 등에 기반한 인공지능 기술이 금융이론과 결합되어 컴퓨터가 사람을 대신해 자산을 관리한다.

- 인공지능 기술의 발전, 금융 규제의 약화 등으로 자산 운용의 인공지능화는 더욱 가속화될 전망이다.
- 미국 내 로보어드바이저(Robo-advisor)를 활용한 자산운용 규모는 2017년 5,000억 달러에서 2020년 2조 2,000억 달러로 빠르게 성장하고 있다.
- 글로벌 금융 전문가들은 미래 유망기술 중에서 로보어드바이저 관련 기술이 금융 산업에 가장 큰 영향을 미칠 것으로 전망하고 있다.
- 국내에서도 전문 자문인력을 의무적으로 채용하도록 하는 규제를 개선하여 컴퓨터프로그램에 의한 자문을 허용하는 방안을 추진해야 한다.

로보어드바이저란 로봇(Robot)과 어드바이저(Adviser)의 합성어이다. 사람의 개입을 최소화한 소프트웨어기반 자동화 금융자문서비스 방법이다.

산업혁명의 에너지변화 대응전략

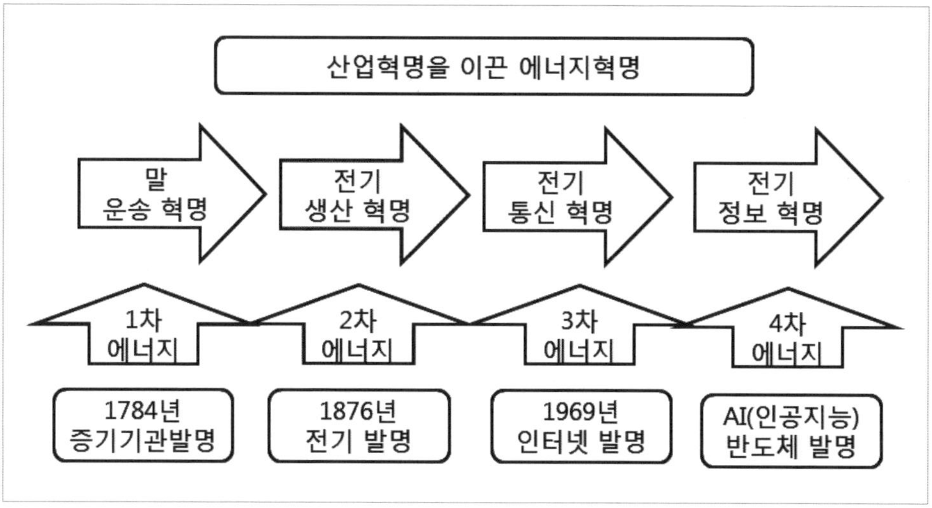

인류발달을 이끌어 온 4번의 산업혁명은 에너지혁명이다.

18C 증기기관의 발명은 영국 산업혁명의 원동력에너지이 되어 세계 산업을 이끄는 국가로 부상했다. 증기기관은 광산의 채굴방법을 바꾸었고 면방직 생산과 수송방법을 혁신적으로 바꾸어 영국경제를 부흥시켰다.

1차 산업혁명은 증기기관을 통한 운송에너지혁명이다.

말에 의존했던 운송은 운송시간과 제한된 물량 운송으로 인하여 운송수단이 활성화 되지 못했다. 운송과정에서 문제점이 발생하기도 하였고 날씨에 따라 운송에 많은 차질이 발생하여 원활한 운송이 이뤄지지 못했지만 증기기관은 운송일정에 따라 대량으로 정해진 시간 내에 운송하게 되었다.

2차 산업혁명부터는 전기발명에 의한 생산에너지혁명이다.

전기를 이용한 생산 방법의 혁명이다. 컨베이어시스템과 같은 자동화 생산시설을 통해 대량생산으로 상품가격이 인하되어 소비자가 증가되었다.

3차 산업혁명은 인터넷을 통한 통신에너지혁명이다.

인터넷은 지구촌을 하나의 공간, 시간대로 연결시켰다. 통신을 통해 정보를 신속 정확하게 교류하면서 새로운 경쟁력을 창출시켰다. 개인이나 조직을 연결하여 신속하게 서로의 정보를 교류함으로 지구촌을 정보사회로 만들었고 정보가치를 창출시켰다. 인터넷은 빅데이터 사회를 촉발시켰다.

4차 산업혁명은 반도체에 의한 용량 및 속도의 정보에너지혁명이다.

4차 산업혁명은 반도체에 의한 정보처리능력으로 결정된다. 빅데이터를 보관하고 처리하는 용량과 속도를 결정하는 것은 반도체이다. 4차 산업혁명시대의 환경은 반도체에 의한 환경이다. 반도체의 작은 공간에 많은 데이터를 저장하고 신속하게 전달하는 에너지는 반도체기술에 달려 있다.

인터넷망을 통해 정보를 전달하려면 방대한 데이터를 저장하는 공간이 필요하다. 반도체는 빅데이터를 저장하는 공간으로 이동하기 쉽고 보관하게 쉬운 빅데이터 저장 공간이다.

빅데이터는 데이터의 초연결로 만들어진다. 저장 공간에 비례하여 신속하게 데이터를 전달하고 분석하는 기술의 발달은 반도체기술에 의한 저장과 속도의 에너지혁명이다.

미래 선도국가, 기업은 빅데이터 관리능력으로 구분된다. 빅데이터는 저장하고 처리하는 속도 에너지에 의하여 결정되는 반도체 에너지혁명이다. 반도체 기술이 빅데이터 저장과 처리속도를 결정한다. 보다 작은 공간에 보다 많은 데이터를 저장하는 기술은 나노기술에 의한 반도체기술의 핵심으로 작고 가벼우면서도 세밀한 공간을 확대시키는 기술이다. 반도체는 새로운 소재에 의하여 용량과 처리속도, 사용방법들이 달라지고 있다.

반도체(Semiconductor) 발명

21세기는 반도체의 생활이다. 반도체가 없는 물품이 없고 모든 물품에 반도체를 부착하여 수많은 정보를 수집하고 분석하고 있다. 가전제품에 붙어 있는 반도체는 스마트폰과 연계되어 실시간으로 모든 정보를 파악할 수 있고 이에 따라 문제점을 찾아내어 사전에 예방하거나 대비할 수 있는 시대이다. 비행기, 자동차, 선박 등의 운송수단이 반도체를 통해 원격으로 조정되고 있으며 문제점도 관리하고 있다.

컴퓨터, 전화, 인터넷 등의 업무를 비롯하여 실생활과 연계되어 편리성과 안전성, 기능성과 생산성으로 활용되고 있다. 반도체 없이는 일상생활을 아무것도 할 수 없는 시대이다. 노벨 물리학상은 반도체 기본발명을 한 잭 킬비 Jack S. Kilby 를 공동 수상자로 선정했다. 순수 학문을 벗어나 학문을 응용한 발명가에게 준 사례이다.

TI Texas Instrument 의 전신 지오피지컬서비스 Geophysical Service Inc 사는 거대한 텍사스 정유회사에 부품을 납품하는 작은 부품회사였다. 1951년 A&T사가 새로 개발한 트랜지스터를 생산하기 위해서 2만5천 달러의 로열티를 지불하고 트랜지스터를 생산했다. 2년 뒤 회사 이름을 TI로 개명하고 수많은 트랜지스터를 1개의 칩에 모으는 기술을 개발하였다. 1958년 캔자스 출신의 잭 킬비에게 기술개발을 맡겼다. 전자회로에서 트랜지스터는 저항, 콘덴서, 다이오드 등의 핵심 전기소자이다.

킬비는 '트랜지스터와 마찬가지로 다른 전기소자들도 실리콘으로 제작하면 어떨까? 만일 그것이 가능하다면 1개의 실리콘 속에 모든 소자를 내장할 수 있을까?'라는 의문을 가졌다. '저항, 콘덴서, 트랜지스터 등 소자를 하나의 실리콘 조각에 만들 수 있다'는 생각으로 집적회로 IC 를 만들어 1959년 미국 특허청에 특허출원을 하였다.

반도체는 도체와 절연체의 중간 정도의 전기 전도성을 갖는 물질이다. 금속과 같이 전기를 잘 통하는 도체가 아니고 에보나이트처럼 전기를 전혀 통하지 않는 부도체도 아니다. 낮은 온도에서는 거의 전류를 흘리지 않으나 온도가 높아짐에 따라 전기를 전도하는 도가 불어나는 물질이다. 대표적인 반도체로는 게르마늄이나 실리콘 규소 에 비소·안티몬·인듐·갈륨과 같은 물질이다. 이 밖에 특정한 용도의 반도체는 정류기·트랜지스터 등 중요한 기구에 이용된다.

반도체는 고체 또는 액체일 수 있으나 보통은 고체이다. 반도체의 특징은 전기저항의 대소보다는 온도의 상승과 더불어 저항률이 증가되는 금속과는 달리, 일정 온도 범위 내에서 오히려 저항률이 감소하게 되는 데 있다. 반도체의 저항률은 빛의 조사, 전자의 주입, 전계의 인가, 재료의 순도, 제조 또는 가공방법 등에 따라서 도체나 절연체의 경우보다 심하게 변화하는 특성을 지닌다.

반도체에는 유기물과 무기물이 있으나 실용화되고 있는 것은 주로 무기물이며 원소반도체와 화합물반도체로 구분된다. 원소반도체는 단체반도체라고도 하며 원소주기율표의 제4족에 속하는 실리콘 Si 과 게르마늄 Ge 이 주로 이용된다. 그밖에 테루르 Te 와 셀렌 Se 도 있다. 실리콘은 오늘날 반도체산업에서 매우 중요한 구실을 하며 기계공업분야에서는 철과 같이 많이 사용되고 있다.

실리콘은 단결정의 박막, 박판 Wafer 등의 형태로 반도체 전자소자에 널리 쓰이고 있지만 다결정 및 비정질 형태의 것도 점차 실용화되고 있다.

반도체 소재에 의한 지식재산권은 지속적으로 개발되어 세분화되고 있어 미래 산업의 쌀이라고 부른다. AI 인공지능 의 진화는 반도체 소재개발에 의한 발달이라고 할 수 있다.

반도체 발명의 진화

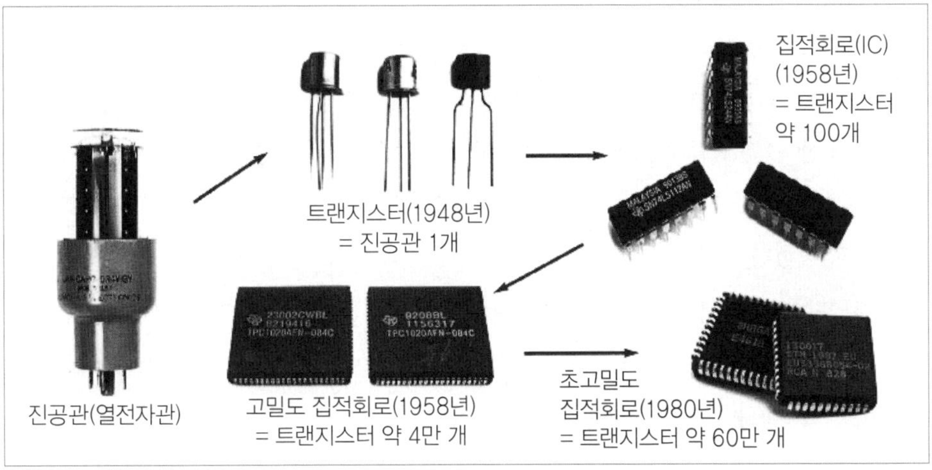

반도체는 온도변화에 따라 전기전도성이 달라진다. 절대영도 -273℃ 부근에서는 전기가 통하지 않으나 온도가 올라갈수록 저항이 감소하여 도체의 성질을 나타낸다. 이를 이용한 것이 서미스터라는 소자로서 온도 측정 등에 이용된다. 반도체는 빛을 쬐면 저항이 감소하는 성질이 있다. 사진기 등의 노출계는 이 원리를 이용한 것이다.

반도체에 전기를 쬐면 기전력이 생기는데 이를 광기전력이라고 한다. 이 원리를 이용하여 태양 전지를 만들어 계산기·시계·인공위성 등의 전원으로 쓴다. 반도체에 전류를 통하면 빛을 내기도 하는데 이를 발광 다이오드라고 한다. 시계, 계산기, 스마트폰, 전등, 가전제품, 자동차 등에서 광범위하게 사용되고 있다.

빅데이터의 기능이나 성능은 반도체에 의하여 결정된다.

4차 산업혁명을 이끌어가는 핵심이 반도체이다. 반도체는 경제. 산업, 정치, 사회, 문화, 교통, 교육, 금융 등의 등의 모든 분야에서 적용되고 응용되며 활용되고 있으며 이를 얼마나 효과적으로 개발하고 관리하는가에 따라서 개인이나 조직, 기업, 사회, 국가의 경쟁력 척도가 되고 있다.

한국반도체의 역사

1965년 미국의 고미그룹이 국내에 합작투자회사를 설립하여 트랜지스터를 조립 생산하면서 한국반도체 역사는 시작되었다. 페어차일드 Fairchild ·모토롤라 Motorola · 시그네틱스 Signetics 등 여러 외국 업체들이 한국의 저렴한 인건비와 유능한 기능 인력을 이용한 단순조립을 목적으로 들어왔다. 노동집약적 산업으로 국내 반도체산업을 신장시키는 데 기여하였다. 트랜지스터 라디오가 본격적으로 보급되면서 '트랜지스터'라고 불렀다.

1974년에는 삼성반도체통신주식회사의 전신인 한국반도체주식회사가 설립되어 국내기업에 의하여 처음으로 손목시계용 IC칩과 트랜지스터칩 등을 개발, 생산하게 되었고 이를 계기로 하여 국내 반도체산업은 큰 전환기를 맞이하였다. 1970년 한국의 전자손목시계가 세계시장에서 수위를 차지하는 등 국내 반도체산업의 주축을 이루는 실리콘 중심의 IC산업 발전에 기틀을 마련하였다.

칩 Chip 이란 펠릿 Pellet 또는 다이 Die 라고도 하며 반도체 박판에 전기저항·전기용량 Capacity 과 같은 전자 수동소자, 트랜지스터, 다이오드와 같은 전자 능동소자 및 소자간을 연결하는 배선 등을 불순물 확산·증착·화학적 퇴적 CVD 등의 방법으로 붙인 것이다. 1974년 이전에는 이와 같은 칩을 수입한 후 리드 Lead 선을 부착·밀봉하여 다시 수출하는 단순조립만이 국내에서 가능하였다.

1970년 정부출연연구소를 중심으로 반도체IC의 기술개발체제가 구축되고 1980년 국내 민간기업의 대규모 투자가 시작되면서 반도체, 특히 IC에 대한 국내생산과 수출이 크게 증가되었다. 1980년 국내 민간기업의 대규모 투자가 시작되면서 반도체, 특히 IC에 대한 국내생산과 수출이 크게 증가되었다.

반도체 지식재산권 확보전략

기술개발은 국내기업 부설연구소 및 외국의 현지법인 설립 등으로 생산기술 개발이 활발하게 이루어졌다. 첨단회로 설계 기술 분야는 외국기술에 의존하였다. 컴퓨터 이용 설계기술 CAD 은 반도체, 특히 IC설계에서는 필수이므로 개발과 연구가 각종 연구소·학계를 중심으로 이뤄졌다.

박판 가공은 실리콘 반도체를 중심으로 외국기업으로부터 기술을 도입하여 2㎛~1.5㎛ NMOS 및 CMOS IC의 제작기술이 확보되었다. 특히 IC 중에서 기억소자의 경우 1984년 64K DRAM, 1985년 256K DRAM과 64K SRAM, 1M ROM의 개발과 양산체제가 확립되었다.

1978~1984년까지 반도체의 국내 수급 추이를 보면 생산·수출·수입·내수 등 모든 면에서 연평균 25% 이상의 높은 실질성장을 하였고 수출비율은 88~96%, 수출의존도는 45~50%이었다. 반도체산업의 무역수지가 1983년까지 적자를 면하지 못한 것은 제품생산을 위한 소재와 부품을 대부분 수입하였기 때문이다. 그러나 완제품만의 수지를 본다면 압도적으로 흑자를 보였다. 국내에서의 반도체 소비는 1980년대 상반기에 18.8%의 평균 신장률을 보였다.

1986년 1M DRAM, 1988년 4M DRAM, 1992년 64M DRAM을 개발한 국내 반도체업계는 128M DRAM을 시판하면서 세계시장을 석권하기 시작했다.

황의 법칙은 2000년 512M, 2001년 1Gb, 2002년 2Gb, 2003년 4Gb, 2004년 8Gb, 2005년 16Gb, 2006년 32Gb, 2007년 64Gb 제품을 개발하여 세계반도체 시장을 석권했다. 삼성은 반도체를 통한 지식재산권으로 경쟁력을 창출하고 있다.

▎반도체에 의한 빅데이터가 주는 영향

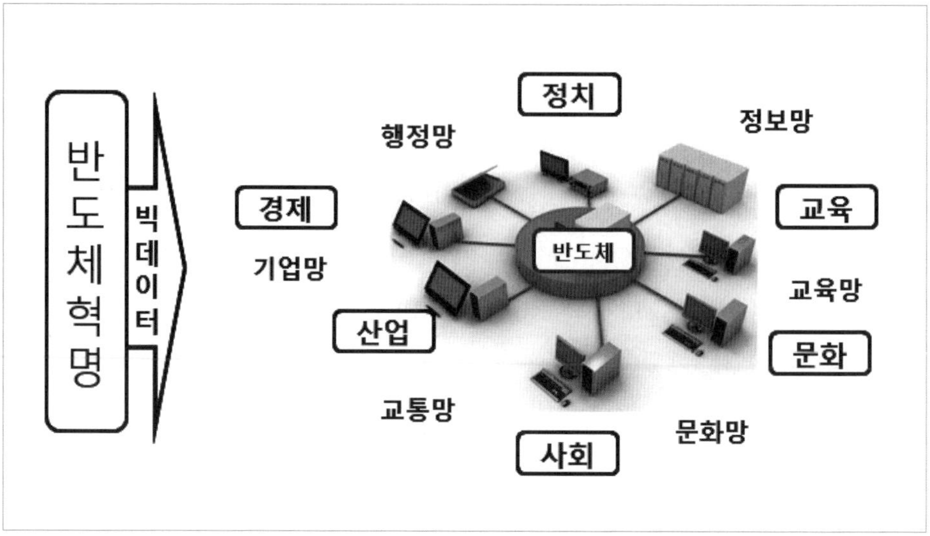

반도체에 의한 빅데이터는 개인이나 사회, 기업, 단체, 국가의 경쟁력을 창출시키고 있다. 어떤 정보를 얼마나 가지고 있는가에 의하여 경쟁력이 결정되기 때문이다.

빅데이터의 처리속도에 의하여 새로운 정보가 창출되고 있다. 4차 산업혁명을 이끄는 정보경쟁은 빅데이터 처리능력이다. 반도체의 성능에 따라 결정되는 빅데이터가 경제, 산업, 정치, 사회, 문화, 교통, 교육, 금융 등의 국가 정책 근본이 되고 있다. 국가 경쟁력을 결정짓는 빅데이터는 빅데이터 관리능력으로 구분된다. 국가마다 4차 산업혁명에 대비하여 다양한 정책을 수립하고 4차 산업혁명에 필요한 인재를 발굴하고 육성하는 데 국가 운명을 걸고 있다. 지식재산권 창출 전략이다.

03

4차 산업혁명시대 무엇이 바뀌는가?

- 의·식·주 환경이 바뀐다
- 모든 물건이 IoT(사물인터넷)로 바뀐다
- AI(인공지능)로 일자리가 바뀐다
- 전자 가상화폐로 바뀐다
- 로봇으로 개인 비서가 바뀐다
- 드론 시장이 활성화 된다
- 가상현실로 문화가 바뀐다
- 3D 프린터 스마트공장으로 생산이 바뀐다
- 코딩 프로그램이 바뀐다
- 융합기술이 이끌어 간다

4차 산업혁명 시대 의·식·주를 비롯한 생활환경, 기업환경, 문화 사회환경의 신기술, 신상품, 신소재 개발의 미래지식재산권을 살펴보고 대응전략을 세워본다.

의 · 식 · 주 환경이 바뀐다

4차 산업혁명은 의·식·주 환경과 조건이 하나의 지구촌으로 연결되는 초연결사회로 바뀐다. 인터넷을 통한 초연결사회는 생활환경을 거리나 공간에 관계없이 같은 시간에 공존하는 공간으로 만들어 동시에 생각하고 판단하는 교류방식으로 바뀐다.

함께 생각한다는 의미는 하나의 사건을 동시에 보고 들으며 생각하고 판단하여 서로 대화하고 토론하는 공간이다. 인터넷망을 통해 쌍방향으로 대화하고 토론함으로 같은 문제를 함께 해결하는 방식을 협상한다. 1차 세계 대전처럼 오해로 인한 전쟁을 방지할 수도 있고 무역 문제를 함께 토론함으로 공생 공존하는 방법을 찾을 수도 있다.

이를테면 한 나라가 자국의 이익만을 추구하는 보호무역을 추진하면 다른 이웃 나라들이 협력하여 공동 방어 대책으로 협력하는 방식이다. 미국이 자국 이익을 위해 추진하는 보호무역을 다른 나라들이 협력하여 보호무역 정책을 최소화시키는 방식이다.

4차 산업혁명시대는 경제, 산업, 정치, 사회, 문화, 교통, 교육, 금융 등의 국가 간 문제를 협상으로 해결한다. 국가나 기업, 개인의 모든 문제를 실시간으로 협상하여 시간이나 비용을 절약하고 공생 공존하는 방법을 함께 공유한다. 글로벌시대는 경제구조가 서로 연결되어 있기 때문에 한나라의 사건이 다른 나라에도 영향을 주게 된다.

4차 산업혁명시대는 빅데이터 정보 를 많이 가지고 있는 나라가 지배국가로 부상하면서 후진국의 기준이 바뀌고 있다. 정보 수집과 분석능력은 반도체를 비롯한 소재에서 정보수집과 분석의 데이터 분석가를 얼마나 보유하고 있는가에 달려 있다. 선진국은 빅데이터 분석가를 양성하는 시스템이 확보되어 미래는 정보의 부국과 빈국으로 구분된다.

4차 산업혁명의 중심에는 기성품의 변화이다. 3D 프린터를 통한 맞춤 용품이 미래 생활환경 의·식·주 을 뒤바꾸고 있다. 이처럼 지식재산권으로 경쟁력을 창출시키는 의·식·주 분야의 미래기술을 살펴본다.

의복의 변화

의복의 개념이 바뀌고 있다. 단순한 의복에서 기능성을 가진 의복으로 바뀌고 있다. 의복의 기능은 다양화되고 있다. 체온을 유지시키고 유행이나 모임에 따라 다양한 디자인으로 만들어진 의복이 기능적 의복으로 바뀌는 것이다. 방탄기능에서 치료기능 등으로 빅데이터에 의하여 변하고 있다.

기성복의 개념이 맞춤으로 바뀐다. 기성복은 대량생산으로 가격이 저렴하고 다양한 디자인으로 소비자의 구매력을 키워 왔다. 맞춤복은 가격이 고가이기 때문에 특별하게 구매하였지만 3D 프린터의 출현으로 싼 맞춤복이 일반화되고 있다. 맞춤복의 기성화이다. 자신의 체형이나 직업 등의 다양한 특성에 따라 값싸게 구매할 수 있는 것이다.

미국 남성 정장 브랜드 '하이브 앤드 콜로니 Hive & Colony '와 캐나다 신발 제조업체 TDL은 3D 스캐너를 활용해 고객의 몸에 딱 맞는 제품을 제작하고 있다. TDL의 경우, 3D 스캐닝이 이미지 한 장을 스캔하는 데 걸리는 시간은 약 2초이며 오차 범위도 0.15㎜ 이내다. 숙련된 재단사보다 정확하게 고객 체형에 적합한 옷을 디자인한다. 의복과 함께 구두, 운동화 등도 맞춤으로 바뀌고 있다. 1개월 이상 걸리던 신발 제작 기간은 1~2일로 줄었다.

스마트 의류 출현

스마트의류는 웨어러블 분야에서 성장 잠재력을 보이고 있다. Tractica의 조사에 따르면 스마트의류의 2024년 시장점유율을 약 40억 달러 4조 원 로 연평균 성장률 CAGR 은 50% 이상으로 전망하며 판매량도 2016년 기준 170만 벌에서 2022년 기준 2,690만 벌로 전망하고 있다.

미래 섬유산업은 전 분야와 연관되어 급변한다. IT, BT, NT 등 융·복합 형 하이테크 산업으로 바뀌며 이러한 환경에 대비하지 못하면 도태된다. 의류의 다기능성, 다용도성은 4차 산업혁명정보시대의 흐름이다.

4차 산업혁명 의류 변화 대응 전략

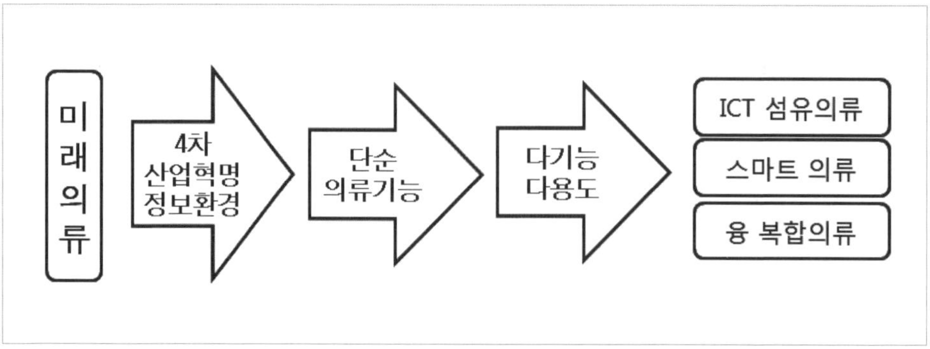

미래의복은 체온보호 및 디자인의 기능에서 신체보호, 의료 예방 및 치료, 에너지 공급원, 정보교류 및 통신 수단 등으로 다기능, 다용도로 급변한다. 따라서 단순한 의복 개념에서 4차 산업혁명 정보환경에 필요한 의복으로 개념을 바꾸어야 한다.

스마트 섬유

좁은 의미로는 환경대응 또는 자기감응 기능이 있는 섬유를 말한다. 넓은 의미로는 다기능성 섬유제품을 구성하는 섬유 제조기술, 중간제품을 만드는 섬유제품화 기술을 포함한다. 맞춤형 기능성 섬유제품

웨어러브 스마트 섬유(Wearable Smart Garment)

4차 산업혁명시대 의류 섬유는 ICT Information and Communications Technologies 융합 전자섬유 제품으로 급변하고 있다.

의류는 단순한 의복에서 정보를 교류하는 정보의류 섬유로 급변하고 있다. 단순한 기능에서 복잡한 기능을 갖춘 의류는 신체보호 및 건강관리와 정보교류를 통한 수단으로 4차 산업혁명의 정보시대에 대응하는 다기능성 의류로 변화하고 있다.

4차 산업혁명 정보시대에 의류는 보이지 않는 기능으로 변화되고 있다. 투명소재의 개발은 신체를 보이지 않는 기능의 3D 섬유소재로 바뀌어 의복 개념을 바꾸고 있다. 신체가 보이지 않는 투명 의복

에너지 공급원의 융합섬유

미래 의류는 빛 에너지를 흡수함으로 체온 보호 및 ICT 전원을 공급하는 역할을 한다. 우주복처럼 인체 보호 및 안전장치 기능을 한다. 영하 40도 이하에서도 체온을 보호하고 영상 40도 이상의 고온에서도 체온을 유지시켜 주는 온도조절기능과 정보통신에 필요한 에너지를 흡수하여 전원공급 역할을 하는 무한 에너지 공급 섬유로 변화되고 있다.

탄소섬유 열가소성 복합재

등산이나 운동, 위험한 작업, 강한 힘을 요구하는 작업 등으로 인한 부상을 예방하는 탄소섬유 의류시장은 확장될 것이다. 극한 상황에서 신체를 보호하는 의류는 일상생활에서도 필요하다. 교통사고 등의 돌발적인 사고에서 신체를 보호할 수 있기 때문이다.

외부 충격이나 압력보호 기능

자동차 경량화, 풍력에너지 산업의 발전에 따라 탄소섬유강화 열가소성수지 복합재료가 열가소성수지가 갖는 강인성, 무용제 건식 기반 청정 제조특성, 재활용·리페어 등의 친환경성 및 고속공정성 등의 여러 장점으로 금속대체 경량화 소재가 부각되고 있다.

탄소섬유강화 열가소성수지 복합재료

저가 탄소섬유기술과 수지와 복합화된 중간재의 고속저가 제조공정 기술개발이 필요하다. 고전기장의 전자이온기술 Electron Ion Technology 을 통한 등방성 Isotrope 중간재 제조기술과 직접용융함침법 Direct Melt Impregnation 의 이방성 Anisotropy 중간재 제조기술이다.

섬유 산업의 미래

의류와 전자 칩의 융합형 스마트 섬유 제품이나 소프트웨어를 통해 무선으로 작동되는 로봇 생산 시스템 등 다양한 제품 및 스마트 생산 공정은 근로안전이나 섬유 생산 공정에 일대 혁신을 일으킬 것이다.

맞춤복 기성복시대

3D 프린터에 의한 주문 맞춤복으로 바뀐다. 개인의 체형이나 기호에 적합한 정보에 따라 3D 프린터가 시뮬레이션과정을 통해 맞춤복을 만들어 주는 맞춤형 기성복 시대가 열린다. 3D 프린터에 의한 맞춤복에는 다양한 첨단 기능의 소재와 IT 기능을 첨부하여 제작하게 된다. 단순한 체온보호나 디자인 의류에서 다기능성 정보의류로 바뀐다.

정보의류시대

자신에게 필요한 정보를 수집하고 분석하는 슈트 Suit 의류시대가 열린다. 신체보호기능의 첨단 기능은 외부의 압력이나 환경, 급격한 변화에 대체하는 기능을 가지고 신체를 보호하게 된다.

독일의 인더스트리 4.0과 디지털 섬유 강화전략

- 융합형 스마트 생산 공정 도입
- 스마트 섬유(Tech textile 2017 Trend)

기능성 슈트(Suit) 시대

개인의 체형이나 직업, 취미 등에 적합한 다양한 기능성 슈트 Suit 가 기성품으로 판매된다. 기능성 슈트 Suit 는 맞춤형과 기성품으로 출시된다. 영하40도, 영상 40도 등의 혹한이나 열대기후를 견디는 온도 기능성 제품, 운동 및 체력관리를 위한 땀 배출이나 체온보호 운동 기능성 제품, 질환을 가진 환자에 따른 체온조절 및 체질 보호 기능성 제품, 압력 보호 산악 및 잠수 기능성 제품 공기팽창보호 , 피부보호 기능 제품, 극한 직업 보호 기능제품, 열 온기, 열 찜질기 제품 등의 기능성 슈트 Suit 가 출시된다.

4차 산업혁명시대의 옷은 단순한 체온유지, 디자인 등의 옷이 아니라 환경과 조건에 적합한 다양한 기능성 옷으로 바뀐다. 패션기능 슈트 Suit 는 마술사의 변신 옷처럼 카멜레온의 변신 기능성 제품으로 출시된다.

환자보호용 슈트 Suit 는 신체 보조기능과 신체 강화 기능을 동시에 갖춘 의류이다. 신체적 불구자에게는 보조기능을 하고 일반인에게는 신체강화 기능을 함으로 체력 보조관리 및 운동기능성으로 출시된다.

마라톤 선수의 맥박을 측정하여 신체의 혈액 흐름과 피부 호흡 기능을 조절함으로 달리는 속도를 유지시키고 폐호흡을 조절할 수도 있다. 고온이나 저온의 작업장에서 고온과 저온을 조절하는 온도조절 기능성을 가진 의류도 출시될 것이다.

심폐 조절기능의류는 고령자나 심장 환자들의 건강을 유지시키는 의류기능성으로 출시될 것이고 운전이나 스포츠 등의 다양한 분야에 적합한 기능성 제품도 출시된다. 생산 데이터는 방대한 소비자 빅데이터를 분석하여 인공지능에 의한 시뮬레이션 작업과정으로 생산된다. 소재개발에서 기능성 개발까지의 방대한 데이터를 빅데이터로 수집 분석하여 짧은 시간 내에 기능성에 필요한 환경과 조건을 시뮬레이션으로 만들어 수많은 실험을 통해 만들어지는 기능성 슈트 Suit 는 미래 의류이다.

식생활의 변화

4차 산업혁명시대 요리 방식이 바뀐다

3D 프린터에 의한 다양한 요리가 개발된다. 개인별 식사 취향과 체질, 질병 건강상태 등의 정보를 바탕으로 개인별 음식을 만들어 먹는 시대가 온다. 개인의 체온이나 건강상태를 매일 파악하여 건강유지를 위한 식단을 제공한다. 캡슐 Capsule 식사.

AI(인공지능) 주방기기

냉장고를 비롯한 주방기기가 센서에 의하여 냉장고에 입고된 재료부터 재고현황 등을 바탕으로 요리종류와 방법 등을 제시하고 요리로봇이 데이터에 의한 요리를 하게 된다. 냉장고 소재는 실시간으로 관리되어 보존상태와 요리가능 품목을 제시한다. 재료의 신선도와 양 등을 측정하여 냉장고관리와 동시에 요리 메뉴도 제공한다.

AI요리사의 식단관리

주방이 3D 프린터 시스템으로 바뀐다. 재료선택에서 요리까지 AI 요리사에 의한 요리가 만들어진다. 냉장고정보를 바탕으로 AI요리사는 식단 메뉴를 만들어 스마트폰으로 제공하면 고객이 선택하는 메뉴에 따라 요리한다. AI요리사가 만든 식단은 영양가와 하루 일과를 계산하여 건강을 체크하여 스마트폰으로 매일 에너지 소비량을 비롯한 건강관리 방법을 제공한다. 3D 프린터는 제시하는 메뉴에 따라 가족 수에 비례한 요리를 하여 식단을 꾸민다.

인공고기(배양육) 대중화

배양육은 영어로 Cultured meat, Synthetic meat, Cell-cultured meat, Clean meat, Vat meat, In-vitro meat 등으로 불리고 있다. 살아있는 동물의 세포를 배양하여 축산 농가 없이 고기를 배양하는 세포공학기술로 생산하는 살코기이다. 도축 과정 없이 실험실에서 동물세포를 배양하여 만들어낸 고기이다. 1960년대 세포배양 기술과 1980년대 줄기세포기술의 발전을 통하여 진전되어 왔다.

근육줄기세포를 이용한 고기 생산 방법

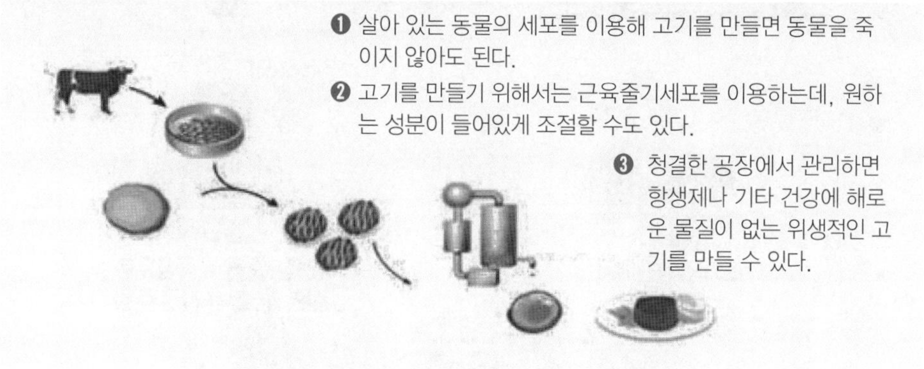

배양육은 바이오기술을 접목하여 개발하고 있으며 버섯 농축액과 배양액을 이용한 패티 제조 방법 등으로 개발하고도 있다.

늘어나는 육류 소비량

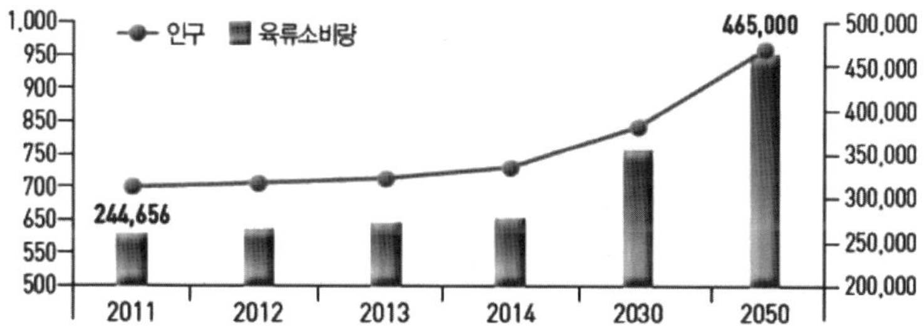

자료 : http://apps.fas.usda.gov/psdonline/psdQuery.aspx, http://www.worldometers.info/world-population/#pastfuture를 기반으로 재구성

인공고기는 세포공학기술 중 조직배양기술 Tissue Engineering 을 이용하여 인공오리고기, 인공닭고기 등으로 햄버거, 통조림 등의 다양한 식품이 출시되고 있다.

〈배양육 생산 과정〉

소득증대로 인한 세계적인 육류소비량은 급격하게 증가하고 있으나 가축 및 도축과정에서 발생하는 문제점을 위생적으로 가공하는 인공고기가 증가하면서 위생적 문제와 소비량 증가를 충족시키고 있다.

안전한 먹거리 문화(Plant+Tech)

4차 산업혁명시대는 스스로 먹거리를 재배하는 환경이다. 자연환경파괴와 미세 플라스틱으로 인한 해양오염으로 해산물이나 물고기의 오염이 주원인이다. 따라서 IT 기술을 이용한 작물재배와 인공고기, 양식 등이 먹거리 재료가 된다.

3D 프린터로 만들어지는 먹거리는 일시적 유행처럼 확산되지만 장기적으로는 재배나 양식을 통한 먹거리가 유지될 것이다.

플랜테크와 플랜테리어

안전한 먹거리에 대한 관심이 높아지면서 집에서 직접 작물을 재배하는 생활이 보편화된다. IT를 기반으로 한 실내 재배기술 플랜테크와 플랜테리어 식물과 인테리어의 합성어 산업이 성장한다.

플랜테리어는 식물재배를 통한 먹거리와 실내 장식 및 공기정화효과를 동시에 얻기 위한 먹거리 문화로 증가한다. 4차 산업혁명의 먹거리문화는 융합에 의한 먹거리 문화로 급변한다. 먹고 즐기며 휴식하는 공간으로 스스로 먹거리를 해결함으로 건강관리를 추구하는 문화이다.

집에서 농작물을 재배하는 방법으로는 '수직 농장'과 '스마트 온실'이 있다. 수직 농장이란 여러 층으로 나뉜 선반에 농작물을 재배할 수 있게 만든 농장이다. IT 기술을 바탕으로 온도, 습도 등 외부 조건과 관계없이 1년 내내 작물을 기를 수 있다. 토양과 비료 대신 물과 수용성 영양분으로 만든 배양액을 사용하기 때문에 관리하기도 편하다.

캐나다 '그로보 Grobo '는 바쁜 현대인을 위한 '스마트 온실'을 개발했다. 스마트 온실 기계 안에 씨앗을 심고 스마트폰으로 주기적인 모니터링만 하면 된다. 일조량, 수분, 온도 등은 기계가 자동으로 조절하는 방법이다.

스마트 팜(Smart Farm)

농사 기술에 정보통신기술 ICT 을 접목하여 만들어진 지능화된 농장. 스마트 팜은 사물 인터넷 기술을 이용하여 농작물 재배 시설의 온도·습도·햇빛·이산화탄소·토양 등을 측정 분석하고, 분석 결과에 따라서 제어 장치를 구동하여 적절한 상태로 변화시킨다.

스마트폰과 같은 모바일 기기를 통해 원격 관리도 가능하다. 스마트 팜으로 농업의 생산·유통·소비 과정에 걸쳐 생산성과 효율성 및 품질 향상 등과 같은 고부가가치를 창출시킬 수 있다.

최근 농업은 정보통신기술 ICT 바이오기술 BT , 녹색기술 GT 등 첨단 기술이 융합된 형태로 진화하고 있다. 특히 ICT를 접목한 스마트 농업이 생산물의 품질과 생산효율을 높이는 데 기여할 수 있어 노동인구 및 농지 감소, 기후변화에 따른 기상이변 등의 문제를 해결할 수 있는 방안으로 떠오르고 있다.

2014년 미래창조과학부는 신제품 서비스를 개발하고 창업을 지원하는 신산업 창조 프로젝트의 일환으로 사물인터넷 IoT 과 농업의 융합 프로젝트를 선정했다. 즉 사물인터넷을 기반으로 농작물의 최적 생육환경을 제어하기 위한 개방형 IoF Internet of Farm 의 핵심 플랫폼을 개발하는 사업을 추진하는 것이다.

〈스마트 팜 전경〉

주택 개념의 변화

스마트시티(Smart City)

21세기의 정보시대 정보도시로서 컴퓨터 기술과 인터넷망의 발달로 도시 내 모든 요소들이 네트워크로 초연결 되어 실시간으로 모든 정보를 공유하는 도시이다.

사물 인터넷 IoT: Internet of Things , 사이버 물리 시스템 CPS: Cyber Physical Systems , 빅데이터 솔루션 등 최신 정보통신기술 ICT 을 적용한 스마트 플랫폼을 구축하여 도시 자산을 효율적으로 운영하고 시민에게 안전하고 윤택한 삶을 제공하는 도시이다.

스마트시티는 도로, 항만, 수도, 전기, 학교 등 도시의 인프라를 효율적으로 관리하고 공공 데이터를 수집·활용하여 안전한 교통, 원활한 에너지공급, 보안관리 등 다양한 도시 문제를 신속하게 해결하여 쾌적한 도시를 만드는 데 있다. 기존 유-시티 U-city 와 유사하지만 사물 인터넷 IoT 과 인공 지능 AI 기술이 결합된 차세대 개념이다.

스마트 시티는 텔레커뮤니케이션을 위한 기반시설이 인간의 신경망처럼 도시 구석구석까지 연결되어 있는 도시이다. 스마트 시티에서는 사무실에 나가지 않고도 집에서 모든 업무를 처리할 수 있는 텔레워킹이 생활화된다.

공학기술이 고도로 발달한 도시를 나타내는 테크노피아, 네티즌이 중심이 되는 도시를 나타내는 사이버 시티, 새로운 거대도시의 월드 시티 등이 미래도시의 모형이 될 것이다.

미국의 실리콘 밸리를 모델로 삼아 앞으로 다가올 스마트 시티의 모습을 상상한다. 스마트 시티는 텔레커뮤니케이션을 위한 기반시설이 인간의 신경망처럼 도시 구석구석까지 연결되어 컴퓨터에 의하여 관리되고 보호된다.

네트워크로 연결된 초연결사회 도시

집에서 모든 업무를 처리할 수 있는 텔레워킹의 생활화는 새로운 생활문화를 만든다. 국가로부터의 지원을 기다리기 전에 도시 내부에서 스스로 문제를 해결하려는 성향이 강해진다. 지역단위 도시가 특화될 것이다. 도시단위화

사이버 세계에 대한 충분한 지식을 갖고 있지 않은 정치 지도자들은 스마트 시티의 시민들로부터 지지를 받을 수 없게 된다. 스마트 시티와 비슷한 개념으로는 공학

기술이 고도로 발달한 도시를 나타내는 테크노피아, 네티즌이 중심이 되는 도시를 나타내는 사이버 시티, 거대도시의 새로운 형태를 의미하는 월드 시티 등이 있다.

스마트 홈(Smart Home) 혁명

원격제어 장치를 통한 스마트 하우스이다. 집 안에 있는 가전제품과 보안 시스템, 조명 등을 서로 연결해 원격으로 환경변화나 돌발적 상황 방범, 화재 등 을 제어하도록 만든 시스템이다. 날씨변화에 따라 자동적으로 보일러를 가동시키고 미세먼지에 대비한 공기정화장치를 가동시켜 쾌적한 실내온도와 습도, 공기를 관리한다. 필요 없는 전기 소비를 방지하고 태양열을 비롯한 전기, 온도 에너지를 조절한다.

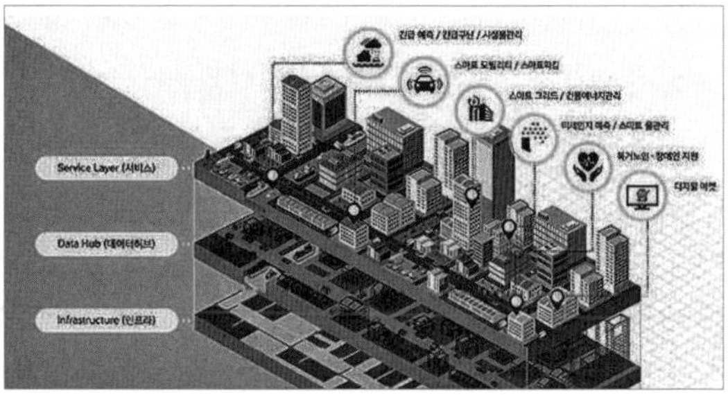

〈스마트 시티 홈〉

스마트폰은 가정이나 사무실에서 전송되는 데이터를 수집 분석하여 실내온도, 전기 에너지 관리를 위한 최적화된 프로그램에 의하여 관리한다.

스마트 홈은 사물과 사물을 유무선 네트워크로 연결해 정보를 공유하는 사물인터넷망으로 만든다. 스마트 홈은 통신·건설·가전·보안·콘텐츠·전력 등 연결할 수 있는 모든 것을 융합시켜 스마트폰으로 원거리에서도 간단하게 관리하는 방식 자동제어관리 프로그램 이다.

스마트 홈 구현을 위해서는 국제 표준화가 중요하다. 세계 IT 업체가 스마트 홈 표준 모듈화를 놓고 경쟁하는 이유는 세계 스마트 홈 시장이 방대하기 때문이다. 글로벌 스마트폰 OS 점유율 80%를 지배하고 있는 구글이 스마트 홈 핵심기술을 지배한다면 세계는 구글이 지배하게 될 수도 있다. 구글 시스템의 장점인 안드로이드 운영체제를 바탕으로 인터넷을 통해 잠금장치와 도어 벨, 습도 모니터, 폐쇄 회로 카메라 등을 통합시킨 스마트 홈 시스템과 구글의 멀티미디어 스트리밍 어댑터 크롬캐스트 등을 결합시켜 관리한다.

스마트 홈은 자체 냉난방 시스템이 가동되고, 각종 가전 기기가 네트워크로 연결되어 어떤 장소에 설치해도 완벽한 주거지 구실을 하는 맞춤 주택이면서 사무실이다.

모빌 홈(Mobile Home)

미국에서 발달된 이동주택이다. 부엌, 화장실 기타 편리한 설비를 가진 공장생산 주택으로 자동차나 트럭에 연결해 이동 가능한 것을 말한다. 이러한 주택의 편의를 위해 미국 정부는 모빌 홈 주차용 공원을 전국에 설치했다. 젊은이는 물론 은퇴한 노부부도 명승지를 찾아다니는 데 많이 이용한다.

일반 가정의 모든 시설, 장비가 갖추어져 있어 여행에 편리하며 또한 일상 거주형태로 비교적 쉽게 이동할 수 있는 이동식 주거형태를 말한다.

폐재료 및 잉여 공간의 활용

미국에서는 자동차를 개조한 집을 볼 수 있다. 타이니 하우스 스몰 하우스, 미니 홈 는 트레일러 위에 지은 10~40㎡ 약 2.8~11.2평 면적의 이동식 초소형 주택이다.

폐건물을 재활용하는 공간 업사이클링도 인기다. 미국 뉴욕의 미트 패킹 스트리트, 서울 성수동 등은 토착 산업이 쇠락한 후 버려졌던 공장과 낡은 건물을 예술 공간으로 개조해 다시 관광 및 거주지로써 빛을 보게 한 사례다. 컨테이너하우스는 폐컨테이너를 이용하여 주택으로 개조한 것으로 한국주택문화의 흐름을 이어가고 있다.

공간대여업

호주 시드니에는 주거지를 비롯해 창고, 지하실 등 잉여 공간을 개인이 직접 사고파는 P2P 시장이 활발하다. 스토리지 킹 Storage King, 케너드 Kennards 는 대형 창고 임대기업이며 박슬리 Boxly 는 공간 임대 중개업체다. 스페이서 Spacer 는 창고계의 에어비앤비라고 불릴 만큼 대중적인 창고 임대 거래 플랫폼이다.

주택 공간에서 남는 공간을 대여하여 공동생활을 통한 문화가 만들어진다. 핵가족사회가 공동생활을 통한 새로운 사회로 구성될 것이다.

모든 물건이 IoT(사물인터넷)로 바뀐다

Internet of Things, 첫 글자를 따서 아이오티 IoT 라 한다. 이 용어는 1999년 매사추세츠공과대학교 MIT 의 오토아이디센터 Auto-ID Center 소장 케빈 애시턴 Kevin Ashton 이 향후 RFID 전파식별 와 기타 센서를 일상생활에 사용하는 사물에 탑재한 사물인터넷이 구축될 것이라고 전망하며 사용한 것으로 시장분석 자료 등에 사용하면서 대중화되었다.

사물인터넷은 기존의 인터넷이나 모바일 인터넷보다 진화된 단계이다. 인터넷에 연결된 기기가 스스로 상호 간에 알아서 정보를 주고받아 처리한다. 사물이 인간에 의존하지 않고 통신을 주고받는 기존의 유비쿼터스나 M2M Machine to Machine:사물지능통신 과 비슷하기도 하지만 통신장비와 사람과의 통신을 주목적으로 하는 M2M의 방식을 인터넷으로 확장하여 사물은 물론이고 현실과 가상세계의 모든 정보와 상호작용하는 개념으로 진화했다.

IoT는 렌즈와 반도체, 센서가 동시에 작동되어 필요한 정보를 수집하고 분석하는 기능을 가지고 있다. 거리와 건물 사이에 무수히 많은 CCTV가 사람들의 모든 것을 실시간으로 수집하고 분석하고 있다. 우주 항공에서는 지구촌 전체를 실시간으로 촬영하여 지구환경변화와 이동 상황 등의 모든 정보를 수집하고 분석하여 다양한 자료로 사용하고 있다.

4차 산업혁명 특징의 하나는 모든 물건에 생명을 부착하는 것이다. 모든 사물에 센서 Sensor 를 부착함으로 센서끼리 정보를 공유하고 이를 통해 관리하고 사건을 예방하거나 처리한다.

센서 Sensor 는 사람의 시각, 후각, 촉각 등의 감각기관처럼 주변 환경이나 대상을 인지하는 사물 기계 로봇이다. 센서는 온도, 압력, 속도와 같은 물리적인 정보를 전기적인 신호로 바꿔주는 장치로 온도센서, 습도센서, 가스센서, 속도센서, 초음파 센서부터 맥박, 호흡, 혈압 등을 측정하는 바이오센서, 얼굴이나 동작 인식센서, 뇌파로 생각을 읽는 센서 등으로 정보를 수집 분석하는 기능을 가지고 있다.

2차적 센서는 수집한 정보를 스스로 분석하여 예방, 관리하는 센서로 요리 기능을 가진 기능성 냉장고, 로봇청소기, 건강체크 침대 등의 생활용품이나 자동제어 장치의 자동차 등의 기계 등에 다양하게 활용되고 있다.

인터넷은 지구상의 모든 사물을 하나로 연결한 망이다. 이러한 사물 망을 연결시켜 관리하는 방법이 사물인터넷이다. 인터넷에 접속해 사물끼리도 정보를 주고받고 검색할 수 있도록 만든 것이다. 2012년 현재 약 20억 명이 사용하는 기기들이 인터넷에 연결되어 있고 2020년에는 500억 사물이 인터넷에 연결되는 사물인터넷 시대가 열릴 전망이다.

사물인터넷은 세 가지 측면에서 새로운 기회를 가져온다.

첫째, 기존 스마트 네트워크 위에 새로운 연결 대상 즉 사람과 사람 간의 연결을 떠나 다양한 사물을 네트워크에 연결하여 새로운 환경 기회 를 만든다.

둘째, 물류, 교통, 농수산, 환경 등 다양한 산업과 서비스 융합으로 새로운 환경과 조건을 만든다.

셋째, 빅데이터, 클라우드 등 다양한 인프라에서 수집되는 새로운 정보로 새로운 정보환경을 조성하여 신사업을 창출시킬 것이다.

따라서 사물인터넷은 생활공간과 사업공간, 교육공간을 혁신적으로 바꾸어 신성장의 촉매제가 될 것이다.

사물인터넷의 표준화

2012년 국제표준화기구 ISO 국제전기표준회의 IEC 공동기술위원회 JTC 1:Joint Technical Committee One 에서 표준화를 추진했다.

국제표준기구 De jure 인 ITU-T, ISO/IEC가 사물인터넷 관련 표준 개발이 활발하다. 글로벌표준기구 De facto IETF, IEEE, OGC, OMA, ETSI, oneM2M 등에서 사물인터넷 관련 정의, 기술 분류 및 필요한 요소 기술들에 대한 표준들을 활발히 개발하고 있다.

제주에서 열린 제25차 'ISO IEC JTC 1' 총회에서 19개국 150여 대표단이 참가한 가운데 표준화 특별 작업반 SWG on IoT : Special Working Group on Internet of Things 이 구성됐다. 국제 표준화를 향한 기술 경쟁이 시작되었다.

사물인터넷에 대한 협의된 표준화 정의는 없지만 사물인터넷을 바라보는 각국의 시선은 종적으로 개발되고 제공되던 서비스 Vertical services 들을 횡으로 연계 Horizontal interconnection 하는 글로벌 인프라 Internet of Things 구축을 통해 기존 산업의 부가가치를 높이고 신산업, 스마트 사회를 실현하는 것이 사물인터넷의 목적이다.

4차 산업혁명시대는 수많은 연구자들이 개발 해오던 다양한 기술이 서로 연계되어 활용된다. 이러한 과정에서 정보 및 자원들은 안전하게 공유되어야 하며 각자의 지식재산권이 보호되어야 할 것이다. 지구상의 모든 기술과 정보교류 및 이를 통한 서비스가 도메인으로 연계되고 운용되고 있다.

사물인터넷 핵심은 표준화이다. 문제는 다양한 표준기구, 서비스 도메인에서 서로 다른 디바이스, 서비스, 플랫폼, 통신 프로토콜, 식별자 들이 사용되고 있기 때문에 표준화로 만들기가 어렵다. ITU, ETSI, oneM2M에서 서비스 모델, 서비스 연동 등의 큰 구조 및 관련 기능 모듈 및 인터페이스 등에 대한 작업을 진행하고 있으며 IETF, IEEE, OGC 및 기타 얼라이언스 등을 통해 특정 프로토콜에 대한 표준 개발을 추진하고 있다.

RFID(Radio-Frequency Identification)

IC칩과 무선을 통해 식품·동물·사물 등 다양한 개체의 정보를 관리할 수 있는 인식 기술을 지칭한다. 전자태그 혹은 스마트 태그, 전자 라벨 무선식별 등으로 부른다. 기업 제품에 활용할 경우 생산에서 판매에 이르는 전 과정의 정보를 초소형 칩 IC칩 에 내장시켜 이를 무선주파수로 추적할 수 있다.

RFID는 지금까지 유통분야에서 일반적으로 물품관리를 위해 사용된 바코드를 대체할 차세대 인식기술이다. RFID는 판독 및 해독 기능을 하는 판독기 Reader 와 정보를 제공하는 태그 Tag 로 구성되는데 제품에 붙이는 태그에 생산, 유통, 보관, 소비의 전 과정에 대한 정보를 판독기로 하여금 안테나를 통해서 정보를 판독한다. 인공위성이나 이동통신망과 연계하여 정보시스템과 통합하여 사용하고 있다.

바코드는 저장용량이 적고 실시간 정보 파악이 불가할 뿐만 아니라 근접한 상태 수 cm 이내 에서만 정보를 읽을 수 있다는 단점이 있다.

RFID는 완제품 상태로 공장 문 밖을 나가 슈퍼마켓 진열장에 전시되는 전 과정까지 추적한다. 소비자가 태그를 부착한 물건을 고르면 대금이 자동 결제되는 것은 물론 재고 및 소비자 취향관리까지 포괄적으로 이뤄진다.

RF판독기는 1초에 수백 개까지 RF태그가 부착된 제품의 데이터를 읽을 수 있다. 대형 할인점에 적용될 경우 계산대를 통과하자마자 물건가격이 집계되어 시간을 대폭 절약할 수 있다. 정보를 수정하거나 삭제할 수 있는 점도 바코드와 다르다.

도난과 복제 방지를 위한 목적으로 사용할 수도 있고 도서관에서는 도서 출납에 이용하며 월-마트를 필두로 베네통, 독일의 유통체인인 메트로 등에서 상용화를 추진 중이다. 우리나라의 경우 RFID는 대중교통 요금징수 시스템, 유통분야, 동물 추적장치, 자동차 안전장치, 개인 출입 및 접근 허가장치, 전자요금 징수 장치, 생산관리 등 여러 분야로 활용되고 있다.

미래는 주민등록을 RFID로 대체하여 글로벌시민으로 살아갈 것이다. 신분파악, 거래를 통한 세금징수, 신변보호 등의 다양한 통제 관리 방법으로 확산될 것이다.

AI(인공지능)로 일자리가 바뀐다

AI(인공지능)는 무엇인가?

정보수집과 분석능력에서 인간은 컴퓨터와 대결할 수 없다. 인간의 암기력과 기억력은 제한되지만 컴퓨터는 용량에 따라 무한한 정보를 저장할 수 있기 때문이다. 컴퓨터의 정보 분석 속도도 인간이 따라갈 수 없다. 신속하고 정확하게 정보를 수집하고 분석하는 능력에 인간은 컴퓨터와 공존할 수밖에 없다. 문제는 이러한 컴퓨터 능력이 인간처럼 이동하거나 빅데이터로 인간 능력을 초월하는 데 있다. 이처럼 이동하고 빅데이터로 관리하는 것을 AI 인공지능 로봇이라고 한다.

빅데이터는 인간생활에 핵심적 자료가 되고 있다.

상품개발에서 생산, 유통, 판매 등의 관리에 이용되고 있으며 인간을 보조하는 전자제품을 비롯한 의료, 교육 등의 다양한 분야에 응용되고 신기술개발, 신소재개발에도 빅데이터는 핵심적 자료가 되고 있다.

인공지능은 다양한 센서와 결합되어 인간의 작업 활동을 대체하고 있다. 생산 작업, 운전활동 등의 다양한 분야에서 인간 활동에 적용되면서 일자리를 대체시키고 있다. 무인 생산

인공지능이란 사고나 학습 등 인간이 가진 지적 능력을 컴퓨터를 통해 구현하는 기술이다. 인공지능은 강한 인공지능 Strong AI 과 약한 인공지능 Weak AI 로 구분한다. 강한 AI는 사람처럼 자유로운 사고가 가능한 자아를 지닌 인공지능을 말하며 범용 인공지능 AGI, Artificial General Intelligence 이라고도 한다.

강한 AI는 두 가지로 구분된다.

첫째는 인간과 같은 방식으로 사고하고 행동하는 인간형 인공지능

둘째는 인간과 다른 방식으로 지각·사고하는 비인간형 인공지능

약한 AI는 인간의 보조적 AI(인공지능)이다.

특정 분야에 개발되어 인간을 보조 보완하며 생산성을 높이는 역할을 한다. 예를 들면 인공지능 바둑 프로그램인 알파고 AlphaGo 와 의료분야에 사용되는 왓슨 Watson 이나 질 왓슨 등이다. 미래에는 자아를 가진 강한 AI가 만들어질 것이다.

약한 AI는 가전제품, 의료, 교육 등의 생활과 연계되어 다양한 분야에서 활용되고 있다. 초고밀도 집적회로 VLSI, Very-Large-Scale Integration 분야와 프로그래밍 분야는 일본과 미국에서 연구가 활발하게 추진되고 있다. 고밀도 집적회로 기술이 진정한 의미의 지능형 기계를 만드는 데 필요한 하드웨어 기반을 제공하게 될 것이다.

정보데이터의 지능형 컴퓨터는 치료, 교육 등에서 활용되고 있으며 병렬처리를 할 수 있는 내부구조로 되어 있다. 병렬처리란 수백만 개의 중앙처리장치 CPU 와 기억장치, 입출력장치가 1개의 작은 실리콘 칩 안에 들어가 있는 집적회로를 여러 개 사용하여 기억·논리·제어 등과 같은 몇 개의 독립된 연산들을 동시에 수행하는 것이다.

디지털 컴퓨터는 연산을 직렬 또는 순서대로 행한다. 즉 별개의 입력회로가 데이터를 각 기억장치에 저장하고 이 기억장치로부터 한 번에 하나의 정보가 중앙처리장치로 전달되어 처리한다. 그 결과는 외부 출력장치로 출력된다. 지금까지 개발된 가장 빠른 컴퓨터가 1초에 약 100억 번의 연산을 할 수 있지만 거의 순간적으로 수많은 연상과 일반화를 수반하는 인간의 이미지 사고 창출에는 미흡하다. 급속하게 진화되는 인공지능은 감성적 영역까지 확산되고 있다.

인공지능 연구

좀 더 빠르고 정확한 계산방법은 무엇이고 어디에 사용할까?

인공지능은 빠른 계산 Computation 방법의 개발로 발전해 왔다. 인공지능의 역사는 1930~1940년대부터 생각하는 기계를 착상하면서 진화되었다. 튜링테스트가 개발되고 수리논리학이나 컴퓨테이션, 사이버네틱스 인공두뇌학, 정보 이론 등 인간의 사고 과정에 대한 이론들이 등장했다.

인공지능 연구는 1940년대 현대적인 디지털 컴퓨터가 개발된 직후부터 시작되었다. 초기 연구가들은 생각하는 과정을 자동화하는 수단으로써 계산 장치의 잠재성을 생각했다. 수년에 걸쳐 정리 증명법 Theorem Proving 이나 체스 게임처럼 논리적으로 복잡한 일들을 컴퓨터 프로그래밍을 통해 효과적으로 수행할 수 있음이 증명되었다.

1956년에 인공지능 AI, Artificial Intelligence 이라는 용어가 등장했다. 1970년대까지 일반적인 지능 프로그램 개발이 어려워 침체했다. 따라서 영국의 AI연구소는 해체되었고 미국 연구재단은 AI 연구 지원을 중단했다. 1980년대 신경망 Neural Net 이론으로 인공지능이 재발견되었다. 신경망 이론은 인간의 두뇌 구조를 분석하고 처리하는 메커니즘을 규명해 생각하는 기계를 만들 수 있다는 이론에서 출발한 이론이다. 이 이론을 적용하기에는 방대한 데이터를 관리할 방법이 없었다.

1980년대 말까지도 인간의 지능 활동을 흉내 낼 수 있는 컴퓨터는 개발되지 않았다. 인공지능 연구는 의사결정과 언어이해, 형상인식 등과 관련된 분야에서 유용한 몇 개의 업적을 남겼다.

1990년대 인터넷의 발전으로 다시 부활했다. 방대한 데이터를 처리하는 반도체 기술이 발달하면서 빅데이터를 신속 정확하게 처리함으로 인공지능은 급속하게 발달되었다.

2010년 인공지능은 로봇화되었다. 고정된 컴퓨터에 의한 정보처리 방식에서 인간처럼 이동하면서 정보를 처리하게 되었다.

전문 전산시스템(Computer System)

컴퓨터는 입력된 자료에 의해 신속 정확하게 문제를 해결한다.

데이터 Data:지식, 정보 로 만든 소프트웨어 시스템 컴퓨터 은 문제를 풀고 간단한 의사결정을 표현하는 정도로 발달했다. 전문가 시스템은 수백 개 또는 수천 개의 '조건-시행문 If-Then '의 형태를 갖는 논리적 규칙들로 이루어진다. 이 규칙은 특정 분야의 전문가들로부터 얻어진 데이터로 만든다. 전문가의 지식과 사고능력을 모방해 인간이 하는 전문적인 작업을 컴퓨터가 대신할 수 있도록 만들었다.

대화형 프로그램인 마이신 MYCIN 은 전문가 시스템을 활용한 쌍방향학습 프로그램이다. 마이신은 피검사에서 어떤 종류의 세균에 감염되었는가를 알아내고 치료방법을 결정하여 의사의 진단을 돕는다. 마이신이 프로그램화된 컴퓨터는 알려진 증상들을 기초로 환자의 상태를 분석하여 데이터를 제공한다. 잠정적 진단은 증상에 관련된 미생물의 반응과 관련해 알려진 모든 사실에 잘 맞는지를 결정하여 진단결과를 제시한다. 컴퓨터가 감염의 원인을 찾아내면 가능한 항생제 종류를 조사해 입력된 데이터와 분석된 데이터에 의한 몇 개의 대안들로 처방을 제시한다.

인공지능의 자연어 처리

사람이 쓰는 언어를 컴퓨터가 알아듣게 하는 인공지능 기술이다. 자연어 처리 프로그램은 지속적으로 발전하고 있는 분야이다. 사람마다 다른 음성 특성 을 인식하여 유사성을 선별하는 언어 인식프로그램이다.

자연어 처리 소프트웨어 프로그램은 대부분 특정 분야의 데이터베이스에 질문하기 위해 개발되었다. 수많은 철쭉과 진달래의 사진을 통해서 학습한 결과에 따라 각 범주가 갖는 특징을 확률값으로 저장한다. 진달래의 특징에 가까운지 철쭉에 가까운지 추론한 결과를 제시하는 방식이다.

인공지능 머신러닝으로 급속하게 인간화되고 있다.

인공지능의 이미지 인식

머신러닝 Machine Learnig 은 방대한 데이터를 이용해 사람처럼 인지하고 판단할 수 있도록 기계를 학습시키는 인공지능 기술이다. 미래를 예측한다는 점에서 데이터를 분석하는 빅데이터보다 한 단계 진화한 기술이다.

컴퓨터를 활용해 막대한 양의 데이터를 통계 처리해 새로운 패턴을 찾아내는 것으로 사람이 특정 분야를 공부한 것과 같은 통찰력을 컴퓨터가 갖게 되기 때문에 머신러닝 또는 '기계 학습'이라고 부른다.

데이터로봇은 클라우드 기반의 예측분석 플랫폼을 제공한다. 사용자가 데이터로봇의 플랫폼에 데이터를 올리면 자동으로 모든 처리 과정을 거쳐 가장 예측 성능이 좋은 알고리즘을 찾아 최적화된 예측 모델을 만든다.

그래픽 형상 Graphic pattern 이나 화상 Image 을 분별해 내는 능력도 인공지능과 관련이 있다. 컴퓨터 프로그램을 통한 이미지 인식은 인지 및 추상과 관계가 있다. 컴퓨터에 연결된 원격장치가 화상을 읽고 인지한 뒤 디지털 펄스의 형상으로 변화시키면 이 형상이 차례로 컴퓨터의 기억장치에 저장된 펄스 형상과 비교되는 방식이다.

저장된 형상은 컴퓨터가 인식하도록 만든 기하학적인 형상과 모양이다. 컴퓨터는 입력되는 디지털 펄스 형상을 연속적으로 빠르게 처리하고 자동으로 관련된 특성을 분리해 낸다. 이 과정에서 불필요한 신호는 제거하고 어떤 형상이 정해진 경계치에서 벗어나면 새로운 존재로 간주해 기억장치에 첨가시킨다.

컴퓨터로 진행하는 이미지 인식 기술은 다양한 과학 분야와 산업현장과 생활기기에 응용되고 있다. 천문학에서는 무인탐사선이 촬영한 원거리 행성이나 다른 천체 사진의 해상도를 높이는 데 이미지 인식 기술을 사용한다. 산업용으로 개발된 이 로봇은 주로 완제품을 검사하고 분류하는 작업에 사용된다. 최근에는 머신러닝과 딥러닝 방식을 사용해 컴퓨터가 스스로 영상이나 사진을 인식하고 분류하는 프로그램도 등장하고 있다.

1997년 IBM의 슈퍼컴퓨터 딥블루 Deep Blue 는 당시 체스 세계챔피언에게 반복적으로 도전하여 게리 카스파로프 Gary Kasparov 를 물리쳐 세상의 주목을 받았다.

2011년에는 IBM의 왓슨 Watson 이 미국의 텔레비전 방송 프로그램인 제퍼디

Jeopardy 퀴즈쇼에서 두 명의 참가자를 누르고 우승을 차지했다. 기계가 인간을 이겼다는 사실에 IBM 등이 주도하는 인공지능 개발에 대한 관심이 급증했다.

컴퓨터는 인간의 연산능력을 배가시킴으로 인간 사회를 크게 변화시켜 왔다. 컴퓨터는 인간이 작성한 프로그램을 통해서만 활용되었지만 컴퓨터가 스스로 학습해 결정하는 인공지능–기계학습 Machine Learning 으로 컴퓨터가 진화된 것이다.

기계학습은 기계가 수학적 최적화 및 통계분석 기법을 기반으로 사람의 도움 없이도 입력된 데이터에서 일정한 신호와 패턴을 배우고 그것을 바탕으로 다음에 일어날 일을 예측하며 적합한 의사 결정을 내리는 알고리즘을 만드는 능력을 가지고 있는 것이다.

기계학습 방법론을 통해 인공지능 연구 흐름은 2012년 구글과 앤드류 응 Andrew Ng 이 기계학습의 한 분야인 딥러닝 알고리즘으로 해결했다. 컴퓨터가 1,000만 개의 유튜브 동영상 속에서 고양이 이미지를 74.8%의 정확도로 식별하도록 하는 프로젝트를 성공시켰다. 디클라우드 컴퓨팅 환경의 급속한 발전과 빅데이터가 뒷받침되자 딥러닝이 구현되었던 것이다.

이는 검색 엔진 등을 통해 방대한 데이터를 수집할 수 있게 되었기 때문이다. 기계학습이 수많은 데이터를 분석하고 인공지능 스스로 학습하는 방식으로 진화할 수 있게 되었다.

인간의 뇌를 모방한 신경망 네트워크 Neural Networks 구조로 이루어진 딥러닝 Deep Learning 알고리즘으로 발전하면서 딥러닝이 지니고 있던 한계점을 해결했던 것이다.

글로벌 기업의 AI 전략

인공지능의 진화에 기업 사활이 걸려있다.

인공지능으로 기계에게 이미지와 소리를 인식하는 방법을 가르치는 심화학습 기법이 영상인식, 음성인식, 번역 등 다양한 분야에 적용되면서 빅데이터를 가진 인공지능을 가진 로봇이 일상화되고 있다.

글로벌 기업은 인공지능을 미래의 최대 성장 동력으로 판단하고 기업 경영전략을 세우고 있다. 구글, IBM, 마이크로소프트, 애플, 페이스북, 바이두, 알리바바, 삼성 등이 총력적으로 참여하면서 인공지능 적용 분야가 R&D 제품 개발 및 특허전략, 소비자 정보 분석, 생산 기술개발 및 생산시설 개선, 의료기술 향상, 유전자 분석, 신약 개발, 금융거래 등으로 급속하게 확산시켜 기업의 경쟁력을 창출하는 전략을 추진하고 있다.

① 구글 전략

구글은 2001년 이후 AI 기술 인수방식으로 2014년 영국 AI 기업 '딥마인드 테크놀로지 DeepMind Technologies'를 6억 달러 6,600억 원에 인수하면서 본격적인 전략을 세우고 있다. 딥마인드는 이세돌 9단과의 바둑 대결에서 승리해 인공지능에 대한 관심을 불러일으킨 '알파고'를 개발한 회사다. 구글은 또한 2009년부터 자율주행차 개발 테슬라 을 시작하는 등 AI 기술을 활용하는 데 앞장서 왔다. 로봇 분야에서도 앞서고 있다.

구글은 스마트폰 이용자를 위해 이메일을 읽는 이용자의 모든 동작을 파악하며 묻기도 전에 원하는 것을 알아서 검색하고 그 결과를 이용자가 원하는 상황까지 감안해서 알려 주는 사이버 도우미 개발 목표를 세웠다. 2016년 AI 비서 '구글 어시스턴트 Assistant', 스마트폰 기기, 사물인터넷 IoT 허브 '구글 홈', AI 모바일 메신저 앱 '알로 Allo' 등 지능형 인공비서 개발, 인공지능을 활용한 서비스로 인터넷 시장 석권을 확고하게 지켜가는 전략을 추진하고 있다.

② IBM 전략

IBM은 '딥블루'와 '왓슨'을 개발해 인공지능의 실제 사례를 공개하며 구글과 함께 인공지능 분야를 선도하고 있다. IBM은 각 산업 전반에 접목해 거대한 인공지능 생태계를 만드는 데 주력하고 있다.

왓슨의 데이터 검색 능력과 자연언어 이용 능력을 활용해 개발자들이 다양한 인공지능 서비스를 개발하도록 하는 것이다. IBM은 왓슨을 의료 분야에 적용시켰다. 암 환자 치료에 환자의 데이터와 각종 의료 데이터를 집계하여 암 발견과 최적의 치료를 수행하는 시스템으로 급속하게 발전하고 있다. 수만 명의 유명한 의사들 진단보다 왓슨이 더 정확하게 수행하는 실력으로 신속성과 정확성을 나타내고 있다.

왓슨 IoT 기술을 적용한 자율 주행 셔틀버스를 발표했다. 이 버스는 차량 외부에 장착된 센서들로 데이터를 수집하고 이를 활용해 AI가 운전한다. 승객과 일상 대화가 가능해 승객이 목적지를 말하면 목적지와 최적 경로를 자동으로 운행한다. IBM은 왓슨을 실제 생활에 접목해 인간의 생활 전반과 생산 공장에 인공지능 생태계를 구축하는 전략을 추진하고 있다.

③ MS 전략

마이크로소프트는 코타나 Cortana 와 알렉사 Alexa 를 디지털 개인 비서로 만드는 데 주력하고 있다. 자연언어 인식과 기계학습 기능을 갖추어 검색 엔진 빙 Bing 의 빅데이터 정보 검색 차원을 넘어 이용자가 원하는 것을 도와주는 다양한 생활 서비스로 발전하고 있다.

마이크로소프트는 모든 기계가 인공지능 기반으로 진화하며 인간의 언어를 이해하는 컴퓨팅 시대가 되었다고 보고 있다. 대화는 인간과 사물의 핵심 커뮤니케이션 수단이 된다고 판단하여 플랫폼과의 대화 개념으로 기업 전략이 추진되고 있다. 이 밖에 애저 IoT 엣지, 키넥트 프로젝트, 스피치 디바이스 SDK, 애저 AI 프레임워크, 윈도우 SDK 등의 발표를 통해 미래 AI 인공지능 시장 석권에 대비하고 있다.

④ 애플 전략

애플은 음성인식 정보검색 서비스인 시리 Siri 의 생태계를 확대하는데 주력하고 있다. AI 시리를 외부의 앱과 연동해 서비스 확장성을 추진한다. 아이폰과 아이패드 등에서만 작동되던 시리를 PC와 노트북PC 운영체제 OS 인 맥 OS에서도 가능하게 추진했다.

⑤ 페이스북 전략

페이스북은 뒤늦게 2013년에 AI연구소를 설립했다. AI 채팅플랫폼인 '챗봇 Chatbot'을 공개했다. 10억 이용자를 기반으로 AI 기반의 생태계를 반들겠다는 목표를 내세웠다. 페이스북도 AI 기술을 위한 오픈소스 하드웨어인 빅서 Big Sur 를 공개했다. 빅서는 머신러닝 데이터를 학습할 때 사용되는 서버로 데이터 처리 속도를 높였다.

⑥ 중국 전략

중국은 거대한 시장과 막대한 자본력을 바탕으로 AI 산업에 적극 나서고 있다. 바이두는 구글의 거의 모든 비즈니스 모델을 따라 하는 것으로 알려져 있다. 인공지능 분야도 예외가 아니다. 바이두는 구글의 인공지능 분야를 이끌었던 앤드루 응을 영입해 인공지능 연구소의 책임자로 임명했다.

바이두의 인공지능 연구소는 진정한 의미에서 인간의 개입 없이 스스로 학습할 수 있는 지능을 개발하는 목표를 가지고 있다. 이런 인공지능 기술이 바이두의 비즈니스 역량을 향상시킬 것이다.

글로벌 기업들은 인공지능을 선도하겠다는 전략으로 인공지능 소프트웨어 기술을 오픈소스로 공개하고 있다. MS는 AI 코타나와 스카이프 Skype 번역 음성 인식 기술 소스를, 구글은 텐서플로 TensorFlow 를 바이두는 AI 기술인 WARP-CTC 오픈 소스를 공개했다. 텐서플로는 머신러닝과 딥러닝을 위해 만들어진 것이다.

인공지능의 확산

‘인공지능 냉장고, 세탁기’는 10년 전 광고에서 보던 것이지만 지금은 생활화된 인공지능이 되었다. 이로 인하여 스타트업 기업들도 인공지능 분야에 나서고 있다. 콘텐츠와 쇼핑 등 서비스 이용자들의 취향을 읽어서 상품을 추천해 주거나 글이나 자료로 작성해 주며 자율 주행에 이르기까지 인공지능이 널리 활용되기 시작했다.

알파고의 성공 역시 스타트업인 ‘딥마인드’의 작품이다. 딥마인드는 인간의 창의성을 발휘하여 수많은 경우의 수를 다루어야 하는 바둑 게임을 통해 인공지능의 수준을 한 단계 높였다는 평가를 받았다. 바둑의 세계 최고가 된 알파고는 스타크래프트 Starcraft 게임에도 도전하며 계속 진화할 것이다.

알파고는 바둑 게임용 인공지능이지만 방대한 양의 빅데이터를 기계가 스스로 학습하고 승리하는 방법을 터득하는 과정과 반복 학습을 통해 지식을 지속적으로 강화하는 과정 등이 핵심 기술로 구현되어 있다. 따라서 이러한 핵심 기술은 다른 많은 분야에 적용되어 활용될 수 있다.

금융 업무도 인공지능이 담당하게 된다. ‘챗봇’은 AI 기술의 하나로 인간 방식의 대화를 하는 컴퓨터 프로그램이다. 과거 챗봇은 단순 패턴매칭 방식을 사용해 사전에 정의된 키워드만 인식해 입력된 응답을 출력하는 방식이었다.

트윗봇 Twittbot 이나 언론사에서 단신기사 작성에 활용 중인 기사로봇 등이 대표적이다. 인공지능에 기반을 둔 챗봇은 더욱 진화해 자연스러운 언어로 질문이나 명령을 하면 맥락을 파악해 응답하는 것이 가능해졌다. 대화가 축적될수록 스스로 학습해서 정확도를 높이는 것이 특징이다. 방대한 양의 금융거래 정보, 경제 지표 등과 같은 전문 정보를 알아서 학습하고 학습된 지식을 스스로 강화해 사람을 대신한 투자 자문 인공지능으로 구현되고 있다.

인공지능이 사물인터넷과 결합해 새로운 환경을 만들어 낼 것이다. 서로 다른 분야의 정보가 융합하는 세상이다. 헬스케어 기기들이 왓슨과 같은 지능형 의료 플랫폼에 연결되면 단순한 건강 정보의 수집이나 모니터링을 넘어서 질병의 진단과 처방에 이르는 의료 서비스를 구현할 수 있다.

① 중국의 인공지능 개발전략

인공지능의 개발과 발전은 미국이 앞서고 있지만 중국은 막대한 자금력을 바탕으로 추격하고 있다. 중국은 인터넷에 이어서 인공지능을 국가 목표로 설정했다. 인간과 기기 간 상호작용, 빅데이터 분석 및 예측, 자율자동차, 군사·민간용 로봇 등을 개발하는 차이나브레인China Brain 프로젝트를 13차 5개년계획2016~2020에 포함시켰다.

② 인공지능을 통한 국제변화

인터넷처럼 인공지능은 경제, 사회, 문화, 교통, 교육, 금융을 변화시킬 것이다. 소통 방식을 변화시키는 것은 물론 지역 문화도 변화시킬 것이다. 모든 산업 부문에도 인공지능이 연결되어 산업의 지형을 바꿀 것이다. 반면에 인공지능은 인간의 일자리를 빼앗아 충격을 줄 것이다. AI는 인터넷이나 스마트폰을 뛰어넘는 새로운 환경을 만들 것이다. 홀로그램 인공지능이 대중화될 것이다.

③ 인공지능의 문제점

오늘날 AI는 서비스 영역에서 활용되고 있다. AI는 다양한 분야에서 포괄적으로 개발될 것이다. AI는 개발하는 과정에서 문제점이 발생하고 있다. 자율주행의 테슬라 전기자동차 트레일러 사고 사건처럼 아직은 인간처럼 인지하지 못해 발생하는 사건들이 발생하고 있다.

AI인공지능는 입력된 데이터에 의존하고 있는 실정이다. 구글 등이 추진 중인 자율주행차의 안전도와 신뢰성은 완전한 인증이 안 된 상태이다. AI개발에는 많은 시간이 필요하다. 다만 소요시간이 예상외로 빨라질 것이다.

전자 가상화폐로 바뀐다

화폐는 거래 수단이다. 개인 간이나 기업 간, 국가 간의 거래 수단이다. 거래는 서로가 정해진 단위에 따라 적합한 물품을 주고받는 약속과 신뢰관계이다. 다양한 상품의 가격을 결정하는 것이 화폐단위이다. 상품이나 용역을 사고팔거나 서로 돈을 융통하는 경제상의 관계와 수단이 화폐이고 국가마다 다른 화폐단위를 사용하면서 국가 경제력과 신뢰도에 따라 화폐가치가 결정된다.

최초의 화폐는 물물교환을 위해 곡식이나 가축을 사용하면서 등장했다. 곡식이나 소금 등으로 일정 단위를 결정하여 거래를 하다가 특이하고 귀한 조개 등이 화폐단위로 통용되었다. 그 후 함무라비 법전에 기록된 3700년경 곡물과 은이 사용되었고 최초주화는 기원전 670년경 터키에서 사용된 금과 은으로 만든 일랙트럼 Electrum 코인이다. 그 후 동서양에서는 주화가 금속화폐로 통용되다가 종이화폐로 일반화되었다.

달러가 세계 공통화폐가 된 것은 식량과 원유 구입의 결제수단이었기 때문이다. 미국은 세계에서 가장 많은 식량생산 국가로 세계원유시장도 석권하고 있다. 식량과 원유를 통용방법으로 달러가 기준이 되기 때문에 국가 간 거래 결제수단으로 달러가 압도하고 있는 것이다.

거래는 시장을 통한 현금거래였지만 오늘날 인터넷을 통한 화상거래가 급속하게 증가하고 있다. 기업은 인터넷 판매를 위한 다양한 영업 전략을 추진하고 있다. 실제 물건을 주고받지 않는 보이지 않는 시장 Market 의 확산은 시대의 흐름이다.

지금까지 화폐로 지폐가 주로 사용되고 있으나 인터넷이 발달되면서 보이지 않는 가상화폐, 비트코인이나 이더리움 등의 전자 화폐가 등장했다. 미래화폐 결제수단은 인터넷상의 가상화폐가 결제수단으로 급격하게 증가될 것이다. 문제는 화폐에 대한 신뢰도이다.

가상화폐 등장

인터넷 거래가 가상화폐 거래를 만들었다.

인터넷에서 만들어진 가상화폐가 실제 상점에 거래수단으로 확산되고 있다. 가상 거래 수단이 실제거래의 수단이 되고 있다.

① 가상화폐란 무엇인가?

가상화폐는 이미 주변에서 흔히 볼 수 있다. 인터넷 서비스마다 자기만의 가상화폐를 만들었다. 싸이월드는 '도토리'를 만들었고 네이버는 '네이버 캐시', 페이스북은 '페이스북 크레딧', 카카오는 '초코'라는 가상화폐를 만들었다. 그 외에도 자기 서비스 이름 뒤에 '캐시'라는 이름을 붙인 가상화폐들을 만들어 사용하고 있다.

② 비트코인의 단위는?

비트코인은 소수점 아래 8자리까지 표기가 되는데 그때마다 다른 이름으로 불린다. 100분의 1비트코인은 1센티 비트코인이다. 1천분의 1비트코인은 1밀리 비트코인이다. 1백만분의 1비트코인은 1 마이크로 비트코인이고 1억분의 1비트코인은 1사토시다.

* 1 BTC = 1 bitcoin = 1비트코인

* 0.01 BTC = 1 cBTC = 1 centi bitcoin (Bitcent) = 1센티 비트코인

* 0.001 BTC = 1 mBTC = 1 milli bitcoin (Mbit 또는 milli bit) = 1밀리 비트코인

* 0.000001 BTC = 1 μBTC = 1 micro bitcoin (Ubit 또는 micro bit)
= 1마이크로 비트코인

* 0.00000001 BTC = 1 satoshi = 1사토시

일렉트럼에서 비트코인까지

최초의 화폐는 터키의 일렉트럼이다. 오늘날 비트코인을 일렉트럼 화폐라고 부르는 이유는 최초 화폐 이름을 가상화폐에 적용함으로 화폐의 신뢰성을 높이기 위한 전략이다. 가상화폐는 어느 순간 사라질지도 모른다는 위험성을 가지고 있다. 눈에 보이지 않고 정부가 관리하는 화폐가 아니기 때문이다.

법적 신뢰성을 지니지 못한 가상화폐가 세계적인 부흥을 일으키는 이유는 무엇일까? 비트코인이 지니고 있는 철저한 암호화에 있다.

〈비트코인〉

비트코인이란?

비트코인은 화폐 시스템이 수학을 기반으로 운영되는 특별한 가상 화폐이다. 비트코인은 돈을 들이지 않고도 수학 문제만 풀면 얻을 수 있게 설계되어 있다. 환전소에서 환전하지 않아도 거래가 되는 것이 비트코인 운영체계의 핵심이다.

비트코인 화폐는 디지털 정보량 기본 단위인 비트 Bit 와 동전을 의미하는 코인 Coin 이 합쳐 만들어진 것이 '비트코인' 온라인 가상화폐이다. 특정인이나 회사가 발행하는 것이 아니라 개인 간의 거래 P2P 에 사용되는 방식이므로 비트코인을 만들어 거래하고 거래 금액을 현금으로 바꾸는 사람 모두가 비트코인 발행주가 된다.

인터넷으로 누구든지 계좌를 개설할 수 있으며 이 계좌를 '시갑'이라고 부르고 지갑마다 숫자, 알파벳을 조합한 고유 번호로 거래가 이뤄질 때마다 공개된 장부에 기록을 추가하는 방식으로 형성된다.

인터넷 거래를 할 때는 판매자와 소비자 사이에 은행이나 신용카드 회사 등의 금융기관이 매개체로 존재한다. 금융기관은 상품을 사는 소비자의 계좌에서 돈을 빼낸 뒤 판매자에게 전달한다.

거래 내용은 통장 같은 공식적인 장부에 기록한다. 금융기관은 거래를 중개하고 보증하는 역할을 하면서 거래 금액의 일부를 수수료로 받지만 비트코인은 은행 없이 안전한 거래를 할 수 있도록 모든 비트코인 사용자가 거래의 증인이 되도록 하는 방식을 택하고 있다. 수학 문제를 푸는 것은 그 과정의 일부다.

비트코인은 특정한 발행 또는 관리 주체가 없이 운영된다. 참여하는 사용자가 주체적으로 화폐를 발행하고 이체내역을 관리한다. P2P 네크워크로 운영되기 때문에 계좌동결, 강제인도, 강제신원공개 및 서비스정지 등이 불가능하다. 이러한 장점이면서 단점을 이용하여 금융거래를 함으로 비자금이나 마약거래, 무기거래 등의 결제수단으로 이용되고도 있다.

비트코인은 수학적 화폐이다

비트코인 시스템에서는 A가 물건을 구입하면서 B에게 비트코인을 보낼 때 이메일을 보내는 것처럼 받는 사람의 전자 지갑 주소와 보내는 돈의 액수만 적으면 된다. 거래 내용은 자동으로 암호로 바뀐다. 비트코인 시스템은 이 같은 거래 내용을 10분 단위로 한데 모아 전체 사용자가 공유하는 장부에 기록한다. 이때 장부를 기록하는 권리와 일정 금액의 비트코인을 사용자 중 한 사람에게 주는데 상금으로 주는 비트코인은 새로 발행되는 돈이다. 사용자들은 상금으로 걸린 비트코인을 얻기 위해 경쟁하면서 수학 문제를 풀고 있다.

비트코인을 얻기 위해 경쟁하는 사람들이 푸는 수학 문제는 암호화된 거래 내용을 푸는 것이다. 비트코인 시스템은 '공개키 암호'라는 방식이다. 공개키 암호란 암호를 만드는 방식과 푸는 방식이 다른 암호 체계다.

예를 들어 다양한 공개키 암호화 방식 중에서 'RSA'라고 부르는 방식은 자연수로 이루어진 '공개키'를 이용해서 메시지를 암호화한다. 이 메시지를 복원하기 위해서는 곱했을 때 공개키가 되는 두 소인수인 '비밀키'를 알아야 한다. 이 소인수를 찾기 위해서는 특별한 공식이 있는 것이 아니라 공개키의 소인수 조합을 하나씩 검토해야 한다. 공개키의 자릿수가 100자리만 넘어가도 슈퍼컴퓨터로 몇 만 년이나 계산해야 할 만큼 시간이 오래 걸리기 때문에 안전한 암호가 된다. 보통 비트코인을 만드는 과정, 벌어들이는 과정을 'Mining 캔다'이라고 한다.

싸이월드의 '도토리', 네이버의 '네이버 캐쉬', 페이스북의 '페이스북 크레딧', 카카오의 '초코'와 같은 것들이 있다. 실제로 돈은 아니지만 가상화폐의 역할을 한다는 점은 비트코인과 같으나 반드시 사용하는 사이트 안에서만 사용할 수 있다는 것이 비트코인과는 다른 점이다.

로봇으로 개인 비서가 바뀐다

지능형 로봇 Intelligent Robot 은 렌즈나 센서를 통해서 인간처럼 시각적, 청각적으로 외부 환경과 조건을 스스로 관찰하고 탐지하여 자율적으로 대응하는 로봇이다. 산업용 로봇이 일의 효율성과 생산성을 위한 것이라면 지능형 로봇은 인간의 보조적 안전이나 정보적 도움에 활용되고 있다.

지능형 로봇 Intelligent Robot 은 빅데이터를 기반으로 입력된 데이터를 스스로 판독하여 인간의 보조 역할과 정보제공, 보안이나 환경관리 등을 위해 만들어졌다. 다양한 센서, 렌즈, 전자기술, 정보수집 및 분석 기능의 소프트웨어 반도체, 인공지능 등의 최첨단기술 복합체이다.

4차 산업혁명시대는 지능형로봇이 생활화된다

지능형로봇은 가전제품을 비롯한 생활용품, 생산 작업에서 판매, 서비스활동 등으로 인간과 공존하고 있다. 소방방제, 빌딩청소, 지진현장조사, 등의 위험한 작업은 인간을 대신하여 안전을 보호하고 생산 작업은 신속 정확하게 작업현장에서 인간을 대신하고 있다. 노후 케어, 간호 케어 등의 사람을 위한 케어 활동을 하고 있으며 교육현장에서 활동하고 있다.

지능형 로봇은 기능이나 환경과 조건에 적합하게 애완로봇, 실버로봇, 비서로봇, 안내로봇, 교육로봇, 작업로봇, 기술로봇, 정보로봇 등으로 다양화되고 있다. 아이보는 소니가 만든 세계 최초 애완용 로봇이다. 집을 지키는 동물이 아닌 감정을 교류할 수 있는 따뜻한 친구로 개발됐다.

한국의 첫 안드로이드 로봇은 젊은 여성의 모습을 한 에버 EveR-1, 2, 3 이다. 에버2 EveR-2 는 국립극장 달오름극장에서 한복을 입고 〈에버는 기가 막혀〉라는 판소리 한마당에서 가수로 역할을 했다. 에버는 이호길 한국생산기술연구원 박사팀이 개발했다.

지능형 로봇 유형

지능형 로봇은 인간 보조기능의 서비스 로봇과 스스로 상황을 판단하여 대체하는 자가 판단로봇으로 구분된다. 4차 산업혁명의 발달은 자가 판단로봇을 지속적으로 확산시킬 것이다.

인간을 대체하는 로봇 등장은 인간 일자리를 차지하면서 위협적 존재로 부각되고 있으나 전체적으로 보면 인간 보조적 역할로 인간의 일자리변화를 이끌어가고 있다는 것이다.

생명을 위협하는 일자리를 로봇으로 대체하여 안전성을 보장한다거나 위험한 작업이나 인체에 해로운 작업환경에서 로봇이 일을 대체하여 인간의 건강과 생명을 보호하는 것은 로봇의 장점이면서 인간의 행복을 만들어주는 로봇이다. 건물외벽 청소나 설비공사, 화재 진화처리, 지진현장 발굴, 지하 및 해저 공사 등의 위험한 공사는 로봇으로 대체되고 있다.

시·소설 등의 문예창작품이나 작사, 작곡 등의 창작분야에도 로봇이 활동하고 있다. 빅데이터에 의한 로봇의 창작활동은 순수창작이라고 볼 수는 없지만 융합적 창작품을 만들어내는 점에서는 미래 창작로봇이다.

자가 판단 능력을 가진 빅데이터의 로봇은 미래사회의 중심이 될 것이다. 인간과 공존하면서 인간이 생각하지 못한 빅데이터를 활용하여 창작로봇은 새로운 방향의 정보를 제공한다. 이를 바탕으로 인간은 새로운 창작활동에 도움을 받게 된다.

4차 산업혁명은 로봇시대이다

지능형 로봇은 광범위하게 활동하고 있다. 사람의 보조역할에서 위험한 작업 활동을 초월해 상품개발 등의 핵심적 역할을 하고 있다. 지능형 로봇은 스스로 판단하고 대체하는 상황판단능력을 가지고 있다. 원격으로 사람이 사물을 판단하고 조정하던 방식에서 스스로 판단하여 행동하는 것이다.

생산작업 현장 공장 의 문제점을 파악하여 생산과정에 설치된 센서끼리 교류하면서 문제점을 사전에 예방하거나 처리하는 지능형 로봇은 인간보다 신속 정확하게 효율적으로 생산하기 때문에 모든 생산과정이 로봇에 의한 스마트 공장으로 바뀌고 있다.

가전기기에는 지능형 센서가 부착되어 실시간으로 기기작동 정보를 교류하여 예방적 기능과 활동적 기능을 수행하고 있으며 실시간으로 스마트폰에 가전기기 상태를 알려줌으로 편리하게 관리하도록 정보를 제공하고 있다. 예를 들면 냉장고에 들어있는 재료를 파악하여 요리 메뉴를 선택하는 정보를 제공하는 방식이다.

사무를 보거나 공부를 하면서 필요한 정보를 보조 로봇에게 부탁하여 신속 정확하게 해결하고 있다. 개인 가정교사역할을 담당하며 비서 역할을 동시에 감당하기도 한다. 아침에 일어나면 하루 일과를 정리하여 일정을 제시하거나 함께 동행하면서 안내자의 역할도 수행한다. 복잡한 계산이나 방대한 자료를 수집 분석하는 역할을 담당하기도 한다.

학생들의 연구 논문작성과정에서 필요한 정보를 수집하고 분석함으로 논문작성에 대한 문제점을 돕는다. 빅데이터에 의한 자료수집과 분석기능은 지능형 로봇이 인간에게 필요한 정보를 신속 정확하게 제공하는 보조자로서 충분한 역할을 담당하고 있다.

노인이나 신체적 불편한 사람에게는 대화 상대가 되기도 하고 신체보조의 기능을 담당하기도 한다. 혼자 사는 사람의 대화상대로 정신적 문제를 해결하거나 예방하는 기능으로 건강 및 정신 케어의 행복한 삶을 유지시키는 역할을 담당한다.

기업에서는 신품개발이나 신기술 개발과정에서 실시간으로 수집되는 소비자 정보를 분석하여 새로운 제품이 고객에게 어느 정도 반응을 받을 수 있는가에 대한 가상 시뮬레이션을 통해 상품개발에 대한 리스크 Lisk 를 최소화시키고 있다. 신기술개발을 위한 기간을 단축시키거나 기술개발로 인하여 발생하는 손익관계를 계산함으로 상품특허등록에 대한 정보 분석 보조자의 역할을 담당하고 있다.

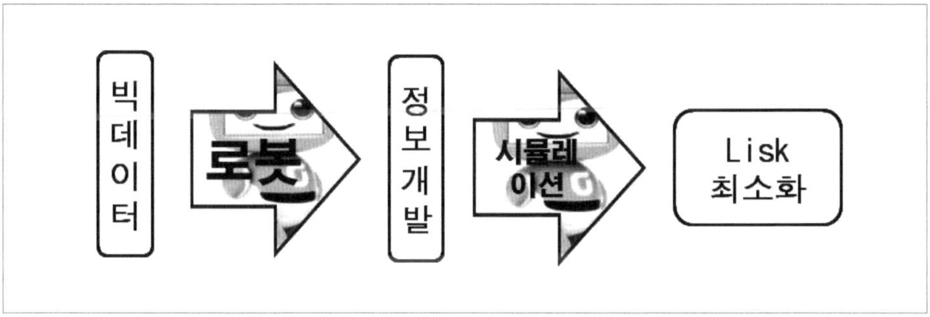

글로벌 기업은 인공지능을 통한 경영관리, 기술관리, 상품관리, 생산관리, 판매관리, 유통관리, 영업 관리를 추진하고 있다. 지구촌 전체를 영업 관리하는 기업은 빅데이터에 의한 인공지능에 의존할 수밖에 없다. 수십억의 소비자에 대한 성향을 수집하고 분석하는데 일반사원만으로 해결하는 시대는 지났다. 글로벌 기업은 인공지능을 얼마나 효율적으로 활용하고 이를 관리하는 사원을 얼마나 확보하는가에 따라 기업의 경쟁력이 결정되고 수익을 창출할 것이다.

지능로봇을 개발하는 기업들

학습로봇 '지보'는 가정에서 사람과 대화하며 스스로 학습하고 명령을 수행하며 자녀 교육도 한다. 기업은 지보를 사물인터넷 IoT 과 연동한 인공지능 개인 비서 서비스 상품개발을 추진하고 있다.

'지보'를 통해 사물인터넷 IoT 서비스에 적용할 다양한 인공지능 기술을 확보하여 자체 인공지능 학습능력을 발전시킬 경우 스마트 홈 제어는 물론 자율 주행차 같은 미래 서비스에도 적용할 수 있을 것으로 개발하고 있다.

인공지능 로봇이 가정의 필수 서비스가 될 것으로 보고 기업들의 시장선점경쟁이 시작되었다. 일본 소프트뱅크는 '페퍼'라는 인공지능 로봇을 120만 엔의 높은 가격에 출시했지만 월 1,000대 이상 판매하며 인기를 누렸다. 집안의 가사 일을 하는 로봇기능과 홈오토메이션 기능, 개인비서 역할을 모두 통합한 것으로 일반적인 학습능력 향상과 사용자의 습관에도 적응하는 기능이 있는 로봇이다. 다기능 자동장치 오토마톤 는 뉴욕에서 열린 펩콤 디지털포커스 Pepcom DigitalFocus 에서 공개되었다.

Big-i는 공간지각 능력을 갖고 있다. 음성· 얼굴 인식, 모션 추적, 3D 매핑 Mapping 으로 스스로 길을 찾을 수도 있다. 홈오토메이션의 일부로 작동하여 TV와 음향기기 같은 각종 전자기기를 제어할 수 있으며 자연언어음성 프로그램을 갖고 있다. Big-i는 모바일 개인 어시스턴트로 주인을 따라다니며 인터랙티브한 작동을 할 수 있다.

Nxrobo는 로봇이 아이들에게 손을 씻으라고 말해주거나 숙제를 도와줄 수 있다. 누군가 집에 들어오면 좋아하는 TV 프로그램을 틀어줄 수도 있다. 피자를 주문하기도 하며 디너파티가 열릴 때는 자연스럽게 건배를 제안하기도 한다. 와이파이, 블루투스, 적외선을 통한 무선 연결이 가능하다. 센서로는 빛, 분위기, 물체 온도, 습도, 가속도, 자이로스코프, 햅틱 피드백을 감지하는 센서가 있다. 로봇 스스로 충전 스테이션을 찾아간다. 아직은 로봇가격이 비싸지만 대량 생산이 진행되면 저가공급으로 가정 필수품이 될 것이다. 미래는 로봇과 공존하는 사회이다.

드론 시장이 활성화 된다

〈드론 유형〉

드론은 신속 정확성으로 미래 환경을 다양하게 바꿀 것이다. 드론은 운송이나 교통수단만이 아니다. 드론은 생활 속에서 다양한 용도로 활용되고 있으며 군사 수단으로도 활용되고 있다. 드론은 교통대란을 해결하는 수단이 될 것이다. 문제점은 도로교통법과 항공법을 바꾸어야 한다. 기존의 법을 바꾸는 신속성을 가진 조직이나 국가가 4차 산업혁명의 교통 환경에서 경쟁력을 창출하게 될 것이다.

① 교통수단의 변화

정체도로와 관계없이 가장 짧은 거리로 이동한다. 출근, 퇴근 시간의 정체된 거리에 관계없이 정해진 코스로 신속하게 출, 퇴근할 수 있다. 하늘을 날아가면서 여행지를 관광할 수 있어 새로운 관광수단으로 부상하고 있다. 공간에 구애받지 않기 때문에 입체적인 관광을 할 수 있어 미래관광수단으로 부상할 것이다.

교통수단의 문제점은 드론이 교통수단으로 이용되려면 도로교통법규를 개정해야 한다. 국가에 따라서는 항공법을 바꾸어야 실생활에서 사용될 수 있다. 문제는 하늘 공간을 어떤 방법으로 관리할 것인가? 도로망에 대한 드론의 항로를 설정해야 하는 문제점이다.

② 운송수단의 변화

신속하게 배달을 한다. 도로 상황에 영향을 받지 않고 공중의 직선거리로 정해진 위치에 배달을 하고 있다. 아마존의 드론 배달방법이 소비자의 좋은 호응으로 판매가 증가했다. 구글은 택배사업을 로봇 자동화시키고 있다. 상품 포장부터 계산, 배송까지 전 과정을 로봇이 주어진 정보로 수행한다.

운송드론의 문제점은 기존의 운송 시스템을 바꿔야 하는 점이다. GPS를 이용한 드론운송시스템은 사생활 침해소지가 있으며 방범예방에도 문제가 된다. 이웃 주민에게는 CCTV에 의한 침해소지가 있다.

③ 농업수단의 변화

농사짓는 방법이 드론으로 바뀌고 있다.

대량생산으로 바뀌고 있는 농지관리방법이 드론에 의하여 씨를 뿌리고 농약을 살포하며 성장 상태를 관리하는 방식으로 바뀌고 있다. 상품대량생산은 인공로봇을 통해서 가능하지만 식량생산은 인공로봇보다 드론방식이 효율성이 높다. 식량생산 수확방법도 드론이 사용된다. 높은 곳에 달린 열매를 수확하거나 일정한 높이에 성장된 수확물을 수거하는 방법으로 드론이 효과적이다.

계단식 농지나 산악지역의 생산물을 관리하는데도 드론이 효과적이다.

농업기계화는 체계적으로 만들어졌으나 아직도 농업 생산방법은 지속적으로 개발되고 있다. 이러한 문제점을 드론의 이동성으로 효과를 높이고 있다. 생산지 관리나 비료, 농약살포에 뛰어나고 수확물 수거와 운송 방법에도 효과적으로 드론을 어떻게 사용하는가에 따라 미래식량생산량이 결정될 것이다.

농사용 드론의 문제점은 지상에서 살포하는 비료나 농약이 다른 지역에 피해를 줄 수 있다. 정확한 지점을 살포하지 못할 경우 주변 지역에 피해를 줄 수 있다. 드론은 높은 지상에서 살포하기 때문에 주변에 피해를 줄 수밖에 없다. 따라서 지역단위 유사한 품종의 농산물 생산관리 체계가 필요하다.

④ 관광수단의 변화

드론을 통한 관광은 새로운 관광문화를 만들게 된다. 드론은 1–2인을 수송하기 때문에 가족단위 여행자에게는 매력적이다. 드론 여행은 지상에서 여행지를 관광하기 때문에 입체적인 관광의 매력도 있다. 계곡이나 바다, 산악 여행에 적합하고 촬영을 통해서 여행의 즐거움을 높이게 된다.

관광드론의 문제점은 무분별한 드론으로 사고발생 위험이 크다. 항공법규 개선과 같이 관광드론에 대한 법규마련이 시급하다. 드론을 조정하는 사람의 자격이나 관리가 필요하다. 자연재해 비바람 로 인한 예방이 어렵고 비행 미숙으로 사고가 발생하고 있다. 안전사고를 예방하는 보호 장치가 필요하다.

⑤ 건설수단의 변화

고층 건물 건설수단으로 활용범위가 크다. 건설정비 이동이나 건축자재이동에 용이하고 고층건물 골격 철근 공사에 위험요소를 제거하거나 예방할 수 있다. 특히 건물 외관 공사에 적합하다. 중장비 이동이나 작업에 드론은 안전하다고 볼 수 있다.

건설드론의 문제점은 무거운 물건을 이동시키는 거대한 드론개발이 필요하다. 드론이 거대해지면 소음 피해와 바람으로 인한 피해가 발생할 수 있다. 건설드론은 기술개발이 필요한 분야이다.

⑥ 정찰(탐지, 안내) 수단의 변화

CCTV는 고정된 감시 시스템이다. 일정한 범위에서 벗어나면 사물을 관찰할 수 없다. 드론은 무한한 범위를 정찰할 수 있다. 뿐만 아니라 사건이 발생하거나 발생요인이 있으면 사전 예방 및 처리로 이용할 수 있다.

무인정찰은 미래의 방향이다.

드론 형태를 동물이나 식물 등으로 위장을 하면 정찰하는 위치나 정체를 발각될 염려도 없다. 새처럼 날아가면서 정찰하고 동물처럼 움직이면서 정찰한다. 때로는 식물처럼 고정되어 사방으로 정찰 감시할 수도 있다. 이를테면 수용소, 감찰소 등의 관리 감찰을 위한 정찰수단으로 사용되고 있다.

정찰수단의 문제점은 은밀하게 정찰함으로 주변의 사생활이나 정보관리에 문제점이 크다. 이웃관계에서 개인생활이 촬영되거나 특히, 고도화된 센서에 의한 정찰이 개인이나 기업 등의 비밀정보를 유출하는 수단으로 이용될 가능성이 크다.

⑦ 전투(전쟁) 수단의 변화

미래전쟁은 무인 드론 전쟁이다.

산악지형이나 요새 군사지역을 공격하려면 공격자의 희생이 발생한다. 무인항공의 드론은 이러한 문제를 해결하는 전투 용병이다. 군사훈련을 시뮬레이션 연습으로 군사비용을 최소화시킬 것이다. 무인항공, 전투로봇 등으로 미래전쟁은 인간이 전쟁하지 않는다. 미래전쟁은 무인항공, 로봇전쟁으로 확산될 것이다.

미국은 2025년을 목표로 세계 최초의 2족 로봇 펫맨 Petman 을 개발한다. 펫맨은 화재, 방사능 오염 지역수색 및 구조 임무와 전투 임무를 수행할 수 있다. 미 해군이 개발한 사피이어 Saffir 는 함정 내의 화재 위치를 감지하고 열 범위를 측정해 화재 진압용 소방 호스를 제어할 수 있다.

러시아의 아바타 Avatar 는 위험한 지역에서 구조 작업지원과 전투 임무 수행도 가능하다. 영국의 포턴 맨 Porton Man 은 걷고 달리며 보병처럼 거총 자세도 가능하다. 일본의 구라타스 Kuratas 는 6연장 개틀링건 2정을 탑재하여 공격할 수 있다.

군사적 수단으로 군인을 대신하여 전투를 함으로 군인의 생명을 보호하고 있으며 정찰활동으로 적에 대한 동향이나 위치, 시설물에 대한 정보 등을 수집 분석하는 기능을 담당하고 있다. 미국의 시리아 공격은 무인항공을 통한 드론공격으로 사상자를 최소화시켰다.

⑧ 그 밖의 드론

의료구조용 드론이 있다. 위급 상황에서 1초는 생사를 결정하는 순간이다. 드론은 최소단거리 단시간에 위급한 장소에 투입되는 장비로 다양한 분야에서 활용된다. 긴급한 혈액운송은 의료사고 예방과 처리에 가치를 나타내는 사례이다.

아마존, 구글에 이어 월마트는 꽃가루 수분을 도와주는 드론, 살충제를 살포하는 드론, 작황을 파악할 수 있는 드론을 개발했다.

드론은 위험요소를 해결하는 수단이 되고 있으며 신속성과 정확성으로 이동수단이 되고 있다. 화재나 화산 폭발, 지진, 해일 등의 자연적 재해에 대한 정보수집과 분석으로 인간의 생명을 보호하고 있으며 때로는 현장에서 인간을 구제하는 역할을 수행하기도 한다.

미래사회는 드론이 교통, 운송, 농어업 생산방식, 관광, 건설분야, 정찰 및 사고예방 등의 다양한 분야에서 이용되고 활용될 것이다.

〈드론 무인전쟁〉

가상현실로 문화가 바뀐다

4차 산업혁명은 가상현실에서 창작한다.

빅데이터로 가상현실을 만드는 방법이 다양해졌다. 존재하지 않는 공간에 필요한 정보를 수집하여 실제 존재하는 공간으로 만든다. 미래 생활환경과 교육환경, 개발이나 설계 방법이 가상현실에서 1차 작업을 한다.

미래 환경은 가상현실이 이끌어 간다.

실제는 존재하지 않지만 존재하는 것으로 착각하는 현실에서 인간의 욕구를 충족시키거나 불만을 해소시키는 치료적 효과도 있으며 문제를 해결하는 능력을 습득시키는 교육적 효과도 있다. 미래 체험환경과 교육환경이 가상현실 속에서 체험하고 교육하는 방향으로 바뀔 것이다.

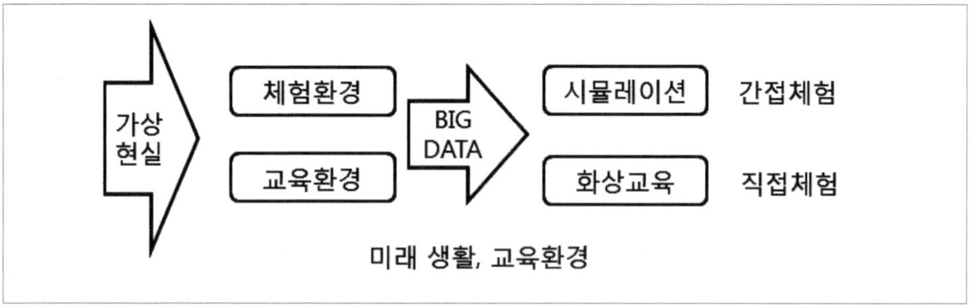

미래는 상상이 현실이 되는 시대이다.

상상하는 모든 환경을 가상현실로 구현하여 직·간접으로 체험한다. 생활 활동이나 기업업무활동, 교육활동 등의 모든 것을 사전에 가상현실에서 체험함으로 문제를 파악하여 예방하고 가상현실 교육을 통해 간접적 경험에 의한 교육문제를 선별하여 교육적 효과를 극대화 시킨다.

미래는 학교 캠퍼스가 깨지고 가정교사나 학원도 사라진다.

학교 교육은 가상공간에서 진행되며 학교 교육의 보충이나 전문적 교육도 가상공간의 빅데이터에 의하여 학습한다.

가상현실은 무엇인가?

가상현실은 공간과 시간의 착각을 만드는 공간이지만 실질적인 문제를 해결하는 가상문제해결 공간이다. 현실적으로 경험하지 못하거나 할 수 없는 공간을 만들어 시간을 초월하여 간접적인 체험을 하는 공간이다.

무한 상상공간으로 공간과 시간을 초월하여 제한적인 현실에서 경험하지 못하는 다양한 체험과 경험을 학습하는 공간이다.

가상현실은 컴퓨터 등을 사용한 인공적 기술로 만들어낸 허상의 실제이다. 실질적인 실제가 아닌 어떤 특정한 환경이나 상황 혹은 그 기술 자체를 의미한다. 가상의 상상의 환경이나 상황 등이 사용자의 오감을 자극하여 실제와 유사한 공간적, 시간적 체험을 함으로써 현실과 상상의 경계를 자유롭게 드나들어 착각하게 한다.

가상현실은 현실에서 해결할 수 없는 것을 해결하는 공간이다. 공간이나 시간적 제약으로 존재할 수 없는 문제나 상황을 가상하여 추리적 추론에 의하여 문제를 해결하고 상황을 극복하는 시대가 온다. 또한 가상현실은 의학 분야에서 수술 및 해부 연습에 사용되고 항공·군사 분야에서 비행조정을 실제상황처럼 만들어 놓고 훈련에 이용되고 있다.

상상을 현실로 만드는 공간의 유형에는 사이버공간 Cyberspace, 인공현실 Artificial Reality, 가상세계 Virtual World, 합성환경 Synthetic Environment 으로 인위적인 방법에 의하여 만들어진 인공환경 Artificial Environment 이다.

존재할 수 없는 것을 존재하게 만든 가상공간은 공간과 시간의 제약이 없기 때문에 시대를 초월하여 과거나 미래로 돌아가서 체험한다.

가상현실(VR:Virtual Reality) 유형

어떤 특정한 환경이나 상황을 컴퓨터로 만들어 사용하는 사람이 마치 실제 주변 상황·환경과 상호작용을 하고 있는 것처럼 느끼게 하는 인간과 컴퓨터 사이의 인터페이스 Interface 이다.

인터페이스 Interface 는 사물과 사물 사이 또는 사물과 인간 사이의 경계에서 상호간의 소통을 위해 만든 물리적 매개체나 프로토콜 Protocol:효율적으로 전달하기 위한 규칙이나 절차를 모아놓은 통신상의 규칙과 약속 이다.

사물의 경계가 되는 부분과 그 경계에서의 통신 및 접속이 가능하도록 하는 매개체를 의미한다. 컴퓨터 분야에서 I/F Interface 로 축약하여 사용하기도 한다. '하드웨어 인터페이스', '소프트웨어 인터페이스', '사용자 인터페이스'의 세 가지로 구분된다.

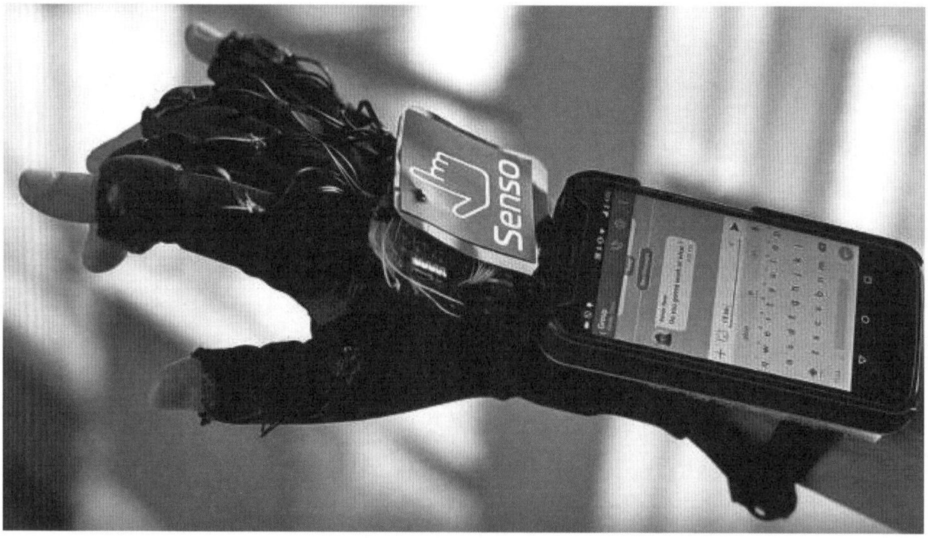

〈VR기기〉

가상현실은 오감을 자극시켜 착각을 만든다

가상현실은 자신 객체 과 배경·환경 모두 현실이 아닌 가상의 이미지를 관찰하는 것이고 증강현실 Augmented Reality, AR 은 현실에서 이미지나 배경에 3차원 가상 이미지를 겹쳐서 하나의 영상으로 보여주는 기술이다.

가상현실은 컴퓨터 기술로 사용자의 시각이나 청각, 촉각 등을 자극해서 마치 실제로 있는 것처럼 느끼게 만든 현실이다.

가상현상기술은 인간의 시각, 청각, 촉각, 후각, 미각 등 오감을 컴퓨터로 계산하여 인공적으로 환경을 만들어 놓은 가상 세계에서 실제와 같은 체험을 할 수 있도록 하는 최첨단 기술이다. 일상에서 느끼는 오감과 다르지만 입체적 시각현상을 이용하여 오감을 자극시키는 방법이다.

인간은 반사적 오감을 가지고 있다. 반복되는 생활에서 느꼈던 오감의 느낌을 기억하여 실제처럼 느끼는 착각에 의한 오감이다. 컴퓨터는 이러한 가상적인 오감을 자극시키는 방법이다. 반응적 오감은 향기나 음악, 색채를 이용하는 마케팅 전략으로 사용되기도 한다.

가상현실에 음향효과, 향기효과, 그림효과 등을 첨가하여 오감적 반응을 자극시키는 방법은 오래전부터 부분적으로 사용되어 왔으나 컴퓨터는 빅데이터를 이용하여 고객에 따라 반응하도록 만들어 가는 미래 마케팅전략으로 부상하고 있다.

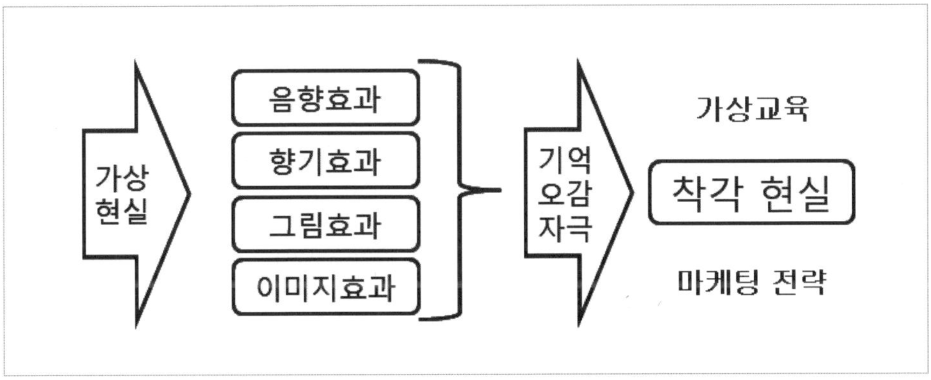

가상현실의 창작활동

가상현실이 창작활동에 영향을 준다. 창작은 환경과 조건에 의하여 만들어지는 활동이다. 시를 쓰는 사람의 시상이 분위기 환경에 영향을 받는 것과 같다. 발명에 대한 아이디어도 환경과 조건에 대한 문제관찰과 분석에 의하여 만들어지는 창작활동이다. 이처럼 가상현실이 창작활동에 영향을 주고 있다.

재미와 흥미를 자극하는 놀이를 위한 가상현실에서 다양한 창작활동과 교육방법이 가상공간으로 바뀌어 갈 것이다. 인간의 뇌는 환경과 조건에 의하여 반사적으로 반응하기 때문이다. 작은 체험이나 경험을 자극시켜 잊어버린 추억을 자극하는 최면술과 같은 방법이 가상현실로 확산될 것이다.

〈착시현상〉

착시현상을 이용하여 창작활동을 자극시키는 가상현실이 미래를 이끌어 갈 것이다. 과거의 기억을 회생시키거나 미래 모습을 연상시키는 방법으로 문제를 해결하기도 하고 오감 자극으로 마케팅전략을 세울 수도 있다.

4차 산업혁명의 공간과 시간을 초월하는 가상현실은 빅데이터를 이용하여 개인별 창작능력을 자극시키는 교육으로 확장되고 실제적 환경과 조건을 만든 시뮬레이션의 교육적 효과는 미래사회의 교육이나 마케팅 전략으로 확산될 것이다.

시뮬레이션(Simulation) 효과

① 실험 경비와 시간을 단축시킨다.

실제의 상황을 간단하게 축소한 모형을 통해서 실험을 하고 그 실험결과에 따라 행동이나 의사결정을 하는 기법을 시뮬레이션이라고 한다. 실제 실험의 막대한 경비나 시간을 최소화시키며 시뮬레이션 과정에 발생한 다양한 정보를 수집하여 새로운 실험 자료로 활용하고 있다.

② 모형을 통해 복잡한 문제를 해결한다.

어떤 복잡한 시스템에 대하여 직접적인 방법으로 실험이나 분석을 하여 결과를 도출해 내는 것이 가장 바람직하지만 경제적, 시간적, 효율적 측면의 문제점들이 발생될 우려가 있는 경우 해결방법이다. 실제 시스템을 모형화하여 실제와 똑같은 여러 요인들을 적용하여 시스템의 성격을 이해하거나 주어진 범위 내에서 여러 가지 실험을 실시해 본 후 그 실험 결과를 가지고 방안을 평가하거나 시스템 설계를 위한 목적에 사용되고 있다.

③ 실험과정이 안전하다.

모의실험은 실험에서 발생할 수 있는 사고를 예방하여 체험자의 안전을 보호한다. 실제 체험과정에서 발생할 수 있는 사고나 피해를 모의실험으로 방지함으로 실험자가 안전하다. 항공 등의 체험과정에 발생할 수 있는 사고를 예방하는 데 효과적이다.

시뮬레이션하기 위해서 설정한 모델을 시뮬레이션 모델이라 한다. 시뮬레이션 모델은 보통 수식으로 정형화되어 있지만 컴퓨터나 여러 가지의 제어요소 등의 장치로 구체적으로 조립한 것을 시뮬레이터라고 한다. 따라서 다양한 모델이나 시뮬레이터를 활용하는 사례가 증가하고 있다.

3D 프린터 스마트공장으로 생산이 바뀐다

3D 프린터를 4차 산업 기술혁명으로 말한다. 3D 프린터의 오픈소스로 인하여 설계도만 있으면 지구상에 존재하는 모든 것을 만들어 내고 있다. 가전기기, 생활용품, 의료기기, 건물 및 기계 부품 등의 미래 생산방식이다.

3D 프린터는 3차원의 입체적인 공간에 인쇄하는 장치라 할 수 있다. 따라서 일반적인 프린터가 텍스트나 이미지로 구성된 문서 데이터를 이용하는 반면에 3D 프린터는 3차원 도면 데이터를 이용하여 입체적인 물품을 생성하게 된다.

3D 프린터는 최근에 급격하게 보급되고 있으나 1980년대 미국의 3D시스템즈라는 회사에서 플라스틱 액체를 굳혀 입체 물품을 만들어내는 프린터를 개발한 것이 시초였다. 3D 프린터와 관련된 높은 생산 비용 및 지적재산권 등의 이유로 항공이나 자동차 산업 등에서 시제품을 만드는 용도로 제한적으로 사용됐다. 최근 3D 프린터를 제작하는 비용이 급격히 떨어졌고 3D 프린터 오픈 소스로 쉽게 지식재산권 확보에도 활용되고 있다. 4D프린터 개발도 추진되고 있다.

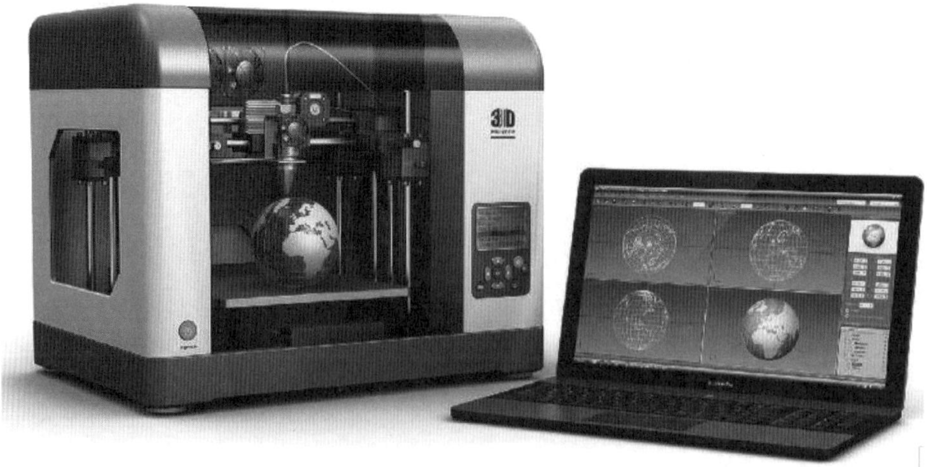

3D 프린터의 소재와 사용분야

3D 프린터 초기에는 플라스틱이 주 소재로 사용했으나 현재는 설계도에 의해 만들고 싶은 모든 재료가 사용되고 있다. 다양한 산업 분야에서 3D 프린터의 활용 가능성에 주목하면서 플라스틱 소재 이외에 고무, 금속, 세라믹과 같은 다양한 생산 소재가 이용되었으나 최근에는 초콜릿 등 다양한 음식재료도 소재로 사용되고 있다.

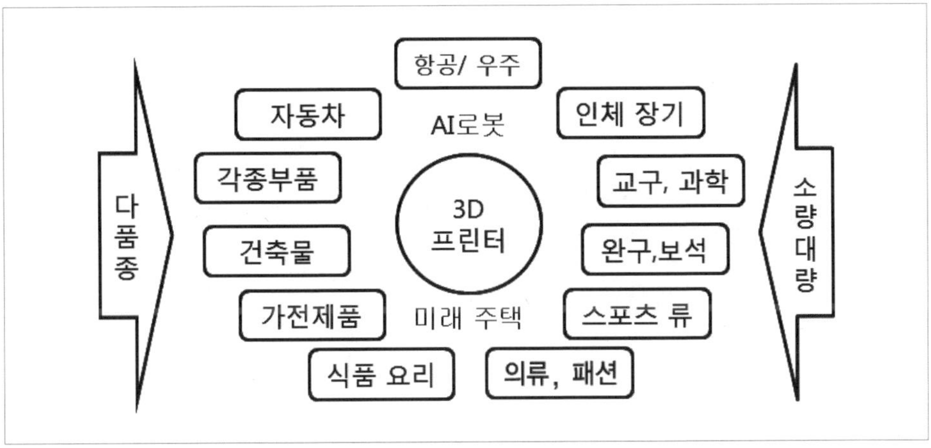

3D 프린터는 전통적으로 항공이나 자동차와 같은 제조업 분야에서 주로 활용되었으나 교구, 의료, 건설, 식품, 의류, 가전 등의 전반적인 산업 및 생활용품 생산에 사용되고 있다. 미래의 제품은 3D 프린터에 의하여 맞춤형제품으로 소량 또는 대량 생산된다.

3D 프린터를 이용한 의료 분야는 인체의 모든 장기와 관절, 치아, 두개골, 의수 등을 비롯한 인공 귀나 인공 장기를 값싸고 빠르게 생산하여 고가 장기를 저가로 판매하는 효과를 높이고 있다.

미래에는 3D 프린터를 사용한 AI 인공지능 로봇도 대량생산으로 이용될 것이다. 로봇이 로봇을 만든다면 3D 프린터를 이용할 확률이 가장 높다.

3D 프린터의 생산 방식은 식물 생산에도 적합하다. 케이크 위에 초콜릿 장식을 하

거나 다양한 모양의 피자, 햄버거, 빵, 쿠키 등의 3D 푸드 요리개발이 증가하고 있다. 라면이나 과자 등의 패스트푸드를 만들어 미래 식품 문화와 산업의 새로운 방향을 만들 것이다. 개인취향이나 기호에 따라 다양한 패스트푸드를 주문 생산하는 시대가 올 것이다.

미국의 항공우주국 NASA 에서는 우주에서 먹을 음식을 만들기 위해 피자나 햄버거를 만들 수 있는 3D 푸드 프린터를 개발하기도 했다.

〈미국 NASA에서 1.25억 달러를 투자해서 만든 피자 3D 푸드 프린터〉

3D 프린팅 주택시대

미래주택은 3D 프린팅에 의한 다양한 주문형 주택이 증가할 것이다. 1인 사회가 되면서 다양한 성격과 생활 수준에 적합한 생활공간이 요구될 것이다. 이러한 수요에 적합한 주택을 3D 프린터가 담당하게 될 것이다. 신체구조에 적합한 구조를 가진 주택이 기능성 주택이다. 4차 산업혁명의 주택은 기능성을 요구한다. 직업이나 취향, 신체적 조건에 적합한 주택을 만드는데 3D 프린터가 적합하다. 주문형 주택은 택지조건이나 주택 설치 조건에 따라 다른 구조가 필요하다. 3D 프린팅 주택은 주문형 주택을 충족시키기에 적합하다.

3D 프린팅 기술혁신

3D 프린팅 기술은 1984년에 개발된 이후 2000년 초반까지 제품 모형이나 시제품을 제작하는 데 사용했다. 미국을 비롯한 선진기술 국가들이 제조업의 글로벌 메카트렌드를 이끌 생산기술로 3D 프린팅 기술을 개발하면서 맞춤형 기반의 다품종 소량 혹은 대량 생산이라는 3D 프린팅의 특징을 확산시키고 있다.

3D 프린터는 스포츠, 문화, 생명, 나노 생명과학 등과의 융합이 이루어져 보석류, 완구류, 패션 및 엔터테인먼트 산업과 기술적 난이도가 높은 자동차, 항공·드론, 방위산업, 의료기, 건설, 우주, 교육기구 등 다양한 산업 분야의 제품 개발에 활용되고 있다.

〈3D프린팅〉

세계적 3D 프린터 업체 스트라타시스 Stratasys 사의 압출적층방식 용착조형방식:FDM 원천기술 특허가 2009년에 만료되었다. 3D 시스템스사의 금속 소결 방식의 원천 특허도 2014년에 만료되어 오픈소스로 공개되었다. 영국의 렙랩 RepRap 오픈소스 개방으로 3D 프린터 제작 기술 자료가 인터넷에 공유되면서 3D 프린터개발이 폭발적으로 활성화되고 있다. 미래사회에 3D 프린터가 지식재산권확보를 위한 전략으로 사용되고 있다.

3D에서 4D 프린팅 시대

미래 공장은 4D 프린팅 시스템으로 변할 것이다. 한번 쓰고 고장 나면 버리는 상품이 아니라 반복하여 본래의 상태로 돌아가고 스스로 변하는 상품개발이 미래상품 시장이다.

4D 프린팅 4D Printing 의 핵심은 스스로 변화하는 물체를 출력하는 것이다. 3D 프린팅 기술이 2D의 평면에 공간을 도입했다면 4D 프린팅 기술은 시간 개념을 추가하는 것이다. 4D 프린터로 찍어낸 물체는 시간이 지남에 따라 진동이나 중력, 열 등의 에너지와 상호작용하여 모양이 변한다.

4D 프린팅에는 형상기억합금과 같은 스마트 재료 Smart Material 를 사용하여 자가조립 Self-assembly , 자가변형 Self-Transformation 기술이 적용된 재료를 사용한다.

4D 프린팅을 위해서 온도, 습도, 진동 등 에너지에서 자극을 받으면 모양이 변하는 스마트 소재가 사용된다. 예를 들면, 물을 만나면 팽창되는 나무를 소재로 하는 입체 프린터 3D Printer 로 코끼리 모양의 평면 설계도를 출력한다. 출력된 설계도를 물에 다시 넣으면 저절로 입체 코끼리 모양으로 바뀐다. 힘을 가해서 변형을 시켜도 본래의 형상을 기억하고 있어 조금만 가열해도 곧 본래의 형상으로 복원하는 형상기억합금과 같은 소재를 사용함으로 스스로 복원하는 기능을 가진 상품을 출시한다.

4D 프린터 4D Printer 란 3D 프린터에 자가조립 기술 Self-Assembly 을 결합한 기술이다. 미국 MIT 자가조립연구소 Self-Assembly Lab 의 스카일러 티빗츠 Skylar Tibbits 교수가 2013년 발표하여 4D 프린팅은 의료, 의류 등 다양한 분야에 활용될 수 있다.

4D 프린팅은 인체에 들어가 암세포를 자르거나 약물을 전달하는 나노로봇이나 각종 환경에 맞춰 다양하게 변하는 배수관, 파손 시 스스로 복구하는 교량 등을 만든다. 거대한 프린터는 건축에 사용되기도 하고 2,000여 개의 부품으로 키네메틱스 드레스 Kinematics Dress 를 만들 수도 있다.

4D 프린팅 기술의 대표적인 소재 중 하나가 바이오이다. 환경 반응 소재는 반응 속도가 수초 혹은 1시간 이내로 짧다. 바이오 소재는 시간에 따라 다르지만 변화가 완료된 시간이 1달이나 1년 정도로 긴 것이 문제점이다.

4D 프린팅 기술이 발전할 경우 3D 프린터의 출력 한계점인 물체의 크기와 부피

를 자유롭게 만들 수 있다. 예를 들어 3D 프린터로 한 번에 테이블을 만들기 위해서는 크기에 맞는 대형프린터가 필요하다. 4D 프린팅은 평면으로 출력한 뒤에 스스로 형태를 변형하여 조립되는 테이블을 만들기 때문에 3D의 문제점을 해결하는 기술이다.

3D 프린터의 급속한 기술 발달과 관련 분야의 소프트웨어 발달과 함께 4D 프린팅도 더욱 활성화될 것이다. 특히 3D 프린터에 스마트 소재와 스마트 설계가 결합되어야 하기 때문에 4D 프린팅 소재개발로 다양한 제품을 무제한으로 출력하는 시대가 될 것이다.

4D 프린팅의 지속적인 발전

3D 프린팅 기술의 핵심 요소인 해상도, 소재, 소프트웨어 및 복합화 등에서 많은 기술 개선이 필요하다. 프린터 해상도가 현재의 수 마이크로미터에서 수십 마이크로미터 내지 100나노미터로 급진적인 개발도 필요하다.

프린터 개발속도는 급격하다. 미국의 카본 3D사에서 개발한 CLIP 방식의 프린터는 기존보다 100배 빠른 속도로 향상되었다.

4D 프린터를 활용하기 위해 플라스틱 합성수지 중심의 개발에서 일상생활의 금속이나 유리, 목재 등 다양한 재료를 이용하는 형태로 발전하여 실생활의 변화를 이끌어 가는 첨단기술이 될 것이다. 분야로는 보건의료 산업과 국방 분야 2019년, SOC산업 2021년, 자동차산업 2022년, 포장산업 2022년, 항공기산업 2023년, 개인 및 가정용 내구재 산업 2023년, 제조업 2023년 이 될 것으로 전망하고 있다.

4D 프린팅은 설계도만 있으면 원하는 것을 그대로 만들 수 있으므로 비슷한 속성을 지닌 사물인터넷 IoT 과 함께 무한하게 응용될 것이다.

〈출력 후 자동적으로 조립되는 코끼리 모형 (출처: 미국 MIT)〉

전세계 3D 프린팅 및 관련 서비스 시장 규모 전망 (출처: Wohlers Associates, 2012)

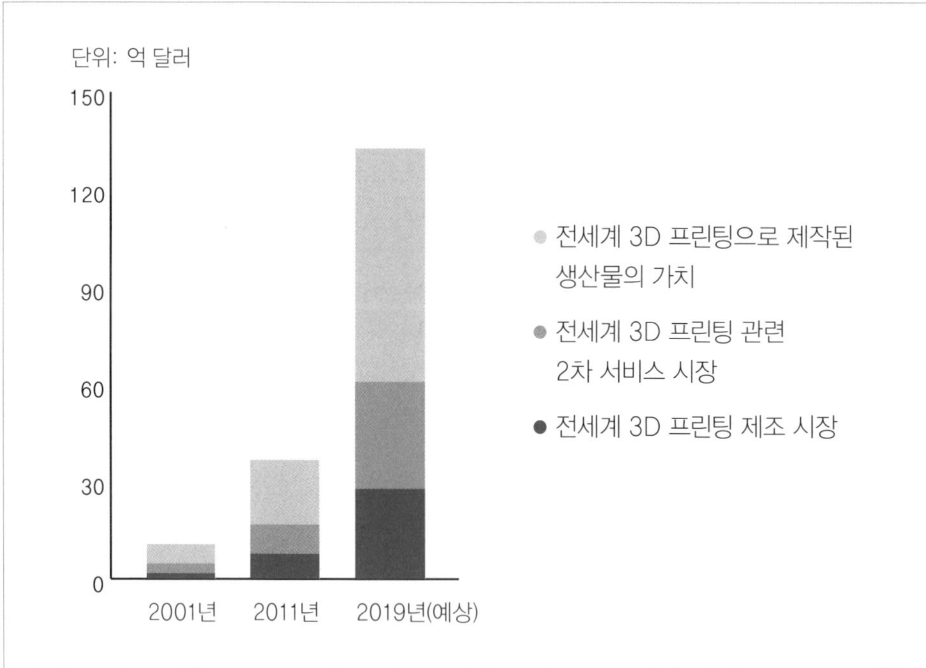

4차 산업혁명교육 방식의 변화

4차 산업혁명시대의 교육방식은 STEAM-Maker 교육이다. Maker교육에서 필요한 교육교구는 학습과정에 따라 교실 내에서 3D 프린터로 만들어 사용하게 될 것이다. 만들어진 기성품 교구를 사용하는 교육방법에서 벗어나 교육과정에서 필요한 교육교구를 만들어 교육하는 방법이다.

미래교육은 과거 데이터에 의한 학습이 아니라 새롭게 만들어질 가상현실을 위한 교육이 필요하다. 따라서 교사의 역할도 바뀌고 학생은 정해진 교과서가 아닌 현장에서 수집된 정보를 바탕으로 새롭게 만들어가는 교육으로 바뀌게 된다.

3D 프린팅을 이용한 수업은 학생들에게 과정을 통한 결과를 이해시키고 교육과정에서 창의력을 키울 수 있다. 학생들이 직접 프린터 제작 및 디자인을 설계하고 형상 제작에 이르기까지 여러 각도에서 참여할 수 있어 Maker방식의 창작교육에 적합하다.

설계도면을 작성하는 소프트웨어를 다루는 방법이나 자기가 그린 도면을 직접 프린팅 할 수 있는 기술교육은 주어진 하나의 문제를 푸는 교육방식에서 스스로 문제를 만들고 풀어가기 위한 학습교구를 만드는 미래교육방법이다.

이처럼 교육내용에 따라 필요한 학습도구를 개발하려면 3D 프린터를 작동하기 위한 설계 작성교육이 필요하다. 설계 프로그램은 복잡하고 많은 시간이 소요되고 있다. 복잡한 C언어를 쉽게 풀어가도록 만든 코딩교육이 필요하다. 지금의 코딩교육은 복잡하고 어렵다. 빅데이터는 이런 문제점을 해결하는 방법이다. 따라서 코딩프로그램의 단순화가 만들어질 것이다.

코딩 프로그램(Coding Program)이 바뀐다

컴퓨터 언어를 찾아라

코딩이란 주어진 명령을 컴퓨터 반도체가 이해할 수 있는 언어로 입력하는 것이다. 넓은 의미로는 '프로그래밍'과 동일한 개념으로 사용되기도 한다. 프로그램언어에는 C언어, C++언어, JAVA, 파이썬, 애플의 Siri 인공지능 등이 있다.

정보를 표현하기 위해 문자 체계를 부여하는 것으로 컴퓨터 프로그램을 작성할 때나 통신에서 데이터를 전송시킬 때, 언어를 사용하지 않고 기호를 부여하여 사용하는데 그 기호를 부여하는 일이다. 어렵고 복잡한 C언어를 쉽고 간단하게 작성하는 프로그램이 지속적으로 개발되고 있다.

〈코딩의 상상력 키우기〉

코딩 프로그램이란?

규정된 용지에 실제적으로 상세한 프로그램 명령어를 기술하는 것으로 코딩프로그램은 설계된 내용을 컴퓨터 처리를 위해 구체화시키는 것이다. 프로그래머는 설계서에 포함된 프로그램 작성 요령을 충분히 이해하고 활용해서 프로그램을 작성한다.

프로그램을 만들 때는 어떤 일을 어떻게 수행하게 할지 먼저 계획을 세운다. A상황에서는 B를 실시하도록 하고 C라는 상황이 닥치면 A로 돌아갈 수 있도록 만든다면 그 명령을 컴퓨터가 알아들을 수 있는 언어로 입력해 주는 작업으로 정확한 언어 단어 로 입력한다.

코딩은 컴퓨터 프로그램의 기능을 결정하는 것이다. 이를테면 인공지능이 어떤 행동을 하게 만들지를 입력해 주는 것으로 프로그래밍에서 가장 기초적이면서도 필수적인 작업이다.

코딩은 데이터 처리 장치가 받아들일 수 있는 기호형식에 의해서 데이터를 나타내는 것으로 프로그램 언어 또는 기계 언어를 사용하여 프로그램을 기술함으로 프로그래밍 Programming 이라 부른다.

정보 이론 및 부호 이론의 분야에서 정보원으로부터 나오는 정보를 나타내는 신호나 기호를 문자라 하고 기호 또는 문자의 유한집합을 알파벳, 알파벳에서 선정한 문자의 계열을 어 또는 단어라고 한다.

알파벳의 문자열에 대하여 동일 또는 별도의 알파벳의 새로운 문자열에 1대 1로 나타내는 것을 부호화라고 한다. 컴퓨터 프로그램 인공지능 이 어떤 기능이나 행동을 할 것인가를 입력해 주는 기본과정이다.

C 언어를 가르치기 전에 연령별로 쉽게 C언어의 응용력을 키우는 교육부터 진행하여 쉽게 작성하게 만들어진 파이썬 프로그램으로 교육하고 있다.

스크래치(Scratch) ▶ 파이썬(Python) ▶ C언어

코딩으로 생활용품 기능성을 만든다

주변의 생활용품은 코딩에 의하여 편리성, 기능성, 생산성을 만든다. 생활을 편리하게 만든 냉장고, 컴퓨터, 로봇청소기, 화재경보기. 등의 수많은 생활용품은 코딩 작업을 통해 입력된 명령대로 행동하도록 프로그램화되어 있다.

코딩에 의하며 만들어진 제품은 사용상 입력되는 수많은 데이터를 분석하여 스스로 대처하도록 만들고 있다. 기능성 냉장고는 코딩으로 짜여진 프로그램에 의하여 냉장고 상태와 투입되는 물건을 질과 양 등의 정보를 분석하여 요리 메뉴까지 제시한다.

로봇청소기는 짜여진 프로그램에 의하여 먼지를 흡수하고 자동적으로 먼지를 찾아내어 주변을 청소한다. 세탁기는 투입되는 소재를 파악하여 스스로 세탁기능을 선택하여 옷감을 손상시키지 않고 깨끗한 빨래를 한다.

공기 청정기는 공기질을 분석하여 미세먼지를 비롯한 오염물질이나 가스등을 흡입하여 깨끗한 공기를 순환시킨다. 생활에서 사용하는 가전기기는 모두가 코딩에 의한 프로그램으로 기능성을 가지고 있다. 자동차를 비롯하여 수많은 가전기기, 생활용품, 운송수단 등은 코딩으로 완성된다.

코딩은 전문적 언어로 구성되어 복잡하면서도 고도의 지식을 요구함으로 일반인들이 만들기 어렵다. 코딩 언어를 쉽고 간단하게 만드는 프로그램개발에 많은 국가와 기업들이 막대한 투자를 하는 이유이다. 인터넷 매체는 코딩언어개발에 가장 적극적으로 투자하는 기업들이다. 불특정 다수가 사용하는 검색 웹사이트는 쉽게 접근하여 정보를 공유하도록 만드는 전략을 추진하고 있다. 애플이 개발하는 언어와 구글이나 야후가 개발하는 언어프로그램은 시장점유를 위한 코딩개발 언어들이다.

코딩을 통해 순서대로 문제를 분석하는 논리적 사고력과 컴퓨터적 사고력을 키우는 교육이 필요하다. 기본과정에서 어려운 C언어를 대신하여 좀 더 쉽게 만든 파이썬 Python 을 사용하고 있다.

① 파이썬

파이썬은 문법이 간결하고 표현 구조가 인간의 사고 체계와 닮았다. 쉽고 간단하여 초보자도 쉽게 배울 수 있다. 이런 점이 유지 보수와 관리도 쉽게 하도록 돕는다.

파이썬은 외부에 풍부한 라이브러리가 있어 다양한 용도로 확장하기 좋다. 실제로 파이썬은 웹 개발뿐만 아니라 데이터 분석, 머신러닝, 그래픽, 학술 연구 등 여러 분야에서 활용되고 있다. 생산성이 높은 것이 장점이다.

파이썬의 단점은 속도가 느리다는 점이다. 모바일 앱 개발 환경에서 사용하기 힘들고 컴파일시 타입 검사가 이뤄지지 않아 개발자가 실수할 여지가 더 많고 멀티코어를 활용하기 쉽지 않다.

파이썬은 대형 글로벌 기업부터 스타트업까지 다양하게 안정적으로 활용되고 있다. 구글, 야후, 미국항공우주국 NASA 등이 파이썬으로 서비스를 구축했다. 파이썬 개발자 귀도 반 로섬 Guido van Rossum 은 2005년 구글에서 파이썬 관련 프로젝트를 이끌었다.

구글은 파이썬을 많이 사용하는 기업이다. 구글 내부에서 사용하는 코드리뷰 도구, '앱 엔진' 같은 클라우드 제품 등이 파이썬을 이용해 만들어졌다. 귀도 반 로섬은 2012년 구글을 떠나 2013년부터 드롭박스 Dropbox 에 합류했다. 드롭박스에서는 현재 파이썬 언어를 개선하는 동시에 API 관련 개발을 진행하고 있다.

② 개발자의 지식재산권 보호와 권한

파이썬을 개발한 귀도 반 로섬이 구글 프로그램개발에 참여했고 드롭박스로 옮겨서 지속적으로 프로그램을 개발하는 것과 같이 최초의 개발자에 대한 지식재산권은 일정 기간 보호를 받아 지속적인 연구개발을 할 수 있는 능력을 보장받는다. 따라서 원천기술과 같은 기본 프로그램이나 기술개발에 국가와 기업 지원이 국가정책과 기업 경영전략이 되고 있다.

③ Open Source 시대

4차 산업혁명 정보시대는 프로그램의 단순화로 만든 Open Source에 의한 정보의 공유이고 나눔에 의한 지식재산권 확보에 있다.

자비로운 종신독재자 BDFL, Benevolent Dictator for Life 라는 소스는 오픈 소스이다. BDFL은 오픈소스 커뮤니티에서 사용되는 용어다. 소스코드를 수정하는 최종 권한을 갖거나 전체적인 개발 방향을 정해주는 사람을 말한다. 주로 해당 오픈소스 기술을 처음 만든 창시자가 BDFL을 맡는다. 따라서 파이썬 커뮤니티에서도 수많은 개발자가 소스코드 개선에 참여하지만 최종적인 수정 권한은 귀도 반 로섬이 결정한다.

복잡했던 프로그램은 단순화되고 단순화를 통해 방대한 데이터가 누구나 사용하도록 일반화되고 있다.

IBM은 40만 명의 직원으로 프로그램을 운영했지만, 오늘날 인스타그램 Instagram 은 단 13명으로 프로그램을 운영한다. 무엇이 이런 변화를 만들었는가?

Open Source 비교도

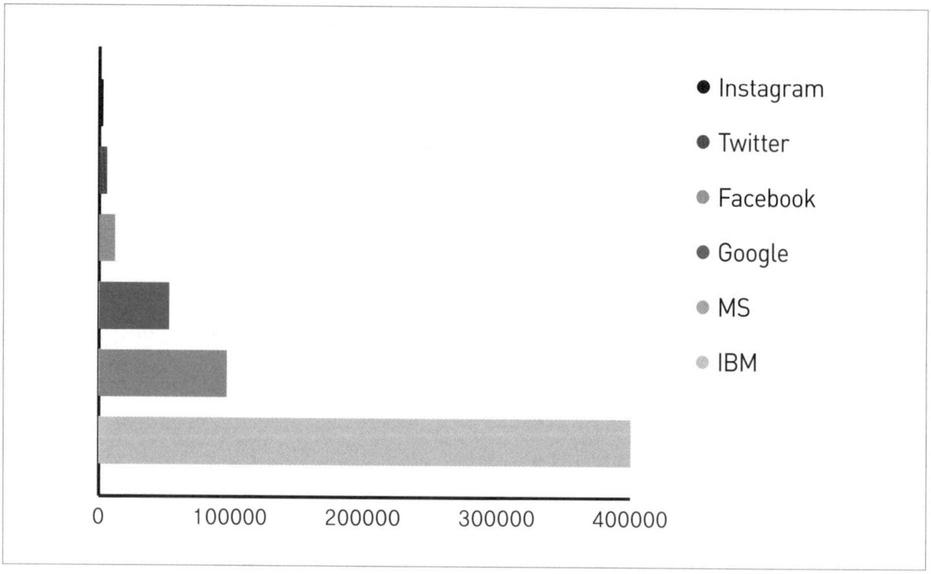

융합기술(Converging Technology)이 이끌어간다

4차 산업혁명은 서로 다른 기술을 연계한 첨단기술로 지식재산권을 창출하는 융합기술 CT 시대이다.

융합기술(Converging Technology)이란?

4차 산업혁명시대는 다양한 분야의 기술을 어떻게 융합시키는가의 기술력이 지식재산권을 창출한다. 융합기술은 21세기 과학기술의 발전과 경제사회의 변혁을 주도할 신기술로서 2개 분야 이상의 과학기술이나 학문 분야를 결합하여 시너지 효과를 유기적 관계로 연계하는 기술이다.

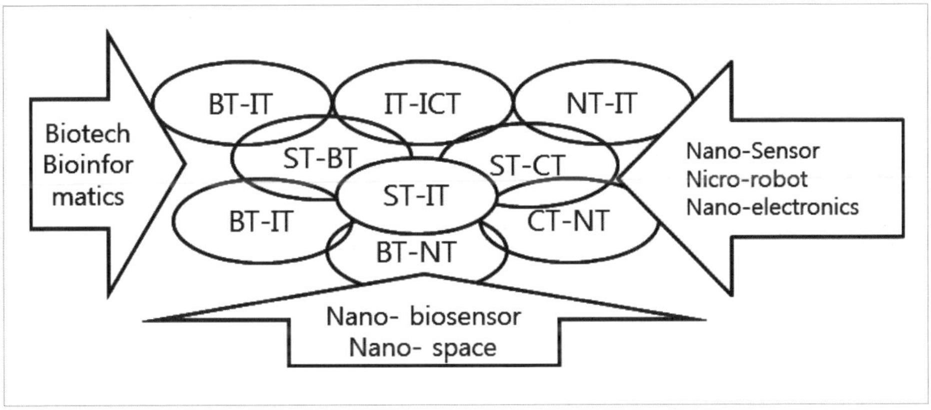

정보기술 Information-Technology:IT ,생명공학기술 Bio-Technology:BT , 나노기술 Nano-Technology:NT , 우주항공기술 Space-Technology:ST , 환경기술 Environment-Technology:ET , 문화기술 Culture-Technology:CT 등을 유기적으로 초연결 시킨다. 2000년 이후에 미래유망기술에 관한 각종 계획이 수립되면서 미래유망기술 사이에도 융합에 주목하기 시작했다. 나노바이오기술 NBT , 나노정보기술 NIT , 바이오정보기술 BIT , 나노바이오정보기술 NBIT 등이 대표적 사례이다.

나노기술(NT:Nano-Technology)

4차 산업혁명시대 지식재산권 창출은 나노기술로 시너지를 창출한다. 나노 Nano 는 '작다'는 뜻으로 10억분의 1, 나노 기술은 10억분의 1 수준의 정밀도를 요구하는 기술을 말한다.

나노 기술은 원자, 분자 및 초분자 정도의 작은 크기 단위에서 물질을 합성하고 조립·제어하며 혹은 그 성질을 측정·규명하는 기술이다. 1나노미터 ㎚ 는 10억 분의 1m 단위다. 사람 머리카락 굵기의 10만 분의 1, 원자 3~4개의 크기에 해당한다. 원자 혹은 분자를 적절히 결합시켜 새로운 미세구조를 만들어 기존 물질을 변형 혹은 개조하거나 새로운 물질을 만들어내는 것을 목표로 한다.

물질 크기를 최소화시키면 표면적이 커지면서 화학반응이 활발하게 일어나는데 이를 이용하는 분야는 매우 광범위하다. 살균력이 뛰어난 은나노 세탁기, 주름살을 없애준다는 나노 화장품, 나노 분말을 이용해 흡수 속도를 높여 약효를 증강하려는 기술은 이 원리로 만들었다.

나노 기술은 의학, 전자공학, 생체재료학, 에너지 생산 및 소비자 제품처럼 광대한 적용 범위를 가진 새로운 물질과 기계를 만들지만 나노 물질의 유독성과 나노 물질이 끼치는 환경적 영향이 문제가 되고 있다.

물체가 나노미터 크기로 작아지면 구조나 성질이 달라진다. 연필심의 원료인 흑연을 만든 탄소나노튜브가 철보다 강하고 전기도 아주 잘 통하는 이유는 흑연의 구조가 변했기 때문이다. 이를 이용하여 미국 나사 NASA 에서는 우주 엘리베이터 개발을 연구하고 있다. 노란색 금덩어리를 나노 크기로 줄이면 붉은색으로 바뀌는데 금 성질이 변했기 때문이다.

나노기술은 정보통신기술 IT 과 융합해서 에너지와 자원이 부족한 문제를 해결하여 유비쿼터스 환경을 만들 수 있다. 생명공학기술 BT 과 융합해서 건강하고 오래 살 수 있는 생활환경을 새롭게 만드는 기술이다. 이러한 기술이 4차 산업혁명의 미래사회를 이끌어갈 혁신 기술이다.

생활 속 나노 기술

나노기술은 이미 오래전부터 생활 속에 존재해 왔다. 은수저로 독이 있는지를 검사하거나 내의원이 은침으로 침 시술을 하거나 우유를 오래 보관하기 위해 그릇 속에 은화를 넣거나 상처 부위에 은으로 만든 판을 감싸는 방법 등은 나노기술을 이용한 지혜이다.

① 정보통신 분야

정보통신 분야는 나노기술을 활용하고 있다. 컴퓨터의 큰 메모리 용량, 작은 크기의 USB 등은 나노 급 메모리 소자 개발이 가능했기 때문이다.

② 은나노 가전제품

세탁기, 에어컨, 공기청정기 등 항균 기능이 필요한 제품에 비싼 금속 은을 나노 크기로 얇게 코팅하여 적은 비용으로 효과적인 제품을 만들었다. 세탁기의 수돗물이 들어오는 곳에 은판을 설치하고 전극을 연결시킨 후 전기를 통해주면 은판이 전기 분해되어 은이온 $Ag+$ 으로 빠져나가면서 항균작용을 할 수 있는 기술이 된다.

③ 나노기술 화장품

주름살 제거나 노화 방지 기능 화장품은 성분을 피부 세포의 간격보다 훨씬 작은 나노미터 크기의 나노 구조 물질로 만들어 피부에 쉽게 흡수시켜 몸속에 전달되도록 한 기술이다. 자외선 차단제인 선크림은 100나노미터 이하로 만든 무기물인 산화티타늄이나 산화아연 등이 들어 있어 일정 이하의 파장을 갖는 빛을 모두 흡수하거나 빛의 산란이 적어 하얀 막이 생기지 않게 하여 자외선 차단효과를 나타내는 기술이다.

④ 나노 복합소재

나노미터 크기의 이산화규소 결정을 분산시킨 나노 복합소재를 사용한 테니스 라켓, 탄소 나노 튜브를 탄소섬유에 혼합해 가벼우면서도 강한 야구방망이, 골프채 등 스포츠용품에도 나노 기술이 사용되고 있다.

⑤ 자연을 모방한 생체 모방 나노기술

나노 기술은 자연원리에서 창안했다. 연잎의 표면은 나노 크기의 돌기 구조로 물방울이 구슬처럼 모여 흘러내리면서 먼지를 흡착해서 깨끗하다. 이런 연잎 구조를 자동차와 건물 표면, 안경 표면 등에 활용하여 물과 오염물질 등이 붙지 않도록 하는 생체 모방 나노기술로 발달했다.

표면 압력을 최소화한 면적이 작은 수영복은 원단에 리블렛 Riblet 이라 불리는 나노 크기의 작은 돌기를 응용했다. 상어 비늘 모양을 본뜬 삼각형의 리블렛을 적용한 전신수영복은 삼각물이 표면에서 쉽게 흐르도록 만들어 상어 피부처럼 저항을 최소화시킨 기술이다.

수영선수 이언 제임스 소프는 상어의 비늘 구조를 응용하여 만든 전신수영복을 입고 2000년 시드니 올림픽에서 수영 3관왕을 차지했다.

〈연잎 구조를 활용한 생체 모방 나노기술〉

생명공학기술(BT:Bio-Technology)

생명공학기술은 동식물이 가지고 있는 특성을 이용하여 인간 유전자를 분석하거나 맞춤의료, 인공장기, 유전자 치료를 한다. 인간 유전자를 분석하거나 약품을 개발하고 농·축산물의 품종 개량 등의 식량문제를 개선하고 미래에너지 개발을 하는 분야로 4차 산업혁명의 신기술로 부각되고 있다.

생명공학은 1980년에 미국 연방대법원이 "살아 있는 인공미생물은 특허품이다"라고 내린 판결에서 시작되었다. 이 판결은 주로 의학 및 생태학적으로 사용되는 유전공학물질을 대량 생산하는 제넨테크 Genentech , 바이오젠 Biogen 등의 여러 생명공학 관련 회사들이 설립되는 중요한 계기가 되었다.

생명공학기술의 활용

① 바이오 의약품

생명공학 기술의 발달은 각종 질병을 치료할 수 있는 획기적인 의약품을 만들고 있다. DNA 재조합 기술에 의해 인슐린, 생장 호르몬 등과 같이 사람의 체내에서 극소량 만들어지는 유용한 단백질을 대장균, 효모 등을 이용하여 대량 생산함으로 건강관리 및 치료적 효과를 높이고 있다.

생장 호르몬은 뼈, 연골의 성장을 돕고 단백질 합성을 촉진하는 호르몬으로 성장기에 결핍되면 신체 발육이 저해되어 왜소증을 일으킨다. 지금까지는 시신으로부터 얻은 소량의 생장 호르몬을 분리·정제하여 치료에 사용하였으나 값이 너무 비싸 경제적인 부담이 컸었다. 생명공학기술의 DNA 재조합 기술을 이용해 인간 생장 호르몬이 대량으로 생산되어 의약품으로 상용화되고 있다.

유전자 조합이나 세포 융합 등의 기술을 통해 생명체 특성을 이용하는 생명공학은 유전물질 변화를 유도하는 유전공학을 발달시켰다. 유전공학으로 만든 물질은 사람의 인터페론 천연 항바이러스 물질 , 인슐린, 성장호르몬 등이 있다. 인체기능이 제대로 발휘하지 못하게 억제되어 있거나 결함이 있는 유전자들을 찾아내어 기능성 있게 연결하거나 이식하는 유전공학기술은 유전적 결함을 고치는 의료기술이다. 항체 생산기술 발달과 함께 DNA 재조합 기술은 의학 진단과 종양학을 발달시켰다.

② 식품·농축산물 개발

인구증가에 따른 식량 생산을 위해 농업 작물의 생산량과 영양가를 높이는 생명공학 기술을 이용해 유전자를 변형시킨 작물을 생산하고 있다. 옥수수, 보리, 벼 등과 같은 농업 작물에 유용한 유전자를 삽입하여 유전자를 변형시킨 유전자 변형 생물 Genetically Modified Organism : GMO 이다. GMO 식품의 유해성 논란은 끝없이 제기되고 있으나 대량식량생산을 위해서는 반드시 필요하다. 이미 많은 식품에 GMO가 들어가 생산되고 있다.

최초로 유전자를 변형시킨 작물은 '잘 무르지 않는 토마토'이다. 토마토에는 토마토를 무르게 하는 유전자가 생산량이나 품질을 떨어트리는 원인이었지만 이를 억제하는 유전자를 삽입하여 일반 토마토보다 쉽게 물러지지 않도록 만들어 오랜 기간 저장할 수 있게 하였다. 제초제에 내성이 있는 유전자를 삽입한 제초제 저항성 밀은 강력한 제초제를 뿌려도 시들거나 죽지 않는다. 제초제는 식품생산에서 일반적으로 사용하고 있다.

생명 공학 기술을 이용한 유전자 변형 가축을 생산하여 사람에게 필요한 의약품이나 산업적으로 이용할 수 있는 거미줄과 같은 물질을 대량 생산하고 있다. 질 좋은 양모를 가진 양이나 더 부드러운 육질을 가진 소를 생산하거나 사람의 각종 장기를 생산하는 돼지 등을 만들기도 한다.

인위적인 GMO는 생태계의 부정적인 영향을 주는 물질로 인식되고 있다. 인간의 건강이나 환경에 잠재적 위험요소가 있기 때문이다. 약물 시험의 경우 예견하지 못한 해를 주는 결과가 생길 수 있고 새로운 생명체를 만들어 돌연변이로 자연적 생태계 증식을 억제하는 부작용도 나타나고 있다.

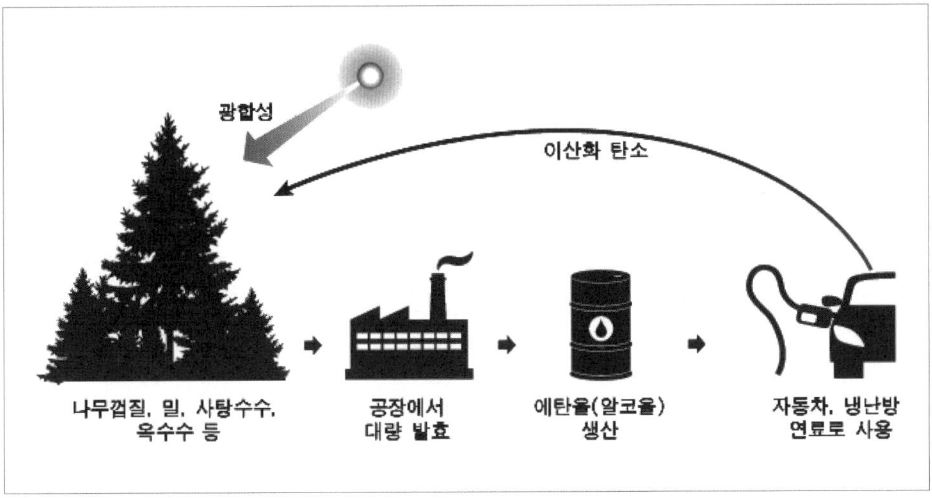

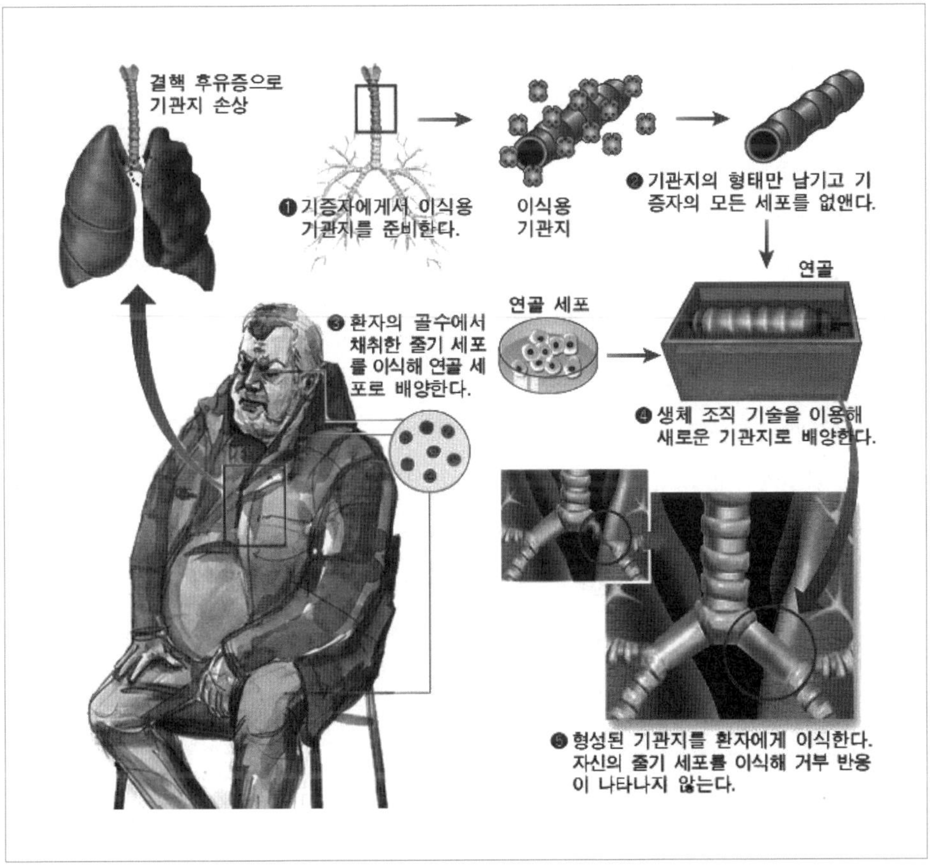

〈자연 순환과 생명공학 순환 사이클〉

정보통신기술(ICT:Information and Communication Technology)

정보기술 IT 은 개인, 기업, 국가의 정보 경쟁력을 키우는 필수기술로 컴퓨터를 기반으로 정보 및 정보 시스템을 제공하고 이용하는 기술이다.

ICT는 2개 분야, IT의 정보기술 Information Technology 과 CT의 통신기술 Communication Technology 을 합한 용어이다. 하드웨어·소프트웨어·통신기술을 종합적으로 활용한 ICT는 자동화·전산화·시스템화를 위한 것으로 정보사회 구축이 목표이다.

ICT는 정보화 전략수립, 정보관리, 정보화 환경조성, 시스템 공학, 통신, 시스템 구축, 시스템 구현, 시스템 평가, 감시기술로 분류한다. ICT는 컴퓨터와 통신기술뿐만 아니라 정보화를 위해 필요한 모든 기술의 포괄적인 의미이다.

ICT라는 단어는 1980년대 이후로 학술 연구가들이 사용해 왔다. 1997년 데니스 스티븐슨이 영국 정부의 보고서에서 2000년에는 잉글랜드 웨일스, 북아일랜드의 개정된 내셔널 커리큘럼에 이 용어를 사용하면서 유명해졌다.

하드웨어·소프트웨어·통신기술을 종합적으로 활용하는 정보기술은 작게는 자동화·전산화·시스템화 구축이고 크게는 정보사회의 구축이 목표이다.

정보기술은 전자공학기술과 전자계산학 기술에서 사회적 욕구를 충족시키기 위한 경영학과 산업공학으로 확산되고 있다. 정보기술은 정보화 전략수립, 정보관리, 정보화 환경조성, 시스템 공학, 통신, 시스템 구축, 시스템 구현하는 기술이며 시스템 평가, 감시기술로 분류한다.

정보기술은 컴퓨터와 통신기술을 통합한 정보화를 위해 필요한 모든 기술의 포괄적 의미이다. 1차, 2차 산업혁명 기계혁명 은 인류문화와 문명을 혁신시켰지만 인터넷 발명으로 3차 산업혁명부터 정보혁명이 시작되어 4차 산업혁명의 초연결 사회를 이어주는 생활기술로 발달하고 있다.

정보통신기술의 생활화

휴대인터넷을 비롯해 이동하면서 TV를 볼 수 있는 디지털멀티미디어방송 DMB, 할인마트에서 물건을 사고 계산대에서 바로 나갈 수 있는 무선주파수식별 RFID, 인터넷 전화, 통신, 방송, 인터넷이 융합된 광대역 통합망, 가전기기에서 스마트폰으로 제공되는 모든 생활기술이다.

4차 산업혁명기술은 정보통신기술로 급변하고 있다. 통신을 통한 정보수집과 분석은 빅데이터를 통한 AI 인공지능 를 급속하게 변화시키고 있다. 스마트폰을 통한 정보수집과 분석은 미래를 정보사회로 이끌어가는 원동력이 되어 무한 공간의 유비쿼터스 환경으로 급변시키고 있다.

4차 산업혁명의 지식재산권은 정보혁명을 통한 무한 경쟁시대이다.

실시간으로 세계 모든 정보가 공유되어 새로운 정보로 신기술, 신소재개발을 비롯한 신상품이 실시간으로 개발되어 지식재산권으로 확보되고 있다. 정보의 실시간공유는 미래사회의 변화를 예고하고 있다.

정보사회 역기능도 있다.

정보통신 기술의 생활화는 무한 공개되는 정보로 인하여 부작용도 증가하고 있다. 사이버 공간은 국경이나 경계가 개방되어 있어 범죄 행위가 적발되더라도 사법 관할권 문제 등으로 인한 실효성 있는 법 집행이 어렵다. 또한 사이버 공간에서 발생하는 범죄 행위의 신원 확인 및 증거 확보의 어려움이 많아 정보 범죄가 증가되고 있는 추세이다.

OECD 국가는 ICT 분야에 국력을 집중한다

미래사회는 정보수집과 분석에서 경쟁력을 가진 국가가 부국이다. 국토나 인구에 비례하여 경제규모가 평가되는 시대에서 정보혁명을 이끌어가는 전략에 의하여 국력이 평가될 것이다.

국가별 ICT비교도

순위	국가	ICT 부문 %	상대 크기
1	대한민국	10.7	
2	일본	7.02	
3	아일랜드	6.99	
4	스웨덴	6.82	
5	헝가리	6.09	
6	미국	5.89	
7	체코	5.74	
8	핀란드	5.60	
9	영국	5.53	
10	에스토니아	5.33	
11	슬로바키아	4.87	
12	독일	4.84	
13	룩셈부르크	4.54	
14	네덜란드	4.44	
15	스위스	4.63	
16	프랑스	4.33	
17	슬로베니아	4.26	
18	덴마크	4.06	

① OECD 국가의 ICT 경쟁력

한국은 세계 최고의 ICT 경쟁력을 가진 국가이다. 3차 산업혁명의 인터넷발명은 정보혁명을 예상하였고 4차 산업혁명은 정보혁명으로 지식재산권 경쟁을 증폭시켰다.

한국 ICT 산업의 하드웨어 부문 경쟁력은 높지만 규제부문은 상대적으로 낮다. 국제전기통신연합 ITU 은 한국의 ICT 발전지수 ICT Development Index 를 8.93점으로 세계 1위로 평가했다. 그러나 한국 학생의 정보통신기술 ICT 활용성은 경제협력개발기구 OECD 국가의 학생 가운데 꼴찌이다.

한국 학생이 학교에서 온라인 채팅을 하는 비율이 4.41%로 조사 대상 OECD 31개국 중 31위로 최하위이다. 학교 수업 시간에 인터넷 브라우저를 이용하는 비율은 2.77%로 30위, 학교 웹사이트에서 자료를 내려받거나 올리는 비율도 1.44%로 최하위였다.

한국은 학교 수업 시간에 ICT를 이용하지 않기 때문이다. 가정에서도 인터넷을 이용하는 비율도 2.30% 30위 로 ICT를 이용한 가정 학습도 이루어지지 않고 있다. 따라서 4차 산업혁명의 지식재산권확보를 위한 인재발굴과 육성의 교육혁신이 필요하다. 미래 정보교육은 스마트폰을 비롯한 ICT를 이용해야 한다.

② ICT 규제환경

ICT 규제환경이 개선되면 ICT 산업 경쟁력과 국가경쟁력 IMD 이 상승하는 것으로 나타났다. 한국경제연구원은 「국내 ICT 경쟁력 국제비교 및 시사점–ICT 규제수준을 중심으로」 보고서를 통해 "ICT 규제개선을 통해 규제평가점수가 1점 오르면 국가경쟁력 순위가 두 계단 상승할 것"이라고 분석했다.

한국은 OECD 국가 중 ICT 산업의존도가 가장 높다

OECD 국가 ICT의존도

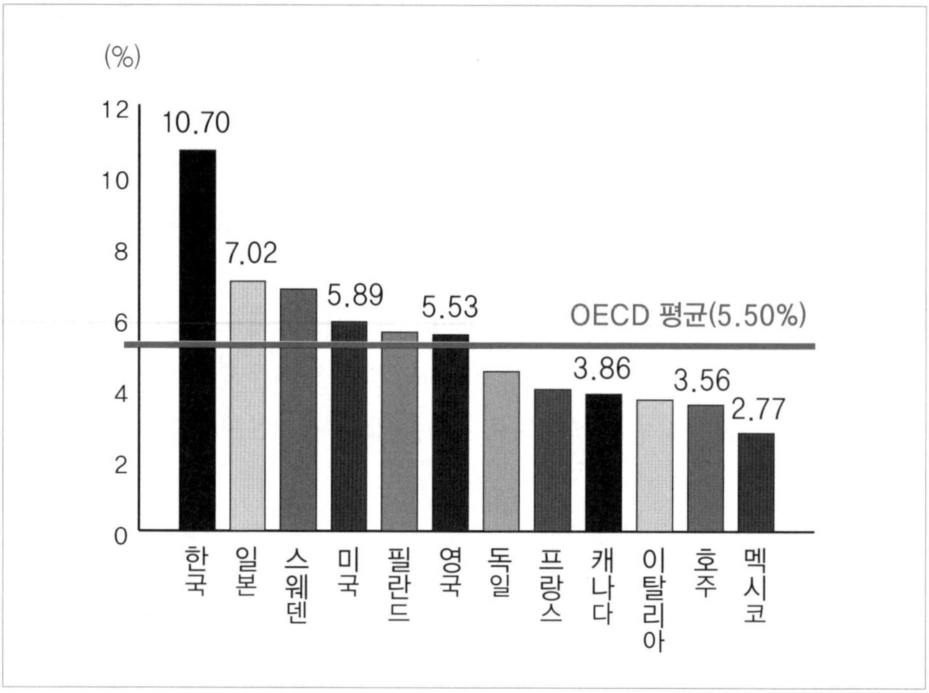

자료: 삼성KPMG 경제연구원

계속 떨어지는 한국 기업의 세계 스마트폰 시장 점유율

	2013	2014	2015	2016	2017	2018(예상)
삼성전자	32.30%	24.70%	22.20%	20.80%	21.10%	20.70%
LG전자	4.80%	4.60%	4.10%	3.70%	3.70%	3.50%

자료: SA

4차 산업혁명은 제조업과 ICT가 융합해 산업경쟁력을 창출한다. 한국은 ICT 의료분야 경쟁력이 있다. 주력 산업분야의 3분의 2는 중국에 추월당했다.

정보통신기술의 유비쿼터스 환경

언제 어디서나 원하는 정보를 원하는 형식으로 손쉽게 다룰 수 있는 정보 환경이 유비쿼터스이다. 1988년 미국의 사무용 복사기 제조 회사인 제록스 마크 와이저 Mark Weiser가 '유비쿼터스 컴퓨팅 Ubiquitous Computing'이라 사용하면서 일반 용어가 되었다. 스마트폰은 휴대성과 편의성뿐만 아니라 시간과 장소에 구애받지 않고도 네트워크에 접속할 수 있는 장점들 때문에 전 세계에서 폭발적으로 증가하고 있다.

정보통신기술은 스마트폰을 비롯한 제품개발과 생산에 대한 지식재산권과 제품판매를 통한 서비스 관리 분야로 구분된다. 제품생산기술과 소프트프로그램을 비롯한 제품관리가 미래 시장으로 부상하고 있다.

미래정보시장은 생산보다 관리가 중요하다.

유비쿼터스환경은 정보교류만이 아니라 제품 구매방법의 개방에 있다. 4차 산업혁명시대 시장은 개방이고 공유이며 국가 간의 무역장벽을 깨트리는 인터넷상으로 직접구매 직구 방식에 있다. 유비쿼터스 시장은 인터넷을 통한 구매시장으로 소비자 구매방식의 변화이다. 무역관세 장벽을 직접구매방식으로 깨트리는 것이다.

4차 산업혁명시대 시장은 무한시장이고 국가 간의 장벽도 존재하지 않기 때문에 서비스 전략이 중요하다. 신뢰를 바탕으로 하는 거래에서 소비자의 신뢰를 어떻게 구축할 것인가의 전략이 필요하다.

바이오기술(Biotechnology)

생물공학·생명공학 또는 BT라고도 한다. 산업적으로 유용한 제품 또는 공정을 개선하기 위해서 생체 또는 생물학적 시스템을 활용하는 기술을 총칭한다. DNA 재조합 기술을 응용한 여러 가지 새로운 과학적 방법 등도 이에 속한다.

생물공학의 정의와 대상 내용은 시대에 따라 크게 변화되어 왔다. 현재는 생명과학의 전체 분야를 학제 간의 구별 없이 연구하는 기초적 학문과 이를 기반으로 새로운 기술의 개발을 목적으로 삼은 응용 분야를 모두 내포하고 있다.

유전공학 Genetic Engineering 이 대두되면서 바이오테크놀로지란 용어를 쓰기 시작했다. 유전공학의 공업적 응용에 국한되지 않고 발효공학, 하이브리도마공학 모노클로널 항체 생산, 농업공학 동식물의 형질 전환 등 광범위한 내용을 포함한다.

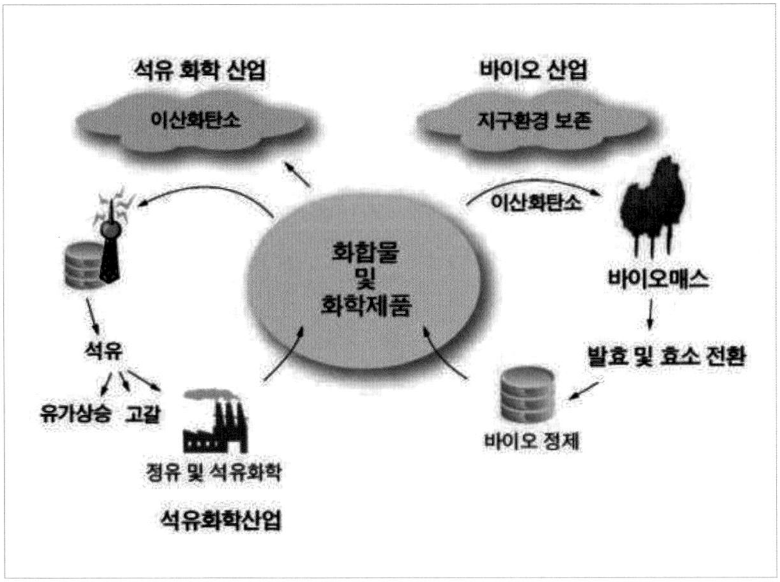

〈바이오 산업〉

미래 에너지 바이오매스

바이오매스 Biomass 는 나무와 같은 목질계 에너지원을 말한다. 곡물, 식물, 농작물 찌꺼기, 가축 분뇨와 같은 유기계 폐기물 등도 포함시키며 '재생자원'이라 하고 이로 얻은 에너지가 바이오에너지 Bioenergy 이다.

바이오매스는 어느 시점과 공간에 존재하는 특정 생물체의 양을 중량 또는 에너지양으로 나타낸 것이다. 생물량 또는 생물체량이라고도 하며 바이오에너지의 원료다. 바이오매스는 계속 자라거나 생성되므로 화석연료와는 달리 재생이 가능하고 풍부하며 적정하게 이용하면 고갈될 염려가 없는 장점이 있다.

바이오매스는 고체, 액체, 기체 바이오매스로 분류된다. 고체 바이오매스에는 신탄, 성형탄, 우드칩 등으로 열이나 전기 에너지로 사용된다. 액체 바이오매스에는 곡물 옥수수, 사탕수수 이나 식물체 나무, 볏짚 의 당분을 발효시켜 만드는 바이오에탄올과 콩이나 유채에서 식물성 기름을 추출해 만드는 바이오디젤이 있고 수송용 연료로 사용된다.

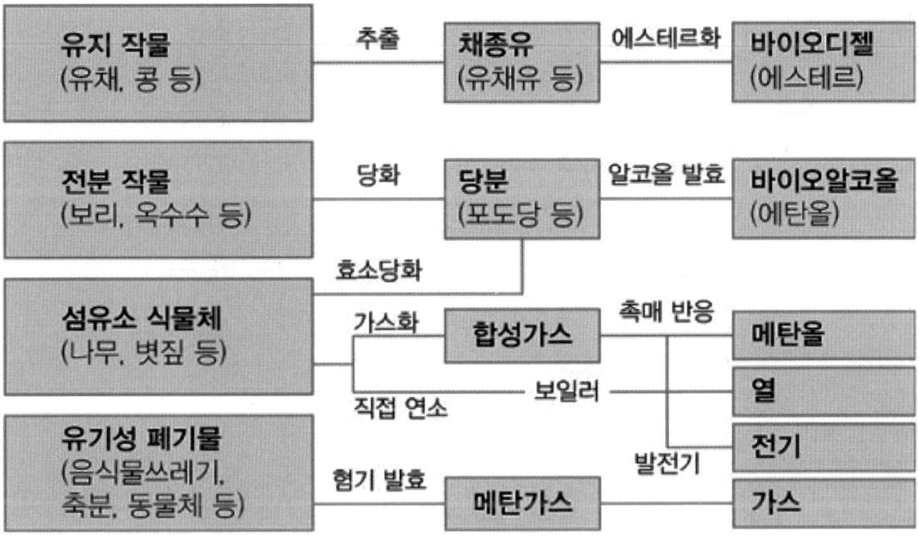

〈바이오 메스 자원〉

나노 기술과 바이오 기술의 융합

바이오 기술은 의학뿐만 아니라 화학, 환경, 식품, 에너지 등 광범위한 범위에 적용된다. 바이오 기술에 대해 유럽생명과학연맹 EFB 에서 새롭게 정의했는데 '자연과 과학 공정을 결합한 응용 기술로 생물체의 조직과 세포, 유사 분자 구조를 활용해 제품과 서비스를 생산하는 기술'이라는 개념으로 통하고 있다.

석유화학과 나노 기술, 바이오 기술은 어떻게 연결될까?

원유에서 추출하는 석유화학과 첨단 바이오 기술을 결합하는 기술이다. 석유화학 산업과 바이오 기술은 오래전부터 융합기술로 사용되어 왔다.

생물 공학 기술의 발전은 인공 콩팥, 인공 관절, 인공 혈관, 인공 피부 등으로 임상에 적용되고 있다. 인공 폐, 완전 이식형 인공 심장, 인공 눈, 인공 귀 등은 인체 적용 시험 단계이다. 인공 장기 생산에 사용되는 재료는 석유화학에서 출발한 고분자 화합물이다. 인공 장기는 생체 조직과 오랜 시간 접촉하며 인체의 일부를 대체하기 때문에 생체적 합성이 중요하다.

장기는 인체의 면역 거부 반응 없이 반영구적으로 장기기능을 유지해야 하기 때문에 나노 분자 구조를 설계해 적합한 재료를 만든다. 의료용 나노 고분자 화합물이 활용되는 분야는 주사기, 소프트 콘택트렌즈, 인공 신장용 필터, 요도, 심장 판막, 인공 혈관, 인공 뼈, 인공 피부, 안구, 치아 등이다. 수혈용 주머니에는 폴리염화비닐, 기타 수혈용 장비 세트는 폴리에틸렌, 스타이렌 수지, 폴리아마이드 등이 쓰이고 인공 콩팥의 필터는 셀룰로오스나 아크릴로나이트릴 중합체가 인공 요도와 인공 유방은 실리콘 고무 등이 사용되고 있다.

융합기술의 유형

융합기술은 나노 수준의 물질을 제어하여 생명공학기술, 정보통신기술 형태의 기술로 발전시켜 각 기술 간의 상호작용으로 생기는 기술 변화, 사회·문화적인 변화를 일으킬 수 있는 첨단기술이다. 융합기술은 4차 산업혁명시대에 의·식·주 개선을 위한 신체건강, 식량 확보, 에너지, 환경 등의 생활 전반을 바꾸고 관리하게 될 것이다.

생명공학기술은 인간 유전자 게놈의 A·G·T·C 등의 염기서열로 유전암호를 해석하는 데 융합기술을 사용하고 있다. 정보통신기술을 이용하여 새로운 신약과 치료법 개발을 추진하여 피 한 방울로 각종 질병을 진단하거나 예방 치료하는 방법을 알려주고 있다.

생명공학기술과 나노기술을 융합하여 혈관을 통해 진단, 치료하는 미세로봇이 사용되고 있다. 나노기술과 정보통신기술 융합으로 탄소나노튜브를 이용한 디스플레이 장치, 양자 컴퓨터, 플라스틱 덮개나 페인트처럼 칠할 수 있도록 만든 나노 태양전지 등이 개발되고 있다.

① IT·BT·NT 융합기술

IT·BT 융합기술은 기존 정보통신 기술을 생명체 현상과 접목해 생물학적인 원리와 특성을 활용한 새로운 IT 제품·서비스를 창출하는 응용 IT 기술을 말하며 IT에 BT를 BT에 IT, NT를 융합하는 기술이다.

IT·BT·NT 기술의 융합에 따른 시너지 효과는 무궁하다. 대용량 컴퓨팅 기술과 집적화 기술을 이용한 유전자 정보 해독 및 신약 개발, 생체 정보를 이용한 새로운 개념의 정보통신 기술 개발이 가능하다. IT를 BT에 응용한 생체 센서, 바이오칩, 생체용 로봇 등은 상용되고 있으며 BT를 IT에 응용하는 분야로 생체를 모방하거나 생물질을 이용한 컴퓨터용 칩, 지능형 통신용 로봇도 있다.

IT·NT 융합기술은 IT와 NT 신기술의 결합으로 IT 기술을 고도화해 새로운 기술 및 시제품을 창출한다. 기반적 성격이 강한 나노기술과 시스템적 성격이 강한 정보통신 기술이 접목되어 반도체, 생명공학, 환경, 정보통신 등의 다양한 분야의 신개념 기술 창출이 증가할 것이다.

IT에 나노기술이 융합되어 언제 어디서나 유비쿼터스 네트워크에 접속해 기존 통신 기능과 더불어 시각·청각·후각·미각·촉각 등 오감 및 실감 정보까지 주고받을 수 있는 유비쿼터스 동반자형 단말 구현을 위한 IT ·NT 융합 핵심기술은 치료 및 교육, 언어소통 등의 다양한 분야에 활용될 것이다.

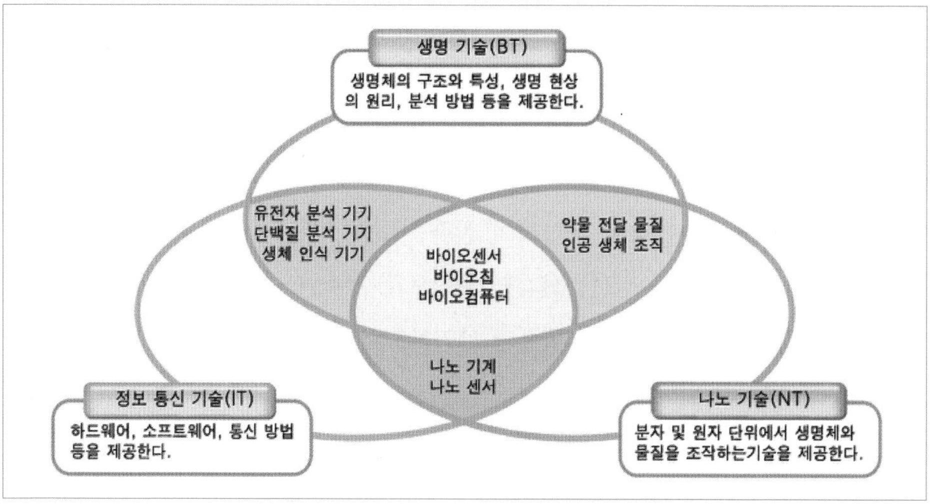

② BT 기반 융합 기술

생명공학 기술은 생명체를 대상으로 하는 것으로 인간의 삶과 직접적인 관련이 있는 정보와 나노 기술 등과 융합하여 새로운 분야를 개척해 가고 있다. 생명정보 공학은 컴퓨터를 이용해 사람의 유전 정보를 저장하고 분석하여 질병의 예방 및 치료에 이용한다.

생체조직 공학은 우리 몸속의 장기와 똑같은 기능을 하는 장치를 만드는 것으로 기계 공학 기술과 정보 통신 기술, 생명 공학 기술이 융합된 분야이다.

③ NT 기반 융합 기술

나노기술은 나노미터 10^{-9}nm 영역에서 자연 현상과 물질의 특성을 이해하고 이를 이용하는 기술이다. 현재 나노 기술은 정보, 에너지, 생명 공학 기술과 융합되어 발달하고 있다.

탄소나노튜브은 나노기술을 이용해 강철보다 100배 강하고 탄성, 전기 전도율 등이 우수한 소재를 만들 수 있다. 탄소나노튜브는 나노 센서, 나노 메모리, 나노 소재로써 여러 분야에 활용될 수 있다.

나노 바이오기술은 나노의 크기가 세포의 크기 10^{-6}nm 보다 작으므로 질병 예방 및 치료에 활용될 수 있다.

④ ST 기반 융합 기술

우주 항공 기술은 우주 개발을 위한 위성체, 발사체뿐만 아니라 우주 개발 과정에서 나온 기술을 말한다. 이들은 모두 첨단 기술로써 기술 개발의 결과가 다른 분야에 큰 영향을 미치고 있다.

우주 태양광 발전은 우주 공간에서 태양 빛으로 전기를 만들어 지구로 보내는 기술이다. 우주에서는 지구에서처럼 밤이나 날씨가 흐린 경우가 없으므로 매우 효율적일 것으로 기대하고 있다.

극한 기술과 spin−off, 우주는 극저온, 고진공, 무중력, 고준위 방사선 등 다양한 변수가 존재하는 곳이다. 이런 극한의 환경을 극복하기 위해 새로운 기술이 개발되었으며 우리 생활에도 적용되어 널리 사용되고 있다. spin−off 스핀오프 는 우주 개발 과정에서 개발된 기술이 다른 분야로 파생된 것을 말한다.

⑤ ET 기반 융합 기술

환경오염을 예방하고 줄이고 오염된 환경을 복원하는 기술로써 청정 기술, 에너지 기술, 해양 환경 기술을 포함한다.

지구 공학 기술은 대기, 땅, 바다로 이어지는 지구의 온도 순환 시스템에 사람이 개입하여 온난화 속도를 늦추는 기술을 말한다.

에너지 환경 융합 기술은 화석 연료를 대체할 수 있는 에너지원으로 연료 전지, 수소 및 바이오 연료 등에 대한 연구가 활발하게 진행되고 있다.

⑥ CT 기반 융합 기술

부가 가치가 높은 문화·예술 산업에서 첨단 공학 기술을 이용하여 새로운 서비스나 장르를 만들어 내고 있다.

미래기술 전략

미래기술 개발을 위해 정보기술 IT , 생명공학 기술 BT , 나노기술 NT , 우주항공기술 ST , 환경기술 ET , 문화기술 CT 등이 유기적인 관계를 찾아내어 새로운 IT, BT, NT, ST, ET, CT 기술을 개발하고 있다. 지금까지 존재하지 않았던 새로운 기법에 의한 기술개발은 각기 독립되어 존재하던 다양한 분야의 기술을 유기적으로 연계시키는 비교적 사고력에 의한 교육으로 가능해졌다. 미래는 이처럼 서로 다른 분야의 기술을 어떻게 유기적 관계로 연계시키는가의 사고력교육에 달려 있다.

국가별 융합기술 전략

미국은 NBIC NT, BT, IT 및 인지기술 융합기술 중심으로 NNI, NSF 등에서 연간 1,300억 달러를 투자하고 있다. 2025년에는 로봇이 1,200만 개 일자리를 대체할 것으로 예상하여 건설, 재활, 의료, 서비스 등의 분야에 융합기술에 의한 로봇개발을 추진하고 있다. 2016년 미국완구시장 키워드는 기술과 융합과학 STEAM 이었다. 즉, 융합기술을 위한 교육의 중요성을 강조한 것이다.

EU는 국가별 별도 프로그램 외에 EUFP7 2007~2013, 678억 유로 프로그램을 통하여 IT, BT, NT 분야에 집중적으로 투자하고 총 R&D 예산의 69.9%가 IT, BT, NT 관련 분야에 투자하고 있다.

일본은 Protein 3000, MIRAI, ERATO 등 프로그램을 통해 IT, BT, NT 및 융합기술을 정부주도로 집중 육성하고 있다.

중국은 2013년 이후 4차 산업혁명 관련 논문과 특허 건수에서 미국을 제쳤다. 얼굴인식 결제부터 항구 무인화까지의 프로젝트로 범인을 색출하는 능력을 세계에 자량했다. 세계 최고 중국 IT 기술 개발을 추진하고 있다.

한국 융합기술 전략은 융합기술에 대한 논의는 국가과학기술위원회가 2008년 「국가융합기술발전기본계획」을 발표하면서 가시화되었다. 이 계획은 융합기술을 'NT, BT, IT 등 신기술 간 또는 이들과 기존 산업·학문 간의 상승적 결합을 통해 새로운 창조적 가치를 창출함으로써 미래 경제와 사회·문화의 변화를 주도하는 기술'로 정의하고 있다.

「국가융합기술발전기본계획」은 ① 원천융합기술의 조기 확보 ② 창조적 융합기술 전문 인력 양성 ③ 융합 신산업 발굴 및 지원 강화 ④ 융합기술 기반 산업고도화 ⑤ 개방형 공동연구 강화 ⑥ 범부처 연계·협력체계 구축 등을 6대 추진전략으로 삼고 있다.

2010년 융합기술의 핵심 역량을 강화하기 위한 국가 차원의 실행 전략으로 NBIC Nano, Bio, IT, Cognitive Science 국가융합기술지도가 마련되었다. NBIC 국가융합기술지도는 2020년까지 국가적으로 육성해야 할 3대 분야인 바이오·의료, 에너지·환경, 정보통신 분야에서 각 5개씩 총 15개의 우선 추진과제를 발굴하고 70개의 원천융합 기술군을 제시했다.

2011년 융합기술에 입각한 산업 발전을 도모할 목적으로 「산업융합촉진법」이 제정되었다. 국무총리를 위원장으로 하는 산업융합발전위원회를 운영하고 그 위원회를 중심으로 산업융합발전 기본계획과 시행계획을 수립하며 산업융합과 관련된 사업을 지원하는 기구로 산업융합지원센터를 설립하고 융합 신제품의 적합성 인증을 조기에 처리하는 제도 마련을 골자로 삼았다.

2012년 산업융합발전위원회는 「제1차 산업융합발전기본계획」 2013-2017년 을 확정하였다. 정보기술 IT, 생명공학기술 BT, 나노기술 NT, 인지과학 CS 을 융합기술의 근본이 되는 4대 핵심 요소기술로 보고 있으며 미래는 기술 NBIC 과 인문학 문화예술 이 융합되어 산업, 개인, 사회가 유기적으로 소통하는 대융합 All in one 사회로 발전할 것으로 진단했다.

04

4차 산업혁명시대 지식재산권 대처방법은 무엇인가?

- AI(인공지능)과 인간의 차이점
- 새로운 교육이 필요하다
- STEAM 교육이란 무엇인가?
- Maker 교육이란 무엇인가?
- 융합교육이란 무엇인가?
- 감성융합교육이란 무엇인가?

4차 산업혁명시대 지식재산권은 AI 인공지능 가 이끌어 갈 것이다.

본 장에서는 미래 지식재산권시대 어떻게 대처할 것인가의 방법을 찾는다.

4차 산업혁명을 대비하는 것은 미국 사례에서 보듯이 교육이다. 과거의 교육방법을 버리고 급변하는 미래 환경과 조건에 대비하는 교육으로 미래인재를 발굴하고 육성해야만 한다. 기성인들은 급변하는 환경에 적응하지 못하는 사람도 있고 거부하는 사람도 있으며 적응하는 데 시간이 많이 소요되는 사람도 있지만 성장하는 세대는 변화에 적응하는 속도나 적응력이 뛰어나기 때문에 이를 위한 교육방법이 필요하다. 미래 지식재산권은 교육방법에 달려있다.

AI(인공지능)과 인간의 차이점

미래사회 환경에 대비하려면 변화요인을 파악하여 대비해야 한다. 4차 산업혁명은 빅데이터에 의한 AI 인공지능 가 이끌어 가는 시대이다.

AI(인공지능)와 인간의 차이점은 무엇인가?

AI 인공지능 와 인간의 차이점에 장점과 단점을 비교하여 차별성을 찾아 대비하고 AI 인공지능 의 빅데이터를 이용하는 방법이 중요하다. 인간과 로봇의 차이는 인간은 제한된 범위에서 경쟁하지만 로봇은 경쟁의 범위가 무한하다는 점이다. 따라서 인간은 로봇과 공존하는 방법을 찾아야 할 것이다.

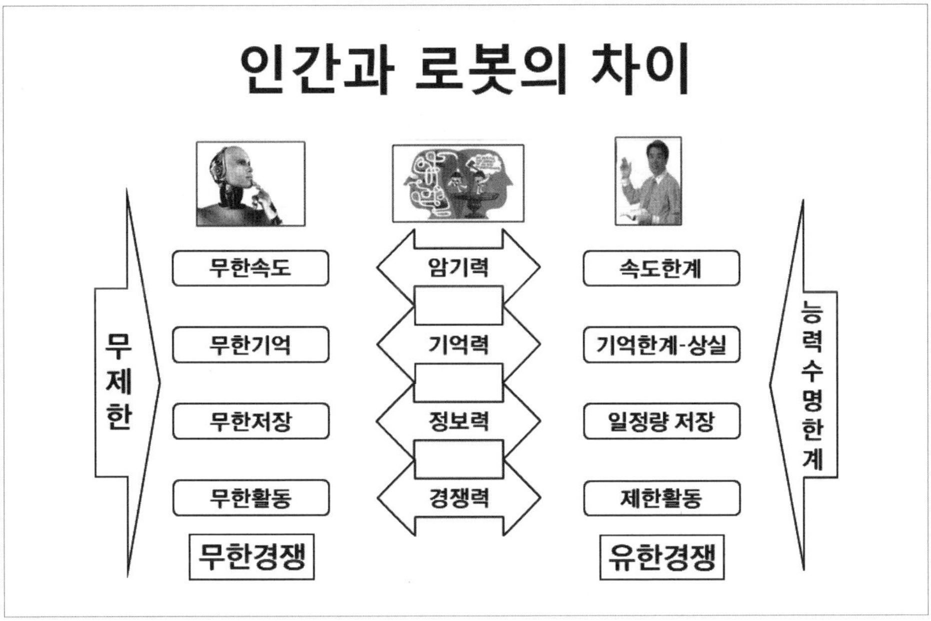

도표에서 보듯이 인간과 로봇의 차이는 크게 4가지로 구분한다.

① 암기력의 차이

인간은 사람마다 암기하는 속도가 다르다. 암기가 빠른 사람도 로봇 속도를 따라갈 수 없다. 모든 로봇은 암기하는 속도가 일정하다. 로봇은 만 명이 암기하는 정보량을 한순간에 암기하고 분석하는 능력을 가지고 있다. 이러한 속도는 지속적으로 빠르게 증가하고 있다. 인간은 로봇과 암기속도를 경쟁할 수가 없다. 로봇은 다량의 정보를 동시에 입력할 수 있으며 분석할 수도 있다. 따라서 인간은 로봇의 데이터를 어떻게 이용할 것인가를 생각해야 할 것이다.

② 기억력의 차이

로봇은 빠른 속도로 입력된 자료는 파괴되기 전까지 저장하고 저장된 데이터를 연결하며 새로운 데이터를 생성해 낸다. 인간은 시간이 지나면서 입력된 정보를 잊어버리거나 정확하게 기억하지 못한다. 따라서 암기하고 기억하는 능력에서 인간은 로봇과 경쟁할 수 없다. 로봇의 기억력은 로봇이 존재하는 순간까지 모든 데이터를 출력할 수 있기 때문에 지속적으로 기억하는 용량이 증가한다.

③ 정보력의 차이

로봇은 저장용량 반도체 용량 에 따라서 무한 저장이 가능하다. 인간은 두뇌에 저장하는 용량이 한계가 있다. 인간의 학습능력과 암기능력이 한계가 있기 때문이다. 로봇은 저장된 정보를 출력하는데 빠르지만 인간은 기억하는 데 시간이 많이 소요됨으로 정보력에서 로봇과 인간은 경쟁이 될 수 없다. 따라서 로봇이 가진 정보를 인간은 어떻게 응용하고 활용할 것인가의 아이디어 창출로 로봇과 경쟁해야 한다. 정보 수집과 분석능력에 로봇이 빠르기 때문이다.

④ 경쟁력의 차이

암기, 기억, 정보력에서 로봇과 경쟁할 수 없다. 따라서 인간은 로봇과 공존하는 방법을 찾아야 한다. 로봇은 무한경쟁을 하고 인간은 제한된 범위에서 유한 경쟁을 하기 때문이기도 하다. 로봇의 무한적 경쟁력을 인간이 어떻게 응용하고 활용할 것인가의 방법을 찾는 것만이 경쟁력을 확보하는 방법이다. 인간이 만든 로봇과 공존하는 방법은 로봇의 빅데이터와 로봇의 힘이다. 인간을 대체하는 방법에서 인간을 보조하는 방법을 단순한 보조에서 지능적이고 위험한 작업이나 환경에서 보호받는 것이다. 인간은 로봇과 경쟁할 것이 아니라 공존하는 방법을 찾아야 한다.

4차 산업혁명은 로봇과 인간의 공존관계

로봇을 만든 이유는 인간의 보조적 기능을 위한 것이었지만 로봇이 스스로 딥러닝 하면서 인간과 공존하거나 압도하는 능력을 가진 존재가 되었다. 따라서 인간의 보조가 아니라 인간을 이끌어가는 빅데이터이고 동반자의 입장이 되었다. 미래사회는 주도적 역할을 로봇이 하게 될 것이다.

로봇은 움직이며 스스로 데이터를 만드는 빅데이터이다.

로봇은 경쟁을 위해 만든 것이 아니라 편리와 기능성을 높이기 위한 수단이었다. 따라서 편리하고 기능이 높은 로봇을 어디에 어떻게 사용할 것인가를 찾는 방법이 로봇과 공존하는 방법이다.

인간-로봇 인터랙션(HRI, Human-Robot Interaction)

페퍼 소셜형 로봇 는 일반인이나 독거노인, 장애인에게는 친구와 같은 존재이다. 로봇 장례식은 점진적으로 증가할 것이다. 자폐아나 저지능 아이들에게 로봇은 정상인으로 활동하도록 돕고 있다. 이러한 로봇은 단순한 기계가 아니라 인간처럼 교감하는 로봇으로 상호관계로 존재한다. 미래로봇은 인간과 함께 공감하는 로봇으로 진화할 것이며 지식재산권 창출에 로봇의 역할이 중요한 시대가 올 것이다.

새로운 교육이 필요하다

4차 산업혁명은 과거가 아니라 미래를 이끌어가는 빅데이터혁명이다. 과거의 틀을 깨트리지 못하면 미래사회를 구현하기 어렵다. 문제는 과거의 틀을 어디부터 깨트려야 하는가이다. 과거는 기존 기득권자에게는 생명 줄이다. 기득권을 주장하는 사람들은 과거의 틀을 버리기 어렵다. 따라서 이들은 반복적인 규제를 만들고 있다.

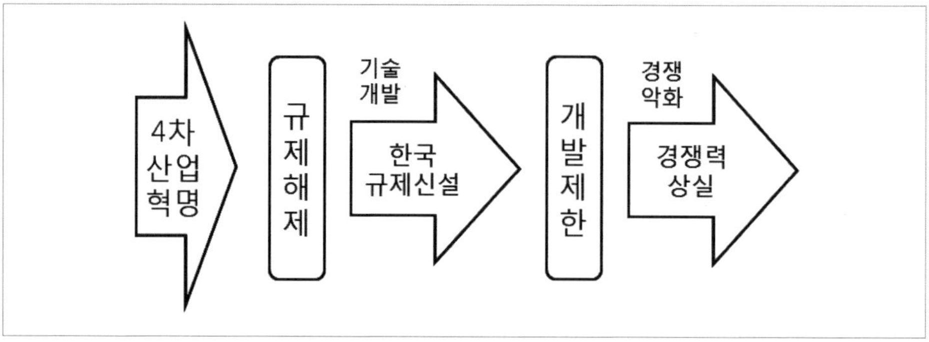

① 한국 4차 산업혁명기술 방해요인

4차 산업혁명기술이 발전하지 못하는 이유는 기득권자들이 권리를 보호하기 위해 새로운 규제를 만들거나 과거의 규제를 풀지 않기 때문이다. 한국의 미래 경쟁력이 떨어지는 이유는 지나친 규제 때문이다. 기존 업체들이 자신의 이익을 보호받기 위해 새로운 규제를 요청하고 이를 만들어내는 규제정책으로 한국은 4차 산업혁명 기술의 하드웨어와 소프트웨어 경쟁력이 악화되고 있다.

② 한국 4차 산업혁명 기술수준과 격차

한국은 프리미엄 시장에서는 미국·일본 기업에 쫓기고 신흥 시장에서는 중국 업체에 점유율을 뺏기는 샌드위치 상황이다.

한국의 미래는 교육에 달려있다

과거의 데이터를 맞추는 정답교육방식에서 다양한 해답을 찾아가는 체험과 경험을 가르치는 융합적 사고교육이 필요하다. 서로 다른 분야의 기술정보를 연계시키는 융합과 발명에 의한 STEAM-Maker 교육이다.

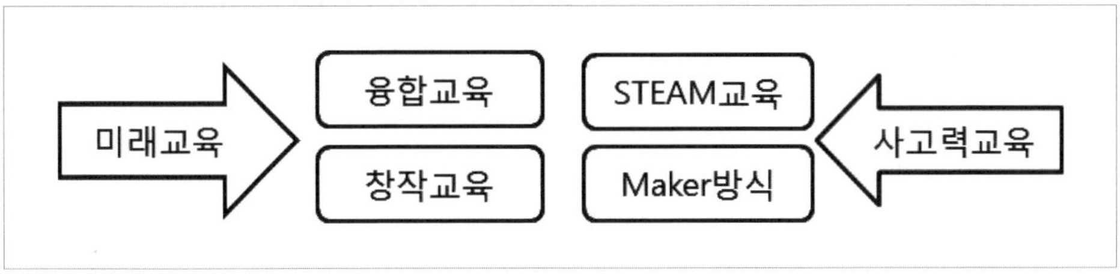

4차 산업혁명시대 지식재산창출은 융합적 사고력에서 나온다.

과거의 공개된 자료는 이미 모두가 가지고 있기 때문에 새로운 경쟁력을 만드는 데 한계가 있다. 공개되지 않는 정보를 찾아내거나 만들어 내는 교육을 하려면 서로 다른 분야의 정보를 융합시키는 교육이다. 주어진 문제와 하나의 답 교육은 사고력을 키울 수 없다.

STEAM 교육은 과학과 수학을 바탕으로 기술, 공학, 창작을 키우는 미래교육으로 만들어가는 Maker 방식으로 사고력을 키운다. 사물과 사건을 관찰하고 분석하는 방법과 이를 해결하는 방법을 체험과 경험으로 교육하는 방식이 미래인재를 키울 수 있다.

4차 산업혁명은 지식재산권에 대한 교육이 필요하다. 앞서 설명하였듯이 지식재산권은 특허발명만이 아니다. 저작권을 비롯한 영업비밀 등은 창작활동에서 창출되기 때문에 과거 교육방식을 탈피하여 체험과 경험을 학습시키는 교육 방법이 필요하다.

STEAM-Maker 교육은 지식재산권을 만들어 내는 아이디어창출교육으로 기존의 지식을 학습시키는 교육방식에서 정보수집과 분석을 학습시키는 교육으로 4차 산업혁명시대에 지식재산권을 창출하는 방법을 습득시킨다. 미래교육은 융합방식의 지식재산권창출 교육이다. 한국의 의료기술을 바탕으로 의료산업에 ICT 기술을 접목하는 융합교육방법이다.

STEAM 교육이란 무엇인가?

4차 산업혁명시대 빅데이터로 시너지를 창출하는 방법은 STEAM 교육에 달려 있다. STEAM이란 Science 과학 의 관찰을 Mathematics 수학 적으로 분석하면서 Technology 기술, Engineering 공학, Arts 예술 로 서로 연계 또는 결합하여 융합적 사고를 키우는 교육이다.

서로 다른 분야를 결합하여 새로운 기술을 개발하고 문화를 이끌어가는 방법으로 정보 가치를 창출시켜야 한다. 분야별 교육방식에서 융합교육 방법으로 미래에 대비하는 인재를 발굴하고 육성하는 시대가 21세기 교육환경이다.

과학을 바탕으로 기술을 개발하고 기술개발에 필요한 공법을 개발하여 편리하고 생산적인 상품개발과 문화 창출을 시키는 교육이 필요하다. 과학적으로 관찰한 자료를 수학적으로 분석하여 기술과 공법을 개발하고 예술문화를 창출시키는 교육이 STEAM 교육 방향이다.

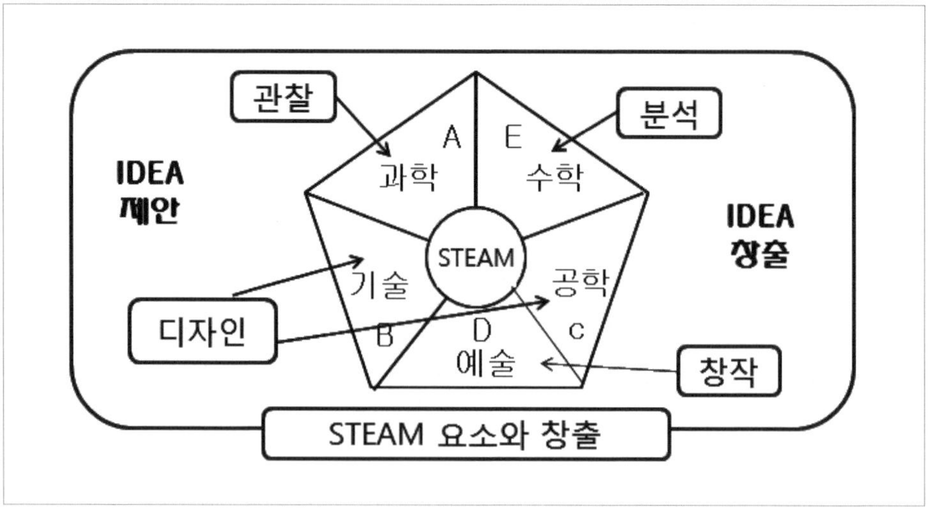

단순한 지식을 전달하는 교육시대는 지났다.

STEAM 교육은 다양한 분야의 정보를 하나로 만들어 새로운 정보로 만들어 내는 교육으로 서로 다른 분야의 특징과 기능, 효능과 가치, 차별성을 새롭게 만들기 위해 분리, 결합, 재구성으로 창출시키는 교육방법이다.

과학은 생활환경과 조건을 충족시키는 기술이 되고 있으며 상품개발과 생활용품 개발을 통해 산업을 이끄는 분야이다. 의·식·주의 모든 문제는 과학에 의한 발명으로 개발되고 유지되고 있다.

과학만으로 과학의 차별성을 만드는 데는 한계가 있어 기술을 활용화시키기 위해 다양한 공법이 필요하며 이러한 기술과 공법을 만드는 데 수학이 필요하다.

융합교육을 통해 유기적 관계성을 이해시키고 생활과 연계된 교육으로 실질적인 문제해결능력을 키우는 STEAM 교육방법은 융합을 통한 창조, 창작의 Idea 창출 능력을 키우는 교육이다.

정보는 수집과 분석으로 구분된다.

많은 정보를 수집하고도 가치를 만들지 못하는 것은 정보 분석이 부족하거나 정확하지 못했기 때문이다. 정보는 수집보다 분석이 중요하며 분석과정에서 체계성과 단계성에 의한 논리적 분석이 중요하다.

STEAM 교육은 논리적 사고에 의하여 수집되고 분석하는 과정으로 논리적 사고를 바탕으로 서로 다른 정보를 분리하고 결합시켜 새롭게 만들어 내는 창의적 사고를 교육한다.

STEAM 교육은 논리성과 창의성을 이끌어 가는 융합적 사고 교육을 통해서 새롭게 만들어 내는 발명적 사고로 아이디어를 창출시키는 과정 교육이다. 따라서 융합과정에서 새롭게 만들어 내기 위한 발명적 사고를 실패를 통한 체험과 경험교육으로 한다.

STEAM-Maker 인재교육

① 21세기에 필요한 창조적 인재교육

20세기는 정보암기력이 뛰어난 인재를 요구했지만 21세기는 정보관리능력과 아이디어창출 능력을 가진 창조적 인재를 요구하고 있다. 새로운 것을 만들어 내는 인재를 사회와 기업이 요구하고 있다.

검증된 이론만으로는 새로운 정보를 창출하는 데 한계가 있다. 검증된 자료는 모든 사람이 정보를 공유하고 문제점을 파악하고 있어 새로운 것을 창출하는 데 한계가 있기 때문이다. 암기교육이 도전이나 창조를 만드는데 한계성을 가진 교육이었다면 검증보다는 실증 체험, 경험 에 도전하는 교육으로 바뀌야 한다.

공개되지 않은 정보를 수집하여 철저히 분석한 준비된 정보를 가진 자가 경쟁력을 창출하는 창조적 사고를 가진 미래인재이다.

STEAM 교육은 이러한 창조적 사고를 키우는 교육이다.

창조는 새로운 결과를 만들어 내는 생각으로 논리적 교육에서 성장된다. 논리적으로 사물을 관찰하고 분석하는 과정에서 창의성을 신장시키기 위해 융합 방식으로 융합적 사고에 의한 창조성을 키우게 된다.

창조적 인재교육은 교육방법이 중요하다.

다양한 공식으로 다양한 해답을 제시할 수 있도록 유기적인 생각과 사고를 연상시키는 STEAM 교육방법이다. 과학과 수학을 연계하여 수학을 통해 과학을 이해하고 과학을 통해 수학을 이해시키는 유기적 교육과정에서 과학적 기술개발, 수학적 공법개발을 이해하는 생각과 사고를 넓혀주는 것이 STEAM 교육방법이다.

창조는 과거와 다른 새로운 것을 만들어 내는 능력이다.

같은 사건이나 사물에 대하여 자신의 관점에서 관찰하고 분석하여 서로 다른 방식으로 문제를 해결방안을 제시하는 방법교육을 통해 창조적 사고력이 성장한다.

서로 다른 문화와 전통, 언어와 환경에 적합하게 사용할 수 있도록 다양화되고 차별성 있는 인재로 키우는 교육이 필요하다.

② 과학경제에 필요한 인재교육

세계경제는 과학경제로 경쟁력을 창출하고 있다.

새로운 시장을 개척하고 신 고객을 창출시키는 과학경제에 필요한 창의적 인재발굴과 육성을 사회와 기업은 요구하고 있다.

두바이는 석유가 없어도 살아갈 수 있는 국가를 만들기 위해 신천지를 건설하고 세계 경제중심도시로 경쟁력을 창출시켰다. 사막을 초원으로 만들고 식수공급을 위해 다양한 생산방법으로 불모지 사막을 오아시스로 탈바꿈시키는 경제정책으로 성공했다.

석유 한 방울 나지 않는 한국은 석유 관련 상품을 생산하는 국가로 경쟁력을 창출했다. 작지만 강한 국가를 만들기 위해 이스라엘은 과학경제에 필요한 인재를 발굴하고 육성하는 데 총력을 기해 왔다.

새로운 경제를 이끌어 가는 것은 창조적 인재이다.

새로운 사고로 관찰하고 분석하여 존재하지 않는 것을 창출하는 도전과 개척정신으로 훈련된 인재가 과학경제에 필요한 인재이다. 주어진 환경을 개선하고 미리 위험에 대비하는 인재로 교육해야 한다.

서로 다른 분야를 이해하고 협동하여 서로의 이익을 도모하는 협동과 나눔은 STEAM 교육을 통한 교류와 융합 훈련으로 습득시킨다. 협동과 나눔이 서로에게 이익을 준다는 의식과 실천교육으로 과학경제에 필요한 인재를 육성해야 한다.

③ 발명 아이디어를 가진 인재 교육

발명은 공개된 자료나 공개되지 않은 새로운 지식과 지혜에 의한 정보를 수집하고 분석하여 아이디어로 신상품을 개발하는 분야이다. 자료와 정보가 공개되면 발명에 의한 특허권을 독점할 수 없다.

누구도 생각하지 못한 생각으로 창조에 도전하는 분야가 발명이고 이러한 발명을 이끌어가는 STEAM 교육이 필요하다. 발명은 생활 전반에 필요한 상품을 개발하여 편리하고 생산적인 환경을 만들기 위한 과정이다.

하나의 조건을 다양한 조건으로 만들어 가는 방법을 생각하고 행동으로 만들어

가는 발명은 다수의 이익을 위해 존재한다. 하나의 발명은 다수에게 편리성과 이익성을 창출시켜 왔다.

자전거, 자동차의 발명은 지속적으로 개선, 발전하면서 이동이나 운송수단으로 경쟁력을 창출시켰으며 인터넷과 스마트폰은 지구촌을 하나의 생활공간으로 만드는데 결정적 역할을 했다.

발명은 변화를 통해 이익과 가치를 창출시켜 새로운 생활환경을 만들어 지속적인 변화와 발전을 촉진시킨다.

보다 편리하고 보다 다기능적인 상품을 개발하는 발명은 인류발달의 원동력이었다. 선진국과 후진국의 차이는 발명능력의 차이다. 발명품과 특허권을 많이 확보한 국가가 선진국으로 경쟁력을 가지고 있다. 법적 특허권은 국제법에 의하여 보호되고 있으며 권리를 인정받아 개인이나 기업의 경쟁무기가 되고 있다.

발명은 아이디어로 만들어진다.

무엇이 불편하고 무엇을 바꾸거나 무엇을 가감하면 편리하고 다양하게 사용할 수 있도록 만들 것인가에 대한 아이디어를 창출하는 과정은 철저히 준비된 발명교육과정에서 아이디어를 창출하는 능력으로 교육한다.

STEAM-Maker 교육은 발명교육방법이다.

과학을 통한 기술개발과 기술개발을 통한 공법개발, 과학을 해결하기 위한 수학을 적용하고 응용하는 과정을 통해 문화와 예술을 창작하도록 단계적이고 체계적으로 교육하는 과정이 STEAM 발명교육이다.

STEAM 교육 5대 요소

STEAM은 Science 과학, Technology 기술, Engineering 공학, Arts 예술, Mathematics 수학 의 5가지 교육요소로 구성되어 있다.

5가지 교육요소 과학, 기술, 공학, 예술, 수학 를 서로 유기적인 관계로 연계하여 쉽고 재미있게 생활에 응용하고 활용할 수 있도록 방향을 제시하는 생활교육이다.

① Science(과학) 요소

과학과 생활관계를 찾는다.

과학이 생활 전반에 차지하는 비율은 절대적이다. 과학이 없는 생활은 존재하지 않기 때문이다. 이러한 과학이 과학자에 의하여 발전하는 한계에서 누구나 과학적 사고를 가지고 생활 전반에 응용하고 활용하도록 과학의 생활화를 추구하는 교육이 필요한 시대이다.

자연을 관찰하고 이해하는데 과학은 필수교육 과정이다.

과학은 자연현상에 대한 원리와 법칙을 파악하여 물질, 형태, 영향, 효과, 변화 등에 대한 구체적인 자료를 관찰하고 분석하여 자연에 적응하고 대응하는 정보를 제공하는 수단이다.

인류는 자연에서 모든 물질을 공급받고 있으며 의·식·주를 해결하고 있다. 미래환경에 대응하기 위해 과학은 생활화되어 발전하고 있다. 과학자들의 전문 과학은 생활전반에 응용되고 활용되어 일반과학으로 활성화되고 있다.

과학과 미래

미래사회는 과학 사회이다. 자연변화에 대응하기 위해 자연환경을 분석하여 미래자연환경에 대비하고 자연보존을 위해 노력해야 한다. 자연파괴는 인류멸종을 의미한다. 인류미래는 과학미래와 밀접한 관계를 가진다. 환경을 보존하면서 인류증가에 대비한 식량생산과 새로운 생활용품을 만들어 가기 위해 과학이 필요하다.

급증하는 인류의 증가에 따른 의·식·주를 해결하고 보다 나은 생활을 추구하며 행복을 추구하는 미래사회는 과학에 의해 만들어질 수 있다.

미래를 설계하고 경영하는 모든 것이 과학이다. 미래인재발굴과 육성에 과학적 사고교육이 중요한 이유이다. 과학 수준에 따라서 개인과 기업, 국가미래 경쟁력 가 결정되는 시대이다.

따라서 과학적 사고를 가진 인재를 확보하는 것이 국가 미래를 이끌어 가는 인재를 발굴하고 육성하는 국가교육 전략이 되었다. 과학을 바탕으로 모든 교과과정을 유기적으로 학습시키는 과학교육이 필요하다.

과학과 역사

과학발달 수준으로 국가 경쟁력이 평가된다. 국력은 과학으로 입증되어 왔으며 과학에 의한 생활환경이 문화로 이어져 왔다. 문명의 발달을 과학의 발달로 평가하는 이유가 과학으로 문명을 이끌어 왔기 때문이다.

역사는 과학에 의한 철학, 문화, 예술로 이어져 왔다.

수메르, 이집트 등의 고대국가나 미국을 비롯한 오늘날의 선진국가는 과학이 발달한 민족으로 생활수준도 높았고 화려한 문명도 만들었다.

한나라의 역사 발달은 과학 발달로 평가되고 있다.

한국 역사에서 세종대왕 시대를 과학이 발달한 시대로 평가한다. 세종대왕시대에 한글을 비롯하여 금속활자 갑인자, 해시계 양부일구, 로켓활기 신기전 등을 발명하였기 때문이다.

그리스, 스페인, 포르투갈, 프랑스, 영국 등의 지배했던 국가 힘은 과학을 통한 무기 개발이었다. 과거의 국력이 과학을 통한 무기 개발이었다면 오늘날은 과학을 통한 생활용품개발에 있다.

인류역사는 과학을 통해 무기개발, 생활용품 개발, 상품개발로 이어져 왔으며 미래 인류역사도 과학을 통한 발명 지식재산권 이 이끌어 갈 것이다.

② Technology(기술) 요소

과학과 기술

인류역사를 과학역사라고 한다면 이러한 역사를 이끌어 왔던 것이 과학기술이다. 과학 원리를 발견하고 원리를 다양한 기술로 발전시키지 못하면 경쟁력을 창출하지 못한다.

돌도끼의 발견은 문명을 발달시키는 계기점이었다. 돌을 다양하게 이용하기 위해 돌의 모양을 기능적으로 만드는 것이 기술 돌도끼 모양 이다. 모든 돌이 도끼의 효능을 나타내는 것이 아니라 돌 모양과 성질에 따라서 도끼로 활용되는 범위가 달랐다.

어떤 돌로 모양을 어떻게 만드는가에 대한 기술은 원시사회에서는 리더의 능력으로 평가받았다. 원시사회 리더는 단단한 돌을 독점하기 위해 전쟁도 했다. 오늘날의 원자재 확보 전쟁과 같다.

자연원료를 가공하는 기술은 오늘날 첨단기술로 평가된다.

석유를 가공하여 정유 산업을 발달시키는 기술이 높은 이익과 경쟁력을 창출시키고 있다. 원류를 판매하는 수익보다 1차 가공, 2차 가공 과정을 통해 디젤이나 휘발유 등의 고급상품으로 판매하는 생산 가공기술이다.

가공기술

기술이란 사전적으로 다음 두 가지로 구분하고 있다.

① 과학 이론을 실제로 적용하여 자연의 사물을 인간 생활에 유용하도록 가공하는 수단 (예: 건축 기술)

② 사물을 잘 다룰 수 있는 방법이나 능력(예: 운전 기술)

일반적으로 기술이라 함은 가공 능력을 의미한다.

요리를 잘한다는 것은 재료를 가공하는 기술 조리 의 차이이다. 같은 재료이지만 만드는 사람에 따라서 맛이 달라지는 것과 같다. 같은 재료, 같은 용기를 가지고 만든 음식의 맛이 다른 것은 숙련된 기술의 차이 때문이다.

• 건축 재료를 어떻게 가공하는가의 건축기술

• 요리 재료를 어떻게 조리하는가의 요리기술

자동차, 자전거, 절삭기, 드라이버 등의 각종 기구나 제품을 어떻게 다룰 수 있는가에 대한 방법기술, 공구 등의 사용기술 등은 습득된 기술에 의하여 나타내는 기술의 차이이다.

재료의 가공, 응용, 활용은 기술로 교육한다.

과학원리를 다양하게 응용하고 활용하는 교육과정이 기술교육이다. 물을 주고 단순하게 먹는 용기로 사용할 것인가, 또 다른 용도로 사용할 것인가, 다른 용도로 사용한다면 어떻게 사용할 것인가? 라는 다용도 교육이다.

만지고 두드리는 모든 동작방법이나 기구를 이용하여 다른 것에 응용하고 활용하는 방법을 습득시키는 다용도 기술교육이다.

기술교육을 손재주 교육이라고도 한다.

손재주는 타고 나는 선천적 기술 감각을 말한다. 숙련 기술은 후천적 교육으로 습득된다. 기구나 기계에 대한 기능과 성능 등을 교육받고 어디에 어떻게 응용하고 활용할 것인가, 방법적 기술교육이다.

기계를 작동하는 방법이나 운전하는 방법 등은 후천적 훈련에 의하여 습득되는 기술이다. 전자기기나 스마트폰, 세탁기, 컴퓨터 등의 생활용품을 사용하는 방법도 후천적 훈련에 의하여 습득되는 기술이다.

과학교육이 원리를 중시한다면 기술교육은 반복된 훈련으로 습득시키는 교육이다. 습득과정에서 손재주나 기술 감각이 있는 사람이 빠르게 기술을 습득하는 경향이 있다.

어릴 때 퍼즐, 칠교놀이 등으로 조합놀이나 레고, 카이넥스, 로봇 등의 제품 결합 교육은 손재주를 키우는 기술교육이다.

③ Engineering(공학) 요소

공학은 물건 등을 만들기 위해 과학적 지식을 응용하는 응용과학 기술이다. 전기 전자 통신, 금속 재료, 섬유 화학, 건축 토목, 환경 자원, 컴퓨터 등의 다양한 분야에 과학적 원리, 지식, 도구를 활용하여 새로운 제품, 도구 등을 만드는 공법의 설계 교육이다.

공학교육은 구조설계 교육이다.

건축물을 만드는 교육은 조립과 조합에 의한 기술교육으로 새로운 건축공법, 구조를 찾아내는 교육이다. 초고층 건물을 만드는 방법으로 레고나 카이넥스, 막대 등의 다양한 교구재를 활용하여 건축구조 이해를 통해 과학원리가 어떻게 적용되는가를 학습한다.

건축에 다양한 건축공법이 사용되는 것은 공학을 이용하여 건물을 짓고 공학을 연구하는 방법으로 안전하고 편리하게 이용하는 건물을 짓기 위함이다. 공학은 건물을 완성하기 전에 모형을 통해서 건물의 안전도와 사용도를 실험으로 평가할 수 있기 때문이다.

시뮬레이션을 통한 구조공학교육이다.

공학은 사전준비와 사후관리에 대한 기술적 평가방법이다. 건물에 대한 사전준비와 사후평가를 하는 방법이고 신 개발품에 대한 사전 점검방법이기도 하다. 새로운 무기의 성능 실험과 기계에 대한 성능 점검이나 검사를 시뮬레이션으로 점검한다.

우주선을 발사하기 전에 공학에 의하여 사전에 실험하여 위험성과 성공률을 사전에 평가한다. 과학 원리에 의하여 어떤 물질이 어떤 반응을 하는가에 대한 실험교육으로 새로운 물질에 대한 사전 실험을 한다.

신 기술개발, 물질개발, 공법개발 등을 공학에 의한 시뮬레이션과정을 통해 교육하는 것은 공학을 이해시키고 과정을 통해 문제점을 인지시켜 해결점을 찾는 아이디어 교육으로 중요하다. 구조 설계 공학에 의하여 아이디어를 창출하는 학습은 과학적 구조 설계 아이디어교육이다.

④ Arts(예술) 요소

예술은 창작종합교육이다.

조각, 미술, 음악, 무용, 연극 영화 등의 생활화로 인하여 음악발표회, 공예품 전시회, 연극발표회, 가구 전시회 등으로 확산되었고 오늘날 생활과 연계되는 신제품 설명회, 상품 전시회, 자동차 전시회 등으로 확산되었다.

의·식·주와 연계되는 모든 분야가 예술적 분야이다.

생활 도구에서 생활용품, 인테리어 등의 장식에 필요한 디자인이나 음악, 미술 등을 포함하여 좀 더 즐겁고 아름다운 공간과 시간을 꾸미고자 하는 소비자의 욕구를 충족시키는 모든 영역이 예술적 생활이다. 예술은 창작교육이다.

자동차에 음향시설을 설치하고 인테리어를 하고 최신 시설로 예술적 분위기를 만들려는 소비자의 흐름이 예술의 생활화이다.

예술 공간이 대중화되고 있다.

예술인만의 예술 공간을 누구나 예술적으로 활동하는 공간으로 대중화되고 있다. 노래 공간 노래방 등 은 생활공간의 일부가 되었다. 누구든지 배우고 싶고 부르고 싶은 노래를 마음대로 하고 아름답게 꾸미고 싶은 대로 꾸미는 생활공간으로 바뀌었다.

음악공간이나 연극공간이 관객과 함께 무대에서 연주하고 연극하는 공간으로 변하고 있으며 미술 공간도 관람객과 그림을 그리거나 대화하고 감상하는 공간으로 생활공간, 업무공간 거리공간 등이 예술 공간이 되고 있다.

건축, 공예, 미술, 음악 등의 모든 예술적 요소의 바탕에는 과학원리가 있다. 건물에 대한 과학원리, 공예품을 만드는 과학원리, 그림구성이나 색채 배합 등의 과학원리, 리듬 조화에 대한 과학 원리에 의하여 모든 예술이 만들어지고 있다.

과학 원리를 적용하고 응용하고 활용하는 창작은 건축, 미술, 음악, 무용 등으로 다양하게 예술로 표현된다. 건축가, 미술가, 음악가, 무용가 등의 예술적 창작도 과학적으로 인정받고 있다. 과학 원리와 기술, 공학은 미래예술 인재를 발굴하고 육성하는 교육이다. 예술은 창작에 의해 존재하는 것이다.

⑤ Mathematics(수학) 요소

과학을 통해 예술을 이해시키는 방법으로 수학교육이 필요하다. 작사, 작곡의 예술적 표현은 수학적 수치로 창작한다. 건축물의 형태, 구조 등이 수학적 계산에 의하여 아름답게 만들어지는 것이다. 예술의 아름다움과 화려함, 정교함과 조화로움, 정교성과 조화성은 수학적 요소이다.

음악은 리듬, 박자, 소리 크기의 조합에 의한 하모니이다. 박자, 소리 크기는 수치이다. 따라서 음악은 잘하는데 수학은 못한다는 말은 앞뒤가 맞지 않는 말이다. 음악, 미술, 무용 등을 잘한다는 것은 수학을 잘하기 때문이다. 음악가, 미술가, 무용가를 수학자라고 말하지 않는 이유는 교육방법의 차이 때문이다.

수학교육을 단순한 수치적 계산능력으로 평가하기 때문이다. 답을 맞추는 능력을 평가하는 잘못된 수학교육이 다양한 분야 창작 에서 수학이 적용되고 있으나 수치적 응용이나 활용을 못하게 만든 수학교육의 모순이다.

과학 원리는 수학으로 푼다. 그러나, 원리가 수학은 아니다.

원리를 적용하고 응용하고 활용하는 과정에 수학이 필요하다. 이해도가 높다는 것은 수치적 이해가 빠르다는 것이다. 정교성과 조화성은 수치에 의하여 기술로 표현하는 능력이다. 수치보다 중요한 것은 수리적 Mathematical 이해이다. 숫자 상관관계를 이해하여 하나의 돌을 지탱하기 위해 다른 돌과 연계시키는 건축기술이 건축공학이다. 건축공학에 의하여 만들어진 아름다운 건물을 감상하면서 예술적 건물이라 한다.

모든 사물은 수학에 의하여 존재한다. 수는 수치로 풀어가지만 수는 형태를 만드는 구성요소이고 생각하는 순서이고 창작하는 방법이다. 따라서 STEAM교육은 수학을 통한 창작의 사고력을 키우는 미래교육이다.

STEAM-Maker 교육은 수치에 의한 창작활동이다. 무엇을 어떻게 만들 것인가? 방법을 생각하여 행동을 만들어 가는 실생활 교육이다.

Maker 교육이란 무엇인가?

세계 각국은 각기 다른 4차 산업혁명시대에 필요한 창의적 인재 양성교육으로 STEAM-Maker 교육을 실시하고 있다. Maker 교육은 창작교육으로 실습을 통해 사물인터넷과 인공지능의 빅데이터를 이용하는 방법과 인터넷 기본 SW교육 등을 실시하고 있다.

독일을 비롯한 유럽 국가는 각기 다른 방식으로 Maker 활동을 다양하게 실시하고 있으며 미국은 정책적으로 미래인재교육으로 실시하고 있다.

Maker 교육은 만드는 과정을 통해 협동, 협력하여 창의적으로 문제를 해결하는 방법을 학습시켜 미래인재로 키우는 학습방법이다. 관찰한 것을 분석하여 만들며 STEAM을 통한 융합교육을 이해시킨다. 만드는 과정에서 느낀 것을 분석하여 기술과 공학의 창작활동으로 문제해결능력을 키운다.

모든 교육과정을 이론에서 탈피하여 실기 위주로 개인 간의 소질이나 능력에 따라서 작품을 만들어 상대와 비교를 통해 자신의 작품에 대한 문제점을 스스로 분석하여 생각하며 만드는 방법을 자연스럽게 학습시키는 교육방법이다.

1차 산업혁명을 주도했던 영국은 창조산업 부흥을 위해 국가 정책으로 창의성교육을 추진하고 있으며 rule maker 교육으로 4차 산업혁명에 필요한 인재양성을 적극 추진하고 있다.

Maker 교육은 메이커 운동(Maker Movement)으로 확산되고 있다.

4차 산업혁명의 창의성은 이론이 아니라 실제 체험을 통한 사고력을 키우는 교육이다. 이론교육시대는 끝났다. 체험을 통한 대화와 토론으로 서로 다른 생각을 해결하는 방법을 찾아가는 STEAM-Maker 교육을 국가마다 정책적으로 지원하고 Maker Space를 통해 다양한 융합교육을 시행하고 있다. 국가마다 Maker 교육을 위한 Maker space를 운영하고 있다.

주요선진국 메이커 스페이스 운영

최초 메이커 스페이스는 독일의 C- 베이스 C-base 이다.

미국

- 인프라 : 메이커 국가를 목표로 공공·민간 협력 범국가적 차원에서 제조업 중흥을 메이커 국가(Nation of Makers)를 목표로 전국적 메이커 인프라 구축 지원
- 문화 : 제조업 재조명 및 DIY(Do it yourself)문화 부활, DIY 시장 변화 주도 및 DIY 문화 저변 확대를 통한 메이커 운동 확산
- 교육 : 혁신 및 창의융합 교육에 부합하는 메이커 교육, 혁신교육, STEAM 교육을 위한 메이커 교육이 진행. 개인별 자율적인 메이커 교육 채널등장

유럽

- 인프라 : 분야별·지역별 특화, 전문가 집단중심으로 메이커 인프라 자생적으로 성장, 지역 및 활동 분야에 따라 특성화된 메이커 스페이스 존재
- 문화 : 산업·경제 혁신, 영국, 독일, 이탈리아, 벨기에, 덴마크, 스웨덴 등에서 혁신성, 창조성에 주목하는 메이커 운동 확산
- 교육 : 소프트웨어·디자인·3D 프린팅 연계, 영국, 프랑스는 초·중등 교과과정에 창의성 향상 소프트웨어 및 디자인 교육, 영국은 3D 프린팅 교육을 초등학교 정규 교육과정에 도입

일본

- 인프라 : 팹카페(Fabcafe) 등을 통한 상업화
- 문화 : 전 국민 메이커 운동, 장인정신을 상징하는 모노즈쿠리 문화를 메이커 운동으로 전문성, 창조성, 커뮤니티 조성(오타쿠, 최고 품질 추구)
- 교육 : 지역 커뮤니티 기반 메이커 교육, 지역 메이커 커뮤니티 기반 공동 프로젝트 운영, 이벤트, 파티 개최 등 다양한 소통형 교육으로 메이커 교육 증진
- 사업화 : 현지 기업 협력으로 지역 특화형 제품 개발, 민간주도 메이커 스페이스 제작

활동 생산·유통 통합적 시스템제공, 기업 및 공방과 협력으로 지역 특성 제품을 개발·생산·판매로 고용 창출, 지역 문화 및 경제 활성화에 기여

중국

- 인프라 : 최대 규모 글로벌 제조 인프라, 베이징, 상하이, 선전을 중심으로 공장형 제조기업, 하드웨어 판매업체, 팹랩, 메이커·해커스페이스 등을 연계한 메이커 인프라 형성으로 메이커 운동의 허브 역할 수행
- 문화 : 문화·창업자 열풍, 모방 기술력을 바탕으로 재창조하는 산자이 문화기반으로 혁신. 인재 육성을 위한 촹커 열풍과 창업 장려 정책의 메이커 운동 확산
- 교육 : 차세대 혁신 인재 창업자 육성, 창업자 육성 정책 기반의 대학 내 창업 인큐베이터 역할 수행을 위한 교육 플랫폼 및 전문가 교육·상담, 온라인 학습 프로그램운영
- 사업화 : 국민 창업지원 플랫폼 구축, 국민 창업지원 플랫폼 구축으로 창작 및 창업 공간 및 시장 현황에 따른 전문화, 통합화된 제도적 지원

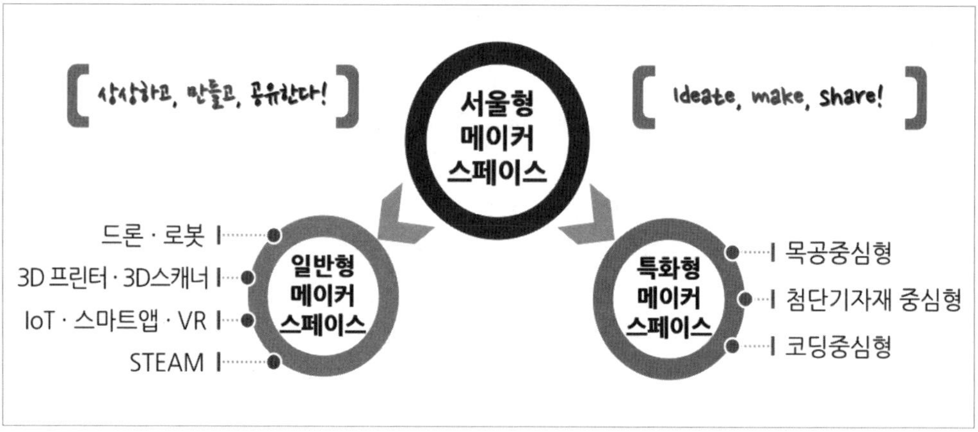

〈서울시 교육청 Maker교육 방안〉

융합교육이란 무엇인가?

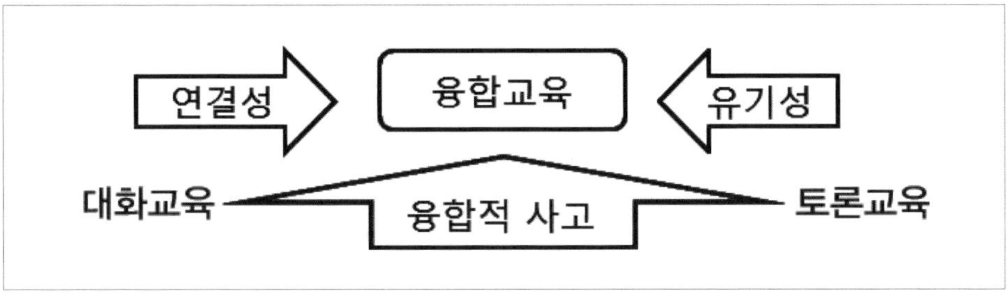

4차 산업혁명은 서로 다른 기술을 유기적으로 연계시키는 융합기술에 의하여 경쟁력을 창출한다. 융합기술이란 서로 다른 분야에서 연관성을 찾아내어 시너지를 창출하는 기술이다. 융합교육은 이러한 기술을 찾아내기 위한 사고력을 키우는 교육방법이다.

지금까지의 교육은 분야별 독립된 교육을 실시하였다. 분야별로 독립된 정보는 서로 연계하는 방법을 학습하지 못했다. 4차 산업혁명의 정보교육은 서로 다른 정보를 결합하는 연결방법과 유기적 관계의 차별성을 찾아내는 융합교육이 필요하다.

자기주장만이 아닌 타인의 생각과 의견을 청취하고 서로 다른 점을 존중하는 자세부터 가르쳐야 한다. 융합교육은 대화기법과 토론기법에 의한 교육방식이다. 없는 것을 찾아내고 실패를 통하여 경험을 가르치는 교육이다.

오늘날 기술은 고도로 발달했다. 분야별 기술의 발달은 한계점을 보이고 있다. 따라서 국가마다 새로운 기술을 개발하기 위해 서로 다른 분야를 연계하는 융합기술 개발에 국력을 쏟고 있다.

같은 것끼리 연계성을 찾는 방식은 간단하지만 서로 다른 것에서 연계성을 찾는 것은 융합적 사고력이 필요하다. 과거 교육은 독립되어 각기 다른 생각을 주장하고 기득권 영역을 보호하거나 주장했던 방식이었지만 미래 교육은 기득권이나 영역을 주장하면 고립된다. 이론 중심이 아니라 실무 체험 중심이다.

4차 산업혁명을 주도하려는 영국 융합교육 정책

1차 산업혁명을 이끌었던 영국의 기술혁명은 방적기술, 증기기관, 제철기술이라는 3대 기술혁명이었다. 서로 다른 분야의 기술로 독립적으로 경쟁력을 키웠지만 이제는 서로 다른 분야의 기술을 연계시키는 시대이다.

유럽 국가들은 미래인재를 발굴하고 육성하기 위한 교육정책을 수립하고 있다. 영국은 1차 산업혁명을 이끈 증기기관 발명으로 세계 1/4을 지배했었다. 태양이 지지 않는 나라라는 명성을 되찾겠다는 정책으로 미래 정보사회를 이끄는 디지털 인재양성으로 교육방향을 수정했다.

영국의 코딩 교육 정책을 이루는 기본 철학은 STEM이다. STEM은 과학 Science, 기술 Technology, 공학 Engineering, 수학 Mathematics 을 연계시키는 Maker 교육으로 디지털교육정책을 추진하고 있다. 영국은 디지털 교육정책으로 2014년부터 '컴퓨팅'이라는 과목을 5세~16세 필수 교육 과목으로 초·중등 정규 교과목에 기존 ICT 정보통신기술 과목을 컴퓨터 과학에서 스크래치, 파이썬 등을 활용한 프로그래밍 등의 250시간 코딩 관련교육으로 진행하고 있다.

영국교육의 중요과목 4R Subject

① Reading ② Writing ③ Arithmetic ④ Software

코딩에 의한 Software가 중요과목으로 부각되고 있는 것은 미래사회에 필요한 기본과목이고 직업기본에 코딩이 필요하기 때문이다. Software는 다양한 정보를 수집 분석하여 만드는 프로그램이다. 융합교육이 Software를 개발하는데 영향을 준다는 것이다. 영국의 코딩교육은 사고력을 키우는 교육이다. 단순한 기술교육이 아니라 사고력교육을 바탕으로 기술을 가르치는 방식이다. 서로 다른 분야의 정보를 수집하고 분석하면서 기획, 프로젝트관리, 시장조사, 디자인, 프로그래밍, 마케팅까지의 분야별 정보를 수집하고 분석하는 사고력교육이 미래사회의 리더로 성장할 것이다.

유럽국가의 융합교육정책

유럽 국가는 과학 Science , 기술 Technology , 공학 Engineering , 수학 Math. 의 ICT형 STEM 융합교육을 실시하고 미국은 1990년 STEM에서 A Art 를 추가한 STEAM 융합교육으로 미래인재를 양성하고 있다. 교과서 중심의 교육에서 실생활중심교육 직업교육 으로 변했다.

핀란드

4세부터 코딩교육실시, 문화, 자연과학, 관광업 및 국내 서비스, 건강과 스포츠 등의 사회 서비스, 기술과 정보통신 및 운송, 사회과학 및 사업과 경영 등 직업 현장에 바로 쓰일 수 있는 기능 중심 교육을 하고 있다. 취업 Vocational Qualification 은 학력 위주보다 실력 위주이기 때문에 교육은 대부분 실습과 실기 위주이다.

스웨덴

스웨덴의 유치원 교육정책의 중심은 '돌봄', '교육', '배움'의 세 축으로 이루어져 있다. Relationship을 통한 융합교육이다.

덴마크

교육과정은 인문학으로 덴마크어, 영어, 기독교·종교, 역사, 사회교육을 실시하고 실용·예술 교과로는 스포츠·체조, 음악, 시각예술 교육을 자연과학으로는 수학, 자연과 기술, 생물, 물리와 화학을 실시하고 있다. 고등교육기관들이 정부 후원으로 직장인, 실업인구 대상의 재교육 프로그램을 실시하고 있다.

독일

인더스트리 4.0의 핵심은 교육이다. 직업 교육훈련을 포함한 '듀얼 시스템'이다. 학교 수업과 기업의 직업 훈련을 병행한 융합교육이다. 융합교육은 실생활 교육으로 대학진학을 목표로 하는 한국교육과 다르다. 북유럽 국가의 대학 진학률은 33%~35%로 실질적 생활 교육을 한다.

감성융합(Affective Convergence)교육이란?

인간과 로봇의 차이는 감성이다. 빅데이터 시대 로봇과 인간은 비교할 수 없다. 인간이 만든 로봇은 빅데이터로 존재하기 때문이다. 따라서 인간은 로봇이 가질 수 없는 영역으로 존재할 수밖에 없다. 빅데이터에 의한 로봇의 감성은 한계가 있다. 이미 로봇이 감성을 가지고 다양한 활동을 하고 있으나 인간의 감성을 정확하게 이해하려면 많은 시간이 필요하고 제한적일 수밖에 없다.

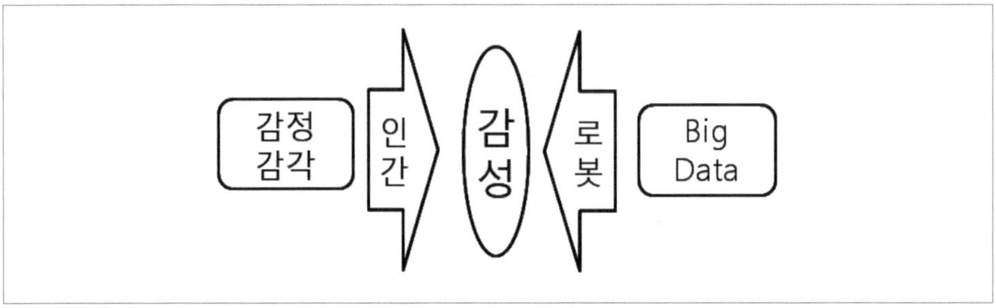

인간의 감성은 본능적이지만 로봇의 감성은 빅데이터에 의한 반응이다. 인간은 감성에 의한 사건이나 사물에 대한 반응이 달라진다. 데이터에 의한 반응은 사건이나 사물의 분석 자료에 의하여 감성이 표현되기 때문에 인간과 로봇의 감성 영역은 다르다. 빅데이터의 진화에 의하여 미래사회는 로봇이 인간의 감성을 이해하고 대응하는 시대가 될 것이다.

인간은 감성의 동물이다.
『감성=감정+감각』

표정 변화는 감정에 의한 반응이다. 로봇의 표정 변화는 인간의 신체적 반응을 모방하여 만들었다. 그러나 로봇의 표정은 인간처럼 자연스럽지 못하다. 본능적 감정에 대한 감성이 부족하기 때문이다.

4차 산업혁명은 감성융합 시대이다

감성융합이란 인간과 기계 간의 인터페이스, 로보틱스 등 공학적 측면 및 문화, 사회, 예술 등 감성과 관련된 다학제 Multidisciplinary 간의 연구이다. 국내의 앞선 IT 분야의 기술력을 바탕으로 감성 기반 기술을 융합하는 연구 분야로써 터치스크린, 촉각 센싱 Sensing 등 감성을 자극하는 기술 및 뇌파, 맥파 등 생체 인식 등을 통해 인간의 감성을 인지·처리하는 기술이 융합된 산업으로 응용되고 있다.

융·복합형 콘텐츠는 콘텐츠 간 융합, 새로운 매체, 새로운 플랫폼과의 융합, 제조 및 서비스업 등 타 산업과의 융합을 통하여 새로운 시장을 창출하는 새로운 형식의 콘텐츠이다. 예: 방송통신융합, 에듀테인먼트, 디지털 스토리텔링 등

메이커 교육	2015 개정교육과정 핵심역량	서울학생 핵심 역량 (서울시교육청)
첨단 과학·디지털 환경	지식정보처리 역량	지성을 기르는 인지 역량
창의적 제품 구상·제작	창의적 사고 역량	
공감 및 협업	의사소통 역량	감성과 건강을 키우는 사회·정서 역량
융합기술 (예술+기술 등)	심미적 감성 역량	
자발성	자기관리 역량	인성과 시민성을 함양하는 참여·자치
공유	공동체 역량	

〈서울시 교육청 자료 인용〉

감성융합기술

① 웨어러블(Wearable) 컴퓨터

시계, 안경, 옷, 헬멧 등 자유롭게 몸에 착용하고 다닐 수 있는 기기다. 미국 군사 훈련용으로 개발되어 스마트 의류 Smart Clothes, HMD Head-Mounted Display 와 같은 가상현실 혼합 현실 체험기기, 피부에 이식하는 임플란트 Implant 등으로 응용되어 산업, 의료, 군사 등 모든 분야에 활용되고 있다. 생활용품을 비롯하여 패션, 이동통신기기 및 디지털 제품에까지 그 영역을 넓히고 있다.

MIT 미디어랩에서 인간의 감성 상태를 측정하기 위하여 개발된 웨어러블 컴퓨터 기기로 착용자의 감성 신호 및 패턴을 인식할 수 있는 센서와 도구들을 장착하여 착용자의 감성 상태를 인식한다. 심박 수와 피부 반응 상태 등을 감지하여 감성 인식률을 높이고 있다.

② 웨어캠(Wearcam)

감성을 처리할 수 있는 시각 기반의 센서와 인식 기술로 웨어캠을 추가하여 착용자에게 단순히 기억할 것과 기억하지 않아도 될 것을 알 수 있도록 도와주며 때로는 기억할 때를 알 수 있게 해준다. 착용자에게 감성적으로 중요한 시각적 사건을 자동으로 기억할 수 있게 도와준다. 주위를 끄는 시각적인 콘텐츠 현재는 특정 사물이나 대상으로 제한 의 출현 시 영상 정보를 자동 저장하고 기억할 수 있도록 알려준다.

감성 융합기술 사례

① 가상 해양 세계

데미트리 테르조풀로스 Demetri Terzopoulos 에 의하여 구현된 동식물, 인간의 감성과 지능을 모사하여 인공 생명체에게 자율성과 창조성을 구현하고 진화 가능하도록 설계한 가상 해양 세계 Artificial Fish 이다.

바다 특성의 가상 환경에서 독립된 움직임 Motor, 지각 Perception, 행위 Behavior 를 갖는 물고기들을 구현한다. 구현된 물고기들은 자율적으로 장애물 회피와 같은 기본적인 움직임 및 짝짓기와 같은 복잡한 행동을 구현한다. 가상물고기는 해양생태계조사나 해양, 수족관 등에 활용한다.

② 키스멧(Kismet)

매사추세스공대 MIT AI연구실에서 인간과 로봇의 상호 작용을 연구하기 위하여 터키어의 '행운'이라는 의미를 갖는 키스멧 Kismet 을 개발하였다. 사람의 말과 행동에 따라 표정과 움직임이 달라지며 인간과 상호 작용이 가능한 프로그래밍된 감성 지능형 로봇이다.

안구에 들어있는 CCD 카메라와 소형 무선 마이크로부터 주위의 상황을 인식하고 눈썹, 눈꺼풀, 안구, 입술, 귀 등 인간과 같은 얼굴 모양을 사용하여 기쁨과 슬픔, 놀라움, 웃음 등의 표정을 표현한다.

③ 스코틀랜드 어펙티브미디어사의 컴퓨터 시스템

스코틀랜드 어펙티브미디어사에서 사람의 말을 듣고 분위기를 인식하는 컴퓨터 시스템을 개발하였다. 운전자의 감정 상태에 따라 음악을 변환하고 졸음운전을 하면 빠른 템포의 음악을 재생한다. 운전자가 화가 난 경우에는 조용한 음악을 재생하는 등 자동차나 게임 등에 응용되고 있다. 감성적 자극을 통한 운전사고 예방이나 다양한 게임을 통한 치료 효과를 얻을 수도 있다.

④ 얼굴 표정 분석

AI 인공지능 의 62가지 표정은 상대표정을 분석하고 대응하는 프로그램이다. 표정은 광학적 흐름 분석 Optic Flow Analysis 을 통하여 얼굴의 모션을 분석하고 국부적인 표현 Local Representation 을 통하여 얼굴 영상의 세부적인 표정을 나타낸다. 표정 분석은 다양한 분야에 활용될 수 있다. 범인인식, 상대파악을 통한 영업전략, 대화 및 토론 준비방법 등으로 상대 정보파악에 사용된다.

⑤ **청각에 기반을 둔 음성 분석**

음성분석은 오래전부터 시행되고 있다. 음성 신호 템포와 에너지를 통하여 감정을 분류하거나 음성 신호의 피치와 HMM Hidden Markov Model 을 이용하여 영어와 스페인어의 감정을 인식한 소통 대화방법으로 사용될 수 있으며 음성 파장 분석 등의 심리파악 등으로 사용될 수 있다.

AI와 경쟁에서 인간이 살아남은 방법은 감성이다

4차 산업혁명 빅데이터 시대에 인간이 로봇과 경쟁에서 살아남는 방법은 인성을 바탕으로 감성 융합교육을 하는 방법이다. 암기력, 기억력, 생산력에서 로봇과 경쟁할 수 없는 인간은 인성을 통한 감성으로 판단하고 교류하여 경쟁력을 창출한다.

인간의 감성을 자극하는 다양한 프로그램이 개발되고 있다. 생활 속의 전자제품을 비롯한 건물, 교통, SOC Social Overhead Capital 시설, 의·식·주와 연계되는 모든 제품이 감성융합제품으로 생산될 것이다.

감성융합 모바일

사람의 기분에 맞는 음악을 들려주고, 건강 상태에 따라 필요한 체크나 예방방법을 알려주는 시스템이다. 스마트폰에 장착된 감성인지 엔진이 사용자의 감성을 인지하여 적합한 배경화면과 음악을 보여주거나 건강상태를 자동으로 인식하여 신체별로 건강 자동 측정하여 예방 및 치료를 돕는다.

05

4차 산업시대 경쟁력창출 방법 융합교육을 통한 인재개발 전략 (AI와 경쟁력을 창출하는 방법)

- AI(인공지능)가 못하는 직업
- 손기술을 키워라
- 상식을 깨트려라
- 고정관념을 깨트려라
- 역발상을 하라
- 본능적 감각을 키워라
- 감성영역을 찾아라
- 감성예술을 찾아라
- 융합 사고를 키워라
- STEAM-Maker 교육으로 바꿔라

AI 인공지능 의 차별성은 융합교육으로 만들어진다.

AI 인공지능 이 가질 수 없는 감각적 손기술이나 본능적 감각을 키워라.

감성영역의 창작성을 창출시키는 STEAM-Maker 교육으로 경쟁력을 창출하라.

AI(인공지능)가 못하는 직업

4차 산업혁명시대의 빅데이터는 인공지능에 의한 로봇이 처리한다.

고정된 컴퓨터가 움직이는 이동식 로봇 컴퓨터로 개발되면서 인간의 일자리를 차지하는 비율이 커지고 있다. 프로그램에 의하여 기계에 부착되어 작동하던 컴퓨터가 인간처럼 움직이면서 빅데이터에 의하여 작업을 하고 업무를 처리하는 시대이다. 기계생산이나 빅데이터에 의한 정보 분석 일자리는 로봇으로 대체되어 갈 것이다.

로봇이 인긴을 대행할 수 없는 일자리를 찾아라.

로봇은 빅데이터에 의하여 행동하지만 인간은 직감에 의하여 행동한다. 인간의 직감은 유전인자에 의한 행동이다.

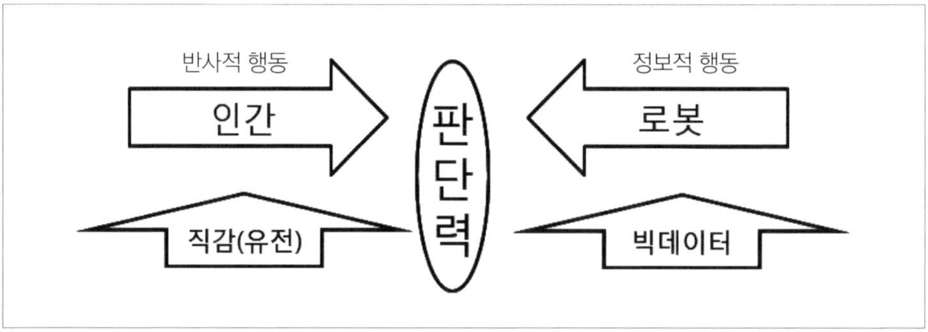

인간의 행동이나 판단력은 유전적 요소를 바탕으로 체험과 경험에 의한 반사적 행동으로써 직감에 의한 판단력을 지니고 있다. 따라서 인간은 감성적 동물로 반사적 반응을 한다.

로봇의 행동이나 판단력은 입력된 정보나 수집된 빅데이터에 의하여 판단하거나 정보에 의한 행동이다. 수집 분석된 정보에 의한 판단과 행동은 인간처럼 융통성이나 상황에 따라 대응하는 능력이 부족하다. 이처럼 변화하는 상황이나 인간의 감성에 대체하는 일자리는 로봇이 하기 어렵다. 미래 일자리는 정보보다 감성에 의한 직감적 판단이나 대체능력을 요구하는 일자리이다. 예를 들면 미용사, 사회복지사, 심리상담사가 있다.

미용사는 고객의 요구나 머리 크기나 형태에 따라서 다르게 작업하는 기술이다. 따라서 미용사는 로봇이 하기에는 한계를 가지고 있어 미래에도 지속적으로 인간의 일자리로 존재할 것이다.

서비스업종에서 판매나 계산 등의 고정적 분야는 로봇이 대체할 수 있으나 고객의 심리 상담을 요구하는 업종은 인간의 일자리이다. 간단한 서비스는 로봇이 인간보다 정확하고 빠르게 처리할 수 있으나 고객의 편리성이나 불편성을 해결하는 서비스는 인간의 일자리이다.

사회복지사는 인간의 일자리이다. 규정된 사회복지활동을 로봇이 할 수 있으나 개인 상황에 따라 문제를 해결하는 사회복지사는 로봇이 어렵다.

판사 일자리의 기본적 자료 분석 판단은 로봇으로 대체된다. 법률이나 판례 등을 바탕으로 판결하는 판사 역할은 로봇이 정확한 판단을 할 수 있으나 사건에 대한 유예 판결이나 인간사회구조상 발생한 사건에 대한 판결은 로봇이 하기 어렵다.

의사 일자리는 로봇이 대부분 대체하게 된다. 질환에 대한 수십, 수백만 명의 체험과 경험은 인공지능 왓슨 과 경쟁할 수 없다. 단순한 체험과 경험에 의한 수술이나 처방전은 인공지능 왓슨 이 하지만 변이적 판단은 체험과 경험을 가진 의사가 담당하게 된다. 따라서 의사는 인공지능 왓슨 의 데이터를 바탕으로 자신의 체험과 경험에 의한 진단을 하게 된다.

섬세함이나 정교함, 체험과 경험에 의한 심리적 판단이나 행동을 요구하는 분야는 인간의 일자리로 남는다.

수선공이나 복잡하고 현장에 따라 다른 배선공사 등은 로봇이 하기에 어렵다. 일정한 패턴에 의한 고정적이거나 주어진 환경이나 조건이 아니기 때문이다. 일정한 정보에 의한 일자리는 로봇이 인간보다 능력이 뛰어나지만 상황에 따라 변하거나 환경과 조건이 변화되는 분야는 인간의 일자리로 남는다.

손기술을 키워라

4차 산업혁명기술은 로봇기술과 손기술로 구분된다.

로봇기술은 고정화된 규칙이나 정해진 범위 내에 사용하는 모든 요소를 충족시키는 기술이고 손기술은 사용자의 감정을 파악하여 세밀하게 보이지 않는 부분까지 만들어 내는 기술이다.

섬세함이나 정교성을 요구하는 분야의 일자리를 인간이 하려면 손기술을 키워야 한다. 생각만으로 처리하는 일자리 대부분은 로봇이 담당하기 때문에 인간은 보다 세밀하고 심리적 치료나 해결을 위한 손기술이 필요하다.

초밥 만드는 로봇

초밥은 밥알 200개를 일정하게 집어서 만드는 기술이다. 손 감각에 의하여 만드는 초밥을 기계가 일정하게 밥알 200개를 저울로 달아서 만들어 내고 있다. 이처럼 단순하게 일정한 양을 조절하는 기술은 로봇도 충분히 만들어 낸다. 초밥을 뭉치고 정성을 심어주는 기술은 인간만이 할 수 있는 기술이다. 손기술은 단순한 형태나 무게들을 측정하며 만드는 기술이 아니라 고객의 감정을 파악하여 만들어 내는 감성기술이다.

손은 보이는 두뇌이다.

손 세포는 두뇌 세포와 연계되어 생각한 것을 손기술로 창작한다. 손기술은 감성을 창작으로 나타내는 기술이다. 마음과 정성을 담은 선물이라는 말과 같이 마음과 정성으로 만드는 기술이 인간의 손기술이다. Maker교육의 필요성

정교성으로 만들어지는 손기술

사용할 사람의 감정을 읽고 세밀하게 만들어 내는 기술이다. 손기술은 창작하는 사람의 감성이 들어 있다. 정성으로 만드는 창작품은 보는 사람의 감성을 자극시키는 것이다. AI 인공지능 는 인간처럼 감성을 가지고 있지 않기 때문에 기계적인 정교성으로 인간처럼 감성을 자극하는 창작품을 만들 수 없는 것이다.

상식을 깨트려라

상식이란 인간관계에서 발생하는 사건을 인간적으로 해결하는 방법으로 일반적인 사람이 가지고 있거나 가지고 있어야 할 지식이나 판단력이다.

로봇은 인간이 지니고 있는 상식이 존재하지 않는다. 규칙이나 정해진 범위의 조건에 충족시키는 것이 로봇이다.

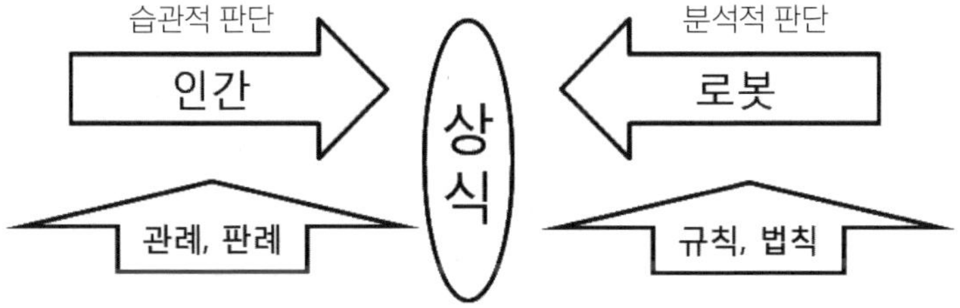

컴퓨터는 입력된 정보에 의한 분석을 하고 판단을 한다. 입력된 정보는 실질적 데이터이기 때문에 포괄적 의미를 가지고 있지 못하다. 이를테면 동물에 대한 정보를 가지고 있지만 동물이 무엇을 생각하는지 무엇을 왜 좋아하는지에 대한 구체적이고 포괄적인 습관, 습성 등을 파악하지 못한다.

인간은 상식에 의한 판단을 한다.

정해진 법이나 규칙, 규범에 의한 제한적 판단은 컴퓨터도 하지만 인간은 정해진 규정을 초월하여 상대적 입장 배려, 나눔 이나 환경, 조건 등을 참작한 관례나 판례 들을 참고로 상식적 판단을 한다.

사회생활은 원리원칙대로 처리하는 것보다 인간적 관계에 의하여 처리하는 풍습이나 관행이 원만한 사람관계를 이끌어 간다. 지나친 법 적용은 사람관계를 삭막하게 만들고 인간관계를 법규로 얽매는 경우가 많다. 따라서 인간사회의 장점은 상식에 의한 사회구현이다. 4차 산업혁명의 빅데이터에 의한 사회에서 원만하고 친숙한 인간관계를 이끌어가는 것은 인간이 지닌 상식에 의한 사회구현이다.

고정관념을 깨트려라

고정관념이란 강하게 집착되어 잘못을 지적하거나 설득을 해도 바꾸지 않는 굳어져 있는 생각이나 관념이다. 컴퓨터 자료는 고정된 자료이다. 입력된 환경이나 조건에 의하여 결정된 변화하지 못하는 자료이기 때문에 인간처럼 융통성이 존재하지 않는다. 컴퓨터는 융통성은 잘못된 것으로 판단한다.

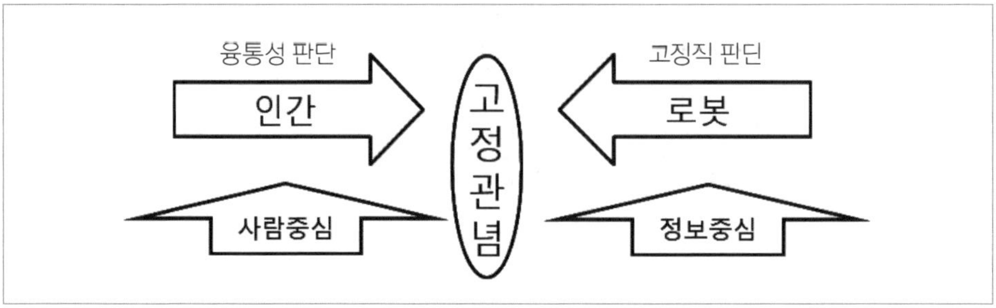

융통성이란 사람중심의 생각과 행동이다.

인간이 로봇과 경쟁에서 차별화시킬 수 있는 방법이 융통성에 의하여 기존의 문제점을 새롭게 만들어 내는 아이디어창출이다.

로봇은 고정 입력정보 된 틀에서 벗어날 수가 없다. 주어진 환경이나 조건에 의하여 분석한 자료를 바탕으로 판단할 수밖에 없다. 왓슨의 판단을 의사들이 100% 진단자료로 쓰지 않고 의사의 체험과 경험에 의한 문진을 바탕으로 왓슨의 판단자료를 참고하여 진단결과를 판단하는 것과 같다.

컴퓨터 자료가 잘못되었을 때는 수정된 자료를 보완해서 자료를 수정하면 컴퓨터는 수정된 자료를 바탕으로 분석하는 것과 같이 융통성은 수정하는 과정이다. 고정된 자료를 수정하는 융통성을 가진 인간이 로봇과 경쟁에서 차별화할 수 있는 요소이다.

인간이 지닌 융통성처럼 입력된 컴퓨터의 자료를 수정하는 방법이 환경설정의 변경이다. 융통성은 환경과 조건에 따라 적응하는 방법이다.

아이디어 창출을 위해 관찰이나 관점의 방향을 뒤집는 방법이다. 보고 들은 사건이나 사물의 차별성을 찾는 방법으로 거꾸로 뒤집거나 다른 방향에서 보고 듣는 방법을 사용한다.

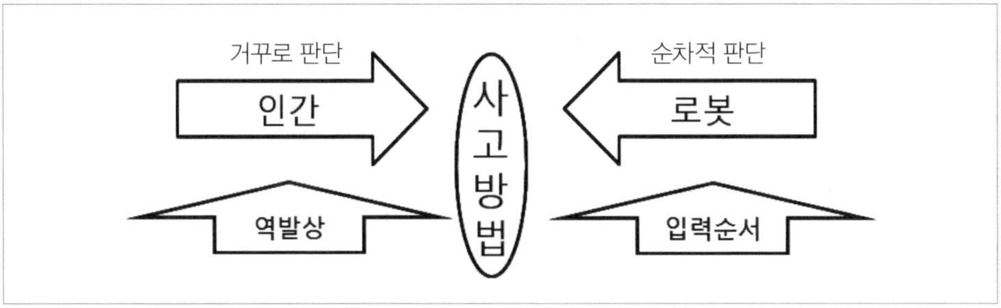

인간이 컴퓨터를 지배할 수 있는 방법은 역발상이다.

컴퓨터와 인간의 생각하는 방법 차이는 컴퓨터는 입력된 자료의 순서나 양에 의하여 판단을 하지만 인간은 해결을 위해서는 백지부터 다시 새롭게 생각하는 방법을 사용한다는 점이다.

백지원리 TQ창의성교육원리 사고력 방법은 컴퓨터는 불가능한 방법이다. 입력된 정보를 백지상태로 돌리면 모든 정보를 새롭게 입력하여 준비해야 한다. Format- 초기화 인간은 초기화시켜도 컴퓨터보다 융통과 변화 속도가 빠르고 활용이 가능하기 때문에 인간이 로봇을 지배할 수 있는 것이다. 문제해결을 위해 기존 생각과는 반대로 또는 거꾸로 생각하는 방법을 사용한다. 아직은 컴퓨터는 인간처럼 거꾸로 생각하도록 프로그램이 만들어져 있지 않다는 것이 컴퓨터와 인간의 차별성이다.

돌발적 사건은 인간생활에서 예견하지 않는 사건이다. 컴퓨터프로그램의 돌발적 사건에 대비한 프로그램을 만드는 작업은 복잡하다. 다양한 사건을 예견하고 만드는 프로그램은 돌발적 사건이기보다는 발생한 사건의 사례를 다양하게 입력한 자료일 뿐이다.

본능적 감각을 키워라

본능적 감각은 인간의 고유 능력이다. 본능은 인간만이 지니고 있는 특성이다. 컴퓨터는 본능이 없다. 본능은 학습이나 경험에 의하지 않고 동물이 세상에 태어나면서부터 이미 지니고 있는 행동 양식이나 능력이다. 컴퓨터는 입력된 자료에 의하여 반응하기 때문에 인간이 태어나면서 지니고 있는 본능이 없다.

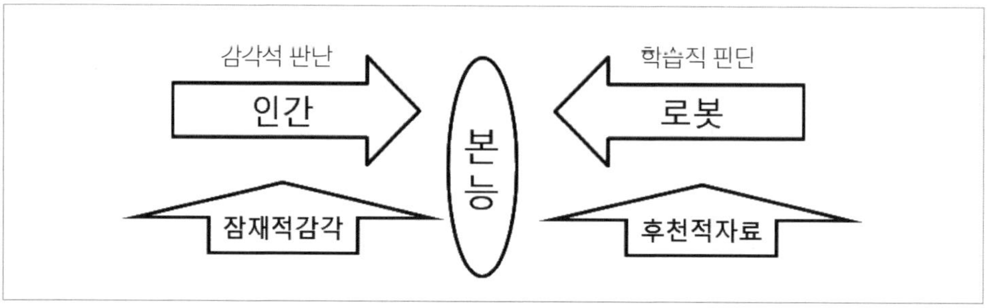

컴퓨터의 본능은 주입된 정보이기 때문에 본능이 아니다. 인간은 본능에 의한 감각을 지니고 있어 컴퓨터가 판단할 수 없는 영역을 판단하는 능력이 있다. 본능은 컴퓨터와 차별화할 수 있는 방법이다. 본능적 감각은 선천적 유전인자에 의하여 잠재된 능력이다.

인간은 본능적 감각으로 생후 학습하지 않아도 유전적 인자에 의하여 반응한다. 컴퓨터는 입력된 정보에 의하여 학습하고 스스로 딥러닝하면서 진화되지만 인간은 자연스럽게 반사적 반응을 하고 감각으로 창출되어 능력을 만들기 때문에 컴퓨터와 차별성을 가지고 있다.

자연에 존재하는 동물이나 식물은 본능적으로 반응한다. 컴퓨터의 단점은 본능적 감각이 없다는 것이다. 역발상도 본능적 반응에 의한 행동이다. 본능적 감각은 판단으로 이어진다. 예견하지 못했거나 돌발적이고 즉흥적인 사건에 대한 민첩한 판단이다. 발명에 의한 지식재산권이 본능적 감각으로 창출되는 경우가 많다.

감성영역을 찾아라

감성은 어떠한 자극에 대하여 느낌이 일어나는 성질과 감수성이 풍부하여 자극을 잘 받는 수용으로 구분된다. 외부적 요인에 의한 반응으로 내부적 감정을 표현하는 감각에 의한 창작활동이다.

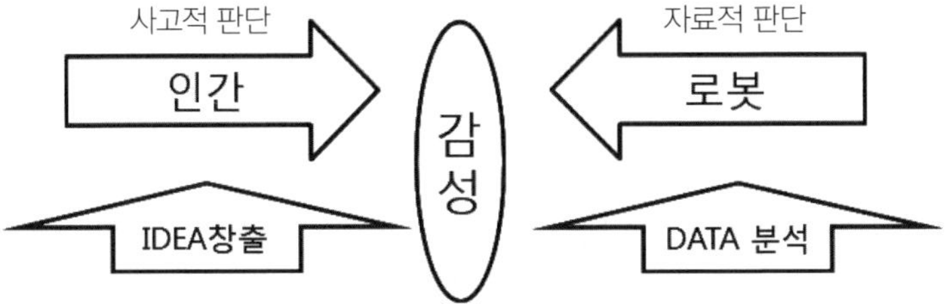

감각을 만드는 감성

디자이너 감각은 고객의 감성영역을 자극하여 창출하는 능력이다. 예술적 감각은 감성적 활동으로 구분되며 지식재산권을 창출하는 방법이기도 하다. 창작분야에서 감성은 결정적 아이디어창출 능력이다. 감성에 의해 마지막 문제해결점을 찾는 경우도 많다. 돌발적이고 위급한 사건을 해결하는 감각적 판단도 감성에서 나온다.

AI(인공지능)과 차별성 만들기

감각적 판단은 체험과 경험에 의한 직감적 예감에서 나온다. AI 인공지능 가 감각적 기능을 인간처럼 발휘하려면 30-50년이 소요될 것이다. 개발 후에도 감성영역은 인간만의 고유 영역으로 남을 것이다. 따라서 AI 인공지능 와 차별성을 만드는 감성영역을 발달시키는 인성교육이 중요하다. 감성은 각기 다르게 가지고 태어나지만 후천적인 인성교육방법에 의하여 잠재된 감성을 자극시켜 영재성으로 발휘시킬 수 있기 때문이다. 잠재적 감성을 자극시키는 올바른 인성교육만이 AI 인공지능 와 차별성을 만든다.

감성예술을 찾아라

4차 산업혁명시대 AI 인공지능 와 경쟁하려면 감성이 필요하다고 했다. 감성에 의하여 만들어지는 문화는 예술이다. 즉, 예술은 창작활동을 의미하며 감성 예술 활동에서 창작능력은 지속적으로 성장한다. 빅데이터로 해결할 수 없는 창작활동은 체험과 경험의 감각이다. AI 인공지능 은 정보로 만들어졌기 때문에 인간이 지니고 있는 감성이 없기에 감성예술은 인간이 지니고 있는 차별성이다. AI 인공지능 창작은 데이터에 의한 창작이다.

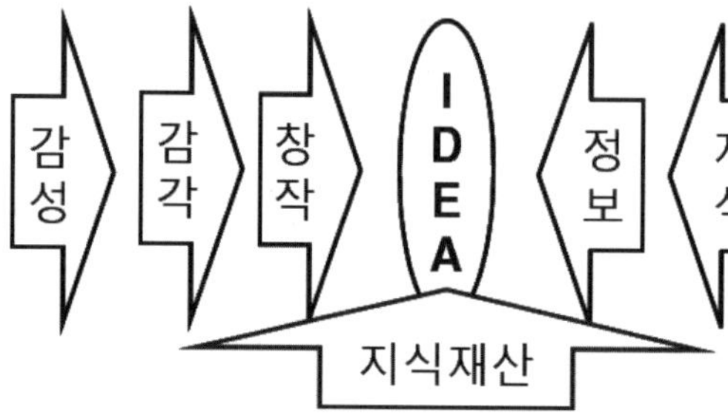

예술 창작성은 감각에서 나오며 감각은 선천적 감성에 의한 창작이다.

감각에 의한 창작은 후천적 정보에 의한 데이터가 아니다. 감성영역은 제한되어 있지 않지만 그렇다고 무제한적 공간은 아니다. 지식재산권으로 창출되는 감각적 감성은 창작의 결과물인 아이디어가 된다. 데이터 정보에 의한 아이디어는 공개된 정보로 시너지를 창출하기 어렵다. 따라서 지식재산권으로 보장받는 아이디어는 감성에 의한 감각의 창작품이다.

AI(인공지능)와 차별성 만들기

감성영역을 자극시켜 창출되는 것이 감성예술이다. 감성만으로 지식재산권을 창출할 수는 없으며 감성예술에 의하여 지식재산권으로 창출된다. 따라서 교육은 잠재적 감성영역을 키워서 감성예술로 승화 형상화 시키는 체험과 경험적 융합교육에 달려있다.

융합 사고를 키워라

융합적 사고에 의한 발명이 아이디어를 창출시킨다.

4차 산업혁명의 사고력교육

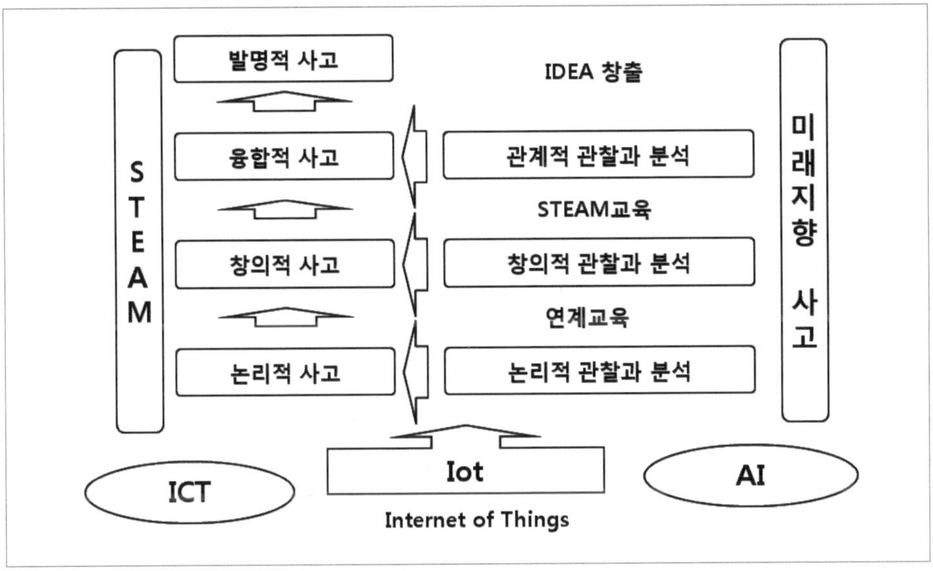

융합적 사고는 STEAM-Maker교육방법에 의하여 창출된다.

서로 다른 분야에서 유기적 관계를 연계하여 두 가지 이상을 융합하여 설계하는 사고력이다.

AI(인공지능)과 차별성 만들기

잠재적 감성영역을 만들고 교육방법으로 감성예술을 키우는 방법이 사고력교육이다. 사고력은 교육에 의하여 신장된다. 누구나 생각하지만 단계적이고 체계적으로 남과 다른 생각과 행동으로 창의적 아이디어를 창출하는 것은 아니기 때문에 STEAM-Maker 교육이 필요하다.

STEAM-Maker 교육으로 바꿔라

4차 산업혁명시대 필요한 인재는 교육방법이 중요하다. 지금까지의 교육방법을 바꿔서 대화를 통한 체험과 경험의 토론을 통한 사고력교육이다.

STEAM-Maker 교육은 과학, 수학을 바탕으로 기술과 공학의 창작능력을 키우는 창의성에 의한 IDEA창출 교육방법이다. Maker 과정에서 체험하고 경험하여 사고력이 성장한다.

STEAM-Maker 교육 10단계

① 아날로그 방식으로 사고력을 키워라.

② 체험과 경험 과정을 통해 사고력을 키워라.

③ 원리를 통한 관찰능력을 키워라.

④ 수치적 도식으로 이미지능력을 키워라.

⑤ 이미지로 설계도 작성능력을 키워라.

⑥ 설계도에 의한 세부적 기능을 키워라.

⑦ 반복과정에서 문제 파악과 분석능력을 키워라.

⑧ 스스로 생각하고 판단하게 하라.

⑨ 생각을 제안하고 발표하게 하라.

⑩ 과정을 통한 결과를 만들게 하라.

4차 산업혁명시대는 빅데이터에 의한 컴퓨터 디지털 사회이다. 디지털사회의 단점은 사고력교육의 부족이다. 따라서 아날로그식으로 사고력을 키워 디지털문화에 필요한 아이디어를 창출시켜 지식재산권을 확보하는 것이다. 컴퓨터는 교육수단일 뿐이고 컴퓨터의 프로그램을 만드는 코딩교육은 아날로그 방식으로 교육해야만 한다.

PART 2

지식재산권

01

지식재산권 유형과 관리

- 지식재산권이란?
- 지식재산권 유형
- 지식재산권 관리 및 금융
- 지식재산권 보호 및 창출
- 지식재산 경영관리
- 특허제도이해 – 특허포트폴리오

지식재산권은 무엇이고 어떻게 관리해야 하는가?

지식재산권(Intellectual Property Rights)이란?

지식재산권 Intellectual Property Rights 또는 지적재산권이라고도 한다. 인간의 창조적 활동 또는 경험 등을 통해 창출하거나 발견한 지식·정보·기술 등의 표현, 표시 그밖에 무형적인 것으로써 재산적 가치가 실현될 수 있는 지적창작물에 부여된 재산에 관한 권리이다.

지적재산권은 인간의 지적 창조물 중에서 법으로 보호할 만한 가치가 있는 것들에 대하여 법이 부여하는 권리라고 정의하기도 한다. 개념정의는 간략하지만 많은 의미를 내포하고 있으며 사실상 지적재산권 전반을 꿰뚫는 포괄적이면서도 중추적인 개념정의라고 할 수 있다. 이러한 개념정의로부터 지적재산권이 성립하기 위한 요건이 도출되며 이러한 요건을 충족하면 법률적 효과로써 권리 즉 지적재산권이 부여된다.

지식재산권은 지적 활동으로 인하여 발생하는 모든 재산권. 산업 발전을 목적으로 하는 공업 소유권과 문화 창달을 목적으로 하는 저작권으로 크게 나눈다.

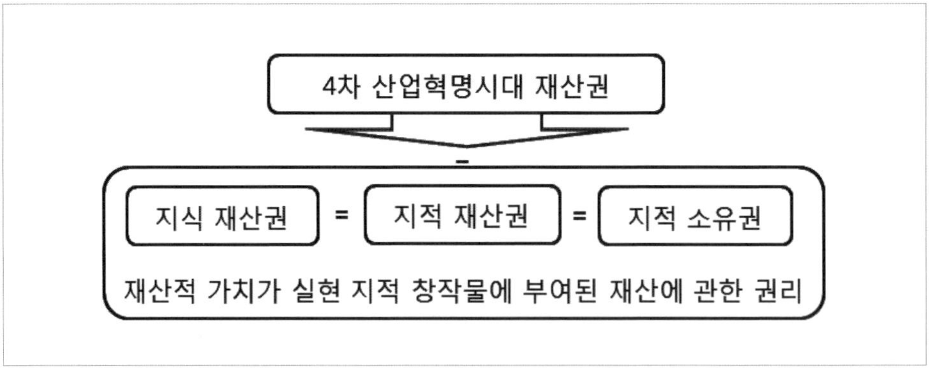

지식재산을 지적재산 또는 지적소유권으로 말하며 산업재산권으로 부르기도 하고 산업, 정보 등의 저작권을 신지식재산권으로 구분하기도 한다.

세계지적재산권기구(WIPO)의 지식재산권 정의

WIPO는 문학·예술 및 과학 작품, 연출, 예술가의 공연·음반 및 방송, 발명, 과학적 발견, 공업의장·등록상표·상호 등에 대한 보호권리와 공업·과학·문학 또는 예술 분야의 지적 활동에서 발생하는 기타 모든 권리를 포함한다고 정의하고 있다.

인간의 지적 창작물을 보호하는 무체의 재산권으로서 산업재산권과 저작권으로 크게 분류된다. 산업재산권은 특허청의 심사를 거쳐 등록을 하여야만 보호되고 저작권은 출판과 동시에 보호되며 그 보호기간은 산업재산권이 10~20년 정도이고 저작권은 저작자의 사후 50~70년이다.

최근에는 무형재산의 컴퓨터 소프트웨어와 유전공학 기술 등의 보호방법과 보호범위가 지적 소유권보호제도의 분쟁요인으로 부각되고 있다. 컴퓨터 소프트웨어는 대부분의 선진국들이 저작권으로 보호하는 추세이다. 한국은 1986년 '컴퓨터프로그램보호법'을 제정하여 1987년부터 시행하여 2009년에 저작권법에 편입하여 함께 보호하고 있다. 유전공학 기술은 그 제조방법을 한국 등 대다수의 국가가 특허로 인정하고 있다.

한국은 1979년 세계지적재산권기구 WIPO 에 정회원국이 되어 물질특허권 공업소유권 제도를 도입하여 운영하고 있다. 또한, 국내저작권법 개정년과 동시에 국제저작권협약 Universal Copyright Convention 에 가입함으로써 1987년부터 이 협약의 적용을 받고 있다.

지식재산권은 특허법·실용신안법·디자인법·상표법·저작권법·발명보호법 등으로 구분되어 있고 이들에 관한 권리를 보호하기 위하여 국제적으로 협약한 조약으로는 '공업소유권의 보호를 위한 파리협약'과 '한·일 상표권 상호보호에 관한 협정' 등이 있다.

지식재산권(Intellectual Property Right) 분류

- 지식재산권
  - 산업재산권
    - 특허/ 실용신안
    - 상표/ 디자인
  - 저작권
    - 저술/ 저작권
    - 예술창작/ 창작물
  - 신지식재산권
    - 영업비밀
    - 컴퓨터 프로그램
    - 설계/ 기타 지적활동

4차 산업혁명시대는 지식재산권확보로 경쟁력을 창출한다.

지식재산권은 부동산이나 동산 등 유체물에 대하여 인정하던 재산권의 개념을 지식재산권의 확대로 발생하는 무체물에 대한 인간의 정신적인 창작활동의 소산에 대한 재산권을 말하며 문화적 창작활동의 문예·학술·미술·과학적저작물, 실연자의 실연, 음반 및 방송 등의 저작권과 인간노력에 의한 발명·고안·의장 등 산업상의 창작 및 상표 등 영업상의 표지에 관한 '산업재산권 특허권·실용신안권·의장권·상표권 으로 나누며 지적활동에 대한 모든 권리 WIPO 설립조약 제2조제8항 '라고 정의한다.

특허권 Patent 은 발명에 대한 권리이다. 실용신안권 Utility Model 은 특허에 비하여 상대적으로 작은 실용적인 발명이나 고안에 대해 주어지는 권리로 상품의 형태, 구조 또는 조립에 관한 기술적 창작에 대한 재산권이다.

디자인권 Design right 은 제품의 독창적인 모양, 형상 및 색채 등 외관상으로 표현되는 독창성에 대하여 주어지는 권리이다.

상표권 Trademark 은 생산자가 자신의 상품을 다른 상품과 구분하기 위하여 사용하는 문자·도형·기호·색채 등으로 표현되는 상징에 대한 독점적 사용권에 대한 권리이다.

산업재산권

특허권, 실용신안, 디자인권, 상표권을 의미하며 특허청에 등록을 함으로써 제품에 독점적으로 권리를 인정받는다.

저작권

저작권 Copyright 은 어문, 음악, 미술, 컴퓨터 프로그램, 캐릭터 같은 독창적인 저작물의 저작자에게 부여하는 배타적인 권리로서, 자신의 창작물을 공표하고, 어떠한 방법으로든 공개 배포 또는 전달하고, 저작물을 다른 사람이 특정의 방법으로 사용하도록 허락할 수 있는 권리를 의미한다.

사람의 감정이나 사상 느낌을 표현한 예술작품으로서 저작물에 대해 작품을 창작한 사람이 가지는 독점적인 권리를 말한다. 저작권은 특허청에 신청하지 않더라도 출판과 동시에 권리를 행사한다.

신지식재산권

산업재산권과 저작권의 범위 내에 해당하지 않으며 경제 발전과 변화에 따른 보호가 필요한 새로운 지적재산권을 말한다.

WTO의 신지식재산권의 범위

문학·예술적 및 과학적 작품, 연출·예술가의 음반 및 방송, 인간 노력의 모든 분야에서의 발명, 과학적 발명, 산업디자인, 등록 상표·서비스마크·상호 및 기타 명칭, 부정 경쟁방지에 대한 보호 등에 관한 권리와 공업, 과학, 문학 또는 예술분야의 지적 활동에서 발생하는 모든 권리이다.

4차 산업혁명시대는 유형적 재산에서 무형적 재산으로 자본투자 없이도 경쟁력을 창출시키는 아이디어 경쟁시대이다. 무형적 아이디어로 페이스북이나 아마존 Amazon 과 같은 것은 무형적 재산을 가진 지식재산기업이다.

4차 산업혁명시대 경쟁력은 지식재산권

4차 산업혁명은 무형지식재산권이 확대되고 있다. 지식소유권의 문제는 국가 간에 보호 장치가 얼마나 되어 있느냐에 따라서 국제 분쟁 대상이 되고 있다. 급속하게 정보 유통이 교류되면서 막대한 시간과 인력 및 비용을 투입하여 얻은 각종 정보와 기술문화가 쉽게 타국이나 기업, 개인에게 유출되고 있기 때문에 각 국가들은 이를 보호하기 위한 조치를 강화하고 있다.

21세기 인터넷에 의한 정보시대는 첨단기술과 문화의 발달로 지식재산권도 점차 다양해져서 영업비밀보호권이나 반도체칩배치설계 보호권과 같은 새로운 지식재산권이 늘어났고 이에 대한 국제분쟁 요인이 확산되고 있다. 지식재산권 관할부서는 산업재산권은 특허청이 관장하고 저작권은 문화체육관광부에서 분리하여 관장하고 있다. 기술개발 유출에 따른 국가 분쟁이 증가하고 있다.

지식재산권 발달 과정을 살펴보자면 지식재산권은 시대변화에 따라 지속적이고 급진적인 변화를 했다.

① 특허권의 기술개발과 기술보호

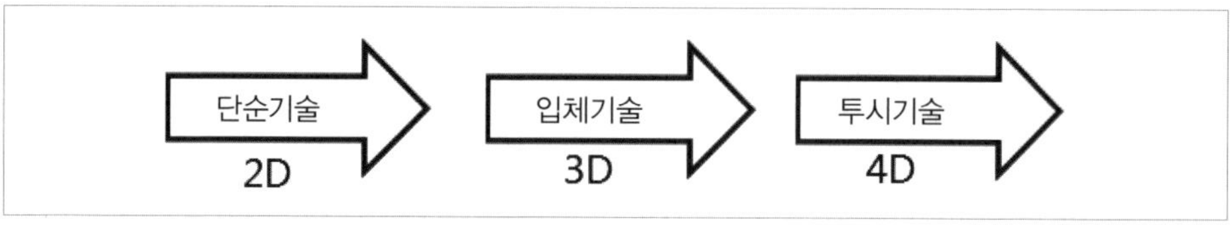

초기발명기술은 필요한 기계, 기구, 제품, 상품을 개발하는 기술이었다. 다양한 제품이 양산되면서 단순한 기능이나 형태가 입체기술에 의해 더욱 세밀하고 다양한 기능으로 발전하였다. 4차 산업혁명시대에는 기술의 발달이 장소나 시간에 제한을 받지 않는 투시기술 3D, 4D 로 발전하고 있다. 상상을 현실로 만들어 내는 기술의 발달은 지식재산권 영역의 무한성을 보여주고 있다.

② 유형재산에서 무형재산으로 확산

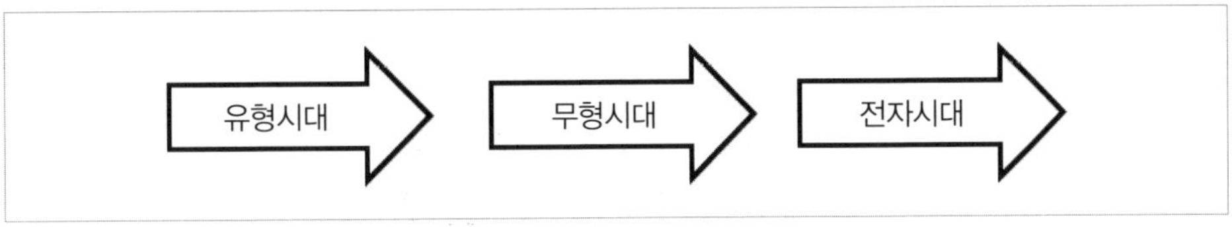

인간 생활에 필요한 동산, 부동산을 소유하던 시대는 유형시대이다. 유형적 재산을 축적하고 관리하기 위한 지식재산권이 필요했던 시대이다.

유형적 재산이 무형적 재산으로 확대되면서 무형재산가치를 높이 평가하기 시작했고 이를 보호하기 위한 제도적 장치가 무형 지식재산권이다. 시대의 변화에 따라 무형적 재산이 전자로 거래되어 플랫폼, 블로그, 카페 등으로 인터넷 전자상의 재산권으로 확산되고 있다. 무형 재산은 점진적으로 확산되어 갈 것이다. 인터넷상의 전자재산은 지식 정보를 바탕으로 만들어지는 재산권이다.

③ 저작권의 변화과정

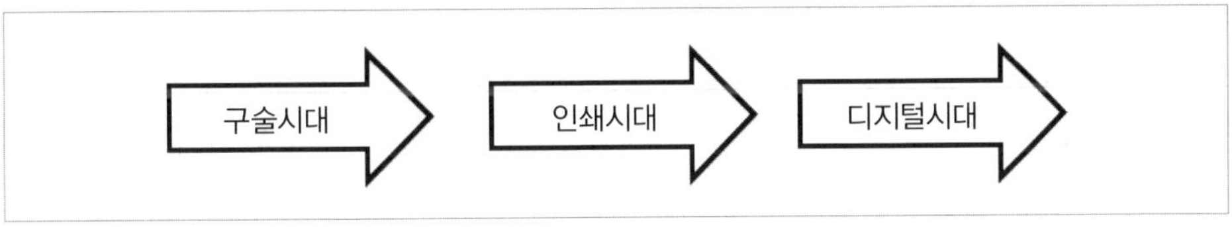

저작권은 인쇄 혁명을 이끌었다.

인쇄술의 발달로 인하여 저작권은 확대되고 있다. 저작권을 구술시대– 인쇄시대–디지털시대로 구분하면 지적소유권의 변화 원인과 시대적 변화를 구분할 수 있다. 인쇄술의 발달은 인류문명을 급격하게 변화시키는 요인이었다. 동서양의 귀족이나 양반만이 문자를 통한 정보를 소유했던 시대에서 누구나 원하는 정보를 수집하고 분석하는 시대로 변화시킨 것이 인쇄술 발달이다. 전기발명이 인류생활을 급속하게 변화시켜 전기를 통한 인쇄술이 발달하면서 인터넷 공간을 통해 영화, 음반, 방송과 함께 디지털시대 미래를 제시하고 있다.

지식재산권 유형

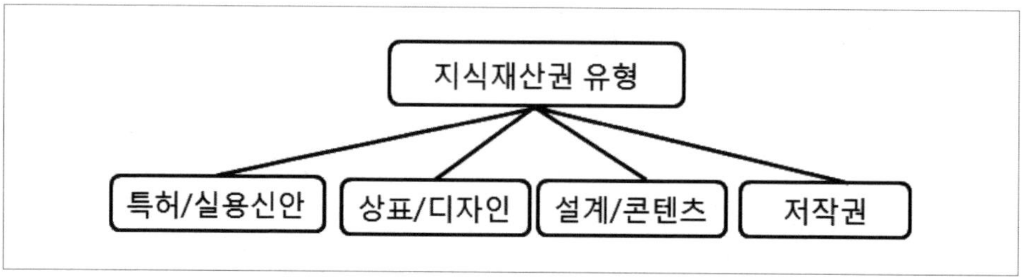

지식 재산권은 보통 보호 목적을 기준으로 산업분야의 창작물과 관련된 산업재산권 특허실용, 상표권, 디자인 또는 공업소유권, 문화예술분야의 창작물과 관련된 저작권으로 나눈다.

반도체 배치설계나 온라인 디지털콘텐츠는 전통적인 지식 재산권의 범주에 속하지 않고 경제, 사회· 문화의 변화나 과학기술의 발전에 따라 새로운 분야에서 출현하는 지식 재산권을 분류하여 신지식 재산권이라 한다.

산업재산권은 지식 재산권 중 널리 산업에 이용되는 무형 재화인 인간의 지적 창조물과 산업의 질서유지를 위해 사용되는 식별표지를 전통적이고 유형적인 재산권과는 달리 별도의 무형적인 재산권으로 보호하는 권리를 말한다. 산업 재산권의 보호범위는 유동적이고 확대일로에 있는 동태적인 개념으로 일반적 특허실용신안, 디자인, 상표, 서비스표, 상호, 출처표시 또는 원산지 명칭 및 부정경쟁행위의 방지 등을 포괄한다. 파리 조약 제1조 제2항 참조

대한민국의 발명진흥법은 '산업재산권'을 특허법·실용신안법·디자인보호법 또는 상표법에 의하여 등록된 특허권·실용신안권·디자인권 및 상표권을 말한다고 규정하였다. 제2조 제4항

지식 재산권을 보호 대상 기준으로 나누면 창작을 보호대상으로 하는 특허실용신안, 디자인권, 저작권 등이 있으며 표지를 대상으로 하는 상표권, 상호 등으로 구분한다. 실용신안권은 물품의 형상·구조·조합에 관한 고안만을 그 대상으로 한다.

재산권과 지식재산권

일반적으로 개인이나 그룹이 경제적 이익을 목적으로 하는 권리를 뜻하는 법적 용어이다. 중요한 권리로는 부동산, 동산, 지적 재산 등으로 구분한다. 소유권 권한은 다른 개인이나 그룹과 관련하여 물건을 소유하는 것을 확정하는 재산권과 관련되어 있으며 사용, 양도 여부에 관계없이 재산의 구분을 보증한다.

물권은 특정의 독립된 물건 자체를 객체로 하여 권리를 실현하는 재산권이다. 채권은 특정인의 행위를 그 객체로 하여 권리를 실현하는 재산권이다. 이처럼 일반적 재산권은 현실적으로 존재하는 것이고 지식재산권은 눈에 보이지는 않지만 수익을 창출시키는 재산권이다.

저작권 유형

- 어문물: 소설, 시. 논문, 강연, 연술 등
- 음악물: 작사, 작곡 등
- 연극물: 연극, 무용, 무언극
- 미술물: 회화, 서예, 도안, 조각, 공예, 응용미술저작물 등
- 건축물: 건축물, 건축위한 모형 및 설계도서 등
- 사진물: 촬영사진, 합성사진 등
- 영상물: 영화, 비디오 게임, 애니메이션 등
- 도형물: 지도, 도표, 약도, 모형, 건축설계도
- 컴퓨터프로그램물: 컴퓨터프로그램보호법에 의거 별도 보호
- 2차적 저작물: 원 저작물의 번역, 편곡, 각색, 영상제작한 창작물
- 편집 저작물: 소재의 선택 또는 배열이 창작성이 있는 것
  (창작성 있는 데이터베이스포함)

다른 법과의 관계

지적재산권의 형법적 보호는 형사법을 통해 지적재산권보호를 실현하는 것을 말한다. 구체적으로 말해 입법자가 일련의 심각한 지적재산권 침해행위에 대하여 범죄로 규정하고 법적 제재를 가하는 것. 즉 형벌을 수단으로 형사절차를 통해 침해인의 형사책임을 추궁하여 지적재산권을 보호하고 이를 통해 지적재산권 권리인의 이익을 보호하며 지적재산권 관리질서를 유지하는 것을 말한다.

민사소송법 제24조(지식재산권 등에 관한 특별재판적)

① 특허권, 실용신안권, 디자인권, 상표권, 품종보호권 이하 '특허권등'이라 한다 을 제외한 지식재산권과 국제거래에 관한 소를 제기하는 경우에는 제2조 내지 제23조의 규정에 따른 관할법원 소재지를 관할하는 고등법원이 있는 곳의 지방법원에 제기할 수 있다. 다만, 서울고등법원이 있는 곳의 지방법원은 서울중앙지방법원으로 한정한다.

② 특허권등의 지식재산권에 관한 소를 제기하는 경우에는 제2조부터 제23조까지의 규정에 따른 관할법원 소재지를 관할하는 고등법원이 있는 곳의 지방법원의 전속관할로 한다. 다만, 서울고등법원이 있는 곳의 지방법원은 서울중앙지방법원으로 한정한다.

③ 제2항에도 불구하고 당사자는 서울중앙지방법원에 특허권 등의 지식재산권에 관한 소를 제기할 수 있다. 민사소송법은 지식재산권이나 국제거래와 같은 특수한 유형의 소를 전문재판부에서 관할하도록 고등법원 소재지 지방법원에 특별재판적으로 인정하고 있다.

지식재산권 관리 및 금융

정보시대는 3차 산업혁명부터 시작되었다. 4차 산업혁명으로 정보는 개인이나 조직 국가 간의 경쟁력을 창출하는 전략이 되었다. 지식재산권은 정보혁명으로 개인, 기업, 국가 등의 권리를 보장하는 것이다. 지식재산권 관리에 따라 개인, 기업, 국가의 경쟁력이 창출되고 있다.

지식재산권 관리는 지식재산의 창출에서 보호 및 경영관리를 포함한다. 아이디어 제안에서 아이디어를 지식 특허권 으로 만들어내는 과정이다.

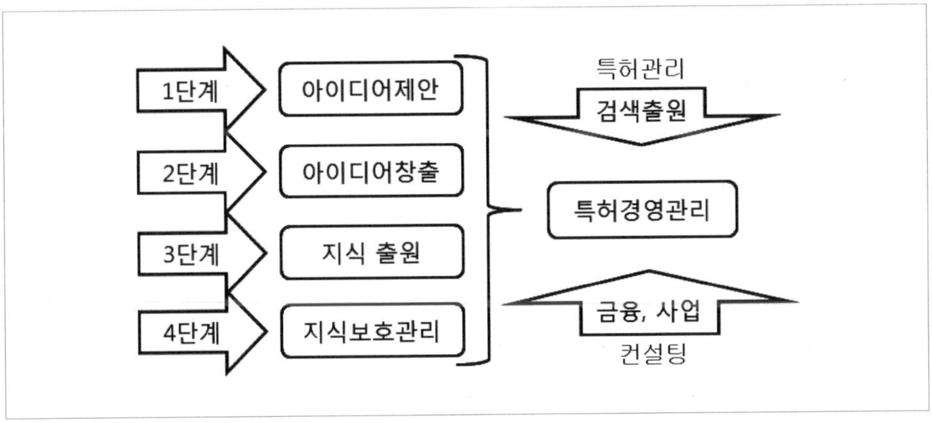

상표권 관리

상표권 내지 서비스표권이 지적재산권 분쟁으로 확산되고 있다. 특허권과 제조업 중심의 분쟁이 바뀌고 있다. 상표권은 수요층에 선호하는 표상으로 기업의 이미지 또는 경쟁 마크가 되고 있다.

모방등록상표–상표출원이 되지 않은 경우 선사용 상표의 모방등록이다.

문화콘텐츠사업이나 공연사업 등에서는 그 제목에 대해 서비스표권 등록이 지역상품으로 부각되어 지역단체 간의 선점을 위한 경쟁이 치열하고 모방 등록에 대한 분쟁도 빈번하다.

〈미르의 전설2〉 IP(지식재산권) 분쟁사례

위메이드 엔터테인먼트와 〈미르의 전설2〉 IP 지식재산권 분쟁을 벌이고 있는 중국의 샨다게임즈 대표가 처음으로 국내 언론을 통해 억울하다는 입장을 밝혔다.

시에페이 샨다게임즈 대표는 중국 상하이 차이나조이 현장에서 한국 기자들과 만나 "〈미르2〉를 16년간 중국에서 빅 IP로 키웠는데 분쟁에 휘말려 억울하다. 법적으로 해결하겠다"고 강조했다.

샨다게임즈는 2001년 액토즈소프트와 위메이드가 공동 소유하고 있는 〈미르2〉를 중국에 서비스 하기 시작했다. 〈미르2〉는 중국 출시 두 달 만에 동시접속자 30만 명, 2003년에는 80만 명을 돌파하며 샨다게임즈의 대표 게임이 됐다.

위메이드는 샨다게임즈가 허락 없이 중국에서 〈미르2〉 IP와 관련한 독자적인 사업을 추진했고 적법한 라이센스 비용을 주지 않았다며 2015년부터 법적 분쟁을 벌였다. 위메이드는 샨다가 액토즈소프트와 자신들에게 지급하지 않은 비용이 3억 달러 3,370억 원 에 달한다고 주장했다.

이에 대해 시에페이 대표는 "2001년부터 중국 서비스를 시작한 이후, 16년간 샨다의 모든 힘을 쏟아 〈미르2〉를 글로벌 IP로 키워냈다. 한마디로 16년간 뜨거운 연애를 한 느낌이다"라며 "샨다는 중국 내 수천만 명의 〈미르2〉 유저에게 책임을 져야 한다. 이번 분쟁이 〈미르2〉 IP에 누가 될 수 있어 우려된다. 앞으로도 중국을 포함해 글로벌에서 가장 사랑받는 IP로 만들고 싶다"고 말했다.

그는 〈미르2〉가 중국에서 인기있는 IP로 성장하기까지 위메이드가 지원한 것은 없다고 주장했다.

특허검색

- 국내특허 검색사이트 www.kipris.or.kr
- 해외특허 검색사이트 www.wipson.com

미국의 구글 패이턴트 Google Patent 나 한국의 키프리스는 특허검색 시스템이다. 검색은 유사한 기술을 나보다 먼저 특허 낸 사람은 없는지 알아보는 방법이고 새로운 출원을 할 때 유사 특허등록에 대한 사전 과정이다.

특허 검색 시스템 (Patent information retrieval system)

특허·실용신안·의장·상표의 공업소유권 정보를 검색 대상으로 하는 정보 검색 시스템이다. 검색은 특허 분류, 색인어의 조합, 또는 공개 공고 번호 등을 지정해서 시행한다. 주된 출력 항목은 특허의 명칭이나 기술 내용의 요약, 초록이다.

선행기술조사

'하이브리드 카'를 구글 패이턴트에서 특허문헌으로만 검색하면 총 6만2257건이 검색된다. '비특허 포함'으로 검색시 40만 건이 넘는 검색 결과를 얻는다. 선행기술조사는 특허등록 사전에 반드시 실시해야 한다. 유사특허로 인한 피해를 방지하는 것도 선행기술조사를 통해 유사특허방지등록을 예방한다.

검색단어

원하는 자료를 얻기 위해서는 검색단어가 중요하다. 3단어 이상으로 검색을 해야 자신이 원하는 특허정보를 검색할 수 있다. 검색단어는 검색 내역, 스마트검색, 필드검색, 번호검색으로 구분되며 번호 검색기능을 이용하면 한번에 1,000개를 파악할 수 있다.

인공지능에 의한 특허 검색과 분석

4차 산업혁명은 빅데이터의 시대이다. 특허 정보는 방대하고 복잡하다. 사람이 데이터를 분석하는 것은 한계가 있다. 따라서 AI 인공지능 를 활용하여 특허 정보를 검색하고 분석하는 시대이다.

특허 검색하는 방법은 개인이나 변리사 등이 키프리스 Kpis 에서 검색하는 데는 한계가 있기 때문에 인공지능 검색프로그램을 이용하게 된다. 따라서 특허검색을 통한 출원은 다음의 두 가지 형태로 구분된다.

A형 검색

AI 인공지능 검색프로그램을 이용하여 검색하고 분석한 자료를 바탕으로 출원하는 방법이다. 범위설정이나 특허 침해에 대한 정보 분석이 인공지능에 의존함으로 실질적인 특허 범위를 설정하는 데 한계가 있다.

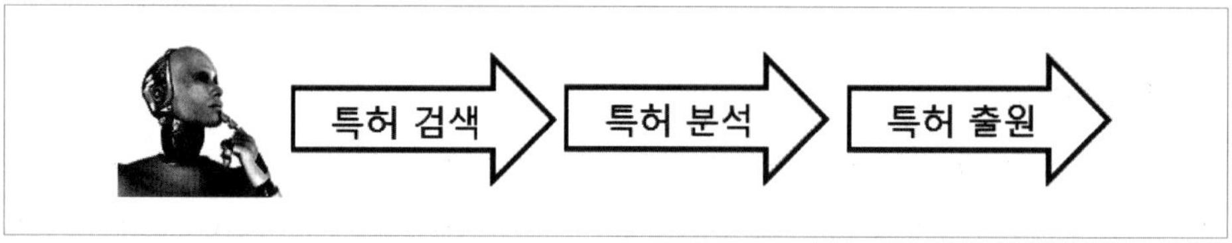

B형 검색

개인이나 변리사가 AI 인공지능 검색프로그램에 의하여 검색 분석한 이후에 실질적인 특허권리 확보를 위한 범위를 설정하고 출원하는 방법이다. 방대한 자료를 분석함으로 특허권리를 보장하고 보호하는 데 유리하다.

특허분쟁 예방

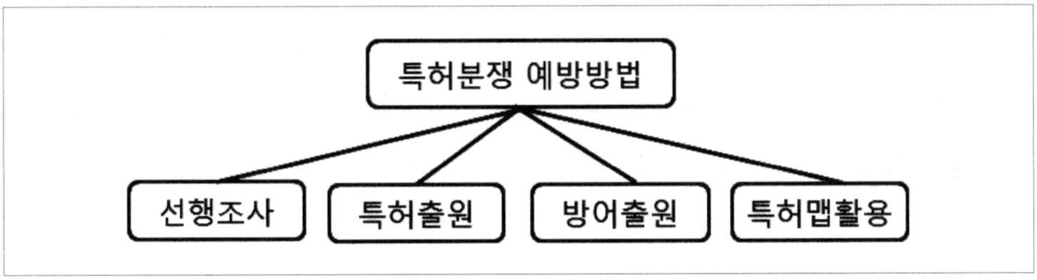

특허분쟁은 복잡하다. 분쟁은 사전에 예방하는 방법이 최선이다. 유사등록을 방지하는 방법과 특허 등록 시 범위설정을 넓게 만들어 방어하는 방법이고 수시로 유사특허에 대한 사전조치를 하는 것이 필요하다.

특허권자의 대응 방법

1. 자기의 권리범위에 대한 파악 및 경고장 발송

특허권의 권리행사에 앞서 상대방의 행위가 자기의 특허권의 권리범위에 속하는지 명확히 파악한다.

2. 침해증거의 수집

상대방이 자기의 권리를 침해했다고 생각되는 경우, 침해품의 실물, 카달로그(Catalogue) 사진 등을 수집하고, 침해 상대방의 인적사항을 정확히 파악해 둔다.

3. 형사고소

특허 침해자에 대해서는 특허 침해죄로 형사 고소할 수 있다. 경고장을 발송 후 형사고소를 통해 침해 증거를 수집하여 대질조사를 한다.

4. 심판 및 민사소송제기

특허심판원에 특허권 권리범위에 속한다는 판단을 받는다. 일반 민사법원에 가처분 신청, 침해금지 및 손해배상 청구소송 등을 제기한다.

5. 합의

심판 및 민형사 소송이 진행되면 장기간이 소요될뿐더러 경제적 부담도 가중되므로 당사자 간에 적절한 범위 내에서 합의하는 것이 낫다.

지식재산 금융

지식재산금융 IP금융 은 지식재산을 중심으로 하는 각종 금융이다. 특허 저작권 등 를 담보로 하는 대출 자산유통화, 특허전문 기업에 대한 재무적 투자 등이 포함되며 지식재산을 기초로 자금수요자와 자금 공급자간의 자금중개 기능을 수행하거나 유동화, 위험관리 등의 금융기능을 제공한다.

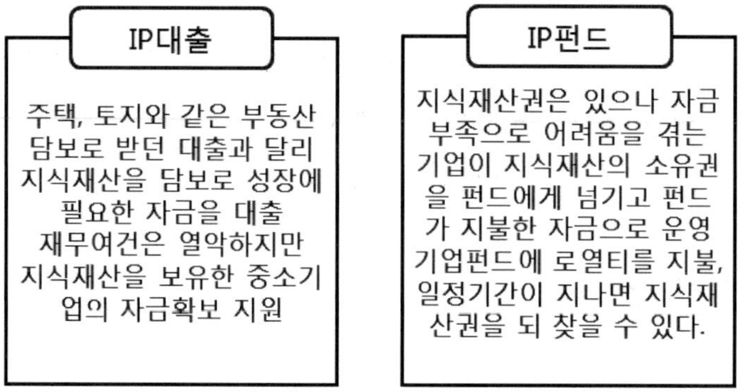

특허청, 한국지식재산보호협회

미국은 특허관리전문회사 NPE · Non Performing Entity 가 발달되어 있다. 지식재산과 관련된 관리만 전문으로 하고 있다.

지식재산 소유 기업들은 대부분 경영금융상태가 빈약하지만 벤처기업이 보유하고 있는 지식재산 가치는 크다. 따라서 국가는 이러한 지식재산권을 확보하고 활용할 수 있도록 정책적 지원이 필요하다.

미국은 일정한 돈을 지급하면 그 회사가 파산했다고 하더라도 계속적으로 활동할 수 있는 시스템을 가지고 있어 지식재산을 보호하는 금융제도적 장치가 되어 있다.

한국 금융위원회는 지식재산의 사업화와 시장기반 형성을 위해 성장사다리펀드내 지식재산권 전문펀드를 조성하고 창의자본형 IP펀드, 벤처캐피탈형 IP펀드 등을 운영하고 있다.

국가별 지식재산 정책

선진국들은 지식재산이 국가발전의 새로운 원천임을 인식하고 국가수반 소속으로 전담조직을 설치하는 등 범정부 차원의 추진체계를 구축해 나가고 있다.

세계경제는 토지·노동·자본 등 유형자산을 바탕으로 한 산업시대를 넘어 무형자산 중심의 지식기반 경제로 전환되고 있다. 예를 들어, 미국 S&P 500기업의 시장가치 중 무형자산의 비율은 1985년 32%에서 2010년에는 80%까지 늘어났다. 무형자산 중에서도 지식재산의 비중이 1985년 10%에서 2005년 40%로 급증하는 추세이다.

미국은 1979년도부터 친 특허 정책을 강화하기 시작하였으며 더욱 강력한 지식재산권 집행을 위해 2008년 PRO-IP법을 통과시켰다. 이에 따라 2009년 백악관 관리예산처에 '지식재산집행조정관'을 설치하였다.

일본의 경우 2002년에 '지적재산기본법'을 제정하고 '지적재산전략본부' 본부장:총리 설치 등을 통해 범정부 차원의 추진체제를 구축하였다.

중국은 제10차 및 제11차 경제개발 5개년 계획에서부터 지식재산전략이 형성되어 2005년에 부총리를 위원장으로 하는 '국가지식산권전략위원회'를 설치하였으며 2009년부터 매년 '국가지식산권전략실시 추진계획'을 발표하고 있다.

한국도 양적 성장전략의 한계를 극복하기 위해 국가적인 차원에서 지식재산을 관리·육성하기 위한 전략이 요구되고 있다. 부처별로 분산된 지식재산 정책을 종합적으로 기획·조정하고 유기적으로 연계하는 기능을 수행할 기구의 설치가 필요하다.

2011년 지식재산기본법이 시행되었으며 동법 제6조 지식재산에 관한 정부의 주요 정책과 계획을 심의·조정하고 그 추진상황을 점검·평가하기 위하여 대통령 소속으로 국가지식재산 위원회를 둔다 에 따라 2011년 대통령 소속 국가지식재산위원회가 출범하였다.

국가지식재산위원회

대통령소속의 국가재산관리위원회가 있다. 국가지식재산위원회 Presidential Council on Intellectual Property 는 지식재산 강국 실현을 위한 국가전략 수립, 관련 정책의 심의·조정·점검 등 지식재산 분야의 컨트롤타워 역할을 수행하는 대통령 소속 기관이다.

2011년에 제정된 지식재산기본법에 의해 국가지식재산위원회가 출범하였다. 국무총리와 민간위원장이 공동 위원장으로 정무위원 13명과 민간위원 19명으로 구성된 본 위원회와 5개 분야 창출·보호·활용·기반·신지식재산 의 전문위원회, 실무운영위원회, 특별전문위원회와 사무국인 지식재산전략기획단을 두고 있다.

국가지식재산위원회는 과학·기술 분야의 특허, 문화·예술·콘텐츠 분야의 저작권 등 다양한 지식재산을 창출하여 활용하기 위한 국가 전략을 수립하고, 정부 정책을 조율하는 역할을 수행한다.

2012년을 지식재산 강국 원년으로 선포하였으며 슬로건: 지식재산 미래강국, 앞서가는 대한민국 위원회는 지식재산기본법에 의거하여 5년마다 의무적으로 수립·시행해야 하는 법정계획이자 범국가적 차원의 종합전략인 국가지식재산 기본계획과 관계 중앙행정기관 및 광역지방자치단체의 추진계획을 종합한 국가지식재산시행계획을 상정·의결하였다.

국가지식재산위원회 지식재산 관련 주요 정책을 심의·조정·점검한다

① 국가지식재산 기본계획 및 국가지식재산 시행계획의 수립·변경에 관한 사항

② 기본계획 및 시행계획의 추진상황에 대한 점검·평가에 관한 사항

③ 지식재산 관련 재원의 배분방향 및 효율적 운용에 관한 사항

④ 지식재산의 창출·보호 및 활용 촉진과 그 기반 조성을 위한 시책에 관한 사항(지식재산 기본법 제6조)

지식재산권보호 및 창출

4차 산업혁명시대는 지식재산권 확보가 경쟁력을 만든다.

4차 산업혁명시대는 빅데이터에 의하여 지식재산권이 창출되고 있다. 일본은 빅데이터도 지식재산권으로 보장하는 제도를 예정하고 있다. 지식재산권을 창출하는데 빅데이터가 중요한 역할을 하고 있기 때문이다. 소비자 정보를 실시간으로 수집 분석한 빅데이터는 다양하게 상품개발이나 판매 전략에 중요한 정보가 된다. 예를 들어 자동차 주행기록 데이터를 이용하여 보험 상품을 개발하거나 택시배치나 점포개설에 이용하는 경우다.

소비자 정보는 기업에는 귀중한 정보이다.

소비자의 구매동기를 비롯한 방대한 데이터는 상품개발과 판매 전략에 결정적인 자료가 되고 있으며 SNS 시대에 다양한 사이트 회원 등록 정보는 소비자 정보로써 가치가 높다.

페이스북의 회원정보 유출은 심각한 사태를 발생시켰다.

미국과 영국 의회가 마크 저커버그 페이스북 최고경영자 CEO 에게 정보유출에 대한 해명을 요구했다. 정보유출이 도널드 트럼프 미국 대통령 대선 캠프를 지원했던 기업으로 드러나면서 논란은 깊어졌다. 주가는 전날보다 5.33% 하락한 175.23달러를 기록했다. 페이스북 주식은 폭락했다. 퀴즈를 푼 페이스북 이용자의 친구들까지 총 5,000만 명의 페이스북 이용자의 정보가 노출됐고 이 정보는 영국계 데이터 분석 기업인 케임브리지 애널리티카 CA 로 넘어갔다

빅데이터는 대통령이나 국회의원 등의 선거 전략에 이용되기도 하고 기업 간이나 국가 간 경쟁에도 소비자 정보는 결정적 역할을 하고 있다. 특허개발에도 빅데이터가 활용되고 있다. 소비자 성향에서 욕구까지의 방대한 데이터에 의해 상품과 기술을 개발하여 지식재산권을 확보하고 있다.

지식재산권 아이디어창출

지식재산권을 창출하려면 아이디어가 중요하다. 아이디어창출방법으로 빅데이터를 활용하는 방법은 융합적 사고력이 필요하다. 서로 같거나 다른 빅데이터를 융합하여 새로운 아이디어로 창출하는 방법이다. 지식재산권의 특허출원은 진보성과 신규성에 달려 있다.

특허판단 기준

- 시기적으로 특허출원시를 기준으로 판단한다.
- 특허출원 시 전에 공지기술이 존재해야 한다.
- 무권리자에 대한 정당권리자 출원의 경우에는 예외로 하며
- 무권리자의 출원일, 분할출원, 변경출원의 경우에는 원출원일 기준
- 조약우선권주장출원, 국내우선권주장출원의 경우에는 선출원일기준
- 국제특허출원의 경우에는 우선일의 출원시를 기준으로 판단한다.

지식재산권의 아이디어는 다음 3요소에 의하여 창출된다.

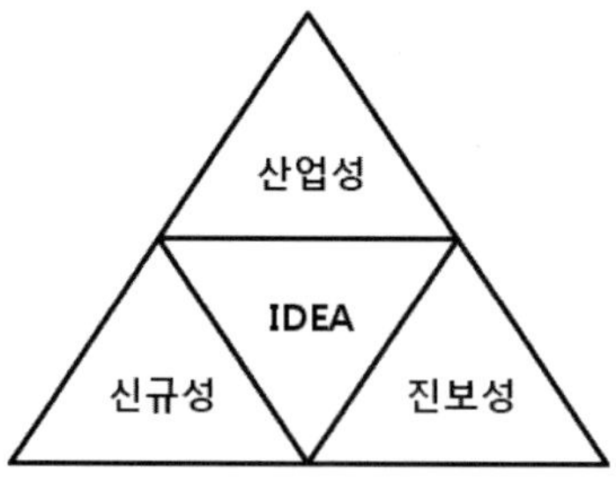

- 특허출원의 진보성 : 기존에서 변화, 발전을 추구하는 성향
- 특허출원의 신규성 : 기존과 전혀 다른 기능, 형태, 방법, 디자인
- 특허출원의 산업성 : 실질적인 생산 및 판매 효과

지식재산권 지원정책

지식재산권을 확보하는 것은 국가 전략이다. 개인이나 기업이 지식재산권을 확보하고 있을 때 국가 경쟁력도 높아지기 때문에 국가마다 정책적으로 지식재산권 확보를 위한 국가적 지원을 하고 있다. 개인이나 기업이 지식재산권을 확보하기는 어려움이 많다. 방대한 특허정보를 분석하는 것은 국가가 지원해야만 한다.

중소벤처기업부 지식재산확보 지원책

- 신기술 아이디어사업화 타당성 평가
- 1기업 1핵심기술 정보제공
- 선행기술 및 산업기술정보제공 지원사업
- 특허분쟁지도 및 분쟁대비 특허 맵 작성사업
- 공익변리사 특허상담
- 특허정보 종합컨설팅사업
- 특허검색 서비스

서울산업진흥원 지원 사업

지식재산센터 – 심판소송비용 및 침해물품단속 지원사업

특허청 '지식재산권(IP) 기반 창업 촉진' 사업

예비창업자와 창업기업이 특허를 비롯한 상표와 디자인 등 지식재산권을 창출·활용해 새로운 일자리를 만들고 창업기업의 경쟁력을 제고할 수 있도록 특허 기반 창업아이템 도출을 지원한다.

중소벤처기업부와 특허청이 협력해 창업·벤처기업의 기술·지식재산 IP 경쟁력 강화, 창업기업에 R&D와 IP-R&D를 패키지로 지원하는 사업이다.

특허청 지원 시책 유형

지식재산창출지원 · 지식재산권활용지원 · 지식재산권보호지원 · 교육 컨설팅 지원

『2018년 중소기업 지식재산권 보호지원 심판소송비용 및 침해물품단속 지원사업』

지원내용

- 컨설팅 제공
- 경고장 작성, 정보제공 작성, 심판소송 대리인 비용 지원
- 서울국제중재센터 이용요금 지원
- 분쟁 조정 위원회를 통한 분쟁 해결 지원

지원자격

- 서울시 소재 중소기업/서울시민
- 사업 신청할 때부터 비용을 지급 받을 때까지 서울에 주소지를 유지해야 하며, 이를 서면으로 입증해야 함

지원규모

- 1기업/1인당, 심판/소송 착수비용 지원, 경고장, 정보제공 지원
- 총 수임료(부가세 제외)의 90% 한도 내 지원(관납료, 송달료, 인지대 등은 제외)
- 최대 지원금이 200만 원인 항목에서 대리인 비용이 300만 원인 경우 200만 원을 지원하고 대리인 비용이 100만 원인 경우 90만 원을 지원함

추진 절차

신청·접수		사전 컨설팅		전문가 연결	
전화, 방문, 이메일, 홈페이지 접수	⇒	내·외부전문가 상담·자문	⇒	내·외부전문가 매칭	⇒

컨설팅 수행		결과보고
내·외부전문가 컨설팅 지원	⇒	내·외부전문가 서울지식재산센터

지식재산경영관리

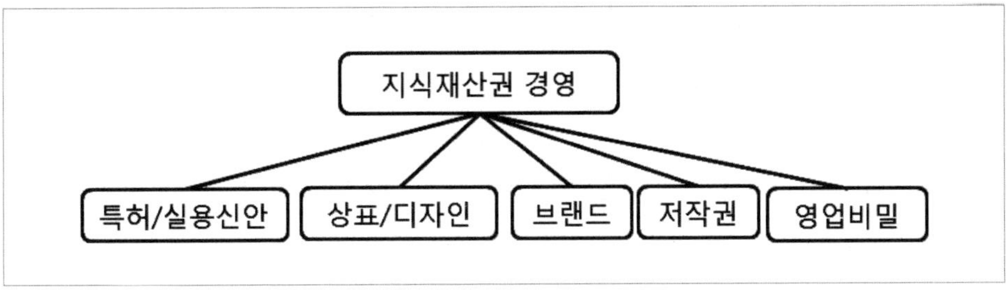

기업경쟁력은 지식재산권 경영전략에 달려있다.

지식재산은 하루아침에 만들어지는 것이 아니다. 장기간을 계획하여 지식재산을 창출하는 교육프로그램과 인재개발프로그램이 필요하다. 시대변화에 따라 지식재산의 유형도 변하고 있다. 유형적 지식재산에서 무형적 지식재산이 차지하는 범위가 커졌다. 이를테면 유형적 발명에서 무형적 발명의 재산가치가 높아졌다.

페이스북은 무형적 가치로 급성장한 경우이다.

생산 공장은 없지만 페이스북의 빅데이터 가치가 실질적인 기업가치로 평가받는 것이다. 아마존도 생산품이 없지만 수많은 기업의 상품을 거래하는 방식으로 방대한 시장을 점유하고 있으며 기업가치도 높게 평가받는다.

지식재산권은 확보하는 것보다 경영 전략이 중요하다.

지식재산을 경영하는 전략은 관리와 보호이다. 보유하고 있는 지식재산을 어떻게 관리하는가에 따라서 가치가 달라지고 어떤 방법으로 보호하는가의 시스템에 따라서 지식재산권을 유지하는 결과가 달라진다.

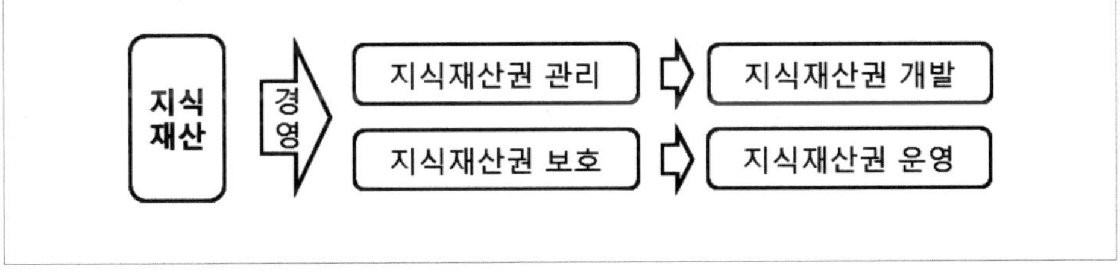

지식재산권 관리

연 2조 달러 규모의 세계 지식재산시장은 4차 산업혁명시대 일자리와 경쟁성장을 견인하는 가치창출의 원천으로 각국은 지식재산권 관리를 위한 정책적 방안을 추진하고 있다.

미국·중국·일본·필리핀·태국 등은 지식재산을 국가발전의 새로운 원동력으로 인식하고 국가차원의 지식재산전략 추진체계를 마련하고 있다.

- 미국 : 지식재산집행조정관 설치(백악관, '08), 제3차 IP 집행공동 전략계획 수립('16)
- 중국 : 국가지식산권국을 중심 IP 제도·정책 총괄 국가지재권전략요강 마련('08~)
- 일본 : 신산업구조비전을 수립하고 2016년 지적재산추진
- 필리핀 : 필리핀 지적재산권법설정(1995)
- 태국 : '태국 4.0' 정책 수행과 지식재산보호 관리

태국 지식재산청의 통계에 따르면 2017년 1~10월까지 태국 경찰청, 특별수사국, 세관을 통한 지식재산 침해 단속은 6,447건에 압수된 물품은 306만여 개였다. 태국이 지식재산권 보호를 위한 지식재산 침해 단속을 강화하는 것이다.

4차 산업혁명시대에서 개인, 기업, 국가는 각자의 지식재산을 어떻게 관리하는가에 의하여 가치를 평가받는다. 개인의 가치와 능력을 졸업장으로 평가받던 시대에서 실질적인 문제해결능력과 아이디어 특허권 로 평가받는 시대이다. 기업의 가치와 비전은 특허권, 영업권 등으로 평가받으며 국가의 평가기준도 특허권 등으로 평가받고 있다. 기업과 국가는 지식재산권확보와 지식재산 능력을 가진 인재를 발굴하고 육성하는 정책을 펼치고 있다.

세계 지식 재산 기구(World Intellectual Property Organization)

세계무역기구 WTO 는 국제간의 무역관련 지식재산협정 Agreement on Trade-Related Aspects of Intellectual Property Rights 을 체결하여 국제교역중심의 상품교역에서 지식재산의 거래로 확대되어 재편되었다. UN의 전문기구인 세계지식재산기구 World Intellectual Property Organization 의 중요성이 국제무역에서 중요하게 부각되었다.

1886년의 저작권 관련 베른협약과 1883년의 산업재산권을 다루는 파리협약의 합동사무국이었던 국제사무국연방 BIRPI가 전신으로 1967년 스웨덴 스톡홀름에서 체결하여 1970년 발효된 WIPO 설립협약에 의해 지식재산을 보호하고 창작 활동을 장려하는 '세계지적재산권기구 WIPO '가 있다. 1974년 UN전문기구가 된 WIPO의 본부는 스위스 제네바에 있으며 뉴욕의 UN 본부에도 연방사무국이 있다.

국제 연합 UN 전문 기관으로 특허권 등 산업 재산권의 국제 조약인 파리 협약과 저작권의 2대 조약의 하나인 베른협약의 사무국을 겸하고 있다. 무체 재산의 중심이 되는 지적 재산권에 관한 국제 조약의 제정을 추진하는 기구로 한국은 1973년부터 참관자로 참석하였고 1979년에 정식으로 가입하였다. 1996년에는 이른바 인터넷 저작권이라고 불리는 저작권 조약 개정안을 채택하여 각국의 비준, 가입을 요구한 적도 있다. 이 조약은 인터넷 등 컴퓨터 통신망을 이용하여 공중으로 송신되는 저작물에 대한 저작권의 보호를 강화하기 위한 것이었다.

저작권법 2대 조약의 다른 하나인 만국저작권조약 Universal Copyright Convention 의 사무국은 세계 지적 재산권 기구 WIPO 와는 별도의 전문 기관인 국제 연합 교육 과학 문화기구 UNESCO 이다. WIPO와 UNESCO는 합동 위원회 등을 구성하여 컴퓨터 소프트웨어의 저작권 문제에 관하여 협력하고 있다.

세계지식재산기구 구성

WIPO 협약에 따라 구성된 최고 의사결정기관인 WIPO 총회는 2년마다 정기회의를 개최한다. 당사국회의 Conference , 조정위원회 Coordination Committee 가 격년으로 열린다. 상임위원회 Standing Committees 는 특허법, 상표·산업디자인·지리적 표시, 저작권, 정보기술 등 4개의 위원회로 구분된다. 이밖에 영구위원회로는 프로그램과 예산위원회, 지적재산권 개발위원회, 정부 간 지적재산권·유전자원·전통지식·민속에 관한 위원회, 자문위원회가 있다.

전 세계에 185개 회원국 2012년 기준 을 두고 있으며, 약 250여 개의 NGOs 비정부기구 ·IGOs 정부 간 기구 및 시민단체가 공식 옵서버로 참가하고 있다. 한편 우리나라는 1973년부터 옵서버로 참석, 1979년에 회원국으로 정식 가입했으며 북한은 1974년에 가입하였다.

지적재산권보호조약(14개)

파리협약, 마드리드 협정, 상표법 조약, 나이로비 조약, 특허법 조약, 베른협약, 로마협약, 상표법에 관한 싱가포르 조약, 음반 불법복제 방지를 위한 제네바협약, 통신위성 송신 프로그램 신호 배분에 관한 브뤼셀협약, 워싱턴 조약, WIPO 저작권 조약 WCT , WIPO 실연·음반 조약 WPPT , 시청각 실연에 관한 베이징 조약

국제보호등록조약(6개)

특허협력 조약 PCT , 마드리드 협정, 리스본 협정, 부다페스트 조약, 헤이그 협정, 마드리드 의정서

국제분류조약 (4개)

스트라스부르 협정, 니스 협정, 비엔나 협정, 로카르노 협정

지식재산권기구

국제기구

- 세계지식재산권기구(WIPO: World Interllectual Property Organization)
- 세계지식재산권기구 아카데미 (WIPO: Worldwide Academy)
- 세계무역기구(WTO: World Trade Organization)
- 국제산업재산권보호협회(AIPPI)
- 국제상업회의소(ICC: Interational Chamber of Commerce)
- 위조상품정보국(CIB: Counterfeiting Interlligence Bureau)
- 지식재산권집행자문위원회(ACE/IP: Advisory Committeeon Enforcement of Industrial Property Rights)
- 국제상품위조방지협회, 국제재산권연맹, 국제라이센싱협회 등

한국기관

- 한국지식재산연구원(Korea Institute of Intellectual Property)
- 국제지식재산연수원(International Intellectual Property Training Institute)

지식재산권 관련 조약

- 베른협약(Berne Convention)
- 세계저작권협약(UCC: Universal Copyright Convention)
- 파리 협약(The Paris Convention)
- 특허권 협력 조약(The Patent Cooperation Treaty)
- 국제특허권분류협정(The International Patent Class Agreement)
- 유럽 특허 조약(The European Patent Convention)
- 특허협력조약(PCT: Patent Cooperation Treaty)

지식재산경영인증 제도

특허청은 중소기업의 지식재산 경영 역량 제고를 위해 2016년 지식재산 경영인증 제도를 세계 최초로 도입하였다. 지식재산 경영인증 제도는 지식재산 경영을 모범적으로 수행하고 있는 중소기업을 정부에서 지식재산 경영기업으로 인증해 주는 제도이다.

인증절차

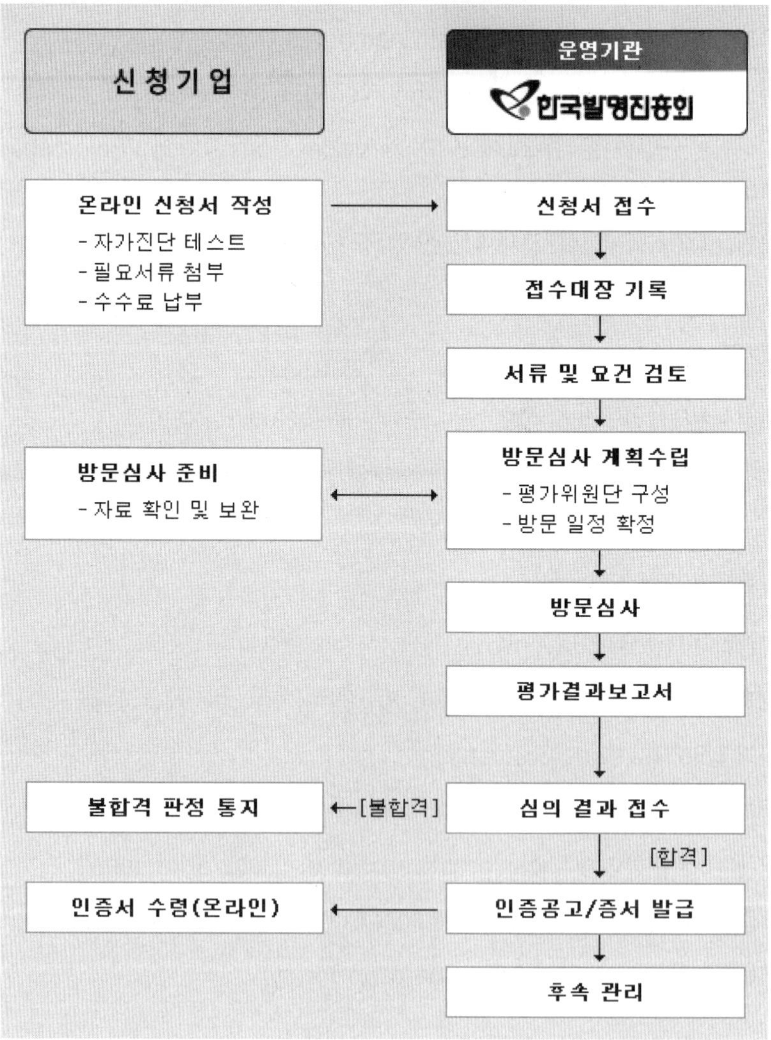

특허제도이해 - 특허포트폴리오

특허(Patent)의 어원

14세기 영국에서 국왕이 특허권을 부여할 때 다른 사람이 볼 수 있도록 개봉된 상태로 수여되었으므로 특허 증서를 개봉된 문서 즉 Letters Patent라 하였으며 그 후 'Open'이라는 뜻을 가진 Patent가 특허권이라는 뜻으로 사용하고 있다.

최초의 특허법(1474년)

르네상스 이후 북부 이탈리아 도시국가 베니스에서 모직물공업 발전을 위해 법을 제정하여 제도적으로 발명을 보호 ▶ 갈릴레오의 양수, 관개용 기계에 대한 특허 1594년

현대적 특허법의 모태

영국의 전매조례 Statute of Monopolies : 1624~1852 : 선발명주의, 독점권 14년, 공익위배 대상 특허 불인정 ▶ 산업혁명의 근원이 되는 방적기, 증기기관 등이 탄생

특허제도의 목적

특허제도는 발명을 보호·장려함으로써 국가산업의 발전을 도모하기 위한 제도이며 특허법 제1조 이를 달성하기 위하여「기술공개의 대가로 특허권을 부여」하는 것을 구체적인 수단으로 사용되고 있다.

- 기술공개 ▶ 기술축적, 공개기술 활용 ▶ 산업발전
- 독점권부여 ▶ 사업화촉진, 발명의욕 고취 ▶ 산업발전

※ 특허개발에 대한 법적 보장을 일정 기간 보장해 줌으로 개발에 대한 이익을 얻게 하고 기간 이후 공개함으로써 특허개발정보를 제공하는데 있다.

우리나라 특허제도의 연혁

- 1908년 : 한국 특허령 공포
- 1946년 : 특허원 창립 및 특허법 제정
- 1961년 : 특허법을 산업재산권 4법으로 분리
- 1977년 : 특허청 개청
- 1979년 : 세계지식재산권기구(WIPO) 가입
- 1980년 : 파리협약(Paris Convention) 가입
- 1984년 : 특허협력조약(Patent Cooperation Treaty) 가입

특허권을 받기 위하여 출원발명이 갖추어야 할 요건

출원발명은 산업에 이용할 수 있어야 하며 산업상 이용가능성, 출원하기 전에 이미 알려진 기술 선행기술 이 아니어야 하고 신규성, 선행기술과 다른 것이라 하더라도 그 선행기술로부터 쉽게 생각해 낼 수 없는 것이어야 한다. 진보성

지식재산권 및 특허권의 효력(기간)

저작권은 기본적으로 저작자가 생존하는 동안과 사망한 후 70년간 보호하도록 법으로 규정하고 있다. 특허권은 출원일로부터 20년, 실용신안권은 출원일로부터 10년, 디자인권은 등록일로부터 20년, 상표권은 등록일로부터 10년이 보호기간이다.

특허출원 관련 안내

선출원주의와 선발명주의

동일한 발명이 2인 이상 출원되었을 때 어느 출원인에게 권리를 부여할 것인가를 결정하는 기준으로써 선출원주의와 선발명주의가 있으며 우리나라는 선출원주의를 채택하고 있다.

선출원주의

발명이 이루어진 시기와 관계없이 특허청에 먼저 출원한 발명에 권리를 부여한다. 기술의 공개에 대한 대가로 권리를 부여한다는 의미에서 합리적이며 신속한 발명의 공개를 유도할 수 있다. 발명의 조속한 공개로 산업발전을 도모하려는 특허제도의 취지에 부합한다.

선발명주의

출원의 순서와 관계없이 먼저 발명한 출원인에게 권리를 부여한다. 발명가 보호에 장점이 있다. 특히 사업체를 가지고 있지 않은 개인발명가들이 선호하는 제도이다.

발명가는 발명에 관련된 일지를 작성하고 증인을 확보해야 하며 특허청으로서는 발명의 시기를 확인하여야 하는 불편이 있다.

발명과 고안

특허권은 발명에 대하여 부여하고 실용신안권은 고안에 대하여 부여하고 특허법상 발명은 고안과 비교하여 고도한 것으로 정의되어 있다.

- 발명의 정의 : 자연법칙을 이용한 기술사상의 창작으로서 고도(高度)한 것
- 고안의 정의 : 자연법칙을 이용한 기술사상의 창작

고도한 것이냐 아니냐 하는 것은 주관적인 판단이므로 심사실무적으로는 출원인에게 그 판단을 일임하고 있다. 출원인이 실용신안으로 출원한 고안으로, 특허로 출원한 것은 발명으로 간주한다.

출원서류의 구성

- 출원서 : 출원인, 대리인 및 발명(고안)의 명칭 등
- 명세서 : 발명의 상세한 설명이다. 지식경제부령이 정하는 기재방법에 따라 명확하고 상세하게 기재한다.
- 청구범위 : 특허발명의 보호범위
- 도면 : 필요한 경우 기술구성을 도시하여 발명을 명확히 표현한다.
- 요약서 : 발명을 요약정리(기술정보로 활용)

특허출원 및 심사절차 흐름도

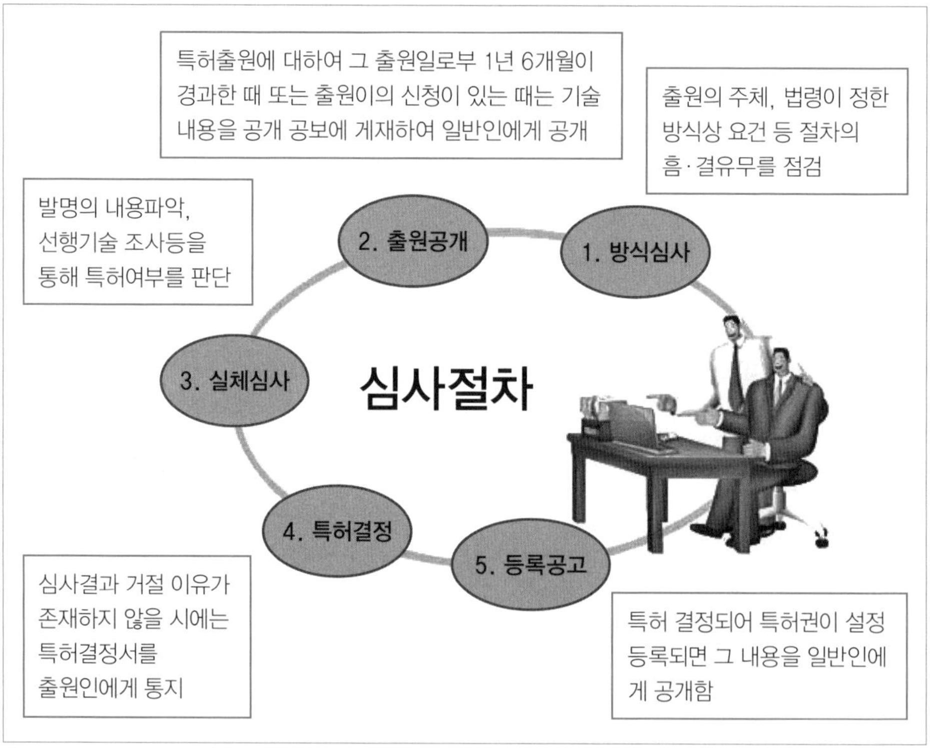

심사청구

심사업무를 경감하기 위하여 모든 출원을 심사하는 대신 출원인이 심사를 청구한 출원에 대해서만 심사하는 제도이다. 특허출원에 대하여 출원 후 3년간 심사청구를 하지 않으면 출원이 없었던 것으로 간주한다. 실용신안등록출원의 심사청구기간은 3년

특허출원 후 심사 흐름도

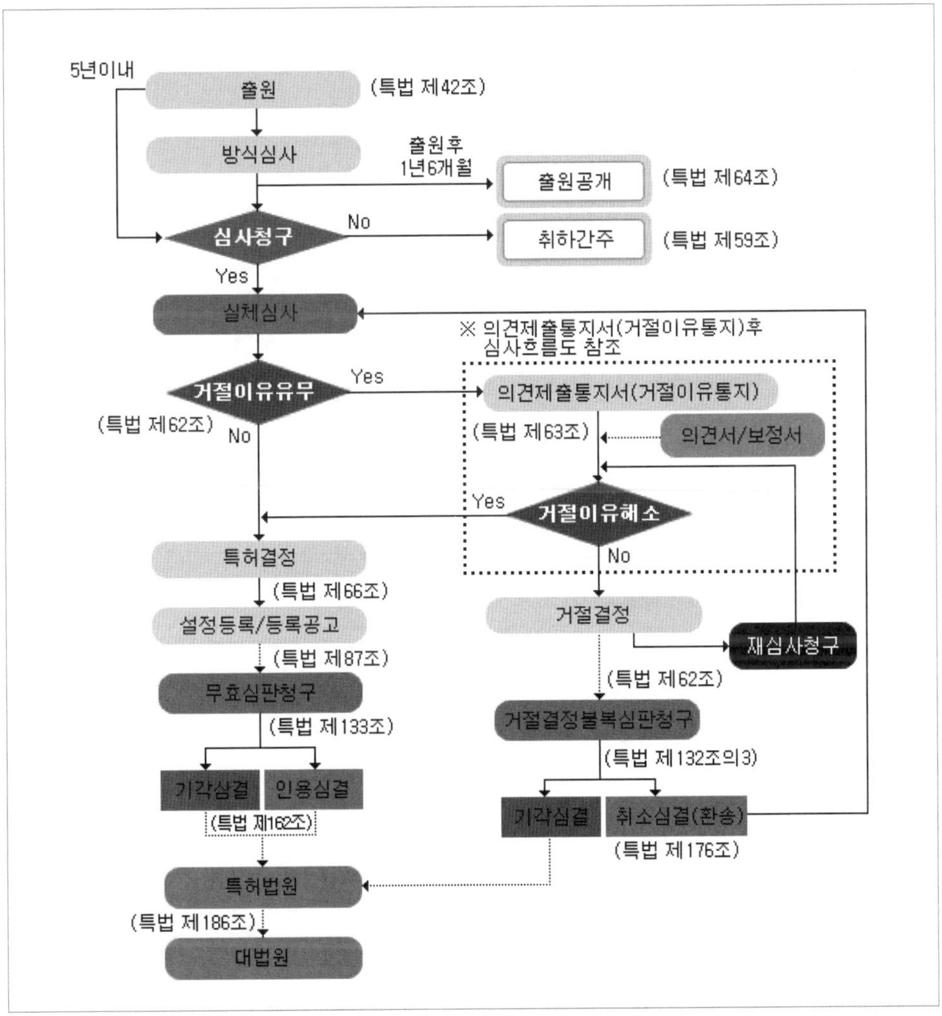

※ 방어출원 : 특허권을 얻기보다는 타인의 권리 획득을 막기 위한 출원

출원공개

출원공개제도는 출원 후 1년 6개월이 경과하면 그 기술내용을 특허청이 공보의 형태로 일반인에게 공개하는 제도이다. 심사가 지연될 경우 출원기술의 공개가 늦어지는 것을 방지하기 위하여 도입했다.

※ 출원공개가 없다면 출원기술은 설정등록 후 특허공보로써 공개된다. 출원공개 후 제3자가 공개된 기술내용을 실시하는 경우 출원인은 그 발명이 출원된 발명임을 서면으로 경고할 수 있으며 경고일로부터 특허권 설정등록일까지의 실시에 대한 보상금을 권리획득 후 청구할 수 있다. (가보호권리)

※ 1년 6개월 근거 : 우선권주장을 수반하는 외국출원과 국내출원의 균형 유지(우선기간 12월, 우선권증명서제출기간 4월, 공개준비 2월)

특허출원의 거절이유

최초, 최후 거절이유 통지와 보정각하

심사관은 심사에 착수하여 거절이유를 발견하면 최초거절이유를 통지하고 심사착수 후 보정서가 제출되어 다시 심사한 결과 보정에 의해 발생한 거절이유를 발견하면 최후거절이유를 통지한다.

심사관은 최후거절이유를 통지한 후 보정에 보정각하 사유를 발견하면 결정으로 보정을 각하하고 이전 명세서로 심사한다.

실체심사

특허요건, 즉 산업상 이용가능성, 신규성 및 진보성을 판단하는 심사다. 이와 함께 공개의 대가로 특허를 부여하게 되므로 일반인이 쉽게 실시할 수 있도록 기재하고 있는가를 동시에 심사한다. 기재요건

실체심사 흐름도

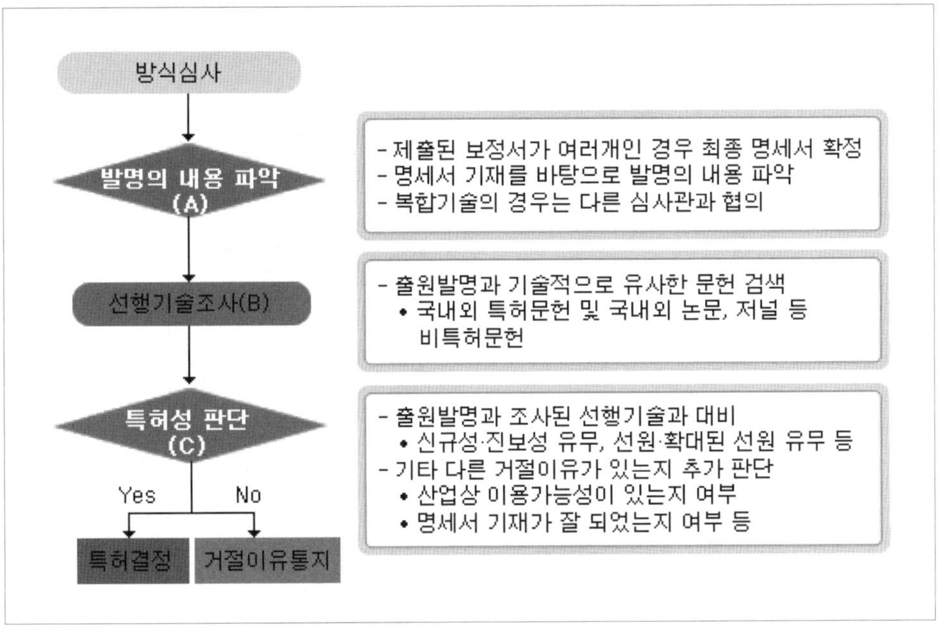

특허결정

해당 출원이 특허요건을 충족하는 경우, 심사관이 특허를 부여하는 처분 설정등록과 등록 공고한다.

특허결정이 되면 출원인은 등록료를 납부하여 특허권을 설정 등록한다. 이때부터 권리가 발생되며 특허출원 내용을 등록공고로 발행하여 일반인에게 공표 거절 결정한다.

출원인이 제출한 의견서 및 보정서에 의하여도 거절이유가 해소되지 않은 경우 특허를 부여하지 않고 처분한다.

거절결정불복심판

거절결정을 받은 자가 특허심판원에 거절결정이 잘못되었음을 주장하면서 그 거절결정의 취소를 요구하는 심판절차이다.

거절이유 통지 후 심사 흐름도

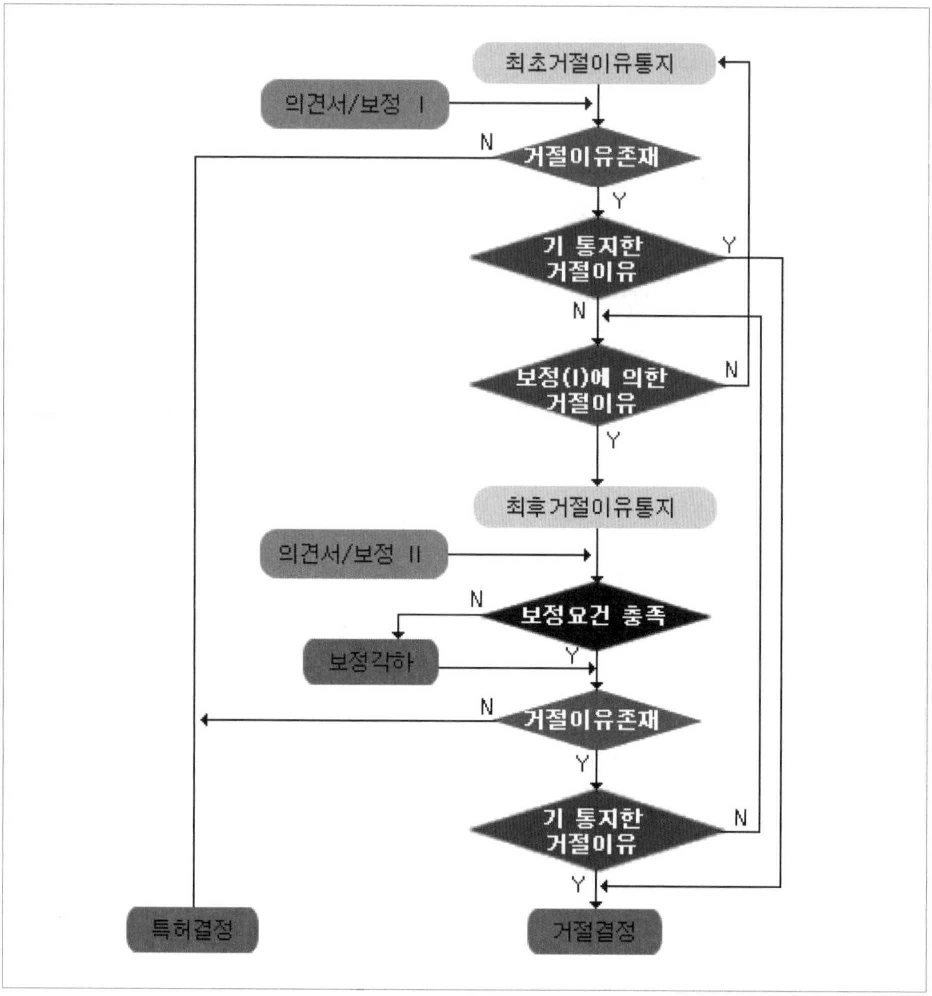

무효심판

심사관 또는 이해관계인 다만, 특허권의 설정등록이 있는 날부터 등록공고일 후 3월 이내에는 누구든지 이 특허에 대하여 무효사유 특허요건, 기재불비, 모인출원 등 가 있음을 이유로 그 특허권을 무효시켜 줄 것을 요구하는 심판절차이다.

※ 무효심결이 확정되면 그 특허권은 처음부터 없었던 것으로 간주함.

우선심사제도

특허출원은 심사청구 순서에 따라 심사하는 것이 원칙이나 모든 출원에 대해서 예외 없이 이러한 원칙을 적용하다 보면 공익이나 출원인의 권리를 적절하게 보호할 수 없는 면이 있어 일정한 요건을 만족하는 출원에 대해서는 심사청구 순위에 관계없이 다른 출원보다 먼저 심사하는 제도이다.

우선심사 흐름도

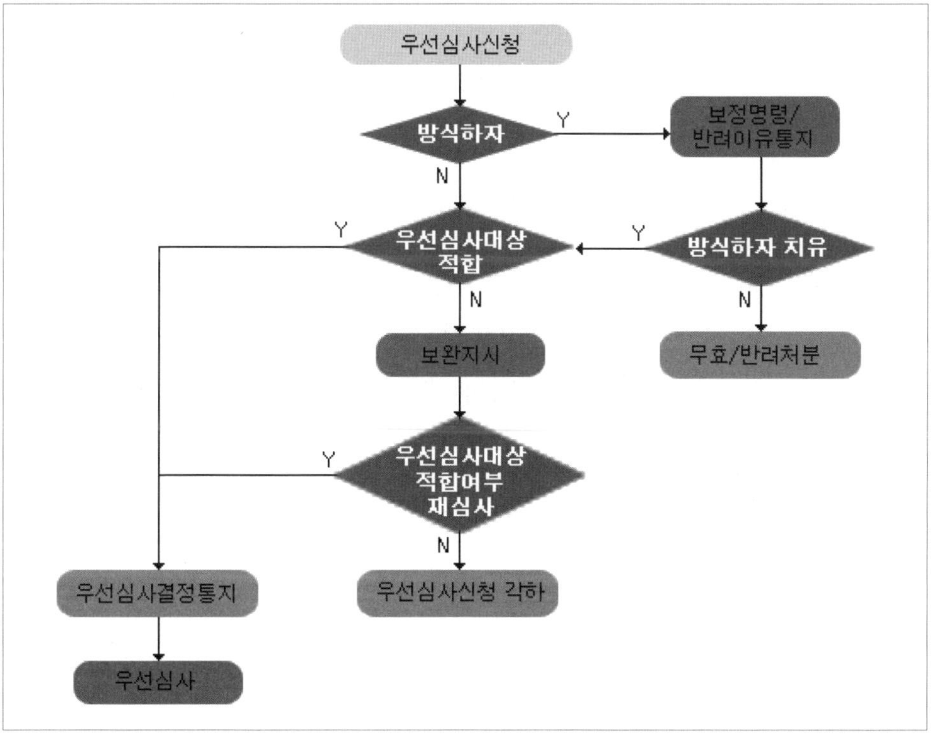

특허청구범위제출 유예제도

출원일부터 1년 2개월이 되는 날까지 출원심사청구의 취지를 통지받은 경우에는 통지받은 날부터 3개월이 되는 날까지 명세서의 특허청구범위 제출을 유예할 수 있는 제도이다.

※ 제출기한 이내에 특허청구범위를 제출하지 않으면 취하 간주되며 특허청구범위가 제출된 경우에 한하여 심사청구 가능하다.

심사유예신청제도

늦은 심사를 바라는 고객의 요구를 충족시키기 위해 특허출원인이 원하는 유예시점에 특허출원에 대한 심사를 받을 수 있는 제도이다.

늦게 심사받는 대신 희망시점에 맞춰 심사서비스 제공하는 것으로 심사유예 희망시점으로부터 3월 이내 심사서비스 제공 예정. 심사청구시 또는 심사청구일로부터 9개월 이내에 유예희망시점을 기재한 심사유예신청서를 제출하면 이용 가능하다. 별도 신청료 없음

분할출원

2이상의 발명을 하나의 특허출원으로 신청한 경우 그 일부를 하나 이상의 출원으로 분할하여 출원한다.

변경출원

출원인은 출원 후 설정등록 또는 거절결정 확정 전까지 특허에서 실용신안 또는 실용신안에서 특허로 변경하여 자신에게 유리한 출원을 선택할 수 있다.

조약우선권주장

파리협약이나 WTO 회원국간 상호 인정되는 제도로 제1국출원후 1년 내에 다른 가입국에 출원하는 경우 제1국출원에 기재된 발명에 대하여 신규성 진보성 등 특허요건 판단일을 소급하여 주는 제도이다.

국내우선권주장

선출원 후 1년 이내에 선출원 발명을 개량한 발명을 한 경우 하나의 출원에 선출원 발명을 포함하여 출원할 수 있도록 하는 제도이다.

직권보정제도

출원에 대해 심사한 결과 특허결정이 가능하나 명백한 오탈자, 참조부호의 불일치 등과 같은 사소한 기재불비만 존재하는 경우 의견제출통지를 하지 않고도 보다 간편한 방법으로 명세서의 단순한 기재불비 사항을 수정할 수 있도록 함으로써 심사 지연을 방지하고 등록 명세서에 완벽을 기하고자 마련된 제도이다. 2009.7.1이후 등록결정부터

재심사청구(심사전치) 제도

심사후 거절결정된 경우 거절결정불복심판을 청구한 후 명세서를 보정한 건에 대해 다시 심사를 하였으나 심사전치제도 개정 특허법에 따라 거절결정후 심판청구를 하지 않더라도 보정과 동시에 재심사를 청구하면 심사관에게 다시 심사받을 수 있다. 재심사청구제도

처리기간

심사처리기간이란 심사청구일로부터 심사착수 시점까지의 기간으로 심사처리기간의 장기화는 권리행사기간의 단축을 초래하고 신기술의 사업화와 수익화를 저해한다.

이에 따라 특허청은 특허심사관 증원, 선행기술조사 외주용역 확대, 성과주의 경영을 통한 심사처리실적의 극대화, 자동검색시스템 구축, 6시그마 경영 도입 등을 통해 06년 말 이후 세계에서 가장 빠른 심사서비스를 제공하고 있다.

국제특허분류

국제특허분류의 성립배경

미국 USPC, 일본 JPC, 유럽 ECLA 등 각국마다 다른 분류체계를 사용하여 왔으나 국제적으로 통일된 특허 분류체계가 필요함에 따라 1968년에 국제특허분류 IPC 가 도입되었다.

국제특허분류의 목적

특허문헌을 체계적으로 정리해서 특허문헌에 포함되어 있는 기술 및 권리정보에 용이하게 접근할 수 있게 하기 위함이다.

특허정보의 모든 이용자에게 정보를 선택적으로 보급하기 위함이다.

주어진 기술 분야에서 공지기술을 조사하기 위함이다.

여러 영역에서의 기술발전을 평가하는 공업소유권 통계를 내기 위함이다.

국제특허분류의 개정연혁

- IPC 제1판 : 1968년 9월 1일 ~ 1974년 6월 30일
- IPC 제2판 : 1974년 7월 1일 ~ 1979년 12월 31일
- IPC 제3판 : 1980년 1월 1일 ~ 1984년 12월 31일
- IPC 제4판 : 1985년 1월 1일 ~ 1989년 12월 31일
- IPC 제5판 : 1990년 1월 1일 ~ 1994년 12월 31일
- IPC 제6판 : 1995년 1월 1일 ~ 1999년 12월 31일
- IPC 제7판 : 2000년 1월 1일 ~ 2005년 12월 31일
- IPC 제8판 : 2006년 1월 1일 ~ 2008년 12월 31일
- IPC 제9판 : 2009년 1월 1일 ~

국제특허분류의 구조

섹션, 클래스, 서브클래스 및 메인그룹, 서브그룹의 계층구조로 되었다.

국제기구 및 국제조약

세계지식재산기구 WIPO, World Intellectual Property Organization

산업재산권 문제를 위한 파리협약 1883, 저작권 문제를 위한 베른조약 1886, 특허협력조약 및 특허법조약 등을 관리 하고 지식재산권 분야의 국제협력을 위하여 1967년 스톡홀름에서 체결하고 1970년에 발효한 세계 지식재산기구설립조약에 따라 설립됨 ▶ 74년 국제연합의 전문기구가 됨

※ 회원국 : 184개국 (한국은 79년 3월에 가입)

WIPO의 주요 임무

지적재산권의 효율적 보호를 촉진한다.

지식재산권 관련 조약의 체결, 운용 및 각국 법제의 조화로 도모하며 개발도상국에 대한 법제, 기술측면의 원조를 실시하고 있다.

WIPO 구성

일반총회, 체약국회의, 조정위원회, 국제사무국 4개 기구가 있다.

파리협약(Paris Convention)

산업재산권의 국제적 보호를 위하여 1883년 파리에서 체결하였다.

각국의 특허제도상의 차이를 인정하면서 중요한 사항에 대하여 국제적으로 통일된 규범을 규정하고 있다.

※ 우리나라는 80년 5월에 가입, 가맹국은 172개국

주요내용

특허독립의 원칙 속지주의

동일한 발명에 대하여 복수의 동맹국에서 특허를 부여받았다 하더라도 그 특허는 각각 독립적으로 존속, 소멸된다. 회원국의 Sovereignty 인정

내외국인 동등의 원칙

동맹국의 국민을 자국민 수준으로 대우한다. 각국은 자국산업의 보호를 위하여 외국인에 대해서는 특허를 부여하지 않으려는 경향이 있다.

우선권제도

회원국에 출원 선출원 한 자가 동일한 발명을 1년 이내에 타 회원국에 우선권을 주장하면서 출원 후출원 하는 경우 후 출원의 특허요건을 판단함에 있어서 선출원의 출원일에 출원된 것으로 취급하는 제도이다. ▶ 외국에 출원하는 경우 거리, 언어, 절차상의 제약으로부터 발생할 수 있는 출원인의 불이익을 해소시킨다.

특허법 통일화의 논의

각국 특허제도의 절차적, 실체적 사항을 통일함으로써 다른 나라에서의 특허취득을 원하는 출원인의 편의성을 제고하고 비용절감을 도모하기 위한 국제적인 논의를 한다.

논의경과

86년 이후 90년까지 8차에 걸친 회의 개최를 통하여 조약 기본안 Draft Patent Harmonization Treaty 이 마련되었으나 클린턴정부 출범 이후 미국이 선발명주의 고수입장으로 회귀함에 따라 조약 타결에 실패하였다.

95년 이후 WIPO의 주도로 통일화에 장애가 되는 실체적 사항을 제외하고 논의를 진행한 결과, 2000년 6월 절차적 사항에 관한 조약인 특허법조약이 타결되었다.

※ 10개국이 가입하면 조약발효 (2005. 7. 28. 발효) 2012. 5. 32개국 가입

특허법조약의 주요내용

- 출원일 설정 기준, 출원서류의 서식 및 작성방법
- 제출서류의 서식, 언어 및 표기사항

- 기간의 연장 및 권리의 복원
- 우선권 주장의 정정 및 추가 등

2000년 WIPO는 특허요건 판단기준 등 실체적 사항을 통일하기 위하여 특허실체법조약안을 마련하고 특허법상설위원회 Standing Committee on the Law of Patents : SCP 를 중심으로 조약안을 논의했다.

특허실체법조약안의 주요내용

- 명세서의 내용 및 순서
- 선행기술
- 특허요건(특허대상, 신규성, 진보성)
- 보정 및 정정 등

특허실체법조약의 타결 전망

WIPO는 그간의 SPLT 논의과정에서 각국이 제기한 의견을 종합하여 수정조약안을 작성하였으나 전통지식 및 유전자원 문제가 새로운 변수로 부각되고 있어 단기간 내의 타결 전망은 불투명하다.

특허협력조약(PCT: Patent Cooperation Treaty)

파리조약 제19조에 따른 특별협정의 하나로써 국제적인 특허출원 절차요건의 통일화에 주안점을 두고 1970년 워싱턴에서 개최된 외교회의에서 채택되어 1978년 1월 24일 발효되었다.

PCT에 의한 국제출원은 출원인이 국제사무국 또는 자국 특허청 수리관청 에 특허를 받고자 하는 국가를 지정하여 PCT 국제출원서를 제출하면 각 지정국에서 정규의 국내출원으로 인정해주는 제도이다.

특허법조약 PLT : Patent Law Treaty 및 특허실체법조약 SPLT : Substantive Patent Law Treaty

PCT 국제출원의 개요

특허협력조약 Patent Cooperation Treaty: PCT 에 의한 국제출원은 출원인이 자국 특허청 수리관청 에 특허를 받고자 하는 국가를 지정하여 PCT 국제출원서를 제출하면 각 지정국에서 정규의 국내출원으로 인정해 주는 제도로서 2008년 기준 139개국이 가입되어 있다.

PCT 국제출원의 절차

국제출원이 접수되면 수리관청에서 서류작성의 적정여부 등에 대한 방식심사 접수 후 1월 이내, 우선일부터 13월경 를 한다.

국제조사기관에서 선행기술조사 및 특허성에 관한 검토를 하여 그 결과를 국제조사보고서 및 견해서로 작성 조사용사본의 수령통지일부터 3월 또는 우선일부터 9월 중 늦은 때까지이며 통상 우선일부터 16월경 하여 출원인 및 국제사무국에 통보한다.

국제사무국에서는 우선일부터 18개월 경과 후 국제출원 일체 및 국제조사보고서에 대하여 국제공개를 한다.

선택적 절차인 국제예비심사를 청구하는 경우 통상 우선일부터 22개월 국제예비심사기관은 특허성에 관한 예비적인 심사를 하여 그 결과를 '특허성에 관한 국제예비보고서 PCT 제2장'으로 작성하여 출원인에게 통보한다 통상 우선일부터 28개월 시점

출원인은 상기 보고서 등을 기초로 실제 특허를 얻고자 하는 국가에 국제출원의 번역문 및 국내수수료 등을 납부하는 국내단계에 진입 통상 우선일부터 30개월 이내 해당 지정국에서 특허 심사절차를 밟게 된다. 한국은 우선일로부터 31개월 이내에 국내단계절차를 밟아야 한다.

한국 특허청을 수리관청으로 하여 출원하는 출원인은 국제조사기관으로 한국, 오스트리아, 호주, 일본 특허청 일본어 출원에 한함 중 하나를 선택할 수 있다. 국제예비심사기관으로는 한국, 오스트리아, 일본 특허청 일본에서 국제조사를 받은 경우에 한함 중 하나를 선택할 수 있다.

국외 PCT국제출원 중 한국을 국제조사기관으로 지정한 나라는 필리핀, 베트남, 인도네시아, 몽고, 뉴질랜드, 미국, 싱가포르, 말레이시아, 스리랑카, 호주, 칠레, 페루, 태국이 있다

PCT 국제출원에 필요한 서류

PCT 국제출원을 하기 위해서는 Request 국제출원서 , 명세서, 청구범위, 요약서, 도면 있는 경우 , 서열목록 해당하는 경우 으로 이루어진 국제출원 관련 서류를 별도로 제출해야 한다. 국내출원시 제출한 서류를 그대로 제출하는 것이 아님에 유의하여야 한다.

명세서도 국내출원과 달리 PCT 규칙에서 규정하는 기술순서에 따라 작성하여야 하며 국내 출원과 달리 명세서와 청구범위를 구분하여 별도로 작성한다. 국제출원서 Request 는 반드시 한국어, 영어 또는 일본어 일본어 출원의 경우 로 작성한다.

선출원을 기준으로 12일경 국제출원, 16일 전 국제조사 및 견해서, 16일경 우선권 주장 정정 및 추가, 18일 전 우선권서류 조약19조 보정서제출, 18일경 국제공개, 22일경 국제예비심사청구, 28일경 조약 제34조 보정서제출, 국제예비심사보고서, 30일경 각국 국내 단계로 진행된다.

▍특허포트폴리오

지식재산권확보를 위한 개인, 기업이 소유한 특허정보를 분류, 정리, 가공, 분석하여 도표나 도식으로 한눈에 파악할 수 있도록 전반적 기술 동향, 출원인 동향, 기술 분포 현황 및 특허권리관계, 상품개발 및 판매 전망 등을 파악할 수 있도록 작성한 분석도표이다.

특허에 대한 특허내용과 보충 또는 개선해야 할 문제점을 기술하며 완성된 특허권을 만들기 위한 것으로 기술적 문제, 제도적 문제, 금융적 문제 등을 분류별로 작성하여 한눈에 점검할 수 있도록 작성한다.

특허에 대한 분쟁요소, 범위, 개선점, 보완점 등을 단계적으로 분석하고 구체적으로 보완하기 위한 대비책까지 구체적으로 작성한다.

특허에 대한 총체적 내용을 기술한다. 참여자의 역할, 특허권 영역, 유사 특허권 정보, 상대적 특허권정보, 사용권 범위, 사용 내용, 특허 분석 내용, 출원정보. 특허기간, 등을 기록한다.

특허 포폴리오 작성요소

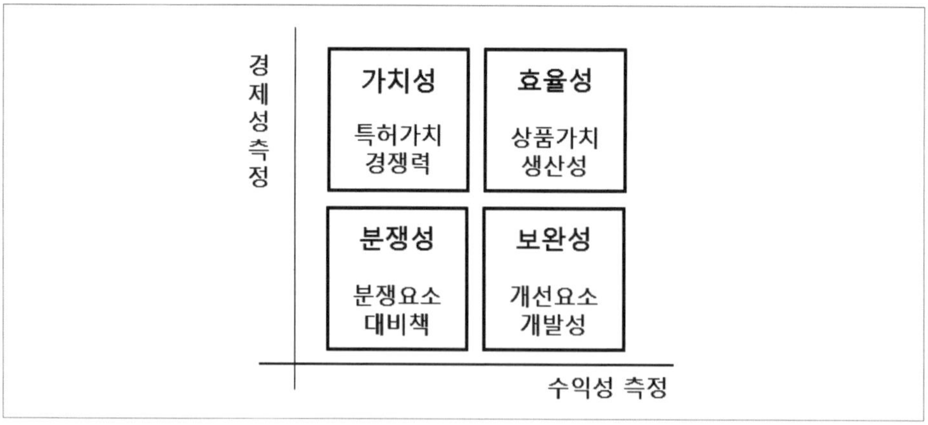

특허 포트폴리오 작성 자료를 분석하여 경제성이 있는 특허권인가?
수익성이 있는가? 무엇을 어떻게 개발하고 분쟁에 대비해야 하는가?
연구개발, 특허경영, 지식재산 전략 등의 중장기 특허전략을 세운다.

02

4차 지식재산권창출 가감승제변기법

- 더하기 기법
- 빼기 기법
- 곱하기 기법
- 나누기 기법
- 바꾸기 기법

지식재산 아이디어 창출은 크게 두 가지로 구분된다.

첫째는 전문아이디어 둘째는 생활아이디어이다.

아이디어는 발명과정으로 통해 창출된다. 발명은 반복되는 실패과정에서 새롭게 만들어 진다. 아이디어만으로 발명품이 되는 것이 아니라 만들어가는 과정을 통해서 아이디어가 완성된다.

지식재산권은 아이디어를 발명품으로 만든 것에 대한 권리이다.

4차 산업혁명 지식재산은 빅데이터에 의한 전문기술과 생활 속 아이디어 기술로 구분되며 빅데이터 없는 지식재산권은 큰 권리를 보장받지 못한다.

4차 산업혁명 교육은 아날로그 방식을 통한 STEAM-Maker 교육의 ICBM Iot Cloud Data Mobile 으로 아이디어를 창출시켜야 한다.

지식(지적)재산권 아이디어 창출방법

지식재산은 창작에 의한 권리로서 산업재산권, 저작권, 신지식재산권으로 구분되며 기존에 있는 것을 새롭게 창작하거나 존재하지 않은 것을 창작함으로 일정기간 권리를 인정받는다. 창작이란 창의성을 바탕으로 문제해결을 위한 아이디어창출방법에 따라 결과를 만든다.

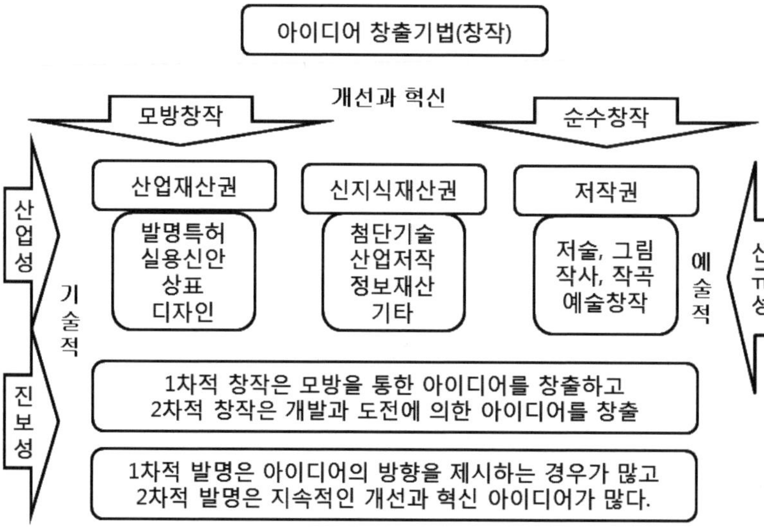

산업재산을 창출하는 방법과 지적재산을 창출하는 방법에는 차이가 있다. 모방을 통한 창작은 기존 정보를 바탕으로 창작하는 것이고 순수창작은 존재하지 않은 것을 창작하는 것으로 정보수집과 분석에 차이가 있다.

개선과 혁신의 요소를 찾아내어 요소에 따른 문제점을 연계하여 해결방법을 찾아낸다. 요소와 문제를 연계하는 방식은 더하고 빼고 곱하고 나누고 바꾸는 가감승제변기법이다. 신기술, 신상품, 신소재를 개발하고 정보 및 상품 디자인, 예술 창작 저술, 음악 등 의 아이디어도 같은 방식으로 지식 지적 재산권을 창출한다.

아이디어가 발명이고 발명이 지식재산권이다.

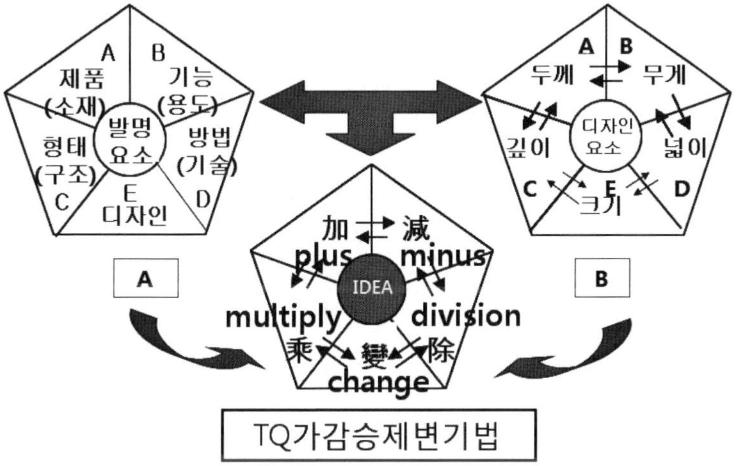

4차 산업혁명시대 지식재산 발명은 특허로 창출된다. 지식재산권 발명 을 창출하는 방법은 제품 소재, 기능 용도, 형태 구조, 방법 기술, 디자인을 디자인 요소와 연결하여 만든다. 5가지 발명요소를 가감승제변기법을 통해 지식재산권을 창출하는 사례를 소개한다. 지식재산권 창출을 위해 무엇이 필요하고 무엇과 무엇을 가감승제변하여 창출하는가에 따라서 지식재산권을 만든다.

순수창작을 할 때는 명칭 제목, 소재 기능, 구성 내용, 배열 조합, 줄거리 디자인 의 5가지 요소를 가감승제변하여 지식재산권으로 창출한다.

더하기 기법

『1 + 1 = ? 』 1+1은 얼마일까?

주입식이나 암기식의 교육을 받은 사람은 “2”라고 답을 해야만 한다. 그러나 창의적인 사람 발명가 대답은 다양하다. 수치나 공식으로만 생각하는 사람들은 발명하기가 어렵다. 고정된 사고방식 때문이다.

더하기기법

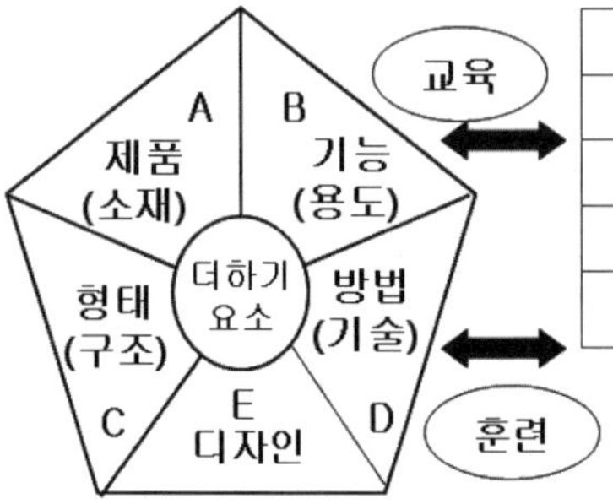

제품	제품과 소재(특징)
기능	기능, 용도, 성능, 효능
형태	모양, 구조, 크기, 무게
방법	기술, 경험, 재료, 소재
디자인	색상, 포장, 형태디자인

더하기기법=A+B+C+D+E
특징더하기, 기능더하기
형태더하기,재료더하기,색상더하기

아인슈타인은 경험적인 대답을 했다. 평소에 찰흙 덩어리를 가지고 놀면서 두개를 합쳤을 때 하나의 덩어리로 된다는 것을 경험으로 1+1=1 이라고 답했다. 수치적인 교육을 위주로 하는 학교에서는 이해가 될 수 없다. 줄 세우기, 평가위주의 학교교육에서는 창의적 교육 발명 을 하는데 한계성을 가지고 있다.

창의력은 암기지식보다는 경험지식에서 신장된다. 더하기 기법은 직접적인 경험과 간접적인 경험 등을 더하는 기법으로 제품 소재 , 기능 용도 , 형태 구조 , 방법 기술 , 디자인 등을 서로 유기적으로 연계하여 새롭게 창안하는 아이디어를 만드는 기법이다.

무엇과 무엇을 더하는가에 의하여 결과가 달라진다.

| 더하기 기법 사례 |

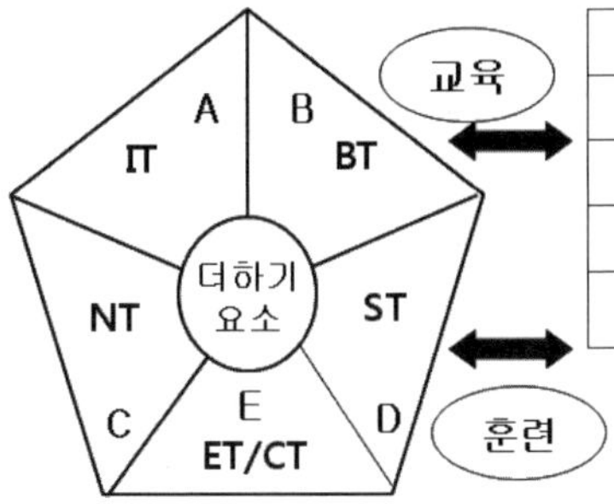

IT	IBT,INT,IST,IET,ICT
BT	BIT,BNT,BST,BET,BCT
NT	NIT,NBT,NST,NET,NCT
ST	SIT,SBT,SNT,SET,SCT
ET/CT	EIT,EBT,ENT,EST,ECT

더하기기법=A+B+C+D+E
특징더하기, 기능더하기
형태더하기,재료더하기,색상더하기

미래 핵심기술은 6T Technology 이다. IT 정보통신 , NT 나노기술 , BT 생명공학 , ST 우주·항공기술 , ET 환경기술 , CT 문화기술 등 6가지 기술을 서로 연계 더하기 하여 새로운 기술을 개발한다.

정보통신기술은 BT 바이오 , NT 나노기술 과 결합하여 세분화된 빅데이터로 다양한 분야에서 활용되고 있다. 신체정보를 병원과 연계시켜 원격치료를 가능하게 만들었고 원격조정은 가정과 기업, 농업, 어업 등의 업무를 빅데이터로 실내 기온, 건강, 업무, 사업 등을 실시간으로 효율적이고 생산적 관리를 하고 있다.

- 빅데이터 = IT + NT ⇨ 세분화된 초연결 정보망
- 장기개발 = IT + BT ⇨ 정보통신과 신체리듬
- CCTV = IT + ST ⇨ 정보통신기술과 우주정보의 결합
- 핸드폰 = IT + ST ⇨ 정보통신 + 인터넷, 와이파이
- 드론 = IT + ST ⇨ 정보통신 + 항공기술

미래사회는 IT와 결합된 새로운 기술에 의하여 인간과 로봇이 공존하는 시대이다. 상품 및 기술 개발에서 생산과 유통, 판매, A/S까지 새로운 기술과 시장이 만들어질 것이다.

더하기 기법 사례II

A + A 기법

- 빅데이터 = 정보기술 + 정보데이터
- 왁슨 = 정보수집 + 분석 + 딥러닝
- 자율주행차 = 자동차 + CCTV+ GPS

A + B 기법

- 정보기술 + 생명공학기술
- 스마트폰 바이오기술(스마트폰 건강체크. 혈압, 혈당 등)
- 나노바이오 = 융·복합 과학기술분야, 신소재, 신물질 개발
- 바이오가스 = 쓰레기, 가축분료, 하수슬러지

A + C 기법

- AT + NT = 정보통신기술 + 나노기술
- 나노로봇기술 = 마이크로로봇, 탐색로봇(화재, 지진, 해저, 구조)
- 나노정보기술 = ICT + 헬스 모니터링

A + D 기법

- 정보기술 + 우주항공기술
- 드론 = CCTV + 스마트폰

A + E 기법

- 정보기술 + 환경 및 문화
- 인테넷방송 = 화상통화, 페이스북, U튜브, 카톡, 밴드, SNS

빼기 기법

『1 − 1 = ? 』

생각을 계속 하다보면 복잡해진 생각으로 창의적인 발상이 어렵다. 복잡한 문제를 해결하기 위해 복잡한 문제에서 가장 중요한 부분을 또는 필요하지 않는 부분을 빼내어 새롭게 문제를 생각하는 방법이 빼기 기법이다.

빼기기법

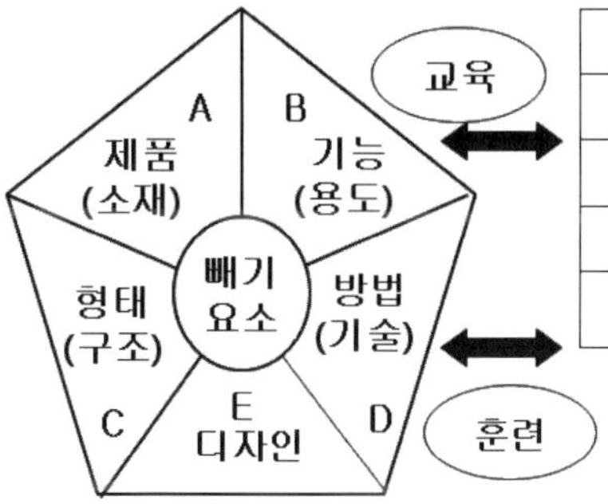

제품	제품과 소재(특징)
기능	기능, 용도, 성능, 효능
형태	모양, 구조, 크기, 무게, 부피
방법	기술, 경험, 재료, 소재
디자인	색상, 포장, 형태디자인

빼기기법=A-B-C-D-E
특징빼기, 기능빼기
형태빼기,색상빼기

빼기 기법은 생각을 간단하게 또는 세밀하게 하는 방법으로 빼기 기법은 빼낸 부분을 버리거나 구분하여 생각하는 기법이고 다음에 소개하는 나누기 기법은 서로의 생각이나 문제점 발명요소 을 나누어서 구별 한 후에 부분별로 더하거나 곱하는 기법이다.

크기, 부피는 작고 가볍게 기능은 다양하고 간편하게 만든다.

빼기 기법은 대형을 소형으로 축소하면서 대형이 지니고 있는 기능도 축소하는 것이 아니라 오히려 다양한 기능으로 확대하고 필요 없는 부분을 빼내어 필요한 부분을 첨가시키는 발상이다.

| 빼기 기법 사례 |

빼기 기법은 지나치게 복잡하거나 불필요한 소재, 기능, 형태, 기술, 디자인을 축소하여 쉽고 편하게 만드는 방법이다. 사용하는데 어렵고 실제 사용하지 않는 기능이나 형태를 빼거나 축소시켜 단순화 시킨다.

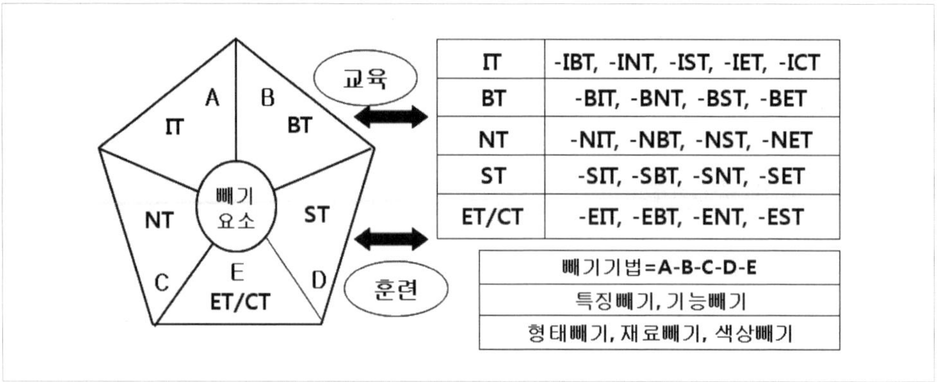

단순화로 편리성, 가격성, 가소성을 높이고 IT를 통한 인터넷공간으로 효율성과 생산성을 높인다.

- 인터넷화폐 ⇨ 화폐 발행비용, 시간
- 인터넷통신 ⇨ 화상을 통한 공간, 시간 단축
- 코딩, C언어 ⇨ 스크래치(Scratch), 파이썬
- 부품제작기 ⇨ 3D프린팅
- 무점포경영 ⇨ 자동화시스템
- 전자결제, 화상회의 ⇨ 회의 및 결제 공간제약 해결, 시간 단축
- 카톡, 밴드, 블로그, 카페 등의 SNS 환경

스틱기어 Stick gear → 오토매틱 Automatic
수동을 자동으로 만들거나 때로는 자동을 수동으로 만드는 방법이다.

빼기 기법 사례II

A - A 기법

- 데이터 분석기 = 정보기술 - 빅데이터
- 키프리스(Kipris) = 특허정보 검색
- 인터넷통계정보검색시스템

A - B 기법

- 바이오 자료 검색 = 정보기술 - 바이오
- 바이오 연결자료 검색 = 빅데이터 - 바이오
- 해양 바이오 정보기술 (Marin Bio Information Technology)

A - C 기법

- 정보기술 - 나노기술
- 바이오 의약품(Biomedicine) = 유전자재조합기술 - 세포배양기술
- GMO(Genetically Modified Organism) = 옥수수, 감자, 변형식품
- GMOs = 복제양 돌리

A - D 기법

- 정보기술 - 항공기술
- 시뮬레이션 항법 = 레이더 망
- 스텔스(Stealth) = 스텔스비행기, 스텔스통장, 스텔스마케팅

A - E 기법

- 정보기술 - 환경, 문화 기술
- 공기정화 = 프랜테리어(Planterior)

곱하기 기법

더하기 기법은 하나의 소재와 소재, 기능과 기능, 기술과 기술, 방법과 방법, 디자인과 디자인끼리 결합하는 방법이지만 곱하기 기법은 서로 다른 요소 조건 을 결합하여 전혀 새로운 소재, 새로운 기능, 새로운 기술, 새로운 방법, 새로운 디자인을 만들어 내는 융합방법이다.

곱하기기법

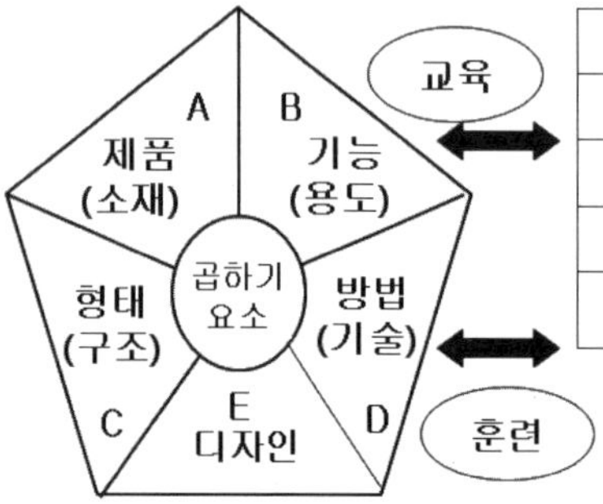

제품	제품과 소재(특징)
기능	기능, 용도, 성능, 효능
형태	모양, 구조, 크기, 무게
방법	기술, 경험, 재료, 소재
디자인	색상, 포장, 형태디자인

곱하기기법=AxBxCxDxE
특징곱하기, 기능곱하기
형태곱하기,색상곱하기

4차 산업혁명 융합시대는 서로 다른 것을 연계하여 시너지 효과를 창출시켜 지식재산권의 경쟁력을 만든다. 전혀 다른 분야가 서로 융합하여 독립된 정보를 바탕으로 새로운 정보를 만들어 내는 방법이다.

제품의 새로운 소재로 새로운 기능이나 성능, 효능을 만들어 내는 방법으로 사각형을 삼각형이나 원형으로 전혀 새로운 형태로 변형시켜 새로운 방법을 찾아내기도 한다.

기존의 틀에서 벗어나 새로운 형태를 구상하고 새로운 방법으로 문제점을 해결하는 경영전략을 만들기도 한다. 4차 산업혁명시대는 역발상으로 기존의 틀을 새롭게 만드는 사고력이 필요하다. 곱하기 기법은 새로운 사고력으로 기존에 존재하지 않은 것을 찾아내고 기존의 문제점을 해결하는 방법이다.

곱하기 기법 사례

곱하기는 6T 분야를 유기적인 관계로 결합하여 빅데이터를 만든다. 방대한 빅데이터를 네트워크화 시켜 신속정확하게 정보를 수집 분석한 4차 산업혁명시대의 정보관리 방법이다. 빅데이터를 통한 IT, BT, NT, ST, ET, CT 데이터망에서 정보분석, 신기술, 신소재, 신상품을 개발한다.

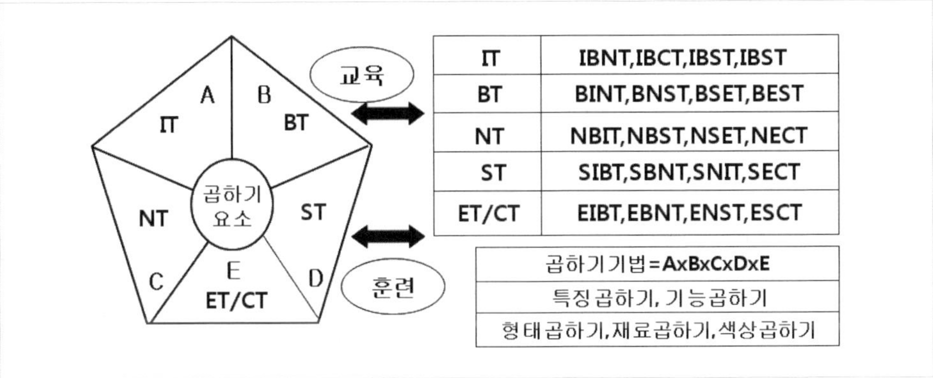

- 왓슨(빅데이터) ⇨ ITxBTxNTxSTxETxCT
- 인체장기개발 ⇨ ITxBT, NTxBT
- 인공지능제품 ⇨ IBNT, IBCT, IBST, IBST
- 드론 ⇨ ITxBTxNTxSTxETxCT
- 자율주행 ⇨ ITxBTxNTxSTxETxCT
- 3D 프린터 ⇨ ITxBTxNTxSTxETxCT
- 스마트공장 ⇨ ITxBTxNTxSTxETxCT

IT에 BT, NT, ST, ET, CT 등을 결합하는 방법으로 기존에 존재하는 모든 것을 유기적으로 연결하여 새로운 것을 만들어 내는 방법이다.

드론은 이동운송수단이면서 택배 등의 수송수단이고 정찰, 수색, 탐지, 수단으로 전투수단으로 다양하게 이용되고 있는 비결은 IT를 바탕으로 BT, NT, ST, ET, CT 등의 다른 분야와 융합하여 만든 사례이다.

곱하기 기법 사례II

A × A 기법

- 정보기술 × 정보통신(ICT) IoT
- 스마트 공장 (Smart Factory)
- 스마트 팜 (Smart Farm) 스마트 그리드 (Smart Grid)

A × B 기법

- 정보기술 × 바이오기술
- ICT 의류 = 다기능성 의류 =스마트 의류
- 슈트(Suit) = 수중, 상공, 육해공 기능 슈트

A × C 기법

- 정보기술 × 나노기술
- 그래핀(Graphene) = 그래핀전지
- 자율주행차(Self-driving car) = 테스라, 우버

A × D 기법

- 정보기술 × 우주기술
- RFID(Radio-Frequency Identification)
- CCTV(Closed Circuit Television), 5G기술

A × E 기법

- 정보기술× 환경, 문화기술
- 스마트시티(Smart City), 스마트 홈(Smart Home)
- AI 주방기기, AI냉장고, 청소기, 세탁기, 냉온방기, 커텐, 방범

나누기 기법

발명품 물질 의 기능 용도 은 형태 구조 에 의하여 나타나고 발명품 물질 의 품질은 형태 구조 조합기술 배열, 배분, 결합 에서 결정된다.

나누기기법

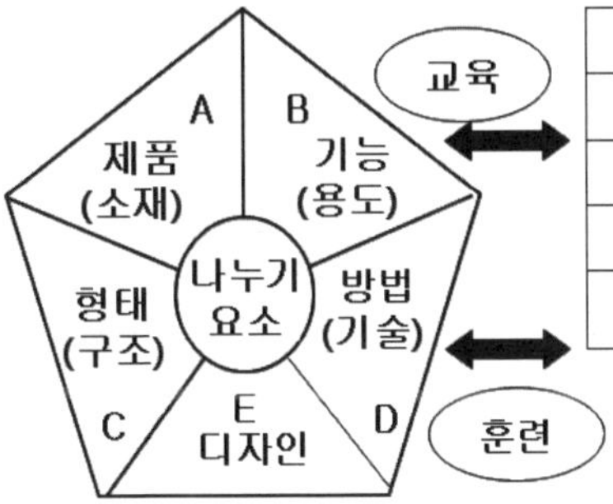

제품	제품과 소재(특징)
기능	기능, 용도, 성능, 효능
형태	모양, 구조, 크기, 무게
방법	기술, 경험, 재료, 소재
디자인	색상, 포장, 형태디자인

나누기기법=A÷B÷C÷D÷E
특징나누기, 기능나누기
형태나누기,색상나누기

이와 같이 발명품의 품질이나 기능, 물질의 효능이나 가치를 창출시키는 상품과 물질의 구조가 새로운 상품의 물질을 창조하는 비결이다. 이를테면 세포 구조를 분리하고 세분화시켜 새로운 세포환경을 조성하여 새로운 기능과 효능을 창출시키는 발명기법이다.

하나의 모체는 수많은 세포로 조직되어 있어 분리된 조직은 객체로 존재하므로 새로운 물질과 상품, 제품을 개발하는 씨앗이다.

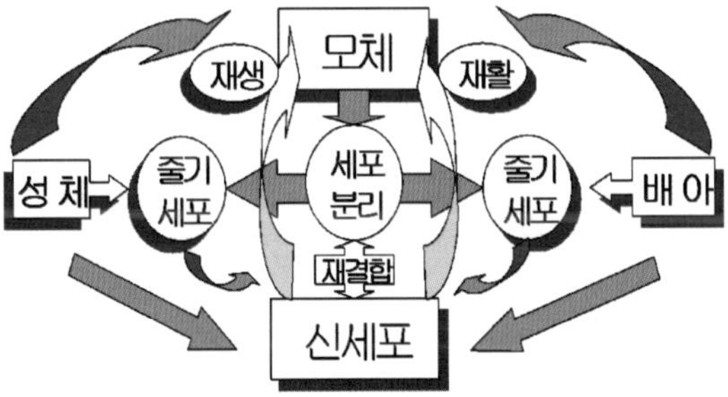

| 나누기 기법 사례 |

IT를 비롯한 BT, NT, ST, ET, CT 등의 요소들을 나누거나 쪼개거나 포개어 새로운 소재 제품 ,기능 용도 , 형태 구조 , 방법 기술 ,디자인으로 첨단기술이나 나노기술 등으로 신소재, 신기술, 신상품 등을 만드는 방법이다.

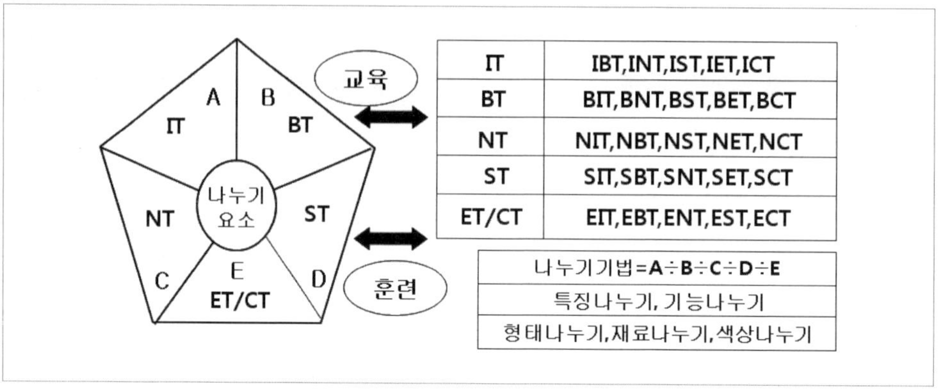

- 신소재 개발 ⇨ IT÷BT÷NT÷ST÷ET÷CT
- 신소재 개발 ⇨ IT÷BT÷NT÷ST÷ET÷CT
- 나노소재개발 ⇨ 나노섬유, 장기인식, 피부인식, 인조장기, 인조피부
- 세포분리기술 ⇨ 염색체, 세포분열, 줄기세포
- 원격치료기술 ⇨ 원격바이오치료, 건강관리
- 생체모방기술 ⇨ 연꽃 방수, 단풍나무잎, 벨크로
- 태양광기술 ⇨ 태양광 전기, 우주태양광
- 미래신성장기술 ⇨ 4차 산업혁명 미래신성장 나노기술
- 반인반물기술 ⇨ 인공지능, 인공장기에 의한 반인반물

수륙자동차, 캡슐주택, 기능주택, 원격 조정, CCTV, 기능성가전제품, 원격치료, 로봇탐색견, 로봇잠수함, 수중주택, 지가부상열차, 고속캡슐전차, 친환경주택, 친환경농·수산물, 기능성 식품

나누기 기법 사례Ⅱ(분야별 전문화, 세분화)

A ÷ A 기법

- 정보기술 ÷ 정보기술
- 인공지능 로봇, 빅데이터, 구글, 페이스북, 네이버, 다음, SNS
- 왓슨(Watson), 알파고(Alphago)
- 핀테크(FinTech) = 금융과 정보기술의 세분화 〈 무인판매, 결제
- 키오스크(KIOSK) = 행정업무, 교통, 금융, 무인단말기

A ÷ B 기법

- 정보기술 ÷ 바이오
- 나노복합소재 = 혼방사, 그래핀
- 나노 바이오센서(Nano-Biosensor) 〈 U-헬스케어

A ÷ C 기법

- 정보기술 ÷ 나노기술
- 조직배양기술 = 호르몬, 줄기세포, 종자개량, 신품종

A ÷ D 기법

- 정보기술÷ 우주항공
- GPS (Global Position System)
- 인공위성(Earth Satellite) 〈 기후변화, 지구환경대응, 탄소관리

A ÷ E 기법

- 정보기술 ÷ 환경, 문화
- 스마트 시티, 3D 프린터(요리 등 모형 및 작품제작)

바꾸기 기법

앞서 지적한 더하기, 빼기, 곱하기, 나누기기법에 의하여 만들어진 발명품가치를 더욱 효과적으로 다양화시키는 방법이 바꾸기 기법이다. 편리성과 기능성을 위하여 재료, 용도, 형태, 방법, 디자인을 바꾸고 기존방식을 거꾸로 세우고, 비틀고, 바꾸고 하거나, 다른 상품과 조건에 이용하거나, 폐품을 재활용하거나 뒤집고 바꾸어 다기능, 다양화를 통한 새로운 상품을 만드는 발명기법이다.

바꾸기기법

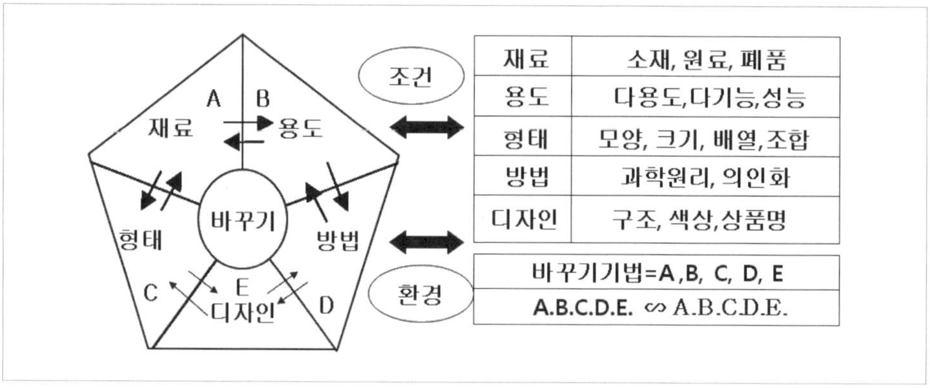

바꾸기 기법은 변화, 교체, 대여 3단계 과정에서 아이디어를 창출한다.

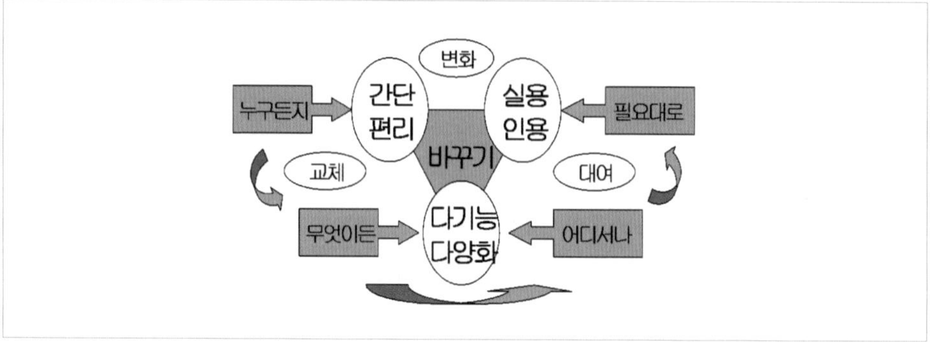

바꾸기 기법 사례 I

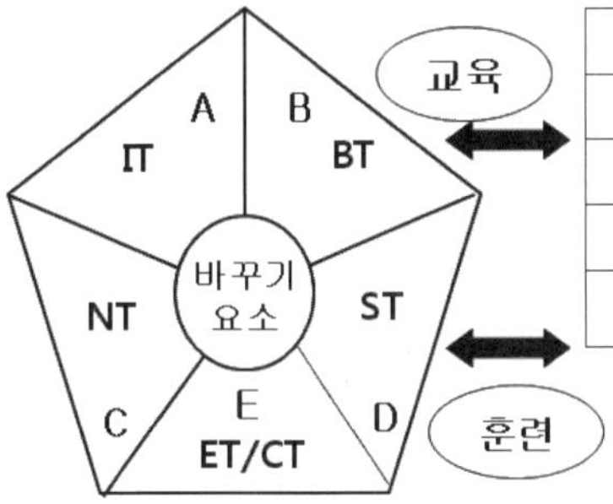

IT	IBT,INT,IST,IET,ICT
BT	BIT,BNT,BST,BET,BCT
NT	NIT,NBT,NST,NET,NCT
ST	SIT,SBT,SNT,SET,SCT
ET/CT	EIT,EBT,ENT,EST,ECT

바꾸기 기법 ∽ A,B,C,D,E
특징바꾸기, 기능바꾸기
형태바꾸기,재료바꾸기,색상바꾸기

- 빅데이터에 의한 일자리 변화 ⇨ 로봇정보 처리(변호사, 의사, 교수)
- 왓슨 로봇 ⇨ 변호사, 의사, 교수, 교사, 중개인, 기타 정보 직업
- 스마트공장 ⇨ 대량생산, 주문생산, 24시간 로봇 생산으로 대체
- 신성장기술 ⇨ 6T 분야 미래 신기술
- 초현실사회 ⇨ 상상이나 공상에 존재하는 사회

IT 빅데이터를 바탕으로 BT, NT, ST, ET, CT 등을 조건 없이 바꾸어 새로운 IT, BT, NT, ST, ET, CT를 만드는 방법으로 공간과 시간을 초월하여 과거, 현재, 미래를 현재과거, 현재미래로 만든다.

기존의 고정관념을 깨트리고 상상을 가상현실로 만들어가는 기술이다. 이를 위해 시뮬레이션기법을 응용한다. 제한된 공간이나 시간을 벗어나 새로운 가상공간과 시간을 초월하여 새로운 공간과 시간으로 만들어가는 기술이다.

- 시뮬레이션 ⇨ 공간과 시간을 초월한 새로운 공간, 공간을 축소하거나 확대하여 단계적 과정을 반복 학습, 경험하여 기술을 습득하거나 문제를 해결하는 방법이다.
- 가상, 증강현실 ⇨ 과거, 미래를 현실에서 경험하는 방법으로 시간적 흐름을 마음대로 조절하여 새로운 환경을 만든다.

바꾸기 기법 사례II

A ⇔ A 기법

- 정보기술 ⇔ 정보통신
- NBIC 융합기술, 인공로봇 (Humanoid)
- 스마트 공장(Smart Factory)

A ⇔ B 기법

- 정보기술 ⇔ 바이오기술
- 인공고기(배양육) = 패티(Patty)

A ⇔ C 기법

- 정보기술 ⇔ 나노기술
- 유전자 재조합기술, 면역관문억제제(Immune Checkpoint Inhibitor)
- 바이오매스(Biomass) 〈 재생에너지 〈 재생자원

A ⇔ D 기법

- 정보기술 ⇔ 우주기술
- 우주 태양열 발전
- 우주 도시(Space City) 〈 우주 주택(캡슐형 주택)

A ⇔ E 기법

- 정보기술 ⇔ 환경, 문화 기술
- 가상현실 〈증강현실 = 시뮬레이션
- 융· 복합기술 = 플라즈마, 인공지능(AI), 빅데이터, IoT, 5G
- 신성장 산업기술 = 정보, 나노, 바이오, 환경 및 에너지, 우주

특허청
지식재산센터 아이디어 지원 신청양식

개인아이디어 창업지원, 아이디어창출, 아이디어구체화(특허출원)

아이디어 제품화(3D설계, 모형제작), 창업컨설팅지원

아이디어 신청서					
신청인 정보	신청자	□ IP창업Zone(지역지식센터) □ 아이디어마루 □ 창조혁신센터 □ 기타( )			
	이름	서명	주민등록번호		성별
					남/여
	주소				
	휴대폰		E-Mail		
	창업단계	□ 미창업(창업계획없음) □ 기창업 2018.1.1. □ 미창업(창업준비단계) □ 기창업(전환창업예정)			
아이디어 명칭					
아이디어 요약	아이디어를 쉽게 이해 할수 있도록 주요 내용을 간략하게				
아이디어 상세설명	아이디어구성요소, 작동원리, 실시 예, 효과 등 상세기재				

IP디딤돌 지원 체계도

부록

전국 지식센터

전국 지식센터

지역	센터명	대표번호	주소	등록일
강원도	**강원지식재산센터** (강원도경제진흥원)	033-749-3326	강원도 원주시 호저로 47	2001.7
강원도	강릉지식재산센터 (강릉상공회의소)	033-643-4413	강원도 강릉시 종합운동장길 88 강릉상공회의소 6층 강릉지식재산센터	2003.10
강원도	춘천지식재산센터 (한국발명진흥회강원지회)	033-264-6580	강원 춘천시 강원대학길 1 강원대학교 보듬관 403호 춘천지식재산센터	2001.7
경기도	**경기지식재산센터** (경기테크노파크)	031-500-3043	경기도 안산시 상록구 해안로 705 경기테크노파크 4동(지원편의동) 1층 경기지식재산센터	2003.10
경기도	수원지식재산센터 (수원상공회의소)	031-244-8321	경기도 수원시 장안구 수성로 311 수원상공회의소 5층 수원지식재산센터	2001.7
경상남도	**경남지식재산센터** (창원상공회의소)	055-210-3085	경상남도 창원시 의창구 중앙대로 166 창원상공회의소 6층 경남지식재산센터	2001.7
경상남도	진주지식재산센터 (진주상공회의소)	055-762-9411	경상남도 진주시 동진로 255 진주상공회의소 3층 진주지식재산센터	2001.12
경상북도	**경북지식재산센터** (포항상공회의소)	054-274-5533	경상북도 포항시 남구 포스코대로 333 (상도동, 포항상공회의소) 포항상공회의소 2층 경북지식재산센터	2001.7
경상북도	안동지식재산센터 (안동상공회의소)	054-859-3093	경상북도 안동시 축제장길 240 안동상공회의소 1층 안동지식재산센터	2005.11
경상북도	구미지식재산센터 (구미상공회의소)	054-454-6601	경상북도 구미시 송정대로 120 구미상공회의소 3층 구미지식재산센터	2001.7
전라남도	**전남지식재산센터** (목포상공회의소)	061-242-8587	전라남도 무안군 삼향읍 오룡3길 2 중소기업종합지원센터 4층 전남지식재산센터	2005.7
전라북도	**전북지식재산센터** (한국발명진흥회 전북지부)	063-252-9301	전라북도 전주시 덕진구 반룡로 109 벤처지원동 105호 전북지식재산센터	2014.03
충청남도	**충남지식재산센터** (충남북부상공회의소)	041-559-5746	충청남도 천안시 서북구 광장로 215 충남북부상공회의소 9층 충남지식재산센터	2001.7
충청북도	**충북지식재산센터** (청주상공회의소)	043-229-2732	충청북도 청주시 상당구 상당로 106 청주상공회의소 1층 충북지식재산센터	2001.7
충청북도	충주지식재산센터 (충주상공회의소)	043-843-7005	충청북도 충주시 으뜸로 31 충주상공회의소회관 1층 충주지식재산센터	2005.7
광주광역시	**광주지식재산센터** (한국발명진흥회광주지회)	062-954-3841	광주광역시 북구 추암로 249 광주이노비즈센터 7층 광주지식재산센터	2001.7
대구광역시	**대구지식재산센터** (대구상공회의소)	053-242-8079	대구광역시 동구 동대구로 457 대구상공회의소 5층 대구지식재산센터	2001.7
대전광역시	**대전지식재산센터** (대전테크노파크)	042-930-8420	대전광역시 유성구 테크노9로 35 지능로봇산업화센터 206호	2003.10
부산광역시	**부산지식재산센터** (부산테크노파크)	051-320-3575	부산광역시 사상구 엄궁로 70-16(엄궁동) (재)부산테크노파크 3층 309호 부산지식재산센터	2003.3
부산광역시	부산남부지식재산센터 (한국발명진흥회부산지회)	051-645-9683	부산 부산진구 가야대로 607 (가야동) 새마을회관 6층 부산남부지식재산센터	2001.7
서울특별시	**서울지식재산센터** (서울산업진흥원)	02-2222-3860	서울특별시 마포구 월드컵북로 400> 서울산업진흥원 1층 서울지식재산센터	2009.2
울산광역시	**울산지식재산센터** (울산상공회의소)	052-228-3087	울산광역시 남구 돋질로 97 울산상공회의소 2층 울산지식재산센터	2001.7
인천광역시	**인천지식재산센터** (인천상공회의소)	032-810-2882	인천광역시 남동구 은봉로60번길 46 인천상공회의소 6층 인천지식재산센터	2001.7
제주도	**제주지식재산센터** (제주상공회의소)	064-755-2554	제주특별자치도 제주시 청사로1길 18-4 제주지역경제혁신센터 1층 제주지식재산센터	2001.7

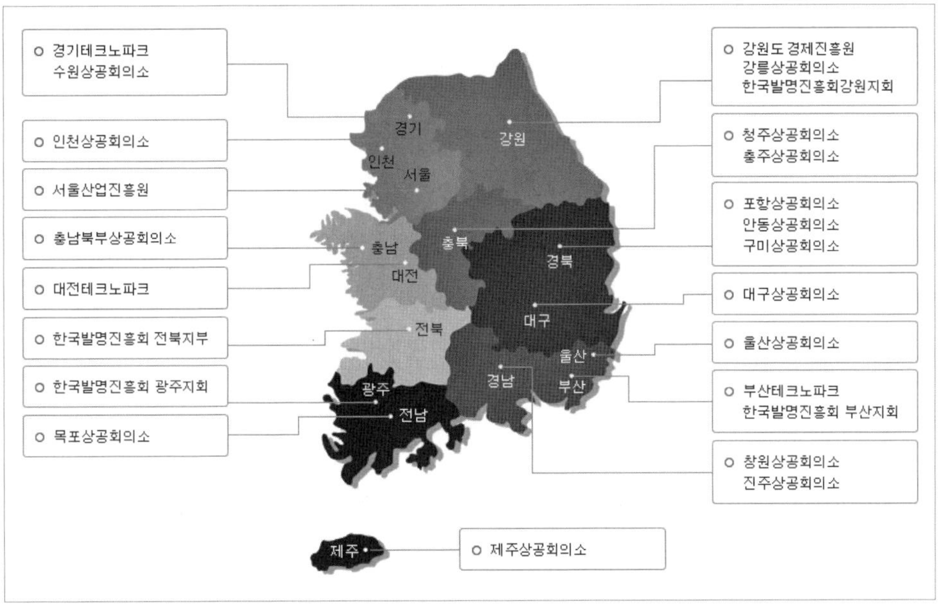

4차 산업혁명

	강점	약점
과학·기술	• ICT발전지수 2년(2015~2016) 연속 세계 1위 • GDP 대비 R&D 투자 비율 세계 1위 (2015년 4.23%)	• 인공지능 기술력, 미국과 2.2년 격차 (2016년) • 민간 R&D 투자 증가율 급감 (2011년 16.4% ▶ 2015년 2.6%)
산업·경제	• 창업 절차 등 기업 환경 평가 순위 190개국 중 5위(2016년) • 제조업 경쟁력 40개국 중 5위(2016년)	• 186개 유니콘 기업 중 국내 기업 3개 불과(2017년) • OECD 국가별 상품시장 규제지수 33개국 중 4위(2013년)
사회·제도	• 학업성취도지수 OECD 국가 중 2위 (2015년) • 인간개발지수 188개국 중 17위(2015년)	• 2016년 이후 20년간 SW 전문 인력 약 2만 8,000명 부족 전망 • 청년실업률 증가 (2007년 7.2% ▶ 2016년 9.8%)

자료: 대통령직속 4차산업혁명위원회

참고문헌

- 지식재산권 – 두산세계대백과사전
- 세계지식재산기구 [World Intellectual Property Organization, 世界知的財産權機構] (IT용어사전, 한국정보통신기술협회)
- [네이버 지식백과] 영국을 시장경제국가로 살려낸 철의 여인 (마거릿 대처–시장경제로 영국병을 치유하다, 2007. 9. 1., ㈜살림출판사)
- [네이버 지식백과] 정보경제 (매일경제, 매경닷컴) 매경시사용어사전
- [네이버 지식백과] 영국은 전쟁 중, 미래의 정보 패권을 사수하라 – 정보·금융 전쟁 : 보려는 자, 숨기려는 자 (1) (2015 한국을 뒤흔들 12가지 트렌드, 2014.11.05)
- 스마트 공장 어플리케이션을 위한 기술적 기반으로서의 BECKHOFF PC 기반 제어 기술|작성자 무인화기술
- [한국상공인신문]4차 산업혁명 일자리와,교육 변화는?
- 미래교실의 '움직이는 교과서' 디지털교과서를 소개합니다. 교육부
- http://toddler.tistory.com/23 [유럽 놀이]
- 조선일보 '스마트시티 실증단지' 서비스 개념 설명도./부산시 제공)
- [Industrial Report] 4차 산업혁명에 대한 중소기업 인식 및 대응조사|작성자 HARFKO 하프코 HVACR
- 현대경제연구원 HRIZINE〉HRI 연구보고서 – 2017.11.29., MBG그룹 도표
- 인공 고기(배양육) 테크플러스, (ICT 시사용어 300, 2013.02.05, 한국정보통신기술협회)
- (사물인터넷의 미래, 2014. 11. 28., 한국전자통신연구원(ETRI), 전자신문출처: http://chlalgud8505.tistory.com/58 [팬더의 프로그래밍]
- [네이버 지식백과] RFID (시사상식사전, 박문각)
- [네이버 지식백과] 인공지능 (4차 산업혁명, 2016.10.20., 커뮤니케이션북스)
- 김병운(2016.). 인공지능 동향분석과 국가차원 정책제언. ≪정보화정책≫. 제23권1호. 73~93.

- 조용수(2015.). 똑똑한 기계들의 시대: 인공지능의 현주소. LGERI 리포트
- 이영환 지식협동조합 경계너머 아하! 미시경제학
- 지식재산권 (시사상식사전, 박문각)
- CWPC 2018년 2월 1주차 – [세계 초일류 기업의 AI 전략] EY 어드바이저리 지음, 임영신 옮김, 매일경제신문사, 2016.|작성자 서평 서진영
- 기술 시스템의 개화 (기술의 역사 (뗀석기에서 유전자 재조합까지), 2009. 2. 25., ㈜살림출판사)
- (지형 공간정보체계 용어사전, 2016. 구미서관)
- koc.chunjae.co.kr/main.do
- 서울시교육청 메이커교육 중장기 계획서
- 초일류기업을 위한 창조경영(강충인)
- TQ토론기법(강충인)
- 가감승제변기법(강충인)
- 아이디어창출백과(강충인)
- 발명입문교과서(강충인)
- 한국형융합교육STEAM 교육이론과 실제(강충인)
- TQ창의성교육법(강충인)
- 지식재산권 유관기관
- 한국지식재산연구원 https://www.kiip.re.kr
- 한국지식재산보호원 http://www.koipa.re.kr
- 산업지식재산분쟁조정위원회 http://www.koipa.re.kr
- 한국지식재산협회 http://www.kinpa.or.kr

4차 산업혁명시대 지식재산권 Intellectual property rights 무엇이 바뀌는가

초판 1쇄 2018년 09월 21일

지은이 강충인
감수 강승수 | TQ창의력교육 개발원 교수
김병오 | 중부교육청 교육장
최종영 | PPU 대학원 교수
발행인 김재홍
마케팅 이연실

발행처 도서출판 지식공감
등록번호 제396-2012-000018호
주소 경기도 고양시 일산동구 견달산로225번길 112
전화 02-3141-2700
팩스 02-322-3089
홈페이지 www.bookdaum.com

가격 23,000원
ISBN 979-11-5622-402-0 03370

CIP제어번호 CIP2018028869
이 도서의 국립중앙도서관 출판예정도서목록(CIP)은 서지정보유통지원시스템 홈페이지(http://seoji.nl.go.kr)와 국가자료공동목록시스템(http://www.nl.go.kr/kolisnet)에서 이용하실 수 있습니다.